Neue China-Studien | 3

The Series
„Neue China-Studien"
is edited by

Prof. Dr. Xuewu Gu, Bochum
Prof. Dr. Sebastian Heilmann, Trier
Prof. Dr. Michael Lackner, Erlangen
Prof. Dr. Dr. Harro von Senger, Freiburg i. Br.

Thomas Kempa

Kriegskunst im Business

Transkulturelle Resonanzen am Beispiel
chinesischer und westlicher Managementliteratur
zu Sunzi bingfa

Gefördert mit DFG-Mitteln durch das Graduiertenkolleg Kulturhermeneutik im Zeichen von Differenz und Transdifferenz an der Friedrich-Alexander-Universität Erlangen-Nürnberg.

Die Deutsche Nationalbibliothek verzeichnet diese Publikation in der Deutschen Nationalbibliografie; detaillierte bibliografische Daten sind im Internet über http://dnb.d-nb.de abrufbar.

Zugl.: Erlangen-Nürnberg, Univ., Diss., 2009

ISBN 978-3-8329-5352-2

D29

1. Auflage 2010
© Nomos Verlagsgesellschaft, Baden-Baden 2010. Printed in Germany. Alle Rechte, auch die des Nachdrucks von Auszügen, der fotomechanischen Wiedergabe und der Übersetzung, vorbehalten. Gedruckt auf alterungsbeständigem Papier.

Danksagung

Die vorliegende Arbeit wurde im Wintersemester 2008/2009 an der Philosophischen Fakultät und Fachbereich Theologie der Friedrich-Alexander-Universität Erlangen-Nürnberg eingereicht. Sie entstand im Kontext des Graduiertenkollegs *Kulturhermeneutik im Zeichen von Differenz und Transdifferenz*, wo ich zunächst als Stipendiat und später als Kollegiat vielfältige Anregungen empfing.

Natürlich kann keine wissenschaftliche Arbeit ohne zahlreiche Hinweise, Anstöße und Hilfestellungen aller Art entstehen. Daher bin ich vielen Menschen zu Dank verpflichtet.

Ganz besonders danke ich Prof. Dr. Michael Lackner für die wohlwollende und intensive Betreuung des Projekts und PD Dr. Joachim Renn für seine Bereitschaft, eine fachfremde Arbeit als Zweitgutachter zu bewerten. Für wertvolle Hilfe im Vorfeld danke ich Dr. Arne Klawitter und Dr. Michael Ostheimer. Immer hilfsbereit und interessiert verfolgte Dr. Christoph Ernst meine Arbeit und gab mir so manchen guten Rat. Auch dem Gaduiertenkolleg *Kulturhermeneutik*, vor allem in den Personen seiner Sprecher Prof. Dr. Ilja Srubar und Prof. Dr. Kay Kirchmann sowie dem guten Geist des Kollegs, Frau Annette Thüngen, schulde ich großen Dank für die fachliche und materielle Unterstützung meines Vorhabens bzw. eine Ermunterung im richtigen Augenblick.

Für Diskussionen, Kritik, Hinweise und Anregungen danke ich Prof. Dr. Dr. Harro von Senger, Prof. Dr. Dr. h.c. Andreas Kelletat, Prof. Dr. Kupfer, Dr. Andreas Guder, Dr. Ralph D. Sawyer, Prof. Dr. Hans Julius Schneider, Dr. Volker Klöpsch, Dr. Zhang Zhenhuan und Frau Dr. Zhang Huiwen. Für freundliche Auskünfte danke ich Khoo Kheng-hor und Dr. Luke Chan. Frau Yoko Kuroda beschaffte mir freundlicherweise schwer zugängliche Literatur aus japanischen Bibliotheken.

Für mich als Geisteswissenschaftler sind Bücher das wesentlichste Arbeitsmittel, daher möchte ich auch all den Bibliotheken und deren Mitarbeitern danken, die mir das Verfassen dieser Arbeit überhaupt erst ermöglicht haben. Besonders zu nennen sind die Staatsbibliothek zu Berlin, die Universitätsbibliothek Erlangen, die *Beijing shoudu tushuguan*, die *Shanghai tushuguan*, die Bibliothek der University of Hong Kong und die Bibliothek der Freien Universität Berlin.

Ich danke auch all meinen Freunden und Verwandten, insbesondere Dr. Kerstin Lukner und Christian Drexler. Vor allem aber, *last but not least*, Tiger, dem Gefährten vieler einsamer Stunden, und Gabi Karg, meiner Partnerin, die dieses Projekt vom ersten Tag an begleitet hat.

Karlsruhe im November 2009   Thomas Kempa

Inhalt

1 Einleitung	9
Die aktuelle Bedeutung von die Kunst des Krieges	9
Von den ‚Anderen' lernen	12
Selbst- und Fremdbestätigungen	18
Mehrdimensionale Kulturtransferprozesse	21
Über den Autor von Sunzi bingfa	23
Texte und Kommentare	24
Vieldeutigkeit und Anwendbarkeit als prägende Texteigenschaften	28
Übersetzungen	33
2 Fremdverstehen und Kulturtransfer	42
Das ‚Andere' verstehen	42
Eine Hermeneutik der Faktizität	47
Dichte Praxis und implizites Wissen als Voraussetzung für interkulturelles Verstehen	54
Der Mythos der getrennten Welten – China und der Westen	61
Chinesische Innenansichten auf Basis westlicher Kategorien	66
Einteilungsprobleme bei der Fremdbetrachtung	71
Grundlegende Übersetzungsprobleme bei Jullien	73
Kulturtransfer als Schwingungsbewegung	74
Die wechselseitige Business Sunzi-Rezeption als interkulturelles Missverständnis	76
3 Die Entstehung von Business Sunzi	81
In China	83
In Japan	102
Im Westen	108
Zusammenfassung der Ergebnisse	116
Exkurs – Faktoren in der Entwicklung von Business Sunzi	117
4 Business Sunzi als Instrument der Ideologie	119
Nationalismus, Traditionalismus und Kulturalismus	119
Ausprägungen des Nationalismus in China	125

Die Huangdi-Elogen als Beispiel für den Gebrauch der Tradition als Identifikationspunkt	131
Einträgliche Orte des Gedenkens	133
Sun Wus doppelte Heimat	137
Deutsche Einflüsse in der Genese des Traditionalismus	141
Die ideologische Vereinnahmung von Sunzi bingfa	150
Sunzi als Programm und als Leitbild	155
Zusammenfassung: Sunzis ‚wunderbare' Wandlungen	163

5 Kulturtransfer in Business Sunzi	166
Einführende Bemerkungen	166
Julia Kristevas Intertextualitätsbegriff	172
Die Entwicklung der Formen: China	174
Die Entwicklung der Formen: Japan	179
Die Entwicklung der Formen: USA	181
Ost-West-Perspektiven – eine grundsätzliche Einteilung von Business Sunzi	186
Darstellungsperspektiven in Business Sunzi	188
Formähnlichkeiten quer durch Business Sunzi	200
Exkurs: Ein deutscher Beitrag zu Business Sunzi	203
Durchgängige Motive	204
Die wandernden Weingläser	211

6 Ausblick und weitere Fragestellungen	214
Zusammenfassung und Fazit	214
Zukünftige Entwicklung und weitere Forschungsfelder	216

7 Literaturverzeichnis	223

1 Einleitung

In der europäischen Literatur des 19. Jahrhunderts wurde «der Chinese» gerne als verschlagener Mensch dargestellt, vor dem der aufrechte Europäer sich hüten musste, wollte er nicht übervorteilt werden. Dieses Bild ging vermutlich auf die Schwierigkeiten zurück, mit denen europäische, vornehmlich englische Händler bei ihren Geschäften in China zu kämpfen hatten. In den letzten Jahren feiert es eine triumphale Rückkehr: Der Grund ist die sogenannte Strategemliteratur, die seit Ende der 1970er Jahre, zuerst auf Taiwan und dann zunehmend auf dem Festland zu florieren begann.

Hans van Ess (2008): *Die 101 wichtigsten Fragen: China.* München: Beck, S. 135

Die aktuelle Bedeutung von Die Kunst des Krieges[1]

Zu seinem offiziellen Besuch bei US-Präsident George W. Bush Junior am 20.04.2006 brachte der chinesische Staatspräsident Hu Jintao als Gastgeschenk eine kostbare, auf Seide geschriebene Ausgabe von *Die Kunst des Krieges von Meister Sun* (*Sunzi bingfa*) auf Englisch und Chinesisch mit.[2] Das konnte man durchaus als sublimen Wink mit dem Zaunpfahl interpretieren, ob nicht weniger Krieg und Unilateralismus in der US-Außenpolitik ein Mehr für die internationale Verständigung bedeuten könnten. Zugleich ließ sich diese Geste aber auch als Ausdruck eines sich zusehends selbstbewusster gebenden neuen chinesischen Traditionalismus und Kulturalismus interpretieren, der für China und seine Kultur die ihm angemessene Anerkennung forderte. Denn neben den *Gesprächen des Konfuzius* (*Lunyu*), dem *Buch der Wandlungen* oder *I-Ging* (*Yijing*) und dem *Tao Te King* von Lao Tse (*Dao de jing*) gehört *Sunzi bingfa* zu jenen auch im Westen allgemein bekannten Werken der chinesischen Antike, die als der Inbegriff geheimnisvoller östlicher Weisheit gelten, weswegen sie dementsprechend prestigeträchtig sind und auch in Asien als ein einmaliger Beitrag Chinas zur Weltkultur betrachtet werden.[3]

Wie auch bei anderen chinesischen Klassikern sind zumindest einige der in *Sunzi bingfa* enthaltenen Gedanken und Aphorismen im Westen sehr bekannt geworden. Eine der geläufigsten dieser Maximen dürfte dabei sicherlich *Wer den Gegner kennt*

---

1   Auf Chinesisch lautet der Titel des Werkes 孙子兵法, was in der amtlichen Pinyin-Umschrift mit *Sunzi bingfa* wiedergegeben wird. Im folgenden Text wird das Werk daher durchgängig als *Sunzi bingfa* bezeichnet.
2   Frankfurter Allgemeine Zeitung Nr. 93 vom 21.04.06, S. 33: „*Ein Buchpräsent*".
3   Man könnte die These aufstellen, gerade diese westliche Wahrnehmung der Werke als etwas Wertvolles, Exotisches habe dazu beigetragen, dass diese an ihrem Ursprungsort wieder stärker geschätzt werden.

und sich selbst, wird in hundert Schlachten nicht in Not geraten lauten.[4] Aber die Rezeption und die Wahrnehmung speziell von *Sunzi bingfa* im Westen – insbesondere in den USA – hat vor allem in der letzten Zeit im Vergleich zu den anderen chinesischen Klassikern eine ganz eigene, bemerkenswerte Entwicklung durchgemacht.

Schon zu Beginn der 1980er-Jahre hatte der Bestsellerautor James Clavell in dem Buch *Noble House* seinen in der Welt des *Big Business* angesiedelten Akteuren Sunzis Weisheiten in den Mund gelegt. Auch in der Einleitung der von Clavell initiierten Neuausgabe[5] der Giles'schen Übersetzung von *Sunzi bingfa* aus dem Jahr 1910[6] hatte er das antike chinesische Werk in den höchsten Tönen gelobt. In den 90er-Jahren des 20. Jahrhunderts tauchten Sunzis Aussprüche immer häufiger in den Militärhandbüchern und den Kommuniqués der US Army auf. Und in der populären Literatur sowie in den US-amerikanischen Medien, insbesondere in Film und Fernsehen, spielte *Sunzi bingfa* eine immer prominentere Rolle. In der letzten Zeit haben vor allem Filme wie *Wall Street* oder die TV-Serie *The Sopranos* und sogar *The Simpsons* ein Übriges getan, um Sunzis ‚Weisheiten' in den USA weiter zu popularisieren.[7]

Die Zahl der Übersetzungen und Neuinterpretationen von *Sunzi bingfa* unter den unterschiedlichsten Aspekten ist mittlerweile Legion. Das Werk wird dabei auf alle erdenklichen ‚Schlachtfelder' zwischenmenschlichen Konfliktverhaltens angewendet: angefangen beim realen Krieg auf dem Schlachtfeld, bis hin zu Taktiken des Schlafzimmers oder dem alltäglichen ‚Kampf' der Eltern mit ihren Sprösslingen. In ihrem im Jahr 2000 auf Chinesisch, 2001 auf Englisch und 2002 auch auf Deutsch erschienenem Buch *Die weibliche Kunst des Krieges*[8] schreibt Chu Chin-ning demgemäß:

> Die Kunst des Krieges ist allgemein gültig. Dabei geht es nicht um Krieg, sondern um Kunst. Chinesische Philosophen beschäftigten sich 5000 Jahre damit, die Geheimnisse der Natur und ihre subtilen Gesetzmäßigkeiten zu beobachten und zu dokumentieren. Auf diese philosophischen Beobachtungen der Gesetze, die das Universum lenken, gründete Sun Tsu seine in *Die Kunst des Krieges* dargelegten Prinzipien. Wie schon die Philosophen vor ihm erkannte auch Sun Tsu, dass diese Prinzipien auf jede Situation anwendbar sind. Noch nie war dies so zutref-

---

4 Zitiert nach: Klöpsch, Volker (2009): *Sunzi. Die Kunst des Krieges*. Frankfurt/Main: Insel, S. 19. Eine andere Version lautet: „*Kennst du den Gegner und kennst du dich, so magst du hundert Schlachten schlagen, ohne das eine Gefahr besteht.*" (Becker, H. D. [Übers.] (1972): *Die dreizehn Gebote der Kriegskunst*. München: Rogner & Bernhard, S. 56.)
5 Clavell, James (1981/82): *The Art of War*. New York: Dell Publishing.
6 Giles, Lionel [Übers.] (1910): *On the art of war: The oldest military treatise in the world*. London: Luzac.
7 Vgl. Sawyer, Ralph D. (2005): *The Essential Art of War. Translated, with Historical Introduction and Commentary*. Cambridge Massachusetts: Basic Books, S. xviii.
8 Chu, Chin-ning (2002): *Die weibliche Kunst des Krieges: Fernöstliche Erfolgsstrategien für Frauen*. Aus dem Englischen von Gudrun Wolfrath. München: Hugendubel.

fend wie in der heutigen Geschäftswelt, wo jede Transaktion einer unblutigen Kriegsführung gleicht.[9]

Die Literatur rund um *Sunzi bingfa* ist in China und dem Westen, dort vor allem in den USA, seit Mitte der 90er-Jahre des 20. Jahrhunderts stetig angewachsen, und immer noch kommen ständig neue Werke hinzu. Dabei blüht besonders ein Sektor, der anfangs in der westlichen Wahrnehmung und Rezeption des Werkes überhaupt keine Rolle gespielt hatte, nämlich der Bereich der Anwendung in Business-Kontexten.[10] Zahlreiche Werke wurden und werden publiziert, die das taktisch-strategische Traktat auf die moderne Business-Welt übertragen. Es gibt zwar auch eine Reihe anderer klassischer chinesischer oder asiatischer ‚Autoren', die unter dem Aspekt von Business und Management neu interpretiert wurden – unter anderem Konfuzius, Laozi, Buddha oder der japanische Samurai Miyamoto Musashi –, aber deren Bedeutung in der Business-Literatur ist im Vergleich zu Sunzi eher gering.

Dass ausgerechnet *Sunzi bingfa* für die Sparte der Management- und Business-Ratgeber der bedeutsamste Export aus dem klassischen China geworden ist, dürfte mit seiner Funktion als ‚Handbuch' für Konflikte zusammenhängen. Daher ist es auch kein Wunder, dass gemeinsam mit den *36 Strategemen*, die ebenfalls einen ‚kriegerischen' oder zumindest auf Konfliktsituationen bezogenen Hintergrund haben, *Sunzi bingfa* bei den Anwendungen im Business von ursprünglich nicht dafür gedachten Werken den Spitzenplatz einnimmt.

Demgegenüber werden allerdings mittlerweile von verschiedenen Seiten auch kritische Stimmen laut: Während in China gemahnt wird, man solle die Lehren aus *Sunzi bingfa* nicht zum Vorwand nehmen, um betrügerische Machenschaften als Realisierung des Sunzi'schen *Prinzips der Täuschung*[11] zu bemänteln, warnt der US-

---

9   Ibid., S. 12. An diesem kurzen Zitat wird sehr schnell deutlich, wie Chu Chin-ning, eine in Taiwan aufgewachsene und heute in den USA lebende Chinesin, die als Autorin in China und den USA sehr erfolgreich ist, eine ganze Reihe von Versatzstücken kolportiert, die im chinesischen Kulturraum eine wichtige Rolle spielen und teilweise auch von der Propaganda der KPCh eingesetzt werden. So greift sie das bekannte Topos von der 5000-jährigen chinesischen Kultur ebenso auf wie die Rede von einem geheimnisvollen Wissen der chinesischen Philosophen oder vom *Markt als Schlachtfeld* (商场如战场, *shangchang ru zhanchang*). Auch unterstellt sie hier in grob vereinfachender Weise eine einheitliche philosophische Tradition, was der Komplexität der geistesgeschichtlichen Situation gerade in der Zeit, in der *Sunzi bingfa* im Allgemeinen angesiedelt wird, in keinster Weise gerecht wird.
    Hier soll bereits zudem hingewiesen werden, dass die Bedeutung der Auslandschinesen für den Kulturtransfer zwischen China und dem Westen nicht zu unterschätzen ist (hierzu vgl. auch Kapitel 5 dieser Arbeit).
10 Vgl. Chu 2002, S. 117f.
11 Im Original: 兵者，诡道也。(Ames 1993, S. 102). Es ist kein Wunder, dass hochrangige Militärs und Philosophen, die durchaus als Sprachrohr der herrschenden Meinung in China anzusehen sind, sich in den letzten Jahren über die missbräuchliche Verwendung von *Sunzi bingfa* im Business erregen, die sich in betrügerischen Praktiken zeige. Für Details vgl. Kapitel 4 und 5.

amerikanische Sunzi-Forscher und -Übersetzer Ralph D. Sawyer davor, die ‚Weisheiten' aus *Sunzi bingfa* in ökonomischen Kontexten zu überschätzen.[12]

Die hier beschriebene, neue Sparte der Sunzi-Literatur soll im Folgenden mit dem Begriff *Business Sunzi* bzw. *Business Sunzi*-Literatur bezeichnet werden. Gerade weil sie etwas unscharf ist, wurde diese Bezeichnung gewählt, da es problematisch ist, jene Literatur klar abzugrenzen. *Business Sunzi* soll hier also alle Literatur heißen, welche Inhalte oder Konzepte aus *Sunzi bingfa* mit Inhalten und Konzepten aus dem Bereich der Ökonomie verknüpft.

Die große Welle der *Business Sunzi*-Literatur fand ihren Weg im Grunde erst einige Jahre nachdem sie in China, Taiwan, und Japan entstanden war, auch in die westlichen Länder, vor allem in die USA. Ohne Zweifel kann man dabei von Prozessen des Kulturtransfers ausgehen, in denen Inhalte und Konzepte zwischen Ost und West hin- und herwanderten, weswegen sich diese Literatur für die Exemplifizierung derselben besonders gut eignet. Eine Untersuchung lohnt sich auch insofern, als sich in den Transferprozessen ein neues Bild vom Verhältnis zwischen Asien und Ameroeuropa[13] abzeichnet.

Von den ‚Anderen' lernen

Häufig führen Kulturbegegnungen zur Abgrenzung vom ‚Anderen' und ‚Fremden' im Sinne identitärer Abgrenzungsstrategien, wobei das ‚Andere' oft zur Quelle und zum Sitz von Faszination und Abstoßungsreaktionen zugleich wird. Besonders deutlich wird das stets dann, wenn Menschen verschiedener kultureller Hintergründe einander in pragmatischen Kontexten begegnen, in denen Interessenkonflikte entstehen. So nimmt es nicht wunder, dass die Öffnung Chinas im Rahmen der Wirtschaftsreformen nach dem Ende der Kulturrevolution einen (alten) neuen Fremden entstehen ließ: den ‚schlauen Chinesen', der ökonomisch in jedem Sinne des Wortes ‚handelnd', auf die Akteure in Japan und im Westen traf. Welche Folgen dieses Aufeinandertreffen für das interkulturelle Verstehen in einem ganz bestimmten Bereich der Business-Literatur hatte, soll das diesem Buch zugrunde liegende Leitthema sein.

Schon ab dem 19. Jahrhundert wurden bei der ‚interkulturellen Begegnung' von China und dem Westen Zuweisungen gemacht, wenn nicht gar Vorwürfe erhoben, die häufig genug extrem pauschal, überheblich und rassistisch zugleich waren. So schrieb im Jahre 1894 der Missionar Arthur H. Smith aus westlicher Perspektive über ‚die Chinesen':

> Much of the incomprehensibility of the Chinese, so far as foreigners are concerned, is due to their insincerity. We cannot be sure what they are after. […] One never has any assurance that

12 Vgl. Sawyer 2005, S. 118.
13 Dieser Begriff wurde von Irmela Hijiya-Kirschnereit entlehnt, mehr dazu weiter unten in diesem Kapitel.

a Chinese ultimatum is ultimate. This proposition, so easily stated, contains in itself the germ of multitudinous anxieties for the trader, the traveller, and the diplomatist.[14]

An anderer Stelle schreibt Smith, nachdem er einige Bemerkungen über die Tatsache gemacht hat, dass es zwar angeblich möglich sei, in Geschäften mit Chinesen wirkliche Sicherheiten zu erlangen, einschränkend:

> Yet after all such acknowledgements are made, it remains true, as testified by a vast array of witnesses, and by wide and long observation, that the commerce of the Chinese is a gigantic example of the national insincerity.[15]

Es ist davon auszugehen, dass Smiths enorm erfolgreiches Werk, das im Jahre 1900 in deutscher Übersetzung erschien,[16] das ohnehin bereits sehr negative westliche Chinesenbild bestärkt und zementiert hat. Interessanterweise hat es auch chinesische Autoren, allen voran Lu Xun, beeinflusst, der das Werk in japanischer Übersetzung rezipierte und eine Übersetzung ins moderne Chinesisch forderte.[17] Auch das von Lu Xun und anderen Autoren geschaffene Chinesenbild – z.B. in *Die wahre Geschichte des Ah Q* – ist in Auseinandersetzung mit diesem Fremdbild entstanden, das wiederum aber weniger auf Smiths eigenen Beobachtungen basierte, als auf dem damaligen westlichen Diskurs über die Chinesen, der sich in der US-amerikanischen Missionarsliteratur des 19. Jahrhunderts gebildet hatte, und von Smith intensiv rezipiert worden war.[18]

Beinahe hundert Jahre später, im Jahre 1996, wies Andreas Drosdek, der früheste deutsche Autor im *Business Sunzi*-Bereich – allerdings in einem wesentlich gemäßigteren Ton, ja vielleicht sogar unter umgekehrten Vorzeichen –, auf Probleme hin, auf die der Westen im Umgang mit China gefasst sein müsse, wobei er von einer strategischen Perspektive ausging:

14 Smith, Arthur Henderson (1894/1907): *Chinese Characteristics. Enlarged and Revised Edition with Marginal and New Illustrations*. 10. Aufl. New York: Young People's Missionary Movement, S. 272.
15 Ibid., S. 280.
16 Smith, Arthur H. (1900): *Chinesische Charakterzüge von Arthur H. Smith. Deutsch frei bearbeitet von F. C. Dürbig. Mit 28 Titelvignetten und 18 Vollbildern. Würzburg*: Stuber. Die deutsche Übersetzung kommentiert zwar den zeitweise deutlich zum Vorschein kommenden missionarisch-christlichen Impetus der Vorlage mit leicht kritischem Unterton, weist aber dafür an mehreren Stellen auf die ‚Notwendigkeit' hin, den Chinesen nötigenfalls mit Waffengewalt zu verstehen zu geben, dass sie sich mit den westlichen Mächten einlassen müssten. Insofern gehört es in den kolonialistischen Diskurs, der die gewaltsame Einmischung in die innerchinesischen Angelegenheiten propagierte und ermöglichte. Hierbei ging es dem Autor primär um die deutschen Handelsinteressen (vgl. ibid., passim).
17 Zu Lu Xuns Rezeption von Arthur H. Smiths *Chinese Characteristics* vgl. Liu, Lydia H. (1995): *Translingual Practice. Literature, National Culture, and Translated Modernity – China 1900 – 1937*. Stanford: Stanford University Press, S. 45ff., hier S. 53.
18 Vgl. ibid., S. 58f. Immerhin lebte Smith jahrzehntelang im ländlichen China und verstand Chinesisch, sodass er eigentlich reichlich Gelegenheit zu eigenen Beobachtungen hatte.

> [...] bei Verhandlungen in China und den aufstrebenden Tigerstaaten stoßen westliche Entscheidungsträger immer wieder auf geschickte und entschlossene Verhandlungspartner, die es verstehen, von den gegenseitigen Beziehungen deutlich zu profitieren. Nicht selten müssen dabei westliche Erwartungen entscheidend revidiert und zurückgefahren werden. Dem strategischen Geschick der Chinesen scheint der Westen zur Zeit nur wenig entgegenzusetzen zu haben.[19]

Diese postulierte westliche Unterlegenheit in Verhandlungen führte Drosdek auf das strategische Denken der Chinesen zurück, das diese von Sunzi gelernt hätten:

> Seit mehr als zweitausend Jahren richtet man sich in China bereits nach den Thesen dieses genialen Strategen [Sunzi], die er in seinem Werk »Die Kunst des Krieges« [...] niederschrieb.[20]

Und Harro von Senger mahnte im Jahr 1999 bezüglich des Verhältnisses ‚der Chinesen' und ‚der Westler' zur List:

> Der bekannte französische Semiologe Roland Barthes (1915–1980) hat unrecht, wenn er behauptet: »Was wir in Betrachtung des Orients anstreben können, ist [...] keine andere Weisheit« (*L'empire des signes*, Genf 1970, S. 10). In Wirklichkeit verfügt zum Beispiel China über eine andere Weisheit. Die chinesische Weisheit ist umfassender als die abendländische. Dies kommt im chinesischen Schriftzeichen *zhi* für »Weisheit« zum Ausdruck. Dieses Schriftzeichen bedeutet gleichzeitig auch »Strategem« bzw. Strategemkundigkeit [...].[21]

Auch in späteren Publikationen weist von Senger immer wieder auf diese Listigkeit der Chinesen und die sozusagen komplementäre *Listenblindheit* des ‚Westens' hin. So zitiert er gleich zu Beginn seines Buches *36 Strategeme für Manager* Joachim Althof mit einem Artikel, in dem dieser davon ausgeht, dass Asiens wirtschaftlicher und politischer Aufstieg nicht aufzuhalten sei, sodass der Westen bei Verhandlungen mit China in nicht allzu ferner Zukunft „*am Katzentisch*" sitzen werde. Dem will von Senger mit seiner Analyse der chinesischen ‚Listenkunde' vorbeugen:

> Vielleicht kann zur Verhinderung einer derart düsteren Zukunft ein Denkanstoß aus dem Reich der Mitte einen Beitrag leisten. Dieses Buch beleuchtet ein jahrhundertealtes, im Westen kaum beachtetes geistiges Orientierungssystem des Einmilliardenvolkes zum Sichtzurechtfinden in einer unübersichtlichen Welt. Hiesigen Managern kann es zu einer in dieser kompakten Form für sie neuen – listigen – Sichtweise auf alte und neue Tatbestände, auf vergangene und zukünftige Vorgänge verhelfen. [...] Chinesischen wirtschaftlichen *Standort*vorteilen mag

---

19 Drosdek, Andreas (1996): *Sunzi und die Kunst des Krieges für Manager*. München: Wirtschaftsverlag Langen Müller/Herbig, S. 9.
20 Ibid., S. 11.
21 von Senger, Harro „Die List im chinesischen und im abendländischen Denken: Zur allgemeinen Einführung", in: von Senger, Harro [Hg.] (1999): *Die List*. Frankfurt/Main: Suhrkamp, S. 9 – 49, hier S. 18, Auslassung HvS.

schwer beizukommen sein, aber chinesische *Gesichtspunkt*vorteile, z.B. infolge der Kultivierung von List, lassen sich wettmachen [...].[22]

Aber auch in China kam es bereits seit längerer Zeit zu durchaus vergleichbaren Reaktionen auf die erneuerte Begegnung. Als typisches Beispiel hierfür kann das 1984 veröffentlichte Buch *Sunzi bingfa und Unternehmensmanagement*[23] gelten, das ausdrücklich als praxisorientierte Antwort auf den Kontakt mit ‚den Kapitalisten' konzipiert wurde, und bei dem es sich um die erste *Business Sunzi*-Publikation in der Volksrepublik handelte. Dort heißt es:

> In kapitalistischen Staaten und zwischen kapitalistischen Unternehmen wird im unerbittlichen Wettbewerb in großem Umfang die List angewandt, ja sie wurde sogar auf eine neue Entwicklungsstufe gehoben [...] In den letzten Jahren der wirtschaftlichen Öffnungspolitik wurden wir von gesetzlosen ausländischen Kaufleuten unter Einsatz der unterschiedlichsten Tricks und Kniffe betrogen.[24]

Und an anderer Stelle:

> [...] um nicht im Handel und Umgang mit den kapitalistischen Ländern betrogen zu werden und zudem aus dem Außenhandelswettbewerb siegreich hervorzugehen [...], müssen wir «Sunzi» gut studieren und unseren nationalen „von den Ahnen überlieferten Methodenschatz", nämlich eben den «Sunzi» anwenden, um sie zu besiegen.[25]

Geradezu ironisch, zugleich aber auch symptomatisch erscheint in diesem Zusammenhang, dass die Anregungen für die Verwendung von *Sunzi bingfa* im Business aus dem Ausland, insbesondere aus Japan und den USA, gekommen sind.[26]

Bei diesen gegenseitigen Zuweisungen könnte man sicherlich die ‚Henne-und-Ei-Frage' stellen, wobei es unwahrscheinlich ist, ob damit tatsächlich Neues oder Erhellendes zum Thema Interkulturalität zum Vorschein käme. Denn es dürfte unmöglich sein, festzustellen, wer nun mit der Listigkeit eigentlich angefangen hat. Man kann jedoch davon ausgehen, dass die gegenseitigen Fremdheits- bzw. Schuldzu-

---

22 von Senger, Harro (2004): *36 Strategeme für Manager*. München: Hanser 2004, S. 1.
23 李世俊，杨先举，覃家瑞（1984）：孙子兵法与企业管理。南宁：广西人民出版社 (*Li, Shijun; Yang, Xianju; Qin Jiarui: Sunzi bingfa yu qiye guanli. Nanning: Guangxi renmin chubanshe*) [Sunzi bingfa und Unternehmensmanagement].
24 Im Original: 在资本主义国家中，资本主义企业间，在你死我活的经济争斗中，也是广为运用诡道术的。而且把它发展到了"新的高度"[…] 这几年我国实行了对外开放的政策，一些不法外商，就使出种种花招，骗我上当。Li et al. 1984, S. 178 u. 179, Übersetzung TK.
25 Im Original: [但是，]为了防止在与资本主义国家贸易交往中上当受骗，也为了使我们在与外商竞争中获胜，[让我国商品打入国际市场，]我们要学好《孙子》，运用我国"祖传法宝"——《孙子》去战胜他们。Ibid., S. 12, Übersetzung TK.
26 Vgl. Kapitel 3 dieser Arbeit.

weisungen dem typischen Muster folgen, das besagt, dass stets die Anderen für alle Unbill, die einem selbst widerfährt, verantwortlich seien.

Bei der Untersuchung der Auswirkungen des seit den 1980er-Jahren intensivierten Handelskontakts zwischen der Volksrepublik China und dem Westen auf die *Business Sunzi*-Literatur ist unter anderem zu beachten, dass derartige Werke zwar sowohl in Asien als auch im Westen entstanden sind, diese aber durchaus Unterschiede im inhaltlichen Bereich bzw. in ihrer Bedeutung für die Kulturkreise, in denen sie zirkulieren, aufweisen. Während in China und auch in Japan neben vielen anderen traditionellen philosophischen Werken zum Thema Konflikt und Auseinandersetzung[27] *Sunzi bingfa*, zumindest ursprünglich, relativ pragmatisch als Rezeptbuch für den täglichen Gebrauch (*Methoden*schatz der Ahnen) aufgefasst wurde, erhoffte man sich im Westen davon die Initiation in ein geheimes, bislang unbekanntes Wissen, womit dem altbekannten Muster der Verklärung des Exotischen gefolgt wurde.

Spannend wird die Untersuchung dieser Prozesse auch dadurch, dass es hierbei sehr schnell zu einer wechselseitigen Rezeption und Interpretation kam, in der sich das Fremde und das Eigene teilweise vermischten. Dadurch wurde es sowohl im Osten als auch im Westen schwierig, zu wissen, woher jeweils die verwendeten Konzepte und Inhalte kamen. Beide ‚Seiten' versuchten auch zu ergründen, was die Anderen über ihre Pendants dachten. So wurden Fremdbilder sehr schnell zu Selbstbildern und Selbstbilder zu Fremdbildern, was dazu geführt haben mag, dass sich heute viele Menschen in China tatsächlich für die Mitglieder einer sozusagen zutiefst von Strategie und List imprägnierten Kultur[28] und Gesellschaft ansehen,[29] was sich wiederum auf die weitere Selbst- und Fremdkonzeptualisierung auswirkt. Wu

---

27 Ames und Lau gehen in der Einführung zu *Sun Bin: The Art of Warfare* davon aus, dass diese militärische Schrift in der chinesischen Antike als Teil der philosophischen Literatur galt und sich von bloßen Handbüchern der Kriegskunst unterschieden habe (vgl. Lau, D.C.; Ames, Roger (2003): *Sun Bin The Art of Warfare. A Translation of the Classic Chinese Work of Philosophy and Strategy*. Translated, with an Introduction and Commentary by D.C. Lau and Roger T. Ames. Albany: State University of New York Press, S. 46f.). Dasselbe kann m.E. auch für *Sunzi bingfa* gesagt werden. Im Folgenden wird noch auf Sun Bins Verhältnis zu Sunzi eingegangen.

28 Hier soll nicht versucht werden, den schillernden Begriff der *Kultur* zu definieren. Wichtig ist vielmehr, dass die Protagonisten der beschriebenen Prozesse den Kulturbegriff verwenden. Im Übrigen wird der Begriff der Kultur im chinesischen Raum noch weitaus inflationärer gebraucht als dies schon in den westlichen Ländern der Fall ist und auf die diversesten Aspekte des Lebens angewendet. So gibt es beispielsweise eine ‚Traumdeutungskultur' (占梦文化, *zhanmeng wenhua*) und eine Sunzi Kriegskunstlehre-Kultur (孙子兵学文化, *Sunzi bingxue wenhua*) etc.

29 Vgl. 姚有志, 阎启英（2005）：孙子兵法与战略文化。北京：军事科学出版社。(*Yao, Youzhi; Yan, Qiying: Sunzi bingfa yu zhanlüe wenhua. Beijing: Junshi kexue chubanshe*) [Sunzi bingfa und die Strategische Kultur], vgl. auch 孙其海（Hg.）（2006）：孙子兵学年鉴 - *Sunzi Research Annual 2005*。济南：泰山出版社。(*Sun Qihai: Sunzi bingxue nianjian. Sunzi Research Annual 2005. Jinan: Taishan chubanshe*) [Jahrbuch der Sunziologie 2005], im Folgenden mit der Sigle SBNJ5 abgekürzt, passim.

Rusong, einer der wichtigsten Akteure im Bereich der offiziellen volksrepublikanischen Sunzi-Forschung schreibt:

> [...] auf den Grundlagen einer ethnischen Kulturtradition entstandene strategische Ideen und Theorien werden als *Strategische Kultur* bezeichnet. Gleichzeitig leiten diese Gedanken und Theorien kriegerische Aktivitäten und beeinflussen die Kultur und die Denkströmungen in der Gesellschaft.

Und:

> Die Einführung des Begriffs der *strategischen Kultur* in die Sunzi-Forschung bedeutet einen neuen Zweig, ein neues Gebiet und eine neue Stufe derselben. Mit ihrer Hilfe kann man der Sunzi-Forschung möglicherweise eine neue Richtung geben und sie einen großen Schritt voranbringen. Das Konzept der strategischen Kultur, auf das zuerst 1949 in den USA hingewiesen wurde, hat im Laufe des halben Jahrhunderts seiner Erforschung reiche Früchte getragen. Die chinesische Forschung über die strategische Kultur ist ebenfalls vorangekommen [...].[30]

Es soll an dieser Stelle nicht diskutiert werden, inwiefern diese von ‚außen' zumindest mitinduzierten Selbstbeschreibungen einer wie auch immer gearteten gesellschaftlichen Realität entsprechen. Vielmehr geht es um die Frage nach der Herkunft und der Wirkung von Selbstbeschreibungen, die teilweise aus Fremdbeschreibungen abgeleitet werden.

Eine vergleichbare ‚fremdgesteuerte' Selbstbeschreibung hat Mishima Ken'ichi bereits für Japan diagnostiziert, wobei er als Beispiel den japanischen Sinologen Naitō Konan[31] anführt. Dieser habe, um die ‚Kulturfähigkeit' Japans im Vergleich mit der europäischen Tradition zu beweisen, die Behauptung aufgestellt, die Weitergabe von „*theologischen Wissenschaften, von Anweisungen zur Dichtkunst, von literarischen Erzählungen und [...] kalligraphischen Können gehöre zur japanischen Philosophie und Literatur*". Naitos Ansicht zufolge war all dies mit der abendländischen Überlieferung seit Aristoteles quasi identisch. Mishima schreibt dazu:

> Die Paradoxie, solch eigenartiger und befremdend klingender Selbstbehauptung, bei der mit heteronomen Kriterien die Aufwertung des Eigenen versucht wurde, liegt auf der Hand. Ver-

---

30 吴如嵩（2004）：以战略文化为龙头推进《孙子兵法》的研究。(*Wu, Rusong: Yi zhanlüe wenhua wei longtou tuijin Sunzi bingfa de yanjiu*) [Die Strategische Kultur als Leitbild für die Erforschung von Sunzi bingfa], in 孙其海（Hg.）（2005）：孙子兵学年鉴 - *Sunzi Research Annual 2004*。北京：中文文联出版社。(*Sun, Qihai: Sunzi bingxue nianjian. Sunzi Research Annual 2004. Bejing: Zhongwen wenlian chubanshe*) [Jahrbuch der Sunziologie 2004], im Folgenden mit der Sigle SBNJ4 abgekürzt, S. 108 – 111, hier S. 108f., Übersetzung TK.

31 Zu Naitō Konan vgl. Fogel, Joshua A. (1984): *The Case of Naito Konan (1866 – 1934)*. Havard East Asian Monographs. Havard University Press.

suchen dieser Art liegt eine Einstellung zugrunde, die ich als einen heteronom geleiteten Ethnozentrismus bezeichnen möchte.[32]

Selbst- und Fremdbestätigungen

Die oben angesprochenen Hin- und Herlesungen können auch als Ausdruck der Suche nach Selbstbestätigung durch den Versuch einer *Nobilitierung des Eigenen durch das Fremde*[33] interpretiert werden. Daher ist es nicht weiter erstaunlich, dass westliche Autoren, welche derartige chinesische Selbstaffirmationen unterstützen, in China große Anerkennung finden. Als Beispiel hierfür können der Bestseller-Autor James Clavell oder Gerald A. Michaelson, einer der bekanntesten *Business Sunzi*-Autoren in den USA, gelten.[34]

Die Entstehung von *Business Sunzi* kann man eng mit dem rasanten ökonomischen Wachstum in China nach dem Beginn der Öffnungspolitik in den späten 70er-Jahren verbunden sehen. Die neuen Paradigmen im Bereich der Ökonomie, die zu dieser Entwicklung geführt hatten, erforderten ein radikales Umdenken in der Kommunistischen Partei und bei den Führungskräften in den Betrieben, die weg von einer Kadermentalität der Produktionsverwaltung hin zu einem neuen Selbstbild als selbstverantwortliche Unternehmer geführt werden mussten. In diesem schwierigen Übergang war unter anderem auch *Business Sunzi* ein Mittel, um das neue Denken ‚an den Mann zu bringen', wobei es zugleich dem eigenen Selbstwertgefühl schmeichelte. Denn man konnte so, dem altbekannten Denkmuster vom *Chinesischen Ursprung der westlichen Wissenschaft*[35] folgend, die neu importierten betriebswirtschaftlichen Konzepte als sekundär zu den Lehren des chinesischen Altertums – in dem das alles ‚schon dagewesen' sei – ansehen.

So scheint es plausibel, zu behaupten, dass diese Sparte der Sunzi-Literatur in der Volksrepublik dem Wunsch nach einer eigenen ‚chinesischen' Identität im Zusammenhang mit dem Business Genüge tat und zudem eine Nachfrage nach indigenem ‚chinesischem' Business-Wissen deckte, das den Anforderungen der nationalen und internationalen Konkurrenzsituation entsprach. Im Vorwort des bereits erwähnten ersten *Business Sunzi*-Werkes der Volksrepublik China *Sunzi bingfa und Unternehmensmanagement* ist demgemäß auch explizit von einer „*Managementlehre mit chi-*

---

32 Mishima, Ken'ichi: „Die Schmerzen der Modernisierung als Auslöser kultureller Selbstbehauptung – Zur geistigen Auseinandersetzung Japans mit dem ‚Westen'.", in: Hijiya-Kirschnereit, Irmela [Hg.] (1996/1999): *Überwindung der Moderne? Japan am Ende des zwanzigsten Jahrhunderts*. Frankfurt/Main: Suhrkamp, S. 86 – 122, hier S. 96f.
33 Dieser Begriff stammt von dem Sinologen Michael Lackner. Mehr dazu im Kapitel 5.
34 Michaelson beschrieb zum Beispiel, wie er anlässlich seiner Teilnahme an einer Konferenz über *Sunzi bingfa* in Peking in der Großen Halle des Volkes vom damaligen Staatschef Li Peng begrüßt wurde (vgl. Michaelson, Gerald A. (2001): *Sun Tzu: the Art of War for Managers. 50 Strategic Rules*. Avon, Massachusetts: Adams Media Corporation, S. xvii).
35 Hierzu mehr im Kapitel 5 im Abschnitt *Einführende Bemerkungen*.

nesischen Besonderheiten"[36] die Rede, was im Übrigen stark an die wohlbekannte *Sozialistische Marktwirtschaft mit chinesischen Besonderheiten* erinnert.

Beide Phänomene, sowohl die Nachfrage nach einer ‚eigenen Identität' in Business-Angelegenheiten als auch nach indigenem chinesischem Business-Wissen sind für die aktuelle Rolle, welche diese Literatur in China spielt, immer noch von größter Bedeutung, wobei aber der Aspekt der Selbstbestätigung zusehends wichtiger zu werden scheint. Das lässt sich auch an der Tendenz ablesen, sich traditionelleren Formen des Umgangs mit dem Text zuzuwenden. Im westlichen Ausland hingegen, allen voran in den USA, dürfte das Populärwerden dieser Literatur einesteils mit dem Wunsch nach dem Verstehen der ‚Anderen', anderenteils mit der Suche nach einem mehr oder minder esoterischen Wissen, das dem Westen bis dato verschlossen geblieben war, zusammenhängen.[37]

Wie bereits angedeutet, zählt zu dieser Wahrnehmung chinesischer Kultur im Westen als einer Kultur geheimnisvoller Listigkeit auch die Rezeption der *36 Strategeme*[38], die eine Sammlung von Spruchweisheiten zum Thema List und Listigkeit darstellen. Bezüglich deren Verbreitung ist im deutschsprachigen Raum besonders Harro von Senger zu nennen, der bereits seit den späten 70er-Jahren zu diesem Thema arbeitet und auch zur Popularisierung dieses chinesischen Konzeptes in China selbst beitrug.[39] Es ist sehr deutlich, dass dieser Vorgang ebenfalls dem Muster der Nobilitierung des Eigenen durch das Fremde folgte.

Hier soll betont werden, dass *Sunzi bingfa* und die *36 Strategeme* in ihrer Entstehung wenig miteinander zu tun haben. Der Autor[40] von *Sunzi bingfa* ist definitiv nicht der Urheber der *36 Strategeme*.[41] Andererseits sind Parallelen, Überschneidungen und Beeinflussungen nicht zu übersehen, zumal *Sunzi bingfa* und die *36 Strategeme* in China mittlerweile häufig in einen Topf geworfen und in den weiteren Kontext der erwähnten ‚strategischen Kultur' eingeordnet werden. So gibt es dort zahlreiche Publikationen, die beide Texte in einem Band vereinigen und derart einen Konnex herstellen, der zu irrigen Schlussfolgerungen verleiten könnte. Ein anderes eklatantes Beispiel für diese Vermischung ist z.B. die monumentale Gedenkstätte für

---

36 Li et al. 1984, S. 3.
37 Es wäre allerdings naiv anzunehmen, der gegenwärtige ökonomische Boom in China (wobei die unzähligen Verlierer, ganz gleich, welches ihre Rolle in dem chinesischen Wirtschaftswunder ist, durch diese Formulierung einfach unter den Tisch gekehrt werden) sei durch den Einsatz von *Sunzi bingfa* in ökonomischen Kontexten zu erklären. Wollte man solchen Gedankengängen Validität zusprechen, so hätte es in Japan, von dem westliche Manager ebenfalls fleißig lernen wollten, solange Japan scheinbar unaufhaltsam die Märkte eroberte, keine Rezession geben dürfen.
38 Auf Chinesisch lautet der Titel 三十六计, was in der Pinyin-Umschrift mit *Sanshiliu ji* wiedergegeben wird.
39 Vgl. von Senger, Harro (1988): *Strategeme, Lebens- und Überlebenslisten aus drei Jahrtausenden*. Bd. 1. Bern/München/Wien, S. 29.
40 … sofern man von der im Übrigen nicht beweisbaren Existenz eines einzelnen Autors von *Sunzi bingfa* ausgeht.
41 Für Details vgl. z.B. von Senger 2004, S. 25f.

Sunzi und *Sunzi bingfa*, die *Sunzi bingfa*-Stadt[42] in der Shandonger Präfektur Huimin, in der neben den 13 Kapiteln von *Sunzi bingfa*, denen jeweils eine Haupthalle gewidmet ist, auch die *36 Strategeme* in seitlich zu den Haupthallen angeordneten Ausstellungsgebäuden vorgestellt werden. Hier kommt es zur Erfindung einer Tradition,[43] die sowohl Fremd- als auch Eigenbilder im Sinne der Selbstaffirmation integriert.

Diese erfundene Tradition, die nichtsdestotrotz auf überliefertes Material aus der chinesischen Kulturgeschichte zurückgreift, wird im Kapitel 4 dieser Arbeit genauer betrachtet, welches die ideologische Vereinnahmung von *Sunzi bingfa* thematisiert. Richtungweisend ist dabei vor allem Benedict Andersons Konzept von der *Erfindung der Nation*. Zudem muss auch die Rolle des Komplexes von chinesischem Nationalismus und Kulturalismus, der sich unter anderem auch in einem zum Teil recht bizarr ausbuchstabierten Traditionalismus äußert, in Betracht gezogen werden. In der Tat erinnern viele der Phänomene im heutigen China an die Gründerzeit in Deutschland, in der ein teilweise obrigkeitsgesteuerter Nationalismus ebenfalls die sonderbarsten Auswirkungen zeitigte – man denke nur an den Bismarck-Kult[44] oder die Errichtung von Gedenkstätten wie des Niederwald-Denkmals in Rüdesheim oder des Arminius-Denkmals im Teutoburger Wald sowie zahlreicher weiterer *lieux de mémoire*[45] und Denkmäler.[46] Dass diese Parallelen nicht rein äußerlich sind, sondern es vielmehr auch genetische Beziehungen zwischen den Phänomenen im damaligen Deutschland und dem heutigen China gibt, soll im 4. Kapitel ebenfalls deutlich werden.

Auch in der westlichen Wahrnehmung sind die beiden Komplexe *Sunzi bingfa* und *36 Strategeme* mittlerweile so eng miteinander verwoben, dass diese kaum oder gar nicht mehr differenziert werden. Einige Autoren gehen sogar soweit, beides miteinander komplett zu vermengen.[47] In einem französischen Werk heißt es beispielsweise:

---

42 孙子兵法城 (*Sunzi bingfa cheng*).
43 Dies ist durchaus im Sinne Eric Hobsbawms gemeint. Ein auffälliges Beispiel für eine solche Erfindung von Traditionen am Beispiel des schottischen Nationalismus und eines seiner bekanntesten Symbole, des Kilts, hat Hugh Trevor Roper in Hobsbawms berühmten Sammelband *The Invention of Tradition* deutlich gemacht (vgl. Trevor-Roper, Hugh: „The Invention of Tradition: The Highland Tradition of Scotland", in: Hobsbawm, Eric J. (1995): *The Invention of Tradition*. Cambridge et al.: Cambridge University Press, S. 15 – 42). Mehr zu Hobsbawm in Kapitel 4.
44 Vgl. Hobsbawm, Eric J.: „Mass Producing Traditions: Europe, 1870 – 1914", in: Hobsbawm, Eric J. (1995): *The Invention of Tradition*. Cambridge et al.: Cambridge University Press, S. 263 – 307, hier S. 264.
45 Der Gedanke der Erinnerungsorte, französisch *lieux de mémoire*, stammt von Pierre Nora (vgl. u.a. Nora, Pierre [Hg.] (2005): *Zwischen Geschichte und Gedächtnis*. München: Beck).
46 Vgl. Hobsbawm 1995, S. 275f.
47 So etwa der Franzose Jean-François Phelizon (vgl. Phelizon, Jean-François (1999): *Relire l'Art de la Guerre de Sun Tzu. Trente-six Stratagèmes*. Paris: Economica). Dieses Buch wurde übrigens ins Chinesische übersetzt.
让-法郎索瓦·费黎宗（2003）：思维的战争游戏。从《孙子兵法》到《三十六计》。

Um Sunzi verstehen und anwenden zu können, wurden für dieses Buch 19 der *36 Strategeme* ausgewählt, die als ein Hilfsmittel verstanden werden sollten, mit dem man sich dem chinesischen strategischen Denken nähern kann.[48]

Es hat dabei den Anschein, als ob der Autor den Versuch mache, auf Basis einer pragmatisch motivierten Textkollation ‚das chinesische Denken' erklären zu wollen, wobei er zugleich das Konzept der ‚Strategischen Kultur' weiter zementiert und – durchaus auch für China – interessanter macht, wie dies bereits zahlreiche seiner Vorgänger getan haben.

Ein weiterer Aspekt der Funktion von *Business Sunzi* in der Volksrepublik der Mitte der 1980er-Jahre war die Einführung von Konzeptionen, die unbekannt waren bzw. als ‚unerwünscht' oder sogar ‚klassenfeindlich' angesehen worden waren. Daraus ergab sich die Notwendigkeit, die neuen Begrifflichkeiten und Konzeptionen in die Realität der Volksrepublik zu übersetzen und sie neu zu definieren, was anfangs durchaus nicht nur auf sprachlichem, sondern auch auf ideologischem Gebiet eine ganze Reihe von Schwierigkeiten aufwarf. Die Interpretier- und Anwendbarkeit des Werkes führte nämlich zu einem Problem, das in China schon seit langer Zeit diskutiert wird: *Sunzi bingfa* ist ein nichtethisches Buch. Ethik spielt darin keine Rolle, außer vielleicht als Mittel der Massenpsychologie. Vielmehr handelt es sich um ein Handbuch für eine effektive Selbst- und Fremdevaluation und es diskutiert unter anderem strategische oder taktische Möglichkeiten des Vorgehens in verschiedensten Konfliktsituationen. Die heutigen *Sunzi bingfa*-Befürworter müssen daher einen Spagat zwischen den ‚neuen alten' ethischen Werten des Konfuzianismus, wie Menschlichkeit und Gerechtigkeit (仁义, *ren yi*) sowie den unethischen Winkelzügen und Taktiken (权谋, *quan mou*) von *Sunzi bingfa* machen, da das konfuzianische Denken traditionell mit der durch die *Sunzi bingfa*-Interpretatoren betonten Strategemkundigkeit eigentlich nicht vereinbar ist.

Mehrdimensionale Kulturtransferprozesse

Besonders Japan spielte für die Entwicklung von *Business Sunzi* in China eine wichtige Rolle. Bereits seit dem 19. Jahrhundert hatte das Land der aufgehenden Sonne häufig eine Mittlerposition bei der Übernahme von Konzepten und Begriffen aus dem Westen eingenommen – so z.B. auf den Gebieten der Politik, der Wissenschaft und des Militärwesens. Damit im Zusammenhang steht auch, dass die westlichen

---

北京：忠信出版社。(*Rang Fulangsuowa Feilizong: Siwei de zhanzheng youxi. Cong Sunzi bingfa dao Sanshiliu ji. Beijing: Zhongxin chubanshe*) [Relire l'Art de la Guerre de Sun Tzu. Trente-six Stratagèmes].

48 Fayard, Pierre (2006): *Comprendre et appliquer Sun Tzu. La pensée stratégique chinoise : une sagesse en action*. Paris: Dunod, S. 20, Übersetzung TK. Hier muss jedoch angemerkt werden, dass dieser Autor durchaus zwischen dem ‚Autor' Sunzi und dem/den Autor/en der *36 Strategeme* unterscheidet.

Modelle für die Auseinandersetzung mit China sich interessanterweise offenbar bereits in der Beschäftigung mit Japan gebildet haben. Ein Beispiel dafür ist die in den 70er- und 80er-Jahren des 20. Jahrhunderts entstandene Sparte der Business-Literatur, die sich damals in ganz ähnlicher Weise auf die angeblichen kulturellen Hintergründe des japanischen Wirtschaftserfolgs bezog wie später die *Business Sunzi*-Literatur auf das ‚chinesische Denken'.[49]

Man könnte daher sogar sagen, die westlichen Schablonen für den Umgang mit China stammten zu einem beträchtlichen Teil aus der Begegnung mit dem sich modernisierenden Japan. Damit hängt es möglicherweise auch zusammen, dass sich die Phänomene in mancherlei Hinsicht ähneln, und der Kontakt zwischen Japan und dem Westen sich auch so stark auf China auswirkt.

Zudem kann man davon ausgehen, dass die Entwicklung von *Business Sunzi* sehr rasch auch Einflüssen aus dem Westen und vor allem aber aus Taiwan unterlag, das stark von Japan geprägt wurde. Denn gerade durch den Austausch mit Taiwan trat im Rahmen von kulturalistisch-traditionalistischen Selbstaffirmationen immer stärker ein chinesischer Selbstbestätigungsdiskurs in den Vordergrund.

Umgekehrt lässt sich auch für den Westen konstatieren, dass eine Übersetzung von Konzepten aus dem chinesischen Kulturraum stattfand. Wie in China handelte es sich um eine Verstehensleistung, aber auch um eine Aneignung und Uminterpretation von Konzepten und Begriffen, wobei, wie in China, Verstehens- und Übersetzungsschwierigkeiten auftraten. Zudem zeichnete sich eine Tendenz zur Verselbstständigung der Interpretationen ab, die sich sowohl im Bereich des rein Sprachlichen, als auch dem der literarischen Formen sowie der Konzeptionen zeigte.

Es wäre nun zu einfach, diese Prozesse und wechselseitigen Beeinflussungen zwischen den Kultursphären als simple Hin- und Herbewegungen aufzufassen. Denn die Prozesse des Verstehens und des Begriffs- und Wissenstransfers sind weitaus komplexer. Im Folgenden wird daher versucht, diese Abläufe mit hermeneutischen Mitteln sichtbarer zu machen, wobei auch pragmatische Ideen in Anlehnung an Wittgensteins Gedanken von den Sprachspielen und Lebensformen Berücksichtigung finden.

Zunächst sollen jedoch Autor und Werk kurz vorgestellt und zwei wichtige Eigenschaften des Urtextes, nämlich seine partiell sehr ausgeprägte Polysemie[50] und fast schon beliebig zu nennende Auslegbarkeit diskutiert werden.

---

49 Vgl. Hijiya-Kirschnereit, Irmela: „Leuchtet Japan? Einführende Gedanken zu einer proklamierten Zeitenwende.", in: Hijiya-Kirschnereit, Irmela [Hg.] (1996/1999): *Überwindung der Moderne? Japan am Ende des zwanzigsten Jahrhunderts.* Frankfurt/Main: Suhrkamp, S. 7–24, hier S. 8ff. Kirschnereit bezeichnete Japan sogar als „*exemplarischen Fall für das Verhältnis von Ameroeuropa und der übrigen Welt*" (ibid., S. 10).

50 Der Begriff der Polysemie wird im übernächsten Abschnitt dieses Kapitels aufgegriffen und erläutert.

Über den Autor von Sunzi bingfa

Über den historischen Sunzi ist fast nichts bekannt.[51] Der Sunzi-Forscher Li Ling ging soweit festzustellen, dass es über Sunzis Leben und Person nichts zu sagen gebe, weswegen er dazu in seinen Vorlesungen über *Sunzi bingfa* nicht Stellung nahm.[52] Bei der frühesten und im Grunde auch einzigen Quelle, in der von ihm ausführlicher die Rede ist, handelt es sich um das berühmte Geschichtswerk *Aufzeichnungen des Großhistorikers* (史记, *Shiji*) von Sima Qian[53] (司马迁, 145 – 86 v. Chr. ?), das dieser in der Westlichen Han-Zeit (206 v. Chr. – 24 n. Chr.) verfasste. Dort sind in Kapitel 65 die Biographie des Sun Wu – also des eigentlichen Sunzi – und des Sun Bin, der in antiken Quellen ebenfalls Sunzi genannt wird, enthalten.[54] Somit stammt die erste Nennung der Person des Sunzi (Sun Wu) aus einer Zeit lange nach seiner mutmaßlichen Existenz, die laut *Shiji* durch das historische Umfeld auf das 6. bis 5. vorchristliche Jahrhundert datiert werden müsste. Viele chinesische Gelehrte vertraten die Ansicht, weder er noch Sun Bin hätten tatsächlich existiert, da es, abgesehen von einigen Erwähnungen seines Werkes in älteren Büchern wie dem *Hanfeizi*[55] sowie der offenkundigen Verwandtschaft anderer antiker militärischer Traktate mit den Inhalten von *Sunzi bingfa*[56] keine weiteren historischen Belege für Sunzis Existenz gab.[57]

Auch über das Verhältnis zwischen Sunzi und Sun Bin lässt sich nichts mit Bestimmtheit sagen. Im *Shiji* heißt es, Sun Bin sei ein Nachfahre des ersten Sunzi gewesen, und habe etwa 100 Jahre nach Sun Wu gelebt.[58] Auch er war, dem Geschichtswerk zufolge, ein gewiefter Taktiker und Stratege, der wie sein Vorfahre ein Traktat über den Krieg verfasst hatte. Der Sinologe und *Sunzi bingfa*-Übersetzer

---

51 Vgl. Sawyer, Ralph, D. [Übers.] (1995): *Sun Pin: Military Methods*. Boulder/San Francisco/Oxford: Westview Press, S. 5.
52 李 零（2006）：兵以诈立。我读孙子。第三次印刷。北京：中华书局。(*Li, Ling: Bing yi zha li. Wo du Sunzi. Di san ci yinshua. Beijing: Zhonghua shuju*) [Der Krieg beruht auf Verstellung: Meine Lesart des Sunzi], S. 2.
53 Für eine weitergehende Lektüre bezüglich des *Shiji* und Sima Qians sei verwiesen auf: Chavannes, Edouard (1895/1967): *Les mémoires historiques de Se-ma Ts'ien*. Bd. 1. Paris: Librairie d'Amérique et d'Orient; Watson, Burton (1977): *Ssu-ma Ch'ien – The historian and his work*. Ann Arbor: University Microfilms; Nienhauser, William H. [Hg. & Übers.] (1994): *The Grand Scribe's Records*. Bde. 1 und 2. Bloomington, Indianapolis: Indiana University Press; Durrant, Stephen W. (1995): *The cloudy mirror: Tension and conflict in the writings of Sima Qian*. Albany: State University of New York Press; Hardy, Grant (1999): *Worlds of bronze and bamboo: Sima Qian's conquest of history*. New York: Columbia University Press.
54 Vgl. Sawyer 1995, S. 247, FN Nr. 6.
55 Mehr dazu im Kapitel 3, FN Nr. 301.
56 Roger T. Ames nennt die militärischen Kapitel des legistischen Textes *Shangshu*, die Debatte über den Krieg im *Xunzi* und das *Huainanzi* (vgl. Ames, Roger T. [Übers.] (1993): *Sun-Tzu: The Art of Warfare*. New York: Ballantine, S. 35).
57 Sawyer 1995, S. 5. In diesem Sinne auch Ames 1993, S. 20.
58 Vgl. auch 刘春志（2004）：略论两孙子的师承关系 (*Liu, Chunzhi: Lüe lun liang Sunzi de shicheng guanxi*) [Über die Lehrer-Schüler-Beziehungen zwischen den beiden Sunzis], in: SBNJ4, S. 149 – 153, hier S. 149.

Victor H. Mair geht hingegen davon aus, dass zwar Sun Wu eine fiktive Gestalt gewesen sei, Sun Bin hingegen tatsächlich existiert habe. Dies begründet er unter anderem damit, dass Sun Bin im *Shiji* dreimal (Sun Wu nur einmal) erwähnt wurde, und alle drei Nennungen Sun Bins, im Gegensatz zu der Sun Wus, mit tatsächlichen historischen Geschehnissen in Verbindung zu bringen seien.[59]

Da Sunzis Biographie aus dem *Shiji* in so gut wie jeder Ausgabe von *Sunzi bingfa* nachzulesen ist, wird hier auf eine umfassende Darstellung derselben verzichtet und nur ein kurzer Abriss von Sima Qians Darstellung gegeben. Im *Shiji* heißt es über Sunzi, dass dieser ursprünglich aus dem Staat Qi[60] stammte und dem Fürsten He Lü (闔閭, ? – 496 vor Chr.) von Wu[61] seine Dienste als Feldherr angetragen habe. Dieser sei durch die Lektüre von Sunzis Werk[62] über die Kriegskunst tief beeindruckt gewesen und habe ihn zu sich rufen lassen. Als der Fürst Sunzi aufforderte, seine Ideen mit einer aus Frauen gebildeten Truppe in die Tat umzusetzen, stimmte dieser ohne Zögern zu. Allerdings musste Sunzi erst die Anführerinnen der aus den Konkubinen des He Lü gebildeten Truppen hinrichten lassen, bevor die Zwangssoldatinnen tatsächlich dem militärischen Drill folgten. Dabei kümmerte er sich nicht einmal um die Intervention des entsetzt zuschauenden Fürsten zugunsten seiner Favoritinnen. Trotzdem machte He Lü Sunzi zu seinem Heerführer, worauf dieser dem Staat Wu in der Folge große Dienste leistete.[63] Abgesehen von dieser Anekdote sagt das *Shiji* nichts über Sunzis Leben,[64] und die heute existenten ausführlicheren Berichte verdanken sich wohl hauptsächlich der Phantasie der Herausgeber modernerer chinesischer Editionen.[65]

Im Grunde ist es ebenfalls eine offene Frage, ob Sunzi bzw. Sun Bin als die Autoren der ihnen jeweils zugeschriebenen Bücher gelten können. Da es aber in dieser Arbeit nicht um die Historizität von Sun Wu und Sun Bin geht, soll hier Li Lings Beispiel gefolgt werden, womit sich die Betrachtung der wesentlich bedeutsameren Frage des Ausgangs- oder Urtexts zuwendet.

Texte und Kommentare

Der Sinologe und Sunzi-Spezialist Roger T. Ames geht davon aus, dass die sukzessive Entstehung von *Sunzi bingfa* und *Sun Bin bingfa* nicht als ein Ereignis, sondern als Prozess aufzufassen sei.[66] Es handele sich – wie auch sein Kollege Ralph D.

---

59 Mair, Victor H. [Übers.] (2007): *The art of war: Sun Zi's military methods*. New York/Chichester: University of Columbia Press, S. 6f et passim.
60 Der Staat Qi lag im Norden der heutigen Provinz Shandong.
61 Der Staat Wu lag in der Gegend der heutigen Provinz Jiangsu.
62 Das *Shiji* erwähnt bereits eine 13 Kapitel umfassende Version von *Sunzi bingfa*.
63 Die komplette Übersetzung der Episode findet sich z.B. in Giles 1910, S. xif., bzw. zahlreichen Ausgaben von *Sunzi bingfa* und *Business Sunzi*-Werken.
64 Vgl. ibid.
65 Vgl. Sawyer 1995, S. 5.
66 Vgl. Ames 1993, S. 21f.

Sawyer anmerkt – bei den Werken nicht um Produkte einzelner Autoren,[67] sondern vielmehr seien sie, analog zu anderen chinesischen Klassikern, in einem längeren Prozess *„verfasst, transkribiert, ediert und den folgenden Generationen überliefert"*[68] worden. Die 13 Kapitel umfassende Version von *Sunzi bingfa* sei auf jeden Fall kein originär Sun Wu zuschreibbares Werk.[69] Ames führt hierzu den eben genannten chinesischen Gelehrten und *Sunzi bingfa*-Spezialisten Li Ling an, der davon ausgeht, dass *Sunzi bingfa*, vergleichbar zu den inneren und äußeren Büchern des Mengzi, kompiliert worden sei. Den Entstehungszeitraum des Werkes setzt Ames für das späte vierte oder frühe dritte vorchristliche Jahrhundert an.[70]

Allerdings scheint nur ein Teil des ursprünglichen Textmaterials überliefert worden zu sein. In der Tat nennt die *Monographie über Literatur*, die zum nach dem *Shiji* zweiten großen chinesischen Geschichtswerk, den *Hanshu* (汉书), gehört, für Sun Wus Werk 82 und für Sun Bins Traktat sogar 89 Kapitel.[71] Diese aufgrund fehlender anderer Hinweise lange angezweifelte Aussage wurde in gewissem Maße durch die sensationellen Grabfunde von Yinqueshan in Shandong aus dem Jahre 1972 gestützt. Dort wurde in einem von zwei entdeckten Gräbern, die auf die Zeit zwischen 140 – 118 v. Chr. datiert werden konnten, die älteste erhaltene, auf Bambusstreifen geschriebene Version von *Sunzi bingfa* gefunden. Es handelte sich bei dieser um einen weitgehend mit den überlieferten 13 Kapiteln übereinstimmenden Text. Zudem befanden sich aber noch weitere offenbar zu *Sunzi bingfa* gehörige Textabschnitte in dem Grab. Li Ling geht davon aus, dass der berühmte Feldherr Cao Cao (155 – 220) bei der Erstellung seiner annotierten 13-Kapitel-Version die restlichen Kapitel ausgesondert und getrennt publiziert habe, allerdings ohne sie zu kommentieren.[72]

Eine weitere Sensation bei der Entdeckung in Yinqueshan war der Fund von nennenswerten Teilen von *Die Kunst des Krieges von Sun Bin* (孙膑兵法, *Sun Bin bingfa*)[73], das seit der Östlichen Han-Zeit (25 – 220) verschollen war, und nur in der bereits erwähnten *Monographie über Literatur* Erwähnung gefunden hatte. Daher war seine Authentizität von vielen Gelehrten lange in Frage gestellt worden. Die Entdeckung des verloren geglaubten *Sun Bin bingfa* veränderte die Basis für alle darauf folgenden Diskussionen grundlegend und ließ viele der bisherigen Lehrmeinungen obsolet werden.[74]

---

67 Vgl. Sawyer 1995, S. 38.
68 Ames 1993, S. 30, Übersetzung TK.
69 In diesem Prozess habe sich in der Prä-Han-Zeit auch *Sun Bin bingfa* als ein eigenständiger Text abgespalten (vgl. Ames 1993, S. 30). In diesem Sinne auch Mair 2007, S. 1ff.
70 Vgl. Ames 1993, S. 25.
71 Vgl. ibid., S. 18f.
72 Vgl. Li 2006, S. 16ff., insbes. S. 18. Cao war einer der wichtigsten politischen und militärischen Figuren in der Zeit gegen Ende der Östlichen Han-Dynastie (25 – 220). Seine Taten als Stratege trugen dazu bei, die Epoche der drei Reiche (220 – 265) einzuläuten.
73 Zu Sun Bin und seinem Werk vgl. Lau/Ames 2003, S. 1 – 85. Eine weitere Übersetzung stammt von Ralph D. Sawyer (Sawyer 1995).
74 Eine ausführliche Darstellung dieses Sachverhaltes in englischer Sprache findet sich in der Einführung zu Roger T. Ames Übersetzung: *Sun-Tzu The Art of Warfare* von 1993. Ebenfalls

Auf *Sunzi bingfa* zurückkommend muss man allerdings feststellen, dass die neu entdeckten, zusätzlichen Textteile in der Öffentlichkeit und der *Business Sunzi*-Literatur keine Beachtung gefunden haben und bis heute weitgehend eine Domäne der Wissenschaftler geblieben sind.[75] Die den heutigen Ausgaben in der Regel zugrunde liegende Version entspricht der *Sunzi lüejie*-Ausgabe (孙子略解), die Cao Cao redigiert und mit Anmerkungen versehen haben soll. Diese 13-Kapitel-Version wurde überliefert und wieder und wieder kommentiert. Später fand sie Eingang in die songzeitliche (960 – 1279) Kompilation[76] der *Sieben Militärklassiker* (武经七书, *Wujing qi shu*)[77], die jahrhundertelang die Basis für die Militärexamina darstellte. Das Sammelwerk war von Kaiser Shenzong in der Ära *yuanfeng* (1078 – 1086) in Auftrag gegeben und in den Jahren 1080 bis 1083 erstellt worden.[78]

Was die heute kursierenden Versionen betrifft, so gehen in der aktuellen chinesischen *Sunzi bingfa*-Forschung die Meinungen hinsichtlich ihrer Überlieferung und Wichtigkeit auseinander. Manche Forscher sprechen von zwei ‚Systemen', andere hingegen sogar von drei. Der Grund dafür dürfte in der unterschiedlichen Bedeutung liegen, die den verschiedenen heute noch existenten Ausgaben zugemessen wird. Auf jeden Fall kann man aber mehrere bis in die Gegenwart tradierte bedeutende Versionen unterscheiden. Zum einen die in ihrer aktuellen Form aus der Song-Zeit stammenden Ausgaben, zu denen die *Sunzi lüejie*-Ausgabe mit Cao Caos Anmerkungen, die *Wujing qi shu*-Ausgabe, die *Sunzi lüejie* stark ähnelt, sowie die *Sunzi kommentiert von elf Meistern* genannte Ausgabe (孙子十一家注, *Sunzi shiyi jia zhu*) zählen. Letztere wurde von dem qingzeitlichen Gelehrten und Antiquar Sun Xingyan (孙星衍, 1753 – 1818) zusammen mit Wu Renji (吴人骥, Lebensdaten unbekannt) aus verschiedenen älteren Ausgaben bzw. Einträgen in alten Enzyklopädien wie dem *Tongdian* (通典) oder dem *Taiping yulan* (太平御览) und eigenen

---

aus dem Jahr 1993 stammt Ralph D. Sawyers Übersetzung *The Seven Military Classics of Ancient China*, in der er eine sehr konzise Darstellung der Thematik gibt (vgl. Sawyer, Ralph, D. [Übers.] (1993): *The Seven Military Classics of Ancient China*. Boulder/San Francisco/Oxford: Westview Press). Auch in der Einführung zur Übersetzung von *Sunzi bingfa* und *Sun Bin bingfa* von Wu Rusong et al. von 2003 findet sich dazu einiges (vgl. Wu, Rusong et al. [Hg.] (1999/2003): *Sunzi: The Art of War. Sun Bin: The Art of War*. Beijing: Foreign Languages Press). Da das Werk für das Thema dieser Arbeit keine besondere Rolle spielt, werden allerdings alle Fragen bezüglich des Buches in diesem Abschnitt ausgeklammert.

75 Als Ausnahme wäre die Ames'sche Übersetzung aus dem Jahr 1993 zu nennen, welche die Neufunde aus Yinqueshan berücksichtigt. Ralph D. Sawyer fügt seiner Übersetzung von *Sunzi bingfa* von 1996 immerhin aus dem *Tongdian* (通典) exzerpierte Passagen bei. Bei dem *Tongdian* handelt es sich um ein in der Tang-Zeit (618 – 907) von *Sunzi bingfa*-Kommentator Du You verfasstes enzyklopädisches Werk.

76 Vgl. Sawyer 1993, S. 1.

77 Bei den *Sieben Militärklassikern* handelte es sich um: 孙子兵法 (*Sunzi bingfa*), 吴子 (*Wuzi*), 唐太宗问对李卫公 (*Tang Taizong wendui Li Weigong*), 尉缭子 (*Wei Liaozi*), 黄石公三略 (*Huangshigong sanlüe*), 司马法 (*Sima fa*), 太公六韬 (*Taigong liutao*). Die Bücher sind hier in der traditionellen, aus der Song-Zeit überlieferten Reihenfolge aufgeführt (vgl. Sawyer 1993, S. 17).

78 Vgl. Li 2006, S. 21f.

Funden kollationiert und als *Sunzi kommentiert von 10 Meistern* (孙子十家注, *Sunzi shi jia zhu*) herausgegeben.[79] Bei dieser Bezeichnung (zehn statt elf Kommentatoren) zählen die Kommentare von Du You nicht mit, ansonsten besteht kein wesentlicher Unterschied.[80] Als ein weiteres ‚System' gilt einem Teil der Forscher die auf Bambusstreifen geschriebene, 1972 in Yinqueshan gefundene, bislang früheste bekannte Version von *Sunzi bingfa*.[81] Die Fülle der verschiedensten Ausgaben, die miteinander verglichen und kollationiert wurden, ist schier unüberschaubar. Für diese Untersuchung ist lediglich festzuhalten, dass sich die Texte der 13 Kapitel, auch wenn gewisse Unterschiede vorhanden sind, die sich im Laufe der langen Überlieferung vor allem in die kommentierten Versionen eingeschlichen haben, weitgehend gleichen. Auf jeden Fall kann man von einer steten Überlieferung und Kommentierung ausgehen.

Die Kommentare waren seit Cao Cao ein wichtiger Bestandteil des Textes, der schon damals aufgrund seiner konzisen und antiken Sprache an etlichen Stellen mehrdeutig bis unverständlich war. So ist es kein Wunder, dass es laut Mair mittlerweile mindestens 200 Kommentare gibt.[82] Deren Bedeutsamkeit wird auch daran erkennbar, dass Lionel Giles den Kommentatoren in der Einleitung zu seiner Übersetzung einen eigenen Abschnitt widmete,[83] wobei er dabei die elf Autoren besonders ausführlich besprach,[84] deren Beiträge in der Ausgabe *Sunzi kommentiert von elf Meistern* (孙子十一家注, *Sunzi shiyi jia zhu*) versammelt sind. Die späteren Kommentare spielen in seiner Darstellung allerdings nur eine geringe Rolle. Hier soll nur erwähnt werden, dass es zahlreiche andere Gelehrte gab, wie z.B. Zheng Youxian (郑友贤, Lebensdaten unbekannt, vermutlich um 1127) oder den in der

---

79 Vgl. Giles 1910, S. xxxiii.
80 Vgl. Li 2006, S. 23. Griffith schreibt dazu, dass Du Yous Kommentare sich eher in die ebenfalls von ihm verfasste Enzyklopädie *Tongdian* als in ein separat publiziertes Werk einfügten. Daher war der songzeitliche Herausgeber Qi Tianbao der Ansicht, dass er keine eigene ‚Schule' darstelle. Die unterschiedlichen Titel der beiden Textsammlungen spielen demnach keine Rolle (vgl. Griffith, Samuel B. [Übers.] (1963): *Sun Tzu: Art of War*. Glasgow et al.: Oxford University Press, S. 18).
81 Vgl. 苏桂亮：综述：银雀山汉简出土以来孙子其人其书研究概览 (Su, Guiliang: Zongshu: Yinqueshan hanjian chutu yilai Sunzi qi ren qi shu yanjiugailan) [Überblick über die Forschung zu Sunzis Person und Werk seit der Entdeckung der Bambusstreifen in Yinqueshan], in: SBNJ5, S. 145 – 156, hier S. 155f.
82 Vgl. Mair 2007, S. 3.
83 Auch Samuel B. Griffith beschäftigte sich kurz mit deren Biographien (vgl. Griffith 1963, S. 184f).
84 Diese sind Giles folgend: Cao Cao (曹操, 155 – 220), Meng Shi (孟氏, vermutl. Liang-Dynastie, 502 – 557), Li Quan (李筌, Tang-Zeit, 618 – 907), Du You (杜佑, gest. 802), Du Mu (杜牧, 803 – 852,), Chen Hao (陈皞, Lebensdaten unbekannt, Jia Lin (贾林, Tang-Zeit), Mei Yaochen (梅尧臣, 1002 – 1060), Wang Xi (王皙, Song-Zeit, 960 – 1279), He Yanxi (何延锡, Song-Zeit) und Zhang Yu (张预, ebenfalls Song-Zeit). Giles erwähnt noch mehrere andere Kommentatoren, deren Schriften jedoch nicht auffindbar, und vier mingzeitliche Kommentatoren, deren Anmerkungen im *Sunzi cantong* (孙子参通) zu finden seien (vgl. Giles 1910, S. xxxiv – xlii).

Ming-Zeit lebenden Wang Yangming (1472 – 1529), die sich ebenfalls ausgiebig mit dem Text befassten und eigene Ausgaben herausbrachten. Es würde den Rahmen sprengen, hier auf weitere Details einzugehen, man kann aber festhalten, dass sich frühzeitig eine reiche Kommentarliteratur entwickelte, die bis heute von großer Bedeutung für die Rezeption von *Sunzi bingfa* ist. Es lässt sich sogar die These aufstellen, es handele sich auch bei *Business Sunzi* im Grunde um nichts anderes als eine moderne Form der Interpretation und Kommentierung des Werkes.

Vieldeutigkeit und Anwendbarkeit als prägende Texteigenschaften

Wie gesagt, war für die Entwicklung und heutige Funktion von *Business Sunzi* eine besondere Eigenschaft des Textes von größter Bedeutung: seine Vieldeutigkeit. Wie zahlreiche andere antike chinesische Texte lässt sich *Sunzi bingfa* auf viele Weisen deuten, was den Text zum idealen Ausgangspunkt für die verschiedensten, zum Teil auch abstrusesten Anwendungsmöglichkeiten macht. So ist es kein Wunder, dass inhaltliche Verstehensprobleme nicht erst bei *Business Sunzi*, sondern im Grunde schon beim antiken Urtext auftreten. Man kann sich zudem auch die Frage stellen, inwiefern bei *Sunzi bingfa* überhaupt von einem inhaltlichen System die Rede sein kann, wie in der Literatur häufig behauptet wird.[85] Schließlich ist der Text ohne Kommentare an vielen Stellen kaum oder gar nicht verständlich und zum Teil so unklar bzw. mehrdeutig, dass durchaus unterschiedliche Interpretationen ein und derselben Textstelle möglich sind, ohne dass man sagen könnte, welche die bessere sei. So übersetzt Roger T. Ames in Kapitel 1 *Die Bewertung der Lage* die Stelle:

将听吾计，用之必胜，留之；将不听吾计，用之必败，去之。[86]

---

85 In diesem Sinne schreibt der Sunzi-Forscher und -Übersetzer Ralph D. Sawyer über den Originaltext: *"Accordingly, even though nominal connectors such as 'thus' and 'therefore' repeatedly appear, contiguous sentences often lack continuity, the* Art of War *frequently appears bereft of systemic thinking, and parts may strike the most astute reader as mutually contradictory. However careful reading and pondering within the larger context of the Warring States and the subsequent Chinese military corpus reveal that a dramatic core underlies the entire text, that the* Art of War *is an organic whole displaying multiple links between its many parts [...]."* (Sawyer 2005, S. xlv.) Im Vorwort der deutschen Übersetzung von Donald Krauses *Die Kunst des Krieges für Führungskräfte* heißt es auch: *„Das Original liest sich wie eine lockere Abfolge von Notizen, die in Anschluss an Diskussionen gemacht wurden. Obwohl jedes Kapitel einen jeweils anderen Aspekt der Kriegsführung behandelt, sind ihre Inhalte eng miteinander verknüpft. Das Buch enthält keine gleitenden Übergänge von einem Thema zum nächsten, sondern geht eigentlich recht sprunghaft vor. Nur die Kapitel 12 und 13 („Das Feuer als Angriffswaffe" und „Der Einsatz von Spionen") sind ausschließlich einem Thema gewidmet."* (Krause, Donald G. (2007): *Die Kunst des Krieges für Führungskräfte*. Heidelberg: Redline Wirtschaft, S. 15.)
86 Ames 1993, S. 102.

mit:

> If you heed my assessments, dispatching troops into battle would mean certain victory, and I will stay. If you do not heed them, dispatching troops would mean certain defeat, and I will leave.[87]

Eine andere mögliche Interpretation derselben Textstelle vom selben Übersetzer lautet:

> If a commander heeds my assessments, to employ him is certain victory. Keep him. If a commander does not heed my assessments, to employ him is certain defeat. Dismiss him.[88]

Ein weiteres auffälliges Beispiel findet sich in Kapitel 2 *Die Kriegführung*, wo es heißt:

> 全国为上，破国次之；全军为上，破军次之；全旅为上，破旅次之；全卒为上，破卒次之；全伍为上，破伍次之。[89]

Ames übersetzt dies D.C. Lau folgend mit:

> It is best to keep one's state intact; to crush the enemy's state is only second best. It is best to keep one's own army, battalion, company, or five-man squad intact; to crush the enemy's army, battalion, company, or five-man squad is only a second best.[90]

Hierbei räumt er ein, die üblichere Version laute allerdings:

> It is best to preserve the enemy's state intact; to crush the enemy's state is only second best. It is best to preserve the enemy's army, battalion, company, or five-man squad intact; to crush the enemy's army, battalion, company, or five-man squad is only a second best.[91]

Eine weitere Möglichkeit der Interpretation ist laut Ames zudem:

---

87 Ibid., S. 104.
88 Ibid., S. 283.
89 Ibid., S. 110. Harro von Senger wies darauf hin, dass dieses Problem sich erledige, sobald man die eigenen Interpretationen der mehrdeutigen Stellen in eckige Klammern setze (mündliche Kommunikation vom 28.05.2009).
90 Ibid., S. 111.
91 Ibid., S. 284. Ames folgt bei dieser Interpretation Mark Lewis (vgl. Lewis, Mark Edward (1990): *Sanctioned Violence in Early China*. Albany, NY: University of New York Press, S. 116).

> It is best to preserve a state intact, and only second best to crush it; it is best to preserve an army, battalion, company, or five-man squad intact, and only second best to crush it.[92]

In diesen Beispielen handelt es sich um echte Polysemie von Textstellen, d.h. es existieren Mehrdeutigkeiten lexikalisch-syntaktischer Einheiten.[93] Für diese polysemischen Eigenschaften des Urtexts gibt es noch viele weitere Beispiele. Es soll nun allerdings nicht der Eindruck entstehen, der Urtext von *Sunzi bingfa* sei komplett polysemisch im linguistischen Sinne. Vielmehr gibt es auch viele Stellen im Text, bei denen die Übersetzungen nur wenig oder nur im Rahmen der beim Übersetzen normalen Bandbreite differieren. Der wesentliche Punkt ist vielmehr, dass der Text auf viele Weise *anwendbar* ist, denn die in ihm niedergelegten Gedanken sind zum großen Teil relativ abstrakt und leicht übertragbar. Victor H. Mair stellt heraus, dass es in *Sunzi bingfa* – vor allem verglichen mit *Sun Bin bingfa* – in der Regel um allgemeine Prinzipien gehe.[94]

Man könnte vielleicht sagen, dass *Sunzi bingfa* seine Deutbarkeit durch hermeneutische Verfahren im Sinne der Allegorese erhält. Dabei wird eine hinter dem Wortsinn des Textes verborgene, „*nicht unmittelbar evidente tiefere*" Bedeutung, ein *sensus spiritualis* aufgezeigt (oder erzeugt).[95] In diesem Sinne wird der Urtext entweder neu gedeutet, wobei von ihm mehr oder minder stark abstrahiert wird, oder in Form einer Parodie[96] paraphrasiert, neu formuliert und auf das entsprechende Themenfeld bezogen. Viele *Business Sunzi*-Werke sind Ausdeutungen im ersteren Sinne, Beispiele für die zweite Variante sind Bruce Websters *The Art of 'ware*[97] und Gary Gagliardis *The Art of War in Sunzis own Words*.[98] Auf diese Autoren wird in Kapitel 5 noch näher eingegangen.

Es wird klar, dass ‚der Text' von *Sunzi bingfa* zumindest für den heutigen (und vermutlich auch für den antiken) Leser gar nicht existierte bzw. existiert. Zu einem verstehbaren Text wird das Werk erst im Zusammenhang mit den Kommentaren oder Übersetzungen, die – zumindest bis zu einem gewissen Grade – den Urtext ver-

---

92 Ames, S. 284.
93 Vgl. Glück, Helmut [Hg.] (1993): *Metzler Lexikon Sprache*. Stuttgart/Weimar: Metzler, Eintrag „Polysemie", S. 474.
94 Das ist für ihn auch der Grund, warum er behauptet, bei *Sunzi bingfa* handele es sich Abstraktionen aus dem Werk von Sun Bin, den es, im Gegensatz zu Sun Wu tatsächlich gegeben habe. Sun Wu sei dann als Autor dieser nachträglichen Abstraktion kreiert worden (vgl. Mair 2007, S. LI sowie S. 9ff.).
95 Vgl. Schweikle, Günther und Irmgard [Hg.] (1990): *Metzler Lexikon Literatur*. 2. überarbeitete Auflage. Stuttgart/Weimar: Metzler, Eintrag „Allegorese", S. 9.
96 Parodie ist hier im Sinne der Genette'schen Intertextualität zu verstehen. Hierzu mehr im Kapitel 5. Zu Genettes Konzeption der Intertextualität vgl. Genette, Gérard (1993): *Palimpseste: Die Literatur auf zweiter Stufe*. Deutsche Erstausgabe. Frankfurt/Main: Suhrkamp.
97 Webster, Bruce (1995/2007): *The Art of 'Ware. Version 2.0. Sun Tzu's Classic Work reinterpreted*. Online-Dokument, Quelle:
    http://and-still-i-persist.com/wp-includes/docs/ArtOfWare.pdf (Download: 08.12.07).
98 Gagliardi, Gary (1999/2001b): *The Art of War in Sun Tzu's own Words*. Shoreline: Clearbridge Publishing.

ständlich machen. Da diese Tradition des Kommentierens bis heute weitergeführt wird, muss man von einer (intertextuellen) Textgenese ausgehen, die sich bis in die Gegenwart fortgesetzt hat und auch in Zukunft weitergehen dürfte, wie sich an den immer wieder publizierten Neuinterpretationen und -übersetzungen erkennen lässt.

Durch den hohen Abstraktionsgrad des Textes sind, wie schon erwähnt, auch relativ abstrus scheinende Deutungen möglich. In diesem Zusammenhang könnte man beispielsweise Gary Gagliardis Neuinterpretation, die er ausgerechnet *The Art of War in Sunzis own Words* nannte, einordnen, wobei der Autor allerdings seine völlige Unkenntnis der Grundlagen und Hintergründe von Verstehens- und Übersetzungsprozessen beweist. So heißt es im Vorwort:

> Originally, I didn't plan to do a new translation of *The Art of War* itself. However, as I delved into the available translations, I discovered that each disagreed on Sun Tzu's meaning at essential points. In order to understand these conflicts, I went back to the Chinese text itself. Even for those who cannot read Chinese, the Internet makes it easy to translate the original Chinese characters. Sites display the Chinese text with links tying each character to different Chinese-English dictionaries. Using the context and other translations to select the appropriate meaning for each character, I created my own character-by-character translation.[99]

Die Folgen dieser hemdsärmeligen Vorgehensweise sind unübersehbar. Der Text strotzt von Anfang an von inhaltlichen Fehlern und Ungenauigkeiten. So etwa schon im ersten Satz:

> This is war.
>
> It is the most important skill in the nation.[100]

Hier reißt der Autor zum einen grundlos die Thema-Rhema-Struktur des Originals auseinander, indem er den Begriff *Krieg* (兵者, *bingzhe*), der das Thema des Abschnittes vorgibt, vom Folgenden abtrennt. Zum anderen unterläuft ihm in lexikalischer Hinsicht der Fehler, den Begriff *Angelegenheit*, *Sache* (事, *shi*) einseitig als *Beruf* (*profession*)[101] und von daher als *Fertigkeit* zu interpretieren, wie er überhaupt die diachrone Entwicklung in der Lexik und die relevante Kommentarliteratur nicht zur Kenntnis nimmt und daher anachronistisch übersetzt. Allerdings kann man die Missachtung der neueren Erkenntnisse der Übersetzungswissenschaft gerade in der Sinologie nicht alleine Laien wie Gagliardi, den man wohl schlichtweg als ignorant bezeichnen muss, zum Vorwurf machen. Beispielsweise hält der Sinologe Jean François Billeter seinem Kollegen François Jullien vor, mit seinen invarianten Standard-Übersetzungen für polyvalente Begriffe wie *dao* (道) als *procès*, *shi* (勢) als

---

99   Ibid., S. ix. Mehr zu Gagliardi in Kapitel 5.
100 Ibid., S. 3.
101 Ibid., S. 2.

propension oder *dan* (淡) als *fadeur*[102] deren Bedeutung Gewalt anzutun und solchermaßen Begriffe zu schaffen, die es im chinesischen Original gar nicht gebe. Allerdings ist sich Jullien dieser Problematik durchaus bewusst und verteidigt sein Vorgehen als ein Produkt der Spannung zwischen Aneignung und Exotisierung im Übersetzen.[103] Eine derart differenzierte Auseinandersetzung mit Fragen des Übersetzens ist allerdings in der *Business Sunzi*-Literatur nicht zu erwarten, da diese tendenziell der Trivialliteratur angehört und höheren wissenschaftlichen Standards in der Regel nicht genügt.[104]

Bei dieser problematischen Ausgangslage hinsichtlich des Verstehens und Interpretierens von *Sunzi bingfa* ist es nicht weiter erstaunlich, dass von einer allgemeingültigen Deutung nicht die Rede sein kann. Aus der Deutbarkeit des Textes folgt auch die Möglichkeit, diesen auf die verschiedensten Bereiche anzuwenden, in denen Konflikte eine Rolle spielen. So hat sich schon seit der chinesischen Antike eine Vielzahl von Interpretationen militärischer und nichtmilitärischer Art etabliert. Ein Blick in chinesische Bibliothekskataloge genügt, um einen Eindruck von den vielfältigen Thematiken zu bekommen, mit denen *Sunzi bingfa* in Verbindung gebracht wird. Mögliche Beispiele der direkten praktischen Anwendung sind Militärstrategie und –taktik, Nationale Sicherheit, Unternehmensmanagement, Wettbewerb im Handel, Aktienmarkt, diplomatische Verhandlungen, Kommunikation und Umgang mit Menschen, sportliche Konkurrenz oder medizinische Diagnostik und Therapie. Es hat den Anschein, als ob der Text über eine schier unbegrenzte Adaptivität verfüge.

Diesen Anwendungen ist eines gemeinsam: Es erfolgt eine gedankliche Umleitung aus dem militärischen in ein anderes Konfliktfeld. Dabei kommt es zu einer Reduzierung der ursprünglichen Polysemie bzw. Deutbarkeit, da die Kontextbedingungen eingegrenzt werden, und demnach eine reduktionistische Anwendung erfolgt. Zugleich werden aber neue Felder der Betrachtung eröffnet, was durch die stets vorhandene Freiheit der Fortsetzung[105] in der Übersetzung zu weiteren Anknüpfungsmöglichkeiten führt. Dies grenzt an den Bereich der Sunzi-Übersetzungen an, die das Thema des folgenden Abschnittes bilden.

---

102 Auf Deutsch *Prozess*, *Potential* und *Fadheit*. Jullien hat von diesen drei Begriffen nur den Begriff *shi* (势) aus *Sunzi bingfa* entnommen. Die Begriffe *dao* (道) und *dan* (淡) stammen aus anderen Quellen.
103 Zu dieser Diskussion vgl. Billeter, Jean François (2006): *Contre François Jullien*. Paris: Allia, S. 49ff. Mehr dazu im folgenden Kapitel.
104 Es würde zu weit führen, hier den ohnehin nicht klar abgrenzbaren Begriff des Trivialen oder gar der Trivialliteratur zu definieren. An dieser bzw. auch an anderen Stellen dieser Arbeit ist damit eine unwissenschaftliche und nicht durch Fakten gestützte Arbeitsweise gemeint, die auf komplexe Sachverhalte unterkomplexe Erklärungen und Darstellungsweisen anwendet.
105 Hierzu mehr im folgenden Kapitel, wo z.B. auch Fragen des Übersetzens, Verstehens und Interpretierens im interkulturellen Kontext aufgegriffen werden.

Übersetzungen

Von *Sunzi bingfa* existieren mittlerweile zahlreiche Übersetzungen, wobei alle Weltsprachen vertreten sind.[106] Für den Westen bzw. für *Business Sunzi* dürften dabei die englischen und japanischen Übertragungen am bedeutsamsten sein. Zudem existieren zahlreiche Versionen in verschiedensten Sprachen, die anhand englischer Ausgangstexte erstellt wurden.

Die wohl früheste Übersetzung von *Sunzi bingfa* in eine Fremdsprache dürfte die so genannte Xixia-Version gewesen sein, bei der es sich um eine Übertragung ins Tangutische handelte. Dieser Text war, zusammen mit den tangutischen Versionen vieler anderer chinesischer Klassiker, von dem ungarischen Forscher und Geographen Mark Aurel Stein zu Beginn des 20. Jahrhunderts auf einer Expedition in den Nordwesten Chinas in der Ruinenstadt Khara Khoto gefunden worden und befindet sich heute in der British Library.[107] Die Tanguten, ein mit den Tibetern verwandtes Volk, hatten während des 10. und 11. Jahrhunderts im Nordwesten von China ein eigenes Königreich errichtet, das 1226/27 dem Ansturm der Mongolen unter Dschingis Khan zum Opfer fiel. Das von den Chinesen *Xixia* genannte Volk hatte sich kulturell eng an das Reich der Mitte angelehnt.[108]

Die chronologisch nächste Übersetzung stammt vermutlich aus dem Japan der Edo-Zeit (1600 – 1868) und wurde möglicherweise während der Regierung des vierten Tokugawa-Shoguns Ietsune (1651 – 1680), angefertigt.[109] Victor H. Mair hin-

---

106 Vgl. Ames 1993, S. 4 sowie Mair 2007, S. 49.
107 Vgl. 胡若飞：英藏黑水城文献概略（一）(*Hu, Ruofei: Ying cang Heishuicheng wenxian gailüe. yi*) [Die britische Sammlung der Funde aus Khara Khoto] Quelle: http://www. nxnews.net/1168/ 2005-11-16/13@ 112736.htm (Download: 31.05.08). Hu gibt an, dass der Text nur drei der elf Kommentare beinhaltet, die in der Song-Zeit, also zeitgleich zum Xixia-Reich, in *Sunzi kommentiert von elf Meistern* vorhanden waren, nämlich Cao Cao, Li Quan und Du Mu. Alle drei Autoren waren vor bzw. in der Tang-Zeit tätig. Hu stellt die Frage, ob es sich nicht um eine bis dahin unbekannte Ausgabe von *Sunzi bingfa* handele (vgl. ibid.).
Da auch russische Wissenschaftler regen Anteil an der Erforschung von Khara Khoto hatten, befindet sich heute ein weiterer umfangreicher Textkorpus in der Sammlung des Institute of Oriental Studies der Sowjetischen Akademie der Wissenschaften in Sankt Petersburg: Tatsächlich war Steins Expedition von russischen Funden aus dem Jahr 1908 inspiriert worden. Vor allem die russische Spezialistin für das Tangutische Ksenija Borisovna Keping publizierte zahlreiche Schriften über das Tangutische, u.a. auch über die in Khara Khoto gefundene tangutische Version von *Sunzi bingfa* [vgl. Nie, Hongyin: „Tangutology During the Past Decades", in: http://bic.cass.cn/english/infoShow/Arcitle_Show_Forum2_Show.asp?ID=307& Title=The%20Humanities%20Study&strNavigation=Home%3EForum%3EEthnography& BigClassID=4&SmallClassID=8 (Download: 05.06.08)].
108 Zur tangutischen Übersetzung von Sunzi bingfa vgl. auch Mair 2007, S. 49f.
109 Vgl.王銘（2006）：最早的《孫子兵法》英譯本及其與日本的關係。《世界漢學》第四期。北京：中國文化研究所。(*Wang, Ming: Zuizao de Sunzi bingfa yingyiben ji qi yu Riben de guanxi. Shijie hanxue di si qi. Beijing: Zhongguo wenhua yanjiusuo*) [Die früheste englische Übersetzung von Sunzi bingfa und ihr Bezug zu Japan. World Sinology, 4], S. 132

gegen gibt als ersten Übersetzer Ogyū Sorai (荻生徂徠, 1666 – 1728), einen Gelehrten und Spezialisten für die chinesischen Klassiker, an. Allerdings handelt es sich bei dem von Ogyū verfassten Werk *Sunzi auf Japanisch erklärt* (孙子国字解, *Sonshi kokujikai*) nicht direkt um eine Übersetzung, sondern um eine kommentierte Originaltextausgabe mit beigefügten Erläuterungen auf Japanisch.[110] Diese Form der ‚Übersetzung' von *Sunzi bingfa* findet sich in Japan jedoch durchaus schon vor Ogyūs Werk, weshalb Mairs Aussage hier wohl zu relativieren wäre.[111] Im Grunde tut er es auch selbst, wie weiter unten noch erkennbar wird.

Es stellt sich ohnehin die Frage, was man als eine japanische Übersetzung von *Sunzi bingfa* betrachten sollte. Ralph D. Sawyer weist darauf hin, dass man in Japan bereits seit frühester Zeit chinesische Texte las und verstand [wie heutzutage ja das Englische internationale Zweitsprache in vielen Bereichen geworden ist, TK] und schlägt daher die Termini *semi-translation* bzw. *hybrid* vor. Mit diesen soll ausgedrückt werden, dass in Japan bereits seit langer Zeit eine ausgeprägte Tradition des Lesens, Verstehens und Annotierens chinesischer Texte existierte, in die sich japanische Elemente einfügten, weswegen sich die Frage nach dem Übersetzen für das Japanische ohnehin ganz anders stellt als beispielsweise für die westlichen Sprachen[112] oder das Tangutische.

Lange Zeit war *Sunzi bingfa* in Japan als ‚Geheimbuch' nur innerhalb von Krieger-Familien weitergegeben worden.[113] Aber in der frühen bis mittleren Edo-Zeit fand das Buch auch bei ‚Zivilisten' Anklang, die sehr früh begannen, es auf ihr alltägliches Leben anzuwenden.[114] Der (mutmaßlich) ersten Übersetzung folgte dann noch eine ganze Reihe weiterer Übertragungen ins Japanische, die von unterschiedlicher Qualität waren.[115] Mair stellt fest, dass erst im 20. Jahrhundert Übersetzungen ins moderne Japanisch auftauchten,[116] was zu den oben gemachten Bemerkungen darüber passt, was man in Bezug auf das vormoderne Japan überhaupt unter einer Übersetzung aus dem Chinesischen verstehen kann.

Während der Qing-Zeit (1644 – 1911) wurde *Sunzi bingfa* auch ins Mandschurische übersetzt, was für die frühe westliche Rezeption eine wichtige Rolle spielen sollte, da sich die beiden ersten okzidentalen Übersetzungsversuche zum Teil am Mandschurischen orientierten. Mair gibt als Autor der ersten mandschurischen Version einen Mandschu-Adligen und Verwandten der Kaiserfamilie, Qiying (耆英, 1790 – 1858) an, der in den Verhandlungen mit den Briten während des Opium-

---

    – 137, hier S. 134. Leider gibt der Autor keinerlei Details an, sodass diese Angabe kaum überprüfbar ist.
110 Vgl. SXWT, S. 438.
111 Vgl. ibid., S. 431ff.
112 Vgl. Ralph D. Sawyer: Private Kommunikation per E-Mail vom 08.06. und 14.06.2008.
113 Vgl. Griffith 1963, S. 171.
114 Hierzu mehr in Kapitel 3.
115 Vgl. Sawyer 1993, S. 420f FN Nr. 1.
116 Vgl. Mair 2007, S. 51.

kriegs[117] (1839 – 1842) und auch später eine wichtige Rolle spielte.[118] Dem widerspricht jedoch die Tatsache, dass die ersten Übersetzer in europäische Sprachen bereits im letzten Drittel des 18. Jahrhunderts auf mandschurische Versionen von *Sunzi bingfa* zurückgriffen. Demzufolge ist der Übersetzer der frühesten mandschurischen Version von *Sunzi bingfa* nicht bekannt.

Die früheste Übersetzung in eine europäische Sprache stammt aus dem Jahre 1772[119] und wurde von dem französischen Jesuitenpater Joseph Marie Amiot angefertigt, der lange im qingzeitlichen China lebte und in Peking starb.[120] Es handelt sich dabei um eine relativ freie Übertragung ins Französische[121], die er unter Zu-

---

117　Zum Opium-Krieg vgl. auch Spence, Jonathan (2001): *Chinas Weg in die Moderne*. Aktualisierte und erweiterte Ausgabe. München: dtv, S. 181ff.
118　Ibid., S. 75, in FN Nr. 91. Qiying hatte hohe Posten in der Qing-Bürokratie inne und wurde von Peking während der Verhandlungen des Qing-Hofes mit den westlichen Mächten seit dem Opium-Krieg mehrfach als Unterhändler eingesetzt. 1858 scheiterte er, da man ihm von westlicher Seite vorwarf, er habe sich in Berichten an den Hof, die man in Kanton gefunden hatte, abschätzig über die Ausländer geäußert. Als er daher unverrichteter Dinge die Verhandlungen abbrechen musste, wurde er zum Tode durch Selbstmord verurteilt (vgl. Fairbank, John K. (1978): *The Cambridge History of China. Late Ch'ing 1800 – 1911 Part 1*. London/New York/Melbourne, S. 209 sowie S. 249f.).
119　Diese ist enthalten in: Amiot, Joseph Marie (1772): *Art Militaire Des Chinois, Ou Recueil D'Anciens Traités Sur La Guerre, composés avant l'ère chrétienne, Par Différents Généraux Chinois : Ouvrages sur lesquels les Aspirants aux Grades Militaires sont obligés de subir des examens. On Y A Joint Dix Préceptes adressés aux Troupes par l'Empereur Yong-Tcheng, père de l'Empereur régnant ; Et des Planches Gravées pour l'intelligence des Exercices, des Evolutions, des Habillements, des Armes & des Instruments Militaires des Chinois*. Paris : Didot.
120　Père Amiots (sein chinesischer Name war Qian Deming, 钱德明) vgl. 晨更：把《孙子》引向欧洲的第一人。(*Chen, Geng: Ba Sunzi yin xiang Ouzhou de di yi ren*) [Der Erste, der Sunzi in Europa einführte], in: SBNJ4, S. 215) Grabstele kann heute im Museum für Steinmetzkunst im Fünfpagoden-Tempel (五塔寺, *Wuta si*) in Beijing besichtigt werden (vgl. 李零：孙子兵法—古今中外及其它。(*Li, Ling: Sunzi bingfa – gujin zhongwai ji qita*) [Sunzi bingfa – Früher und Heute, im In- und Ausland sowie Anderes], in: 杨承运[Hg.] (1998)：学校的理想装备。电子图书学校专集校园网上的最佳资源。智慧的感悟 o.O. (*Yang, Chengyun: Xuexiao de lixiang zhuangbei. dianzi tushu xuexiao zhuanji xiaoyuan wangshang de zuijia ziyuan. Zhihui de ganwu*) [Die ideale Ausstattung für die Schule. Das beste Material aus dem Netz für elektronische Hochschul-Bücher], S.77 – 91, hier S. 78).
121　Diese Tatsache gab den Anstoß zu der Behauptung, Napoleon I. habe das Buch gekannt und angewendet. Diese findet vor allem in der *Business Sunzi*-Literatur immer noch Verbreitung. Dazu schrieb Samuel B. Griffith sehr vorsichtig, Napoleon habe das Werk möglicherweise in die Hände bekommen, wie ein chinesischer Herausgeber ihm gegenüber behauptet habe (vgl. Griffith 1963, S. x). Mair greift diese These ohne Namensnennung vehement an und geht davon aus, dass es sich um ein Phantasieprodukt bzw. um ein Gerücht handelte. Seiner Ansicht nach war das Buch – Napoleon war drei, als es erschien – bis dieser alt genug war, sich dafür zu interessieren, bereits aus der Öffentlichkeit verschwunden (Mair berücksichtigt dabei allerdings nicht, dass 1782 eine Neuauflage des Buches erschien. Damals war Napoleon immerhin schon 13 Jahre alt). Zudem habe er in keiner Napoleon-Biographie oder Studie über den Korsen Hinweise auf Sunzi gefunden. Auch lasse sich in keiner Schlacht Napoleons nachweisen, das diese auf Maximen aus dem chinesischen Traktat beruhe (vgl. Mair 2007, S.

hilfenahme einer mandschurischen Version verfasste. Da Amiot sich eigens für die Übersetzung dieses und einiger anderer Werke über den Krieg die Mühe machte, das Mandschurische zu erlernen, dürfte die mandschurische Übersetzung von *Sunzi bingfa* in Umfang und Qualität bereits von gewisser Bedeutung gewesen sein,[122] was laut Amiot zumindest auch die Ansicht seiner chinesischen Gewährsperson war.[123] Amiots Buch, das 1782 erneut aufgelegt wurde, war über 200 Jahre lang die einzige direkte Übertragung von *Sunzi bingfa* ins Französische. Es dauerte bis in die späten 1980er-Jahre bis das Werk von Valérie Niquet-Cabestan neu übersetzt wurde.[124] Im Jahr 2000 kam dann zudem mit Jean Lévys *L'art de la guerre*[125] eine weitere Übersetzung heraus.

Bemerkenswerterweise ebenfalls im Jahre 1772 gab der russische Sinologe Alexej Leontjew (1716 – 1786) ein *Chinesische Gedanken*[126] genanntes Werk in russischer Sprache heraus, in dem er unter anderem auch Ausschnitte aus *Sunzi bingfa* – laut Buchdeckel der deutschen Ausgabe aus dem Mandschurischen – übersetzte. Allerdings könnte es auch sein, dass ein Teil der Originalvorlagen von *Chinesische Gedanken* auf Mandschurisch und ein Teil auf Chinesisch verfasst war. Leontjews Werk wurde im Übrigen 1776 ins Deutsche übertragen[127]: somit handelt es sich bei diesem um die erste Teilübersetzung von *Sunzi bingfa* ins Deutsche, auch wenn diese nur mittelbar, über eine oder gar zwei vorgeschaltete Sprachen, nämlich das Mandschurische und das Russische, erfolgte. Erst 1860 wurde eine Komplettübersetzung in die russische Sprache angefertigt, die von einem Sinologen namens Sreznevskij stammte und im *Kriegs-Handbuch* (*Voenniy Sbornik*) unter dem Titel *Instruktionen des Generals Sunzi für seine untergebenen Generale* erschien.[128] Eine

---

52f. sowie S. 75 FN Nr. 92). In der Tat stellt sich die Frage, warum, falls Napoleon tatsächlich Amiots Buch rezipiert haben sollte, er im Laufe seiner Karriere unerklärlicherweise immer weiter von Sunzis Maximen der Flexibilität und der schnellen Kriegsführung abgewichen sei? Dass dies der Fall gewesen sein müsste, ist an seiner katastrophalen Niederlage in Russland klar zu erkennen, die letzten Endes zu seinem Sturz führte.

122 Vgl. Amiot 1772, S. 7. Dort heißt es im *Discours du Traducteur*: „Une personne de confiance, que j'avois chargée depuis plus d'un an de ramasser tous les livres, qu'elle pourroit trouver sur la guerre [...] vit [...] un manuscrit, dans lequel se trouvoit la collection des bon Auteurs qui ont écrit sur l'Art Militaire, avec des notes qui en étoient une espece de commentaire [...]. Toute cette collection étoit traduite en Tartare-Mantchou. J'apprenois alors cette langue [...]."

123 Ibid., S. 8.

124 Niquet-Cabestan, Valérie (1988): *Sun Zi*. Paris: Economica.

125 Lévy, Jean (2000): *L'art de la guerre*. Paris: Hachette.

126 Leontjew, Alexej (1776): *Chinesische Gedanken*. Weimar: Hoffmann.

127 Vgl. N.N. (o.O./o.Z.) [Aus den Internetdokumenten der Chinesischen Nationalbibliothek:] 阿列克谢·列昂季耶维奇·列昂季耶夫 （Алексей Леонтьевич Леонтиев, 俄国，1716 -1786）(*Aliekexie Lieangjiyeweiqi lieangjiyefu*) [Alexej Leantjewitsch Leontjew] Quelle: http://form.nlc.gov.cn/sino/show.php?id=68 (Download: 31.05.08).

128 Vgl. Griffith 1963, S. 183. An gleicher Stelle erwähnt Griffith noch eine Publikation, die im Jahre 1889 im Handbuch der Geographie und Topographie sowie der statistischen Materialien für Asien unter dem Titel *Die Prinzipien der Kunst des Krieges [wie dargestellt] in den*

weitere russische Übersetzung wurde erst viel später, im Jahre 1950, von Nikolaj Iosifovic Konrad veröffentlicht.[129] Griffith erwähnt zudem die Übersetzung von Sidorenko, die 1957 im Auftrag des Ministeriums für Nationale Verteidigung der Deutschen Demokratischen Republik (DDR) ins Deutsche übertragen wurde.[130]

In den westlichen Ländern kam erst zu Beginn des 20. Jahrhunderts Bewegung in die Rezeption von *Sunzi bingfa*. Damals übertrugen gleich zwei britische Autoren, nämlich der Artillerieoffizier Everard Ferguson Calthrop (1876 – 1915) und der Sinologe Lionel Giles (1875 – 1958) das Buch im Abstand von nur wenigen Jahren ins Englische. Calthrop fertigte seine auf einer japanischen Ausgabe basierende Übersetzung, die 1905 in Tokyo erschien während seiner Tätigkeit für den britischen diplomatischen Dienst in Japan an. Seine Motivation bestand primär darin, herauszufinden, warum Japan in den Kriegen gegen China und Russland siegreich gewesen war, da viele japanische Militärs sich nach ihren Erfolgen auf *Sunzi bingfa* beriefen.[131] Im Jahre 1908 legte er in London eine verbesserte Ausgabe vor, die diesmal auf einer chinesischen Vorlage beruhte. Obschon besser als die erste, ließ auch die Qualität der zweiten Version in vieler Hinsicht zu wünschen übrig, was Lionel Giles dazu veranlasste, Calthrop heftig zu kritisieren.[132]

Giles' eigene Version aus dem Jahr 1910, in der dieser sich auch ausgiebig mit der chinesischen Kommentarliteratur auseinandersetzte und diese zum Teil mit übertrug, galt lange Zeit trotz gewisser Mängel als die autoritative englische Übersetzung. Sie liegt beispielsweise auch der sehr einflussreichen Sunzi-Ausgabe von James Clavell zugrunde, der in seinen Werken Sunzis Bedeutung für die ökonomischen Kreise in Asien im Westen thematisierte. Zuvor, während des zweiten Weltkriegs, war Thomas R. Phillips' Sammelwerk *Roots of strategy. A collection of military classics* erschienen, das ebenfalls auf der Giles'schen Übersetzung basierte.[133]

Kommentaren der Generale der chinesischen Antike erschien. Verfasser war ein Professor Putyaya (vgl. ibid.).
129 Konrad, Nikolaj Iosifovic (1950): *Sun'-czy. Traktat o voennom iskusstve*. Moskva: Akad. Nauk SSSR. [Sunzi. Traktat von der Kunst des Krieges. Verlag der Russischen Akademie der Wissenschaften].
130 Balcerowiak 1957.
131 Vgl. Calthrop, Everard Ferguson [Übers.] (1908): *The Book of War. The Military Classic of the Far East*. London: John Murray, S. 15, wo er auf die Erfolge Japans anspielt. Dort heißt es: "*To-day Sun and Wu* [Hiermit ist Wuzi gemeint, nicht etwa Sun Wu, TK] *have given way to the scientific works of European writers, but their sayings have become proverbs, and their influence undoubtedly helped the Japanese victory in the late war.*" In diesem Sinne auch Wang Ming (vgl. Wang 2006, S. 133ff). Die Parallelen zu heutigen Versuchen, von Sunzi zu lernen, sind im Übrigen unverkennbar.
132 Vgl. Giles 1910, S. viiiff. et passim sowie Ames 1993, S. 8.
133 Phillips, Thomas R. (1940): *Roots of strategy. A collection of military classics*. Harrisburg, Pa.: The Military service publishing company. Vgl. auch Griffith 1963, S. 183. Griffith erwähnt noch drei weitere Übersetzungen ins Englische für die Zeit des Zweiten Weltkrieges: E. Machell-Cox, E. L. Sadler und Cheng (Zheng) Lin.

Eine Art von ‚Quantensprung'[134] war laut Roger T. Ames die Übersetzung des US-amerikanischen Brigadegenerals und Militärhistorikers Samuel B. Griffith, die dieser im Jahre 1963 vorlegte,[135] und die in die *UNESCO Collection of Representative Works* aufgenommen wurde. Diese Übersetzung ergänzte den Urtext an einigen Stellen mit ausgewählten Materialien aus den Kommentaren. Vor allem erwähnenswert sind die Einführung und die Anhänge, in denen er wertvolle Informationen zu Übersetzungen und Kommentatoren zusammentrug.

Vom wissenschaftlichen Aspekt besonders hervorzuheben sind die Versionen von Roger T. Ames und Ralph D. Sawyer, die beide 1993 erschienen und ausführliche Erläuterungen und Anmerkungen enthalten, sowie die des Sinologen und Übersetzers John Minford.[136] Hierbei befasste sich Ames vor allem mit dem historisch-philosophischen Hintergrund und Sawyer mit militärhistorischen Aspekten, Minford hingegen konzentrierte sich auf daoistische Ideen im Text sowie dessen literarische Aspekte. Zudem erschienen seit den späten 80er-Jahren des 20. Jahrhunderts mehrere Neuübersetzungen ins US-Amerikanische. Allerdings können und sollen an dieser Stelle nicht alle rezenten Übersetzungen ins Englische genannt werden, da dies nichts Wesentliches zur Diskussion beitragen würde.

Die neueste englischsprachige Übersetzung des Werkes mit wissenschaftlichem Anspruch stammt aus dem Jahr 2007 und wurde von dem US-amerikanischen Sinologen Victor H. Mair verfasst, der das Werk in den Dunstkreis des daoistischen Denkens einordnet.[137] In seiner Einleitung stellt er eine Vielzahl von Thesen auf, vor allem hinsichtlich der Autorschaft, und behandelt zahlreiche Themen, wie z.B. Aspekte der Stilistik im Vergleich zur anderen Werken der antiken chinesischen Militärliteratur, die Datierung der einzelnen Kapitel und die Frage nach inhaltlichen Parallelen in der Kriegsliteratur aus den letzten vorchristlichen Jahrhunderten auf dem eurasischen Kontinent.

Die nach der Teilübersetzung aus dem Russischen erste komplette deutsche Übertragung von *Sunzi bingfa* und *Wuzi* wurde von Bruno Navarra verfasst und stammt aus dem selben Jahr wie die bereits mehrfach genannte Giles'sche Übersetzung, also 1910. Allerdings ist der Text sehr uneinheitlich: zwar folgt er teilweise eng dem Original, an anderen Stellen jedoch wurde Text weggelassen bzw. stark zusammengefasst, zudem wurde vieles offenkundig nicht richtig verstanden. Auch ließ der Übersetzer das gesamte achte Kapitel *Die neun Wechselfälle* komplett aus. Von Navarras Werk scheinen keine feststellbaren Einflüsse ausgegangen zu sein.[138] Erst viel später, nämlich 1957, wurde in der DDR für den militärischen Gebrauch die

---

134 Vgl. Ames 1993, S. 8.
135 Griffith 1963.
136 Ames 1993, Sawyer 1993 sowie Minford, John (2002): *The Art of War by Sun Tzu*. Viking Adult.
137 Mair 2007, S. 2 und S. 47.
138 Navarra, Bruno [Übers.] (1910): *Das Buch vom Kriege: der Militär-Klassiker der Chinesen; mit Bildern nach chinesischen Originalen*. Berlin: Boll u. Pickardt.

bereits erwähnte russische Version von Sidorenko ins Deutsche übertragen.[139] Auch die im Jahre 1972 erschienene Übersetzung von H.D. Becker[140] griff auf mehrere Übersetzungstexte in europäischen Sprachen, jedoch nicht auf das chinesische Original, zurück. In einer Notiz zum Text heißt es: *Unsere Ausgabe beansprucht keinen »wissenschaftlichen Charakter« – wir sehen sie aber als geeignet an, den Leser mit Sun Tze bekannt zu machen.*"[141] Weiterhin zählen die Autoren, die von ihnen verwendeten Ausgaben auf: eine russische (Konrad), eine deutsche (Sidorenko in Übersetzung), eine englische (Griffith) sowie eine französische (die zwangsläufig auf Amiot basierte). Asiatische Quellen werden nicht erwähnt. Es ist auch ganz offenkundig, dass z.B. bei der Übersetzung der im Anhang teilweise wiedergegebenen Kommentare die Ausgabe von Griffith verwendet wurde, da die Texte bei Begrifflichkeiten und Satzgrenzen weitgehend übereinstimmen.[142]

Dieser Version folgte 1989 die bis 2008 noch zweimal aufgelegte Übertragung von Klaus Leibnitz,[143] der in seinem Vorwort angibt, bei seinem Text handele es sich um die einzige deutsche *Sunzi bingfa*-Version, die direkt vom Chinesischen ins Deutsche übersetzt worden sei. Zwar ist Leibnitz kein Sinologe, hat dafür jedoch enge Bezüge zu Japan.[144] Trotzdem muss seine Behauptung kritisch gesehen werden. Eine vergleichende Lektüre der Texte von Leibnitz, Griffith und Giles sowie des Originaltextes in der Ames'schen Ausgabe ergab häufig frappierende Übereinstimmungen des Leibnitz'schen Textes in Satzaufbau, Vokabular und Inhalt mit Griffith bzw. an einigen Stellen auch mit Giles. Allerdings sind zuweilen auch von beiden stark abweichende Interpretationen zu finden.[145] Ein Textabschnitt zeigt jedoch eindeutig, dass der Autor dort nicht aus dem Chinesischen, sondern aus dem Englischen – und das falsch – übersetzt hat. Im Originaltext steht in Kapitel 9, *Der Marsch*[146] (行军篇, *xing jun pian*): 陵丘阳防，必处其阳而右倍（背）之。[147]

---

139 Balcerowiak, Ina [Übers. aus dem Russischen] (1957): *Traktat über die Kriegskunst. SSunds'*. Übersetzt aus dem Altchinesischen ins Russ. und annotiert. von J. I. Sidorenko. Mit einer Einleitung von J. A. Rasin. Berlin: Verlag des Ministeriums für Nationale Verteidigung.
140 Becker, H. D. [Übers.] (1972): *Die dreizehn Gebote der Kriegskunst*. München: Rogner & Bernhard.
141 Ibid., S. 107.
142 Vgl. Ibid., S. 92ff.
143 Klaus Leibnitz (1989): *Sun Tsu: Über die Kriegskunst*. Karlsruhe: Info-Verlagsgesellschaft.
144 Vgl. ibid., S. 7f. Sonderbarerweise findet sich in Leibnitz' Publikationsliste außer der Sunzi-Übersetzung keinerlei Hinweis auf eine Beschäftigung mit chinesischen Texten [vgl. http://www.leibnitz-online.de/1.html (Download: 16.06.08)].
145 Ein Beispiel ist gleich der Beginn der Leibnitz'schen Version, wo es heißt: „*1. Sun Tsu spricht: Der Soldat ist für den Staat von größter Bedeutung. Er entscheidet über Leben und Tod, er zeigt den Weg entweder zum Überleben oder in den Untergang. Deshalb sollten alle militärischen Überlegungen sorgfältig untersucht werden.*" (Leibnitz 1989, S. 11.) Griffith übersetzt hier im gleichen Sinne wie praktisch alle anderen Übersetzer auch: „*SUN TZU said: 1. War is a matter of vital importance to the State; the province of life or death; the road to survival or ruin. It is mandatory that it be thoroughly studied.*" (Griffith 1963, S. 63.) Im Original: 孙子曰：兵者，国之大事。死生之地，存亡之道，不可不察也。(Ames 1993, S. 102.)
146 Die Kapitelbezeichnungen folgen der Übersetzung von Klöpsch (Klöpsch 2009).

Das übersetzt Griffith mit: „*14. When near mounds, foothills, dikes or embankments, you must take position on the sunny side and rest your right and rear on them.*"[148] Leibnitz schreibt:

> 14. Bist du in der Nähe von Hügeln, kleinen Bergen, Dämmen oder Ufern, mußt du eine Stellung auf der Sonnenseite einnehmen. Deine rechte Flanke und die rückwärtigen Truppen sollten sich ausruhen.[149]

Hier ist, neben der Griffith'schen Nummerierung[150] unschwer das Griffith'sche „*rest your right and rear on them*" wiederzuerkennen. Allerdings in dem Sinne interpretiert, dass es sich die Truppen der rechten Flanke und der Nachhut auf diesen Hügeln, kleinen Bergen, Dämmen oder Ufern *bequem machen* sollten. Das ist zwar sehr menschenfreundlich gedacht, hat aber militärisch wenig Sinn. Eine solche Fehlinterpretation kann sich im Grunde nur dann einschleichen, wenn man an dieser Stelle nicht den Originaltext verwendet, sondern direkt von der Griffith'schen Version ausgeht und diese missversteht.[151]

In den 80er-Jahren des 20. Jahrhunderts wurde außerdem eine ganze Reihe von englischsprachigen Ausgaben von *Sunzi bingfa* ins Deutsche übertragen, z.B. die von R. L. Wing oder Thomas Cleary. Allerdings ist die Giles'sche Übersetzung in der von Clavell herausgegebenen Fassung immer noch recht weit verbreitet. Man kann sicherlich behaupten, dass im deutschen Sprachraum lange Zeit keine Übersetzung erschienen ist, die wissenschaftlichen Kriterien genügte. Diese Lücke wurde erst durch die 2009 unter dem Titel *Sunzi: Die Kunst des Krieges* erschienene Übersetzung des Sinologen und Übersetzers Volker Klöpsch gefüllt, der mit diesem Werk für sich in Anspruch nehmen kann, die erste wissenschaftlich fundierte Direktübersetzung von *Sunzi bingfa* vom Chinesischen ins Deutsche vorgelegt zu haben.[152]

Schon durch diese kurze Übersetzungsgeschichte von *Sunzi bingfa* wird deutlich, dass eine Vielzahl von verschiedensten Versionen des Werkes existiert. Es kann als

---

147 Ames 1993, S. 138.
148 Griffith 1963, S. 117.
149 Leibnitz 1989, S. 64.
150 Die Giles'sche Übersetzung, die sich bei der Nummerierung teilweise unterscheidet gibt für diesen Abschnitt die Nummer 13 an. Im chinesischen Original existieren diese Nummerierungen nicht.
151 Auf eine ausführliche Diskussion weiterer zahlreicher Indizien, die zeigen, das der Übersetzer mit großer Wahrscheinlichkeit kein Chinesisch konnte, wird hier verzichtet, es soll genügen, zu sagen, dass seine Übersetzung offenkundig nicht als Übersetzung aus dem Chinesischen im wissenschaftlichen Sinne gelten kann.
152 Klöpsch 2009. Volker Klöpsch kommt das Verdienst zu, *Sunzi bingfa* im deutschen Sprachraum mit seiner nüchternen und fundierten Übersetzung zum ersten Mal in einer ernsthaften und angemessenen Weise behandelt zu haben.

sicher gelten, dass gegenseitiges Abschreiben bzw. gegenseitiges Sich-zu-Rate-Ziehen für eine lebhafte Durchmischung der verschiedenen Interpretationen gesorgt hat. Somit erweist sich die Sunzi-Literatur, und damit auch ihr Derivat, die *Business Sunzi*-Literatur, als polymorph und vielfach determiniert.

2 Fremdverstehen und Kulturtransfer

[…] Tu as une seconde photographie ? Donne…

Maigret la fourra dans sa poche, à tout hasard. Puis il prit un autobus pour le boulevard de Montparnasse et dut éteindre sa pipe car c'était un autobus sans plate-forme.

Il avait besoin de garder le contact avec la rue Notre-Dame-des-Champs. Certains prétendaient qu'il tenait à tout faire par lui-même, y compris de fastidieuses filatures, comme s'il n'avait pas confiance en ses inspecteurs. Ils ne comprenaient pas que c'était pour lui une nécessité de sentir les gens vivre, d'essayer de se mettre à leur place.

Si cela n'avait été impossible, il se serait installé dans l'appartement des Josselin, se serait assis à table avec les deux femmes, aurait peut-être accompagné Véronique chez elle pour se rendre compte de la façon dont elle se comportait avec son mari et les enfants.

Il avait envie de faire lui-même la promenade que Josselin faisait chaque matin, de voir ce qu'il voyait, de s'arrêter sur les mêmes bancs.

Georges Simenon (1996) : *Maigret et les braves gens.* U.G.E. Poche, Presses de la cité, S. 114

Qui non intelligit res, non potest ex verbis sensum elicere.

Martin Luther: Tischreden 5 ; 26, 11 – 16 , Nr. 5246. Zitiert nach: Gadamer, Hans-Georg (1960/1990): *Hermeneutik I. Wahrheit und Methode – Grundzüge einer philosophischen Hermeneutik.* 6. durchgesehene Aufl. Tübingen: Mohr, S. 177

Das ‚Andere' verstehen

Die Frage der Kulturdifferenz und der daraus resultierenden Konflikte zwischen Zivilisationen, Kulturen und Lebensformen hat sich in den letzten Jahrzehnten in der Philosophie und den Kulturwissenschaften zu einem vielfach diskutierten Themenkomplex entwickelt.[153] Dabei sind die theoretisch-methodischen Diskussionen darüber, wie das ‚Andere'[154] verstehbar werden könne, zu keinem Ende gelangt, ge-

---

153 Vgl. Kogge, Werner (2002): *Die Grenzen des Verstehens. Kultur – Differenz – Diskretion.* Weilerswist: Velbrück, S. 17.
154 In dieser Arbeit wird nicht zwischen dem Fremden und dem Anderen differenziert, wie dies beispielsweise bei Waldenfels in seiner *Phänomenologie des Fremden* der Fall ist (vgl. Waldenfels, Bernhard (2006): *Grundmotive einer Phänomenologie des Fremden.* Frankfurt/Main:

schweige denn, dass sich eine allgemein akzeptierte Methode des Fremdverstehens herausgebildet hätte.[155] Die Probleme beginnen schon bei der Frage, was Verstehen eigentlich ist.

Hier soll ‚Verstehen' als eine Interaktion zwischen der Person des Verstehenden und der zu verstehenden Sache aufgefasst werden. Man könnte auch sagen, dass *jemand etwas als etwas versteht*. Das impliziert, dass Verstehen stets in Abhängigkeit von der Person, die versteht, samt ihrem Standpunkt zu sehen ist. Zudem bildet sich im Verstehen stets eine *Relation* zwischen mehreren Dingen, wobei die Grundfigur dieser Relationierung immer ein Vergleich ist. Demzufolge ist eine Trennung des *Wie* des Verstehens vom *Was*, aber auch vom *Wann*, *Warum* oder *Wo* sehr künstlich. Die Einsicht in die *Standortgebundenheit des eigenen Verstehens* ist von größter Bedeutung für dessen Ergebnisse.[156]

Dabei darf man allerdings auch nicht der Illusion eines unabhängigen Standortes oder einer möglichen ‚objektiven Betrachtung' des Zu-Untersuchenden zum Opfer

---

Suhrkamp). Hier wird das ‚Fremde' als eine Reaktion auf das ‚Andere' aufgefasst, sodass es sich hierbei nicht um getrennte Dinge handelt, sondern um Einstellungen eines Betrachters.

155 Der im weiteren Verlauf vorgestellte Ansatz des Philosophen Hans Julius Schneider lässt sogar darauf schließen, dass ein solches Ende des Verstehens (sofern man Verstehen als Übersetzung auffasst) aufgrund der Eigenheiten des Übersetzens prinzipiell unmöglich sei. Doch davon soll im Folgenden noch ausführlicher die Rede sein.

156 Um ein prominentes Beispiel zu nennen: Ram Adhar Malls Konzept einer interkulturellen Hermeneutik mit ihrer *orthaften Ortlosigkeit* scheint auf den ersten Blick eben dies zu berücksichtigen. Er wendet sich gegen alle universalistischen Konzepte, da in diesen „*ein offenes oder verstecktes Gewaltpotential*" enthalten sei. Zwar hat er Recht mit der Feststellung, „*Hermeneutische Modelle wie auch die Rationalitätsentwürfe verraten ihre lokale Bodenständigkeit und ihren Sedimentationscharakter […]*" (Mall, Ram Adhar (2005): *Hans-Georg Gadamers Hermeneutik interkulturell gelesen*. Nordhausen: Traugott Bautz, S. 105f.), doch scheint er zu übersehen, dass sich auch die Reflexion der Reflexion nicht von dieser Bodenständigkeit und diesen Sedimentierungen lösen kann. Seine Konsequenz einer ‚über den Dingen stehenden' Sichtweise auf Rationalität und Philosophie (hierbei ist es ihm vor allem eine Anerkennung nicht-europäischer Gedankengebäude als Philosophie zu tun) ist insofern nicht überzeugend und bleibt voluntaristisch, als er nicht zeigt, wie sich diese, jegliche Standortgebundenheit transzendierende Haltung, von ihrem Ausgangspunkt lösen soll. So schreibt er: „*Die Traditions- und Standpunktgebundenheit des Verstehens bleibt unbestritten. Die hermeneutisch-philosophisch so wichtige Ansicht des buddhistischen Philosophen Nagarjuna: alle Standpunkt sind als Standpunkte zu behandeln, ist selbst nicht mit einem bestimmten Standpunkt zu verwechseln. Denn dies ist eine Einstellung gewonnene auf einer höheren Ebene der Reflexion.*" (Ibid., S. 117.) Es ist schwierig aus diesen Gedanken konkrete Orientierungshilfen für das wissenschaftliche Arbeiten in Erkenntnis und Darstellung zu extrahieren. Man kann sich auch fragen, was seine Gedanken von einem (scheinbar) folgenlosen Relativismus unterscheidet. In der Praxis kann es keinen standpunktlosen Standpunkt geben. Somit lässt sich diese These zumindest in der Form nicht aufrechterhalten. Für eine Kritik an Mall vgl. Kempa, Thomas: „Das Problem des Standpunktes aus pragmatischer Sicht: *Malls* orthafte Ortlosigkeit *als Symptom für ein Dilemma der Interkulturellen Hermeneutik*", in: Ernst, Christoph et al. [Hg.] (2008): *Kulturhermeneutik. Interdisziplinäre Beiträge zum Umgang mit kultureller Differenz*. Paderborn: Wilhelm Fink, S. 75 – 94.

fallen.[157] Vielmehr definiert die eigene Standortgebundenheit zum einen die Voraussetzungen des Verstehens und zum anderen seine Begrenzungen, wobei ein reines Verharren im Eigenen nicht zum Verstehen des Anderen führen kann.[158] Das gilt zwar insbesondere für das ganz ‚Andere' oder ‚Fremde', lässt sich aber auch für das ‚Eigene' und ‚Bekannte' behaupten.[159] Der Unterschied liegt eher in der Auffälligkeit des Problems.

Hier wird nicht die Frage diskutiert, ob es ein berechtigtes Vorgehen sei, Kategorien und Vergleiche als Mittel des Verstehens und wissenschaftlichen Arbeitens einzusetzen, sondern, wie vorgreifend bereits gesagt werden soll, einerseits, wie diese Kategorien gewonnen werden – nämlich im direkten Kontakt mit dem ‚Objekt' – und andererseits, wie weit man den Rahmen ihrer Gültigkeit setzen sollte. Es geht darum, zu berücksichtigen, dass die anerkannten Verstehenskonzepte wie die klassische Hermeneutik oder die Diskursanalyse, aber auch die Wissenschaftler, die es gelernt haben, sich mittels bestimmter Praktiken des Geltungsanspruchs ihrer

---

157 Diesen Vorwurf könnte man beispielsweise, zumindest in Teilen, der Foucault'schen Diskursanalyse machen (vgl. Hampe, Michael (2006): *Erkenntnis und Praxis. Zur Philosophie des Pragmatismus*. Frankfurt/Main: Suhrkamp Taschenbuch Wissenschaft, S. 26).

158 ... , was beispielsweise der Philosophischen Hermeneutik nach Gadamer gern zur Last gelegt wird (vgl. Kogge 2002, passim). Einfach gesagt, kann man davon ausgehen, dass beide Konzeptionen – sowohl die Diskursanalyse nach Foucault, als auch die philosophische Hermeneutik nach Heidegger und Gadamer – ihren Verstehensanspruch hinsichtlich des ‚Anderen' bzw. des ‚Fremden' nicht einlösen können. Während es sich bei der Diskursanalyse um einen relativ ‚technischen' Versuch des Verstehen-Wollens handelt, vernachlässigt die philosophische Hermeneutik, im Gefolge der Heidegger'schen Philosophie, zumindest so wie sie von Gadamer fortgeführt wurde, tatsächlich existierende Unterschiede, was sich insbesondere im Bereich des so genannten Interkulturellen negativ auf das Verstehen auswirken kann (vgl. Kogge, Werner (2001): *Verstehen und Fremdheit in der philosophischen Hermeneutik*. Studien und Materialien zur Geschichte der Philosophie, Bd. 59. Hildesheim/Zürich/New York: Georg Olms, S. 61ff., insbesondere S. 62f.). Generell ist es ohnehin zweifelhaft, inwiefern es überhaupt eine dem Verstehen des Untersuchten vorgängige allgemeine Theorie geben kann, die das zu Verstehende a priori endgültig und vollständig definiert und die Werkzeuge, die zu seiner Analyse notwendig sind, in fertiger Form liefert, sodass man diese bloß noch anzuwenden braucht (vgl. hierzu auch Gadamer 1960/1990, passim).
Was den Foucault'schen Ansatz betrifft, existieren durchaus Deutungen, die eine Verabsolutierung der Diskursanalyse als unabhängige Verstehensmethode der Sozialwissenschaften ablehnen (vgl. Hanke, Christine: „Kohärenz versus Ereignishaftigkeit. Ein Experiment in dem Spannungsfeld der foucaultschen Konzepte »Diskurs« und »Aussage«", in: Bublitz, Hannelore; Bührmann, Andrea D.; Hanke Christiane; Seier, Andrea [Hg.] (1999): *Das Wuchern der Diskurse. Perspektiven der Diskursanalyse Foucaults*. Frankfurt am Main/New York: Campus, S. 109 – 118, hier S. 109ff.). Das bedeutet natürlich nicht, dass die Methoden der Diskursanalyse oder gar der Hermeneutik unbrauchbar seien. Nur sollten sie – buchstäblich – an ihrem Platz gelassen werden.

159 Es sei hier angemerkt, dass es aus der Perspektive der individuellen Ontogenese offenkundig keinen prinzipiellen Unterschied zwischen dem Aneignen oder Erlernen von etwas Eigenem oder etwas Fremden geben kann, in beiden Fällen handelt es sich zunächst um etwas ‚Anderes'. Zudem gibt es jeweils auch das Element des „*Abrichtens*", das ein Kennenlernen und sukzessives Verstehen überhaupt erst ermöglicht. Damit wird allen Fremdheitskonzepten der Boden entzogen, die das Fremde ontologisieren.

Arbeit und Äußerungen zu versichern, vor der Herausforderung des ‚Fremden' im Gegensatz zum ‚Eigenen' vor allem aufgrund der Verabsolutierung von Verstehenskonzepten an Grenzen stoßen. Häufig wird schlicht und einfach übersehen, dass es sich auch bei diesen, um Lokalismen handelt, deren Gültigkeit durch Rekontextualisierungen relativiert wird.[160]

Selbstverständlich kann dennoch nicht auf einen methodischen Ausgangspunkt verzichtet werden. Da es hauptsächlich um die Entwicklung, die Form und die Funktion von Texten geht, bietet sich eine hermeneutische Herangehensweise an. Hierbei wird in Anlehnung an Werner Kogges Lesart der *Hermeneutik der Faktizität* des frühen Heidegger und den späten Wittgenstein versucht, die Philosophische Hermeneutik als dem Fremdverstehen geöffnet und kulturhermeneutisch einsetzbar zu betrachten. Zudem soll ergänzend die pragmatisch fundierte Verstehenskonzeption des Soziologen Joachim Renn[161], welche die Möglichkeiten eines grenzüberschreitenden Verstehens ausleuchtet, damit kombiniert werden. Renn entwirft das Konzept von *Integrationsformen*, zwischen denen in jeder komplexeren sozialen Gruppe Übersetzungen stattfinden müssen.[162] Dies ist auch insofern interessant, als damit der Fokus vom individuellen Verstehen auf eine allgemeinere Ebene gehoben wird.

Weiterhin müssen auch die Probleme der westlichen Kulturbetrachtung in Bezug auf China im Auge behalten werden: Vor allem der Themenkomplex, den man den *Mythos der getrennten Welten* nennen könnte. Daher werden sinologische Konzepte wie die des französischen Kulturkomparatisten François Jullien und seines scharfen Kritikers, des Schweizers Jean François Billeter einander gegenübergestellt und ergänzend Forschungen des japanischen Soziologen Shimada Shingo hinzugezogen.

Der übergeordnete theoretische Bezugspunkt aller hier vorgestellten Konzeptionen ist die Frage, was Übersetzung überhaupt ist und wie sich Kulturtransfer in Übersetzungen manifestiert. Unter diesem zentralen Gesichtspunkt sind sowohl Renns Konzeption als auch die Kontroverse zwischen Billeter und Jullien oder die

---

160 Dies gilt bis hin zu den Formen der Logik, wie z.B. Hans Julius Schneider in *Fortsetzung statt Übersetzung* plausibel macht (vgl. Schneider, Hans Julius: „Fortsetzung statt Übersetzung", in: Renn, Joachim; Straub, Jürgen; Shingo, Shimada [Hg.] (2002): *Übersetzung als Medium des Kulturverstehens und sozialer Integration*. Frankfurt/Main: Campus, S. 39 – 61). Im selben Sinne, ebenfalls aus mehr oder minder pragmatischer Perspektive vgl. Quine, Willard Van Orman (1979): *Von einem logischen Standpunkt: Neun logisch-philosophische Essays*. Frankfurt am Main/Berlin/Wien: Ullstein Materialien, S. 27ff. Zu dieser Problematik aus soziologischer Perspektive vgl. Matthes, Joachim: „Kulturvergleich: Einige methodologische Anmerkungen", in: Breinig, Helmbrecht [Hg.] (1990): *Interamerikanische Beziehungen. Einfluss, Transfer, Interkulturalität; ein Erlanger Kolloquium*. Frankfurt/Main: Vervuert, S. 13 – 24. Matthes weist darauf hin, dass „*die beiden Königswege der empirischen Sozialforschung, die* Befragungsforschung *und die* Indikatorenforschung*, mit der Verfaßtheit westlicher Gesellschaften aufs engste verflochten sind, und daß sie in der Einsetzbarkeit ihrer Verfahren und in der Gültigkeit ihrer Erträge an sie gebunden bleiben.*" (Matthes 1990, S. 20, Hervorhebungen im Original.)
161 Renn, Joachim (2006): *Übersetzungsverhältnisse. Perspektiven einer pragmatistischen Gesellschaftstheorie*. Weilerswist: Velbrück.
162 Vgl. ibid., passim.

Gedanken von Shimada Shingo zu sehen. Während Renn diese Problematik aus einer philosophisch-soziologischen Perspektive betrachtet, geht es bei Shimada Shingo sowie auch bei Billeter und Jullien darum, wie Termini, Konzepte und Theorien transkontinental bzw. transkulturell übersetzbar sein können und im Kulturtransfer wirkungsmächtig werden. Hierbei ist der Aspekt der Vertauschung und Vermischung des Eigenen mit dem Fremden besonders wichtig.

François Jullien, hat es sich zum Ziel gemacht hat, eine chinesische Alterität im Kontrast zum ‚westlichen Denken', das maßgeblich immer noch von der griechisch-römischen Philosophie geprägt sei, anhand von Vergleichen verschiedenster klassischer ‚westlicher' und chinesischer Texte darzustellen. Er bezieht sich dabei unter anderem auch auf Inhalte aus *Sunzi bingfa*. Exemplarisch dafür sind vor allem seine Werke *La Propension des choses*[163] und *Traité de l'efficacité*.[164] In diesen Büchern geht er davon aus, dass ein wichtiger Schlüssel zum chinesischen Denken das in *Sunzi bingfa* an zentraler Stelle dargestellte und sehr bedeutsame Konzept *shi* (势, *Potential*)[165] sei, das man in China bereits seit der Antike auszunutzen verstanden habe. Aber auch heute sei es noch von großer Bedeutung, da es zu den die Kohärenz des chinesischen Denkens[166] prägenden Elementen zähle. In einem weiteren Werk, *Le détour et accès. Stratégies du sens en Chine, en Grèce*[167], bezieht er sich ebenfalls auf ein Konzept aus *Sunzi bingfa*, das seiner Ansicht nach nachhaltigen Einfluss auf China ausgeübt habe. Dort greift er nämlich die Idee von *qi* (奇, *das Indirekte, Außergewöhnliche, Unkonventionelle, Unorthodoxe*) und *zheng* (正, *das Direkte, Gewöhnliche, Konventionelle, Orthodoxe*) auf, um die Gewundenheit und die Indirektheit chinesischer Diskurse zu erklären, indem er eine Prägung des ‚chinesischen Denkens' durch den Einfluss der antiken chinesischen Strategielehren, insbesondere *Sunzi bingfa*, annimmt.[168]

---

163 Jullien, François (1992): *La propension des choses : pour une histoire de l'efficacité en Chine*. Paris : Éditions du Seuil.
164 Jullien, François (1996): *Traité de l'efficacité*. Paris : Éditions Grasset & Fasquelle, auf Deutsch: Jullien, François (1999b): *Über die Wirksamkeit*. Berlin: Merve.
165 Vgl. Jullien 1999b, S. 33 et passim. Mair übersetzt shi mit: „*configuration; power; force; influence; propensity; momentum; tendency; outward appearance of a natural object; situation; circumstances; etc*" (vgl. Mair, Victor H. [Hg.] (1992): Sino-Platonic Papers Nr. 35 November 1992, Reviews, S. 15. Quelle:
http://www.sino-platonic.org/complete/spp035 _reviews.pdf (Download: 17.07.08). Auf die Problematik der Jullien'schen Übersetzungsmethodik wird auf S. 91ff. eingegangen.
166 Diese ‚andere' Kohärenz des chinesischen Denkens und im Kontrast zu diesem die Kohärenz des westlichen Denkens aufzuzeigen ist das wesentliche Ziel seiner Arbeit.
167 Jullien, François (1995): *Le détour et l'accès: stratégies du sens en Chine*, en Grèce. Paris: Grasset.
168 Vgl. Jullien, Francois (2002a): *Umweg und Zugang: Strategien des Sinns in China und Griechenland*. Wien: Passagen Verlag, S. 37ff. Für eine ausführliche Darstellung der Bedeutung der Termini *qi* und *zheng* sowie ihres Verhältnisses zueinander vgl. von Senger, Harro: „Strategemische Weisheit: Chinesische Wörter im Sinnbezirk der List", in: Akademie der Wissenschaften und der Literatur zu Mainz. Kommission für Philosophie und Begriffsgeschichte in Verbindung mit Hans-Georg Gadamer, Karlfried Gründer und Günter Scholtz [Hg.] (1996): *Archiv für Begriffsgeschichte*. Band XXXIX. Bonn: Bouvier, S. 27 – 102, hier S. 47ff.

Gerade in nichtwissenschaftlichen Kreisen im Westen, so z.B. im Management, aber auch bei den Intellektuellen in China, ist der Einfluss der Jullien'schen Werke sehr bedeutend, was es für eine Untersuchung der *Business Sunzi*-Literatur interessant macht, seine Konzeption zu berücksichtigen. Zudem werden viele Aspekte des Kulturtransfers beispielhaft erkennbar: Man kann zudem davon ausgehen, dass die Jullien'sche Fremdbeschreibung Chinas beträchtliche Auswirkungen auf eine ganze Reihe chinesischer Selbstbeschreibungen hatte.

Wie sich im Folgenden noch zeigen wird, kann der intensive Kulturtransfer zwischen Ost und West im Bereich der *Business Sunzi*-Literatur als eine *Schwingungsbewegung von Inhalten* gesehen werden, in deren Verlauf in den jeweils neu erzeugten Kontexten neue Deutungen auseinander hervorgehen. Das wird weiter unten im Kapitel über den Kulturtransfer vertieft und an Beispielen verdeutlicht. In diesem Kapitel soll lediglich am Beispiel der *Business Sunzi*-Rezeption in Asien und im Westen allgemein dargestellt werden, wie sich bei solchen Prozessen auch interkulturelle Missverständnisse entwickeln. Doch muss hier zunächst zu den Grundfragen des Verstehens zurückgekehrt werden.

Eine Hermeneutik der Faktizität[169]

Ein wesentliches Problem beim Verstehen ‚anderer Kulturen' ist die Frage, wie der materiale und vor allem der pragmatische Kontext des ‚Eigenen' und des ‚Anderen' in der Untersuchung aufzufassen ist. Primär geht es dabei um die Frage, wie Texte auf die Wirklichkeit bezogen werden können, und auf welche fassbare Basis man seine Behauptungen hinsichtlich des ‚Anderen' stellt.

Hinzu kommt, dass in der Begegnung mit dem ‚Anderen' der Verlust des Vertrauten zu Unsicherheit und damit häufig zu Rückzügen auf Bekanntes, auf einfache Oppositionen und vereinfachtes Denken führt. Dabei wird das Potenzial dieser Unsicherheit, das darin besteht, ein neues Verstehen jenseits der bekannten und eingespielten Muster und Kategorien zu ermöglichen, vertan. Ein gutes Beispiel dafür nennt François Jullien in seinem Buch *Der Umweg über China - Ein Ortswechsel des Denkens*[170]. Dort merkt er kritisch an, dass ausgerechnet Michel Foucault, der die überkommenen Verstehenskategorien in Europa auf den Prüfstand gestellt habe und alles daran setzte, fest eingebürgerte Begriffe wie *Tradition* und *Mentalität* zu „zerstören", auf seinen Japanreisen im erlebten ‚Anderen' offenbar eine derartige Verrückung der eigenen Situation erfuhr, dass er im Gespräch mit japanischen Zen-

---

169 Der Begriff der *Faktizität* bezieht sich auf den Heidegger'schen Terminus, der für die Entwicklung der Hermeneutik, aber auch anderer Verstehenskonzepte wie der Begriffsgeschichte oder der Diskursanalyse von großer Bedeutung war (vgl. Kogge 2001, S. 60).
170 Jullien, François (2002): *Der Umweg über China – Ein Ortswechsel des Denkens*. Berlin: Merve, S. 15ff.

Mönchen in eben diese Begrifflichkeiten zurückfiel, um zu beschreiben, was er in der Begegnung mit Japan dachte.[171]

Die Schwierigkeit einer fehlenden oder ungreifbaren Verbindung zwischen Texten und Wirklichkeit soll nun nicht einfach durch einen erweiterten Textbegriff umgangen werden, der Kultur und die damit verbundenen Lebensformen zum Text erklärt.[172] Vielmehr muss eine Perspektive entwickelt werden, die Nichttext – also das Faktische im weitesten Sinne – und Text in irgendeiner Form soweit relationiert, dass eine Bezugnahme aufeinander und damit Verstehen möglich wird.[173]

Hans Georg Gadamers Verstehensbegriff, wie er in dem Begriff der Wirkungsgeschichte gefasst ist, bedeutet, dass Verstehen schon vor jeder Reflexion stattfindet. Der Verstehensmechanismus, der dahintersteht, sei eine Relationierung von wirkungsgeschichtlich überliefertem Sinn und einer aus diesem entstandenen „*aktualen Verstehenssituation*".[174] Diese Behauptung Gadamers begründet sich aus der Einsicht, dass wissenschaftliche oder auch alltägliche Fragestellungen nicht ad hoc aus dem Nichts, sondern nur aus einem geschichtlichen Zusammenhang heraus entstehen können. Er sagt dazu: „*Hier ist der Begriff der Zugehörigkeit von zentraler Bedeutung.*"[175] Aus dem Zuendedenken des Zusammenhangs zwischen Verstehen und Wirkungsgeschichte ergibt sich jedoch das Problem des Traditionen- oder Kultursolipsimus, das Gadamer durchaus erkannte. Daher versuchte er zunächst „*innerhalb des Zusammenhangs von Verstehen und Überlieferung durch das Konzept der Horizontverschmelzung die wirkungsgeschichtliche Geschlossenheit von Sinntraditionen aufzubrechen.*"[176] Dafür wurde er allerdings bereits häufig kriti-

---

171 Jullien 2002, S. 17f. sowie S. 19. Vgl. auch Foucault, Michel (1994): *Dits et écrits. Bd. III (1976 - 1979)*. Paris: Gallimard, S. 618 – 624. Nur am Rande sei hier zudem angemerkt, dass Michael Hampe in *Erkenntnis und Praxis. Zur Philosophie des Pragmatismus* feststellt, der Standpunkt eines „*absoluten Genealogen*", wie ihn Foucault für sich in Anspruch genommen habe, der sich ständig „*außerhalb der Kultur*", der er angehöre, stelle, sei methodologisch äußerst problematisch (vgl. Hampe 2006, S. 26).
172 So wie dies etwa bei Clifford Geertz' dichter Beschreibung der Fall ist (vgl. Geertz, Clifford (1983): *Dichte Beschreibung. Beiträge zum Verstehen kultureller Systeme*. Frankfurt/Main: Suhrkamp. Eine andere Betrachtungsweise, die sich, allerdings aus der literaturwissenschaftlichen Perspektive in diese Richtung bewegt, ist der Ansatz von Bachmann-Medick (vgl. Bachmann-Medick, Doris [Hg.] (1996): *Kultur als Text. Die anthropologische Wende in der Literaturwissenschaft*. Frankfurt/Main: Fischer, S. 7 – 64).
173 Zum Begriff des Verstehens, wie er hier aufgefasst wird, vgl. Kogge 2002, S. 261 – 288 und 344ff. Dieser wird im Folgenden noch weiter erläutert. Jürgen Martschukat sagt über das Verhältnis von Diskurs und Praxis: „*Die Trennung von Diskurs und Praxis ist [...] rein analytisch, da beides sich gegenseitig bedingende und beeinträchtigende Kategorien eines Komplexes sind.*" (Martschukat, Jürgen: „Ein Freitod durch die Hand des Henkers. Erörterungen zur Komplementarität von Diskursen und Praktiken am Beispiel von »Mord aus Lebens-Überdruß« und Todesstrafe im 18. Jahrhundert", in: *Zeitschrift für Historische Forschung* (27) 2000, S. 53 – 74, hier S. 59.)
174 Vgl. Kogge 2001, S. 127.
175 Ibid., S. 128, Hervorhebung von TK.
176 Ibid., S. 129.

siert, da auf diese Weise das ‚Andere' nur als etwas zu Assimilierendes gesehen werde, womit seine ‚Andersheit' bei der Betrachtung unter den Tisch falle.

Wie kann nun eine Antwort auf dieses Problem aussehen? Hier sollen hermeneutische Verstehenskonzepte ins Spiel gebracht werden, die jene Problematik auf eine andere Grundlage und vor allem den Gedanken eines verabsolutierten Nichtverstehens in Frage stellen.[177] Dabei spielt Werner Kogges Konzeption einer philosophischen Hermeneutik, die sich am frühen Heidegger sowie am Spätwerk Wittgensteins orientiert, eine wichtige Rolle. Kogge vertritt in *Die Grenzen des Verstehens*[178] eine Variante der Hermeneutik, die Bezüge zum Pragmatismus aufweist. So beruft er sich an einer ganz zentralen Stelle, nämlich bei der Untermauerung seiner Hauptthese zum Verstehen, in der das Moment des Zweifels und der aufgehobenen Handlungssicherheit eine wesentliche Rolle spielt, auf eine Aussage von Charles Sanders Peirce, in der dieser das Verhältnis von Überzeugung und Zweifel beschreibt.

> Es gibt auch einen praktischen Unterschied. Denn unsere Überzeugungen leiten unsere Wünsche und formen unsere Handlungen. […] Das Gefühl des Überzeugtseins ist mehr oder weniger ein sicheres Anzeichen dafür, daß sich in unserer Natur eine bestimmte Verhaltensgewohnheit eingerichtet hat, die unsere Handlungen bestimmen wird. […] Der Zweifel hat keinerlei derartige Wirkung auf unsere Handlung, aber er regt uns zum Forschen an, bis er beseitigt ist. […] Mit dem Zweifel beginnt also der innere Kampf, und mit dem Aufhören des Zweifels endet er.[179]

Der Pragmatismus stellt demzufolge für Kogge offenbar eine Möglichkeit dar, ein Verstehen des ‚Anderen' oder des ‚Neuen' zu konzeptualisieren.[180] In der Einleitung von *Verstehen und Fremdheit in der philosophischen Hermeneutik* fragt er, wie das ‚Andere' als „*gleichermaßen wertvolles Anderes*" angesehen werden könne, wenn gerade die Differenz, das Fremde und nicht Zugängliche „*Gegenstand der Berücksichtigung sein soll.*" Daraus ergebe sich ein doppeltes Problem: Würden beim Verstehensversuch die Differenzen, die „*Eigenheit und die Andersartigkeit*" dessen, was verstanden werden soll, nicht in Betracht gezogen, so sei dieser Zugang „*differenzblind und zum Scheitern verurteilt*". Aber wie könne man verstehen, wenn diese Differenz nun den Zugang zum Verstehen von vornherein blockiere? Kogges Ant-

---

177 Allerdings nur um den Preis der Aufgabe eines Vollkommen-verstehen-Wollens.
178 Kogge 2002.
179 Peirce, Charles S. [Verf.]; Apel, Karl-Otto [Hg.] (1991): *Schriften zum Pragmatismus und Pragmatizismus*. Frankfurt/Main: Suhrkamp, S. 156f., hier zitiert nach Kogge 2002, S. 265.
180 Hampes Deutung zufolge, ist die Bedeutung des Zufalls bei Peirce die eines „*Universalkommentar[s] des Wissens*", dessen Bedeutung darin liegt, dass Peirce [später auch James und Rorty] „*versucht, eine Überschätzung der Relevanz unseres Wissens, die sich in der modernen Subjektivierung und Epistomologisierung der Philosophie entwickelt hat, wieder zurückzunehmen. Peirce braucht den Begriff des Zufalls und der Erstheit, James den der Wirklichkeit und Rorty den Begriff des Schmerzes […].*" (Hampe 2006, S. 93.) Diese Bescheidenheit bezüglich des Wissenkönnens korreliert augenscheinlich mit Kogges Vorschlag der „*Diskretion*" in Bezug auf das Andere, wovon noch die Rede sein wird.

wort lautet: Man dürfe nicht a priori „*universale Gemeinsamkeiten*" annehmen, da damit das, was verstanden werden solle, von vornherein assimiliert werde. Das sei in der Tat „*differenzblind*" zu nennen. Als Ausweg bliebe nur noch einzuräumen, das Fremde sei eben unter Umständen so fremd, dass es nicht verstanden werden könne.[181] Daraus leitet er die Forderung ab, auch das Nicht-Verstehen zu konzeptualisieren und nicht einfach als defizitäres Produkt eines fehlgeschlagenen Verstehensvorgangs zu betrachten.[182]

Diese Gedanken vertieft Kogge in *Die Grenzen des Verstehens*[183], wo er Verstehen nicht als ein Auffinden von Gemeinsamkeiten oder eine Rückbeziehung des zu Verstehenden auf ein Gemeinsames, sondern als eine Übernahme von etwas Anderem definiert. Der Gegenstand des Verstehens komme dann in einer „*Ordnung von Sinnmustern zur Geltung*", wenn der Verstehende in der Lage sei, seine vertrauten Muster so „*einzurichten und anzuordnen, daß eine Beziehung von den bekannten Mustern zu der neuartigen Konfiguration hergestellt werden*" könne.[184] Diese Übernahme verändere zudem die eigenen Handlungsgrundlagen und damit wiederum die Voraussetzungen des Verstehens selbst.[185] Die pragmatischen Konsequenzen für das verstehende Subjekt und seine eigene Involviertheit in das, was verstanden wird (oder werden soll), aber auch die aktive Beteiligung des Verstehenden an den Verstehensprozessen stellt Kogge wie folgt dar:

> Verstehen heißt, ein Verhältnis zu bilden, das die vertraute Welt, in die man selbst verwickelt ist, auf die neuartige Konfiguration hin einrichtet. Das Selbst-Involviert-Sein bedeutet, daß man dabei »sich«, das heißt das eigene Geflecht möglicher Handlungen so weit transformiert, daß die dem Gegenstand eigenen Aspekte und Momente auf Bekanntes relationiert werden und so in ihren Gestaltungen und »inneren« Bezügen erscheinen können.[186]

Diese Konzeption Kogges zeigt ihre enge Verbundenheit mit dem Pragmatismus. Aus der Notwendigkeit sich zur Lebenswelt zu relationieren, leitet er die normative Forderung ab, als Verstehender dem Verstandenen gegenüber eine bestimmte Haltung einzunehmen. Diese Haltung definiert er als eine Haltung der *Diskretion*. Dis-

---

181 Joachim Renn macht Kogge, sicherlich nicht zu Unrecht, den Vorwurf eine Position des „weichen Inkommensurabilismus" zu vertreten (vgl. FN Nr. 187). Man kann Kogges Gedanken dennoch als Vorlauf für eine Betrachtungsweise ansehen, welche diese Inkommensurabilitätsproblematik mit Hilfe pragmatischer Ideen auflöst.
182 Vgl. Kogge 2001, S. 13ff. Überhaupt gibt Kogge an dieser Stelle einen konzisen, aber sehr informativen Überblick über die Diskussion der Problematik des ‚interkulturellen Fremdverstehens'. Dabei lässt sich Kogge zu den Autoren zählen, die von einer, zumindest weichen, Inkommensurabilität ausgehen und das Verstehen von tatsächlich Fremdem tendenziell als unmöglich betrachten. Zu einem anderen Vorschlag, der das Destruierende, initial Destabilisierende beim Kulturkontakt im Sinne des Kontaktes mit dem ‚radikal Anderen' in Betracht zieht, vgl. Kempa 2008.
183 Vgl. Kogge 2002.
184 Vgl. ibid., S. 346.
185 Vgl. ibid., S. 21. Ähnlichkeiten zum Hermeneutischen Zirkel sind hier unübersehbar.
186 Ibid., S. 346.

kretion bedeutet in diesem Zusammenhang zum einen den notwendigerweise einzuhaltenden Abstand zum Objekt des Verstehens, also eine gewisse Zurückhaltung dem Anderen gegenüber, und zum anderen das Aufgeben des vereinnahmenden, des absoluten Verstehen-Wollens, das weder erfüllbar noch als Konzept produktiv sei.[187] Von hier lassen sich Parallelen ziehen zu der Position des Philosophen Hans Julius Schneider, der Wittgenstein folgend, davon spricht, dass

---

187 Ibid. S. 326ff. Allerdings könnte man zu Kogges Diskretionsbegriff durchaus eine kritische Haltung einnehmen. So wirft Joachim Renn ihm vor, die Perspektiven der Teilnehmenden an Verstehensprozessen und die Perspektive des Verstehens post hoc nicht genügend zu trennen (Private Kommunikation per E-Mail am 07.03.2007). Kogge demonstriert sein Diskretionskonzept an Beispielen aus drei Bereichen, nämlich der Philosophie, der Wissenschaft und der Politik. Das Beispiel aus der Philosophie, das erkenntnistheoretisch geprägt ist, scheint am überzeugendsten. Die Idee, des Innehaltens, des Offen-Lassens des Verstehens für einen Augenblick (oder auch länger) vor dem Neuen korreliert beispielsweise mit der Feststellung von Kommunikationswissenschaftlern im Bereich der Interkulturellen Forschung (vgl. Bolten, Jürgen (2001): *Interkulturelle Kompetenz*. Erfurt: Thüringer Landeszentrale für politische Bildung) Ambiguitätstoleranz sei eine wesentliche Voraussetzung für ‚Interkulturelle Kompetenz'. Warum sollte dies entsprechend nicht auch als Modell der Forschung dem Anderen gegenüber dienen?
Kogges Beispiel aus der Wissenschaft bezieht sich auf die Ethnologie und evoziert ein Modell, in dem das Zu-Verstehende im Scheitern am Fremden dadurch sichtbar wird, dass sich mittels dieser Erfahrung des Scheiterns seine Kontur für den Betrachter abzeichne. In der Tat lässt sich das als „*weiche Inkommensurabilitätsthese*" betrachten, wie dies Renn tut (private Kommunikation per E-Mail vom 07.03.2007). Kogge konstruiert das wissenschaftliche Verstehen sozusagen als einen Blinden Fleck, der das Zu-Verstehende komplett umhüllt. Dies wirkt zwar als Gedankenspiel und Metapher sehr reizvoll, scheint aber nicht wirklich plausibel zu sein. Bliebe das Zu-Verstehende nicht stets (selbst wenn man annähme, man wüsste, wann die Umhüllung durch das nichtverstehende Betrachtung so komplett sei, dass sich die Konturen des Zu-Verstehenden abzeichneten) nicht immer noch umhüllt oder verhüllt? Damit steht sie der Auffassung von wiedergewonnener Handlungsfähigkeit, wie sie Kogge ja im Anschluss an Peirce als das Ergebnis des Verstehensprozesses postuliert, entgegen, da man mit diesem von außen unzugänglichen Kokon im Grunde doch eigentlich gar nichts anfangen kann. Die Diskretion wäre dabei ein Verzicht auf Verstehen, was vielleicht auch noch im Rahmen der Kogge'schen Konzeption bleibt. Nur stellt sich die Frage, welchen Nutzen eine solche Wissenschaft hat, die per Definitionem nichts wissen wird.
Am schwächsten fundiert erscheint Kogges Beispiel aus der ‚Praxis', in der er Vorschläge zur Asylpolitik macht, die letzten Endes auf eine stärkere Beteiligung und Autonomisierung der bislang eher Verwalteten abzielt. Weiterhin sollten Ombudsmänner im Sinne des altgriechischen Proxenos zwischen den Gruppen vermitteln. Diese Vorschläge sind sicherlich interessant und bedenkenswert. Aber die Verbindung zu seinem ausführlich entfaltetem theoretischen Konzept wird nicht deutlich. Dennoch sollte die, bei Kogge auf die Philosophie beschränkte Anwendungsweise nicht unterschätzt werden. Anwendungsmöglichkeiten hierfür mag es in der so genannten interkulturellen Verstehenspraxis geben.

[...] im Umfeld des Problems der interkulturellen Kommunikation [...] über bestimmte, etwa religiöse ‚Gegenstandsbereiche' nicht anders als in den Worten (den sprachlichen Formen) der Betroffenen gesprochen werden kann.[188]

Als Beispiel nennt er den Kulturwissenschaftler, der *„von ‚Göttern' oder ‚Verhexungen' sprechen* [muss]*, auch wenn diese Worte in seiner Sprache nicht vorkommen.*"[189] Das bedeutet vor allem ein ‚Lassen des Anderen wie er ist', was Schneiders Position in die Nähe des Kogge'schen Diskretionsgedankens rückt.

Schneider schlägt daher eine, auch für die Übersetzung zwischen Kulturen gültige, Konzeption des Übersetzungsbegriffs vor, wobei das Übersetzen als ein Spezialfall eines *mehr oder minder sinnvollen Fortsetzungsprozesses* angesehen wird. Hierbei stellt er fest, dass diese Betrachtungsweise zwar das Problem des Kulturübersetzens auf der theoretischen Ebene „*leichter lösbar*" mache, dies jedoch für die Praxis der Verständigung keine sonderliche Erleichterung verspreche.[190]

Ganz zentral für diese Überlegungen ist Schneiders Kritik an dem in den Alltagstheorien und auch in vielen auf die Praxis bezogenen Theorien der Interkulturellen Kommunikation durchaus gängigen Bild von der Sprache als einem Medium, das sich im so genannten „*Transportmodell der Kommunikation*" niedergeschlagen habe. Dabei werde davon ausgegangen, dass in ihm Information unabhängig von der sprachlichen Form von einem Sender enkodiert und einem Empfänger dekodiert und damit ‚verstanden' werden könne. Interkulturelle Missverständnisse werden dabei lediglich als durch fehlendes Wissen über den Kommunikationscode bzw. Sende- und Empfangsstörungen verursacht gesehen. Schneider hingegen geht davon aus, dass Form und Inhalt der Kommunikation nicht voneinander trennbar seien. Mithin sei Übersetzen auch nicht der Austausch äußerer (Wort-)Formen über einem gleich bleibenden inneren logischen Gehalt, den man dann bloß noch in eine andere Sprachform zu gießen brauche; auch wenn es Ähnlichkeiten zwischen Ausdrücken verschiedener Sprachen gebe, die als gemeinsamer „*propositionaler Gehalt*" angesehen werden könnten. Solche „*Äquivalenzrelation*[en]" seien vielmehr sekundäre

---

188 Schneider, Hans Julius: „Fortsetzung statt Übersetzung", in: Renn, Joachim; Straub, Jürgen; Shingo, Shimada [Hg.] (2002): *Übersetzung als Medium des Kulturverstehens und sozialer Integration.* Frankfurt/Main: Campus, S. 39 – 61, hier S. 43.
189 Ibid., S. 43. Hintergrund dafür ist die Idee, dass Form und Inhalt sprachlicher Äußerungen sich nicht voneinander trennen lassen. Das rehabilitiert in gewissem Sinne auch wieder den Unterschied als notwendige Kategorie zumindest des sprachlichen Verstehens und spricht damit auch für Kogges Bestehen auf der Differenz. Auch die Translationswissenschaft, die sich mit dem Übersetzen unter dem sprachlich-pragmatischen Aspekt befasst, kommt zu ähnlichen Schlüssen. So schreibt Hans G. Hönig: „*Bedeutung entsteht also durch ein Zusammenspiel von Sprachsystem und Bedeutungspotential. [...] Es gibt so wenig eine absolute Bedeutung außerhalb – oberhalb – der Kulturen und Sprachgemeinschaften, wie es eine* Interlingua *oder eine* Interlogik *gibt.*" (Hönig, Hans G. (1995): *Konstruktives Übersetzen.* Studien zur Translation, Band I. Tübingen: Stauffenburg, S. 104. Hervorhebungen im Original.) Zum Thema auch Ibid. S. 102 – 116.
190 Schneider 2002, S. 39.

Erscheinungen und in keiner Weise als eine Universalie der „*Sprache des Geistes*" zu betrachten, die jeder Kommunikation zugrunde liege.[191]

Schneider stellt weiterhin fest, dass, wenn es keine absolut gültige „*Sprache der Logik*" im Sinne Gottlob Freges[192] als Ausdruck einer ‚hinter den Dingen' stehenden Struktur der Wirklichkeit gebe, dies zudem bedeute, „*dass auch die so genannten logischen Formen, nicht im Wesen der Dinge (oder der Grundstruktur des menschlichen Geistes) ein für allemal festliegen*". Es handele sich vielmehr um „*historisch entstandene Darstellungsformen*", die sich auch anders hätten entwickeln können.[193] Daher lautet Schneiders These:

> [...] dass auch das, was man traditionell die Übersetzung einer Äußerung oder eines Textes in eine andere Sprache nennt, mit Gewinn als eine sprachliche Handlung gesehen werden kann, die eine vorausgehende sprachliche Handlung (die einem anderen Lebenselement zugehört) fortsetzt.[194]

Aus diesem theoretischen Postulat lässt sich ableiten, dass das Übersetzen, und im Grunde auch das Verstehen, prinzipiell an keinen Endpunkt kommen können. Auf eine Fortsetzung kann eben immer noch eine weitere Fortsetzung folgen. Genau das ist im Übrigen sehr deutlich in der *Schwingungsbewegung von Inhalten*, d.h. in der steten Übersetzung und Fortsetzung in der *Business Sunzi*-Literatur zu sehen.

Die Übertragung dieser Nicht-Trennbarkeit von Inhalt und Form auf das Übersetzen und das interkulturelle Verstehen ist insofern stimmig, als man dann davon ausgehen kann, dass nicht alles, was ‚gemeint' ist, in ein durch andere Praktiken und Konventionen bedingtes Umfeld ‚übertragbar' ist, ohne dass Bedeutungsveränderungen oder gar –verluste auftreten.[195] Wobei dies, folgt man diesen Gedankengän-

---

191 Vgl. ibid., S. 40. Hierin unterscheidet er sich im Übrigen auch nicht von Gadamers Haltung (vgl. Gadamer 1960/1990, passim).
192 Vgl. hierzu: Frege, Gottlob: „Begriffsschrift. Eine der arithmetischen nachgebildete Formelsprache des reinen Denkens.", in: Angelelli [Hg.] (1964a): *Gottlob Frege: Begriffsschrift und andere Aufsätze*. 2. Auflage. Hildesheim: Olms, oder: Frege, Gottlob: „Über die wissenschaftliche Berechtigung einer Begriffsschrift.", in: Angelelli [Hg.] (1964a): *Gottlob Frege: Begriffsschrift und andere Aufsätze*. 2. Auflage. Hildesheim: Olms. Im gleichen Atemzug könnte man Carnaps Idee vom „*Logischen Aufbau der Welt*" nennen, die ebenfalls den Versuch macht, auf die Logik ‚hinter der Sprache' zu blicken (vgl. Carnap, Rudolf (1928): *Der Logische Aufbau der Welt*. Berlin-Schlachtensee: Weltkreis Verlag). Vergleichbar damit ist natürlich auch der frühe Wittgenstein (vgl. Wittgenstein, Ludwig (1989): *Tractatus logico-philosophicus*. 22. Auflage. Frankfurt/Main: Suhrkamp).
193 Schneider 2002, S. 55.
194 Ibid, S. 55. Interessanterweise korreliert diese Vorstellung mit Luhmanns Gedanken zum Thema Grenze: „*[...] der Grenzbegriff besagt, dass grenzüberschreitende Prozesse (zum Beispiel des Energie- oder Informationsaustauschs) beim Überschreiten der Grenze unter andere Bedingungen der Fortsetzung (zum Beispiel andere Bedingungen der Verwertbarkeit oder andere Bedingungen des Konsenses) gestellt werden.*" (Luhmann 1987, S. 35f., zitiert nach Kogge 2002, S. 293).
195 Auch die, eher praktisch orientierte, Übersetzungswissenschaft ist bereits seit geraumer Zeit zu diesem Schluss gekommen. So kritisiert der bereits genannte Hans G. Hönig in seinem einführenden Werk *Konstruktives Übersetzen*, das Konzept einer *Interlingua*, das für viele

gen weiter, auch weder vermeidbar noch wünschenswert wäre. Demnach lässt sich ein Verstehen konzipieren, das weder vereinnahmt, noch beziehungslos vor dem Nicht-zu-Verstehenden kapituliert. Kogge meint möglicherweise Ähnliches, wenn er schreibt:

> Insgesamt geht es mir darum – und hier verbinden sich die beiden Motive des Diskretionsbegriffs –, ein Bewusstsein dafür zu entwickeln, daß die Annahme universaler Gemeinsamkeiten eher zu einer Verfestigung von Grenzen denn zu ihrer Gestaltung beiträgt. *Besser Verstehen* bedeutet demgemäß nicht die Herstellung größerer Gemeinsamkeit, sondern, mit Grenzen besser umzugehen.[196]

Doch wie läuft dieses bisher nur philosophisch gefasste Verstehen praktisch ab? Ein Problem bei der Kogge'schen Konzeption ist die Frage, wie unter Einnahme der Haltung der Diskretion konkret verstanden werden kann. Es scheint ein Übergang zu fehlen. Man muss sich die Frage stellen, welche sachliche Basis das Verstehen hat bzw. worauf unsere Semantiken des Verstehens faktisch aufruhen. Es sei nicht bestritten, dass es Grenzen des Verstehens gibt, nur stellt sich die Frage, und diese beantwortet Kogge nicht, wie diese *in realiter* überwunden werden. Vielmehr betont er das Nicht-Verstehen. Somit läuft er in der Tat Gefahr, konzeptionell bei einer Art von weicher Inkommensurabilität zu landen. Dem steht nun aber entgegen, dass sich in der Praxis ja offenkundig permanent Kulturverstehen und vor allem -transfer abspielen.[197]

Dichte Praxis und implizites Wissen als Voraussetzung für interkulturelles Verstehen

Hinweise, wie Verstehen zwischen Lebensformen pragmatisch konzeptualisiert werden kann, finden sich in einem Ansatz, der von dem Soziologen Joachim Renn vertreten wird. Sein Ziel ist die Darstellung von Möglichkeiten der Integration in der modernen Gesellschaft vor dem Hintergrund der Globalisierung. Gleich zu Beginn der Einleitung zu *Übersetzungsverhältnisse. Perspektiven einer pragmatistischen Gesellschaftstheorie*[198] stellt er die Frage, wie Integration in der modernen Gesell-

---

Übersetzer noch als Modell für den Vorgang des Übersetzens diene. Hönig schreibt dazu: *„Das eigentliche Problem beim "Wegabstrahieren" der Sprache und dem Versuch, "Informationen" sprachbefreit und interlingual zu speichern, ergibt sich aus der Tatsache, daß das jeweilige sprachliche System Teil der Bedeutung ist. Oder anders ausgedrückt: Wenn wir uns einer Sprache bedienen, unterwerfen wir uns zwangsläufig der systemsimmanenten Obligatorik dieser Sprache: Wir sind – wie schon ausgeführt – ein Instrument dieser Sprache."* (Hönig 1995, S. 108.)
196 Kogge 2002, S. 22, Hervorhebungen im Original.
197 Vgl. Burke, Peter (2000): *Kultureller Austausch*. Frankfurt/Main: Suhrkamp, S. 9 – 40.
198 Renn 2006.

schaft möglich sei[199] und was unter diesem Betrachtungswinkel überhaupt wo und für wen als „*Integration*" bzw. als „*Gesellschaft*" gelten könne[200]. Im Rahmen der scheinbaren Entstehung einer Weltgesellschaft verlören, so die These, die herkömmlichen soziologischen Bezugsgrößen ihren Sinn, und die klassischen Integrationsvorstellungen würden außer Kraft gesetzt. Renn geht daher der Frage nach, wie die so entstehenden sehr differenzierten und ungleichartigen sozialen Kontexte integriert sind und wie eine Steuerung dieser Kontexte zu denken sei.

Seine Grundvermutung zur Problematik „*der Integration der Gesellschaft unter den Bedingungen der Multiperspektivität und der Erhaltung der Grenzen zwischen diesen Perspektiven auf die Einheit der Gesellschaft [...]*" lautet, dass diese zersplitterte Einheit als

> komplexe Interdependenz zwischen ausdifferenzierten Teilen anzusehen ist, die zugleich Beziehungen untereinander und Grenzen gegeneinander *aufrechterhalten*. Diese Beziehungen sind mit Bezug auf die Unterscheidung von Identität und Differenz weder in den Begriffen einer grenzenaufhebenden Verschmelzung, noch aber als beziehungslose Fragmentierung einer vormals vermeintlich einheitlichen Größe in Teile, zwischen denen Inkommensurabilität herrscht, zu beschreiben.[201]

Die Berührungspunkte mit den erwähnten Konzepten des Verstehens von Kogge, samt dessen Konsequenz, eine Haltung der Diskretion vorzuschlagen, oder mit Schneider sind offensichtlich. In allen Fällen spielen Grenzen und die Frage nach dem Umgang mit diesen eine zentrale Rolle. Zudem kann Renns Antwort hinsichtlich der Problematik der Grenzen eins-zu-eins auf das interkulturelle Verstehen umgelegt werden, wie auch aus seinen weiteren Ausführungen hervorgeht. Das macht seinen Ansatz besonders relevant für diese Untersuchung. Zudem führt auch er die Metapher der *Übersetzung* ein, die der Beschreibung des Umgangs mit den Thematiken der Grenze und des Verstehens dient:

> Die Suche nach der »Einheit« der Gesellschaft und nach ihrer »Konstitution« konkretisiert sich zu der Erkundung von praktischen Formen, Grenzen zwischen Teilen der Gesellschaft zu überschreiten, ohne sie aufzulösen oder aufzuheben. Für beides, für die Einheit der Differenz des Ganzen und für die Differenzen der Teile untereinander, heißt dies, einen Modus der Grenzbeziehung zu rekonstruieren, der von der Konstruktion und der Repräsentation (von strikter Differenz und Identität) gleich weit entfernt ist. Eine *Metapher* für diesen Modus drängt sich geradezu auf: die »Übersetzung«.[202]

Selbstverständlich soll in dieser Arbeit keine Soziologie, auch keine des Kulturtransfers betrieben werden, aber die Kongruenz der Problematiken und der Lösungswege ist offenkundig. Was die Umsetzung der Theorie in eine Verstehenspraxis angeht,

---

199 Ibid., S. 11.
200 Ibid., S. 13.
201 Ibid., S. 16, Hervorhebungen im Original.
202 Ibid., S. 16f, Hervorhebungen im Original.

fordert Renn, in Anlehnung an Wittgenstein'sche Ideen, das Verstehen nicht künstlich und komplett von der Praxis zu trennen, sondern die beiden miteinander zu verschränken. So heißt es in seiner Einleitung zu dem Sammelband *Übersetzung als Medium des Kulturverstehens und sozialer Integration*:

> Die Vorstellung, dass sich die Differenz zwischen Kulturen und zwischen Sprachen einfach überbrücken lässt, weil sie verschiedene symbolische Repräsentationssysteme ein und derselben objektiven Welt oder einer universalen Struktur sozialer Beziehungen [...] seien, geht von problematischen bedeutungstheoretischen Grundannahmen aus. Sie weicht der Überlegung, dass eine Kultur erstens ein dichtes Gewebe aus Praktiken und Symbolisierungen ist, dem sich zweitens der Interpret mit dem Ziel einer „dichten Beschreibung" nur in einer „dichten Praxis" annähern kann.[203]

Renn bezieht sich hierbei auf die Wittgenstein'schen Gedanken von den Lebensformen und Sprachspielen, die nur im teilnehmenden Handeln angemessen erlebt und verstanden werden können.[204] In Anlehnung an den Begriff der *„dichten Beschreibung"* von Clifford Geertz' führt er den Begriff der *„dichten Praxis"* ein. Dieses Konzept verlangt ein Herangehen an und zugleich ein Hineingehen in den Gegenstand der Untersuchung.[205]

Für Renns pragmatisch inspirierten Ansatz des Verstehens soll demnach gelten, dass mittels einer der theoretischen Durchdringung vorgeschalteten *„dichten Praxis"* die Verstehensvoraussetzungen geschaffen müssen, wobei aber einfache Teilhabe am Anderen im Sinne eines imitativen Mittuns noch nicht unbedingt schon Verstehen bedeutet. Es wäre schlichtweg naiv zu meinen, dass Praxis allein ausreiche, um zu verstehen.[206] Ohne ausreichende Reflexion und Anbindung an die eigene Praxis und vor allem ohne Bezugnahme auf das eigene explizite und ausformulierte Wissen über diese Praxis kann man nicht von diskursivem Verstehen sprechen. Ein fremdes Ritual, eine fremde Praxis nachzuahmen, ohne zu wissen, ‚um was es sich handelt' – im wahrsten Sinne des Wortes –, muss als Verstehensversuch fehlschlagen. Im Ex-

---

203 Renn et al. 2002, S. 18.
204 Er referiert möglicherweise auf das Wittgenstein'sche Diktum: „*Die Bedeutung eines Wortes ist sein Gebrauch in der Sprache. Und die Bedeutung eines Namens erklärt man manchmal dadurch, daß man auf seinen Träger zeigt.*" (Wittgenstein, Ludwig (1980): *Philosophische Untersuchungen*. Frankfurt/Main: Suhrkamp, §43, S. 41.)
205 Diesbezüglich durchaus vergleichbar ist auch die Darstellung Kogges. Vgl. Kogge 2002, S. 100f., in diesem Sinne auch Kempa, Thomas: „Verstehen, Übersetzen und Interkulturelle Kompetenz: Julliens *Ortswechsel des Denkens* als philosophische Basis der Auseinandersetzung mit China", in: *CHUN* Nr. 21. 2006. München: Iudicium, S. 27 – 40, vor allem S. 36 sowie 38f.
206 Jedenfalls nicht in der Situation des Wissenschaftlers, der sich auf sein Untersuchungsobjekt zubewegt. Anders könnte sich die Lage beim Kulturtransfer darstellen, wo, gesetzt den Fall, es stehe genügend Zeit zur Verfügung, eine Angleichung in den Praktiken stattfinden kann. Dass dem allerdings nicht immer so ist, beweisen die Fälle von äußerlicher Anpassung von religiösen Gruppen wie den Moslem in China bei Beibehaltung wesentlicher ‚eigener' Gepflogenheiten (hierzu vgl. Burke 2000, S. 24ff.). Es muss also weiterhin der Wille zur Angleichung vorhanden sein, damit diese tatsächlich stattfindet.

tremfall kann es zu einer kritiklosen Übernahme von Konzepten führen, die der Rolle, die diese im originalen Kontext gespielt haben, nicht gerecht werden. Allerdings sollte die Bedeutsamkeit des Imitativen im Kulturtransfer und dem Transfer von Begrifflichkeiten nicht unterschätzt werden. So entstehen beispielsweise im Bereich der Sprache durch solche, anfangs rein nachahmenden Übernahmen, durchaus neue Konzepte, die sich letzten Endes sehr lebendig und unvorhergesehen weiterentwickeln können.[207]

Wie kann man sich nun einen solchen Wissensgewinn konkret vorstellen? Die Grundvoraussetzung für Wissenszuwachs ist, wie gesagt, die *„dichte Praxis"*, das persönliche Vertrautwerden des Forschenden mit den Praktiken der ‚Anderen' durch eigene Partizipation. Aber das ist nicht genug, sondern im besten Falle nur der Beginn eines möglichen Verstehens. Die *„dichte Praxis"* schafft nämlich zuerst nur das so genannte *„implizite Wissen"*. Gemeint ist hiermit ein Wissen, das *„im Sinne der* impliziten *Bezugnahme auf eine praktisch zu bewältigende Umgebung"*[208] aufzufassen ist. Mit anderen Worten, implizites Wissen *„ist eine Form [...] praktischen, habitualisierten Wissens"*[209]. Ein Charakteristikum des impliziten Wissens ist die *„mindestens partielle Nichtexplizierbarkeit"*, die *„für die Fähigkeit zum Handeln konstitutiv"* ist.[210] Das sollte in dem Sinne verstanden werden, dass implizites Wissen nicht automatisch in explizites Wissen überführbar, nicht selbsterklärlich bzw. – verständlich ist. Gerade – aber nicht nur – für den Transfer von *wissenschaftlichem Wissen* ist dies von zentraler Bedeutung. Hierzu schreibt Renn:

> Denn Genese wie Anwendung wissenschaftlichen Wissens bedeuten einen Übergang zwischen zweierlei Verhältnissen zwischen Handeln und Wissen, das heißt die Übersetzung expliziten, generalisierten und propositionalen Wissens in performative und konkrete Implikationen oder: umgekehrt die Übersetzung [...] von kontextspezifischen Kenntnissen und Fertigkeiten in explizite, theorie-»geladene«, Beschreibungen.[211]

Das heißt: Aufbauend auf dem in der dichten Praxis generierten impliziten Wissen muss eine Phase der Explizitmachung dieses Wissens durch eine Art von Übersetzung folgen.[212] Aus diesem Grunde konstatiert Renn eine wachsende Relevanz der pragmatischen Lesart fürs Übersetzen und gleichzeitig die steigende Bedeutung des Übersetzens für das Verstehen der ‚Anderen'.

---

207 In diesem Sinne auch Renn 2006 § 28, S. 161 ff.
208 Ibid., S. 173.
209 Ibid., S. 123.
210 Ibid., S. 126.
211 Ibid. S. 126.
212 Allerdings besteht die Gefahr, dass der Wissenschaftler, auch wenn er partizipiert, dem impliziten Wissen der ausgeführten Praktiken explizites Wissen ‚überstülpt', das nicht dem impliziten Wissen der Beforschten entspricht.

Während also die Übersetzung zunehmend einer pragmatischen Lesart unterzogen wird, steigt umgekehrt die Relevanz der Übersetzungstätigkeit für die allgemeine Analyse praktischer Beziehungen über soziale und kulturelle Differenzen hinweg.[213]

Er stellt fest, dass der „*Kontextualismus der Sprachphilosophie*" Einzug in die Übersetzungstheorie gehalten habe, während gleichzeitig in den Sozial- und Kulturwissenschaften die Tendenz dahin ginge, sowohl interkulturelle Beziehungen als auch das methodische Kulturverstehen und -vergleichen als eine Form der Übersetzung aufzufassen.[214]

Verstehen soll, so Renn, durch einen pragmatisch fundierten Umgang mit der Differenz realisiert werden, „*der nicht auf einer vorgängigen Identität der Bedeutung (in verschiedenen äquivalenten Repräsentationssystemen) aufruht und auch nicht zu dieser [...] führen kann.*"[215] Bei dieser Feststellung sind die Parallelen zur

---

213 Renn 2002, S. 18.
214 Allerdings sollte hierbei nicht unterschlagen werden, dass Renn sein Verstehensprojekt als soziologischen Ansatz nicht am individuellen Verstehen Halt machen lässt. Vielmehr warnt er davor, „*das Problem der Integration in der Gesellschaft durch eine Übervereinfachung zu verfehlen.*" Genau dies sieht er aber als Problem beim Pragmatismus „*in seinen handlungs- und gesellschaftstheoretischen Varianten.*" (Beide Zitate: Renn 2006, S. 18.) Dieser neige dazu, Gesellschaft simplifiziert als Interaktion und soziale Ordnung als sprachliche Praktiken aufzufassen. Seine Lösung für dieses Problem ist es, den Pragmatismus mit funktionalistischen beziehungsweise systemtheoretischen Sichtweisen zu verbinden. Diese Fokuserweiterung scheint plausibel, vor allem wenn man seiner Argumentation folgt, in der er zeigt, dass auch innerhalb des jeweils eigenen gesellschaftlichen Kontexts komplexe Übersetzungsbeziehungen zwischen „*Integrationseinheiten*" existieren (ibid., passim). Dies liegt begründet in dem „Modus *des individuell manifesten intersubjektiven Wissens*" (ibid., S. 120, Hervorhebung im Original) wobei seiner Darstellung nach in der Sozialwissenschaft die Positionen zwischen der eines „*kognitiv explizit verfügbaren intentionalen Sinns und eines habituellen, impliziten und praktischen Wissens*" (ibid., S. 120f.) changieren. Je komplexer die Struktur der Gesellschaft, desto schwieriger lässt sich die Frage beantworten, „*wie das verteilte gesellschaftliche Wissen doch noch ineinandergreifen kann.*" So sagt er: „*Der Einzelne weiß längst nicht alles, was man wissen kann, die Gesamtheit des Wissens muss jedoch gesellschaftlich zugänglich, miteinander verknüpfbar und an entsprechenden Stellen mobilisierbar bleiben.*" (Ibid., S. 121.) Hier könnte man die Frage stellen, wie weit man diesen performativen Wissensbegriff für das wissenschaftliche Verstehen übernehmen muss. Ist wissenschaftliches Verstehen erst dann möglich, wenn man als Wissenschaftler diese Verknüpfungen ebenso gut nachvollziehen kann, wie die Mitglieder der Gesellschaft, die dieser betrachtet? Oder genügt ein Wissen über diese Verknüpfungsmöglichkeiten? Sicherlich ist die sich daraus ergebende Perspektive im jeweiligen Falle eine etwas andere. Letzten Ende dürfte es auf der methodischen Ebene auf einen Kompromiss hinauslaufen. Denn in vielen Fällen ist nicht möglich, sich in diese Verknüpfungszusammenhänge ‚komplett' einzubringen. Ein Bild, das sich aufdrängt ist das einer ‚Übersetzungskaskade'. Denn obwohl wir über viele implizite und oft nur wenig explizite Kenntnisse verfügen beziehungsweise diese Kenntnisbereiche nicht kongruent sind, können wir uns doch in unserem Umfeld relativ sicher bewegen und mit einem diesem angemessenen Verständnis agieren, da sich die Verhältnisse zwischen den Integrationseinheiten, die für unser Leben relevant sind, permanent auch ohne unser Zutun und Verstehen übersetzen.
215 Renn 2002, S. 18f.

bereits genannten, ebenfalls durch Wittgenstein und die Pragmatik angeregte Betrachtungsweise von Hans Julius Schneider offenkundig. Auch Schneiders Sichtweise impliziert insbesondere die Bedeutsamkeit des konkreten Kontakts mit der Lebensform und der Teilhabe an den Sprachspielen für das Verstehen.[216]

Wie Renn bei der Darstellung des impliziten Wissens feststellt, ist dieses nicht direkt und explizit mitteilbar.[217] Ausgehend von dieser Voraussetzung lässt sich allerdings die Bedingung der Möglichkeit ableiten, sich gegenseitig zu verstehen, indem man sich bis zu einem gewissen Grad den gleichen Erfahrungen aussetzen kann und die gleichen Praktiken übt und ausübt.

Von hier lässt sich andererseits auch eine Verbindung zum Begriff des „Abrichtens" ziehen, von dem Wittgenstein als der Voraussetzung des Erlernens des Regelfolgens spricht. In § 318 von *Zettel* sagt er dazu: „*Ich kann nicht beschreiben, wie eine Regel allgemein zu verwenden ist, als indem ich dich lehre, abrichte, eine Regel zu verwenden.*"[218] In den *Philosophischen Untersuchungen* wird er diesbezüglich noch expliziter, indem er über das Sprechenlernen der Kinder sagt: „*Das Lehren der Sprache ist hier kein Erklären, sondern ein Abrichten.*"[219]

Dies Element des Abrichtens, des (anfänglich) unverdaut Aufnehmens, könnte als Voraussetzung für eine weiter gehende Beschäftigung und ein tiefer gehendes Verstehen aufgefasst werden. So wäre ein Mitmachen auf der Ebene des impliziten Wissens durch Nachahmung der Praktiken eine erste, wenngleich nicht die einzige Voraussetzung für ein späteres Verstehen. Diese Sichtweise führt natürlich zunächst

---

216 Vgl. Schneider 2002, passim. Mögliche Anklänge an die von Renn geforderte „*dichte Praxis*" könnte man übrigens auch im bereits genannten Ansatz des „*Ortswechsels des Denkens*" des französischen Sinologen François Jullien sehen. In dem oben erwähnten programmatischen Büchlein *Der Umweg über China – Ein Ortswechsel des Denkens* macht Jullien eine sehr aufschlussreiche Beobachtung. In Bezug auf das Arbeiten mit chinesischen Texten stellt er nämlich fest: „*Ich bin der Ansicht, dass man einen chinesischen Text kennt, wenn man ihn praktisch auswendig gelernt hat, so wie es die Gelehrten tun.*" (Jullien 2002, S. 107.) Interessant ist an diesem Zitat weniger die Implikation einer Kulturen und Zeiten übergreifenden Gemeinsamkeit der „*Gelehrten*", die von dem Schweizer Sinologen Jean François Billeter sicherlich zu Recht scharf kritisiert wird [So schreibt Billeter in *Contre François Jullien: François Jullien fördert diese Illusion durch seine Sprache und seine Thematiken – und insbesondere auch durch seine Manier, von „Literaten" zu sprechen, als ob eben diese und sonst niemand die Träger des „Chinesischen Denkens" durch die Jahrhunderte hindurch gewesen seien.* (Billeter, Jean François (2006): *Contre François Jullien*. Paris: Allia, S. 18f., Übersetzung TK], sondern vielmehr das Handlungsmoment in der Aneignung der Texte, also des Tuns, wie es die anderen tun. Das könnte einer „*dichten Praxis*" der Textbehandlung gleichgesetzt werden, die sich nicht an den vorgegebenen und gewohnten Kategorien und Praktiken des westlichen Wissenschaftsbetriebs orientiert.
217 Was jedoch nicht heißen muss, dass es in keiner Weise übertragbar wäre, so etwa durch Zeigen, wie dies beispielsweise im Zen-Buddhismus praktiziert wird.
218 Wittgenstein, Ludwig (1967); Anscombe, G.E.M. [Hg. u. Übers.]: *Zettel*. Oxford: Basil Blackwell, S. 59, § 318.
219 Wittgenstein, Ludwig (1980): *Philosophische Untersuchungen*. Frankfurt/Main: Suhrkamp, S. 17 § 5.

ein Stück weit weg von der im Wissenschaftsbetrieb akzeptierten, rein diskursiven Beschäftigung mit Texten.[220]

Es besteht kein Grund, das implizite Lernen nicht als eine basale menschliche Erfahrung anzusehen und damit zur Grundlage eines Verstehens- und Übersetzungskonzeptes zwischen Menschen und im weiteren Sinne auch zwischen Kulturen zu machen. Denn diese in der Regel nichtbewusste, *unendlich nahe* oder *beinahe unmittelbare* Erfahrung[221] des impliziten Wissens liegt an der Nahtstelle zwischen dem Diskursivem und dem Nichtdiskursivem, wobei deren Basis in den ausgeübten Praktiken sowie der geteilten Handlungssituation liegt.

Aber wie kann nun beispielsweise ein Sinologe für sich in Anspruch nehmen, er lese einen antiken Text so, wie ihn dessen Autor seiner Ansicht nach gemeint hat? Oder wie kann er behaupten, er wisse, was die Menschen in China umtreibe und wie dies zu erklären sei? Sollen dies keine überheblichen oder unsinnigen Behauptungen sein, müssen diese auf eine theoretische Basis gestellt werden. Eine solche ließe sich im Konzept einer pragmatisch fundierten Hermeneutik finden, die darauf aufbaut, dass die Texte und die Praktiken des Umgangs mit ihnen – genau wie ‚Kulturen' auch – eben nicht völlig voneinander trennbar sind und man sich persönlich in diese hineinbegeben kann bzw. muss, um ihre Implikationen und Explikationen so eingehend wie möglich zu erfassen.[222] Dabei sind sowohl die Texte als auch die Praktiken, mit denen Texte gelesen, verstanden oder geschrieben werden, miteinander über viele mittelbare Berührungs- und Transferpunkte in einer ‚Übersetzungskaskade' verbunden: Sie wurden und werden sozusagen immer ‚weitergereicht'.[223]

---

220 Ich vermute, dass etwas Ähnliches gemeint ist, wenn Jullien an bereits erwähnter Stelle sagt: „*Ich glaube, dass man einen chinesischen Text kennt, wenn man ihn praktisch auswendig gelernt hat, so wie es die Gelehrten tun. Der eigentlichen philosophischen Arbeit geht also die Arbeit des Assimilierens, des Klärens voraus.*" Dieses sich in die zu untersuchenden Situationen und ‚Gegenstände' Hineinbegeben, dieses So-wie-die-anderen-Tun ist mehr als bloß reine Pragmatik, wenngleich die pragmatische Komponente nicht geleugnet werden soll. Vielmehr stellt sie sich im Lichte des oben Gesagten als Voraussetzung und Teil einer wissenschaftlichen Methode dar, welche die Kategorie der ‚objektiven Betrachtung' und damit der ‚Fremdbetrachtung' überwinden will.
221 Dieser Begriff ist Jean François Billeters *Lektionen über Zhuangzi* entlehnt. Er verwendet den Begriff des *unendlich Nahen* oder *beinahe Unmittelbaren*, um seine Lesart des antiken chinesischen Textes zu rechtfertigen, indem er sich auf seine persönliche Erfahrung beruft, mit deren Hilfe er den Text deutet, wobei zugleich Wittgensteins Vorstellungen vom *Abrichten* in Zusammenhang mit Lernprozessen allgemein gesetzt werden. Er greift dessen Gedanken auf, philosophische Probleme, aber auch Probleme des Verstehens seien nur dadurch lösbar, dass man bestimmte grundlegende Phänomene beschreibe, und nicht indem man sie erkläre. Wittgenstein wende sich, so Billeter, in diesen Beschreibungen mit „*extremer Aufmerksamkeit dem zu, was man als das unendlich Nahe oder das beinahe Unmittelbare bezeichnen könnte*" (vgl. Billeter, Jean François (2002): *Leçons sur Tchouang-tseu*. Paris: Allia, S. 14, Hervorhebungen im Original, Übersetzung TK).
222 In diesem Sinne vgl. auch Kempa 2006.
223 Hier könnte man auf den Gedanken kommen, dass an dieser Stelle Gadamers Konzept der *Tradition* aufgegriffen werde. Aber mit dem dargestellten Phänomen soll und kann keine vorgängige Identität gemeint sein. In der Tat bestehen ‚zwischen den Texten' Unterschiede, die, wie wir bei Schneider gesehen haben, unabdingbar sind. Die Überwindung der Unterschiede

Solche Berührungspunkte sind vor allem gegeben in den vermittelnden, übersetzenden Praktiken, zu denen natürlich sowohl die lokalen Traditionen als auch die Verbreitung beispielsweise durch ein Studium der Werke im Ausland mit anschließendem Transfer des erworbenen Wissens in die Heimat zählen. Solche Mechanismen funktionieren sowohl örtlich als auch zeitlich. Denn wäre dem nicht so, müsste man sich die Frage stellen, wie es überhaupt möglich ist, dass wir beispielsweise mit Japanern und Chinesen kommunizieren können, was, um dies nochmals zu betonen, Missverständnisse, auch kapitale, durchaus nicht ausschließt.

Man sollte jedoch – wie bereits deutlich wurde – stets im Auge behalten, dass, auch wenn man sich ‚anderen' pragmatischen Kontexten mit dem Ziel des Erwerbs von implizitem Wissen aussetzt, dieser Erwerb von impliziten Kenntnissen im praktischen Handeln zumindest auf der Ebene des Bewusstseins gewöhnlich durch die Anwendung bereits bekannter Semantiken überlagert wird. Die Folgen des impliziten Wissenserwerbs sind häufig indirekter Natur und niemals ganz frei von den Vorgeprägtheiten des jeweiligen Individuums; denn von *tabula rasa* kann in diesem Bereich *per definitionem* nicht die Rede sein. Dennoch kann man davon ausgehen, dass implizites Lernen Wirkungen auch für theoretische Konzeptualisierungen hat.

Als Beispiel für möglicherweise misslungene Verstehensversuche können durchaus auch Teilbereiche der *Business Sunzi*-Literatur gelten.[224] Ausgehend von den oben dargestellten, recht abstrakten Gedanken soll nun zunächst die Problematik der kulturellen Differenz konkret an auf China und Japan bezogenen Beispielen betrachtet werden.

Der Mythos der getrennten Welten – China und der Westen

Bei der *Business Sunzi*-Literatur handelt es sich um ein Phänomen, bei dem ‚Partner' aus mehreren Kulturkreisen ihren Teil dazu beigetragen haben, dass dieser

> ist jedoch – und hier kommt erneut Kogges Konzept von der Diskretion ins Spiel – nicht vollständig, sondern nur graduell und allmählich, bis hin zu dem Fall, dass ein solches Überwinden der Unterschiede (das der Horizontverschmelzung bei Gadamer natürlich bemerkenswert ähnlich sähe) beinahe vollständig wird.
> Im selben Sinne äußert sich Wittgenstein auch in seinen *Bemerkungen über Frazers »The Golden Bough«*, also in einem Text, der sich konkret mit der Frage des interkulturellen Verstehens auseinandersetzt (vgl. Wittgenstein, Ludwig: „Bemerkungen über Frazers »The Golden Bough«", in: Wiggershaus, Rolf [Hg.] (1975): *Sprachanalyse und Soziologie. Die sozialwissenschaftliche Relevanz von Wittgensteins Sprachphilosophie*. Frankfurt/Main: Suhrkamp, S. 37–57, hier S. 45).
> Zudem lassen sich Parallelen zu einer bereits im 19. Jahrhundert von dem japanischen Forscher Minakata Kumagasu anhand eines Textbeispiels verdeutlichten Verbindungsthese finden, das Shimada in seinem Werk *Die Erfindung Japans* zitiert (vgl. Shimada, Shingo (2000): *Die Erfindung Japans. Kulturelle Wechselwirkungen und nationale Identitätskonstruktion*. Frankfurt/Main: Campus, S. 163). Hierzu vgl. S. 80f.

224 Zu Illustration dieser Aussage siehe den Abschnitt *Die wechselseitige Business Sunzi-Rezeption als interkulturelles Missverständnis* am Ende des Kapitels.

literarische Typus zum dem wurde, was er ist.[225] Wie in der Einleitung bereits verdeutlicht wurde, stellte diese Literatur in der Volksrepublik zunächst einen Versuch dar, westliche Business-Konzeptionen zu popularisieren und trotzdem einen ‚eigenen Weg' zu gehen.

Auch im Westen fand eine Übersetzung von Konzepten und Begriffen aus dem chinesischen Kulturraum statt. Allerdings standen hier andere Motive im Vordergrund; vor allem der Wunsch, nach dem Verstehen der ‚Anderen' und die Suche nach einem ‚geheimen Wissen der Chinesen'. Hierbei handelt es sich um eine Form von Exotismus, die mittlerweile auch aus dem Westen nach China ‚reimportiert' wird, was für Verstehenskonzeptionen bezüglich des ‚Anderen' und des ‚Eigenen' insofern eminente Bedeutung hat, als es ein ganz neues Licht auf Prozesse des Kulturtransfers und des Verstehens überhaupt wirft.[226]

Man kann davon ausgehen, dass diese Phänomene nicht besonders ungewöhnlich sind. Vielmehr zeigen diese, vor allem aufgrund der Kontraste zwischen den ‚Parteien', wie solche Übernahmeprozesse tatsächlich ablaufen. Problematisch wird es jedoch dann, wenn man, wie dies beispielsweise François Jullien in seinem kulturkomparatistischen Ansatz tut, von einer absoluten Getrenntheit des chinesischen vom westlichen Kulturkreis ausgeht.[227] Diese Rezeption der ‚chinesischen Kultur' durch die ‚Anderen' versucht man in China schon seit längerem nachzuvollziehen beziehungsweise für die Konstruktion einer ‚traditionellen chinesischen Kultur' zu instrumentalisieren. So sind mittlerweile aus dem recht umfangreichen Werk Julliens, in dem er sich mit ‚dem Chinesischen Denken' als einer Kontrastfolie für das ‚Westliche Denken' auseinandersetzt, mehrere Bücher in chinesischer Übersetzung erschienen.[228] Als ein Beispiel wie sich dies in China auswirkt, könnte man einen

---

225 Vgl. Kapitel 3.
226 Vgl. Kapitel 5.
227 Zwar geht es Jullien nicht allein um *Sunzi bingfa*, trotzdem wird er hier genannt, da seine Vorgehensweise als exemplarisch für eine Möglichkeit des Umgangs mit ‚dem Anderen' gelten kann.
228 杜小真[译]：弗朗索瓦·于连[著]（1998）：迂回与进入。北京：三联书店。(*Du, Xiaozhen* [Übers.]; *Falangsuowa Yulian* [Verf.]: *Yuhui yu jinru. Beijing: Sanlian shudian*) [Auf Deutsch: Jullien, Francois (2002a): *Umweg und Zugang: Strategien des Sinns in China und Griechenland.* Wien: Passagen Verlag].
宋刚[译]：弗朗索瓦·于连（2002）：道德奠基：孟子与启蒙哲人的对话。(北大学术讲演丛书)。北京：北京大学出版社 。(*Song, Gang* [Übers.] *Fulangsuowa Yulian: Daode dianji: Mengzi yu qimeng zheren de duihua (Beida xueshu jiangyan congshu)* Beijing: Beijing daxue chubanshe) [Auf Deutsch: Jullien, Francois (2003a): *Dialog über die Moral – Menzius und die Philosophie der Aufklärung.* Berlin: Merve].
闫素伟[译]：弗朗索瓦·于连（2004）：圣人无意：或哲学的他者。(当代法国思想文化译丛)。北京：商务印书馆 。(*Yan, Suwei* [Übers.] *Fulangsuowa Yulian: Shengren wu yi: huo zhexue de tazhe (Dangdai Faguo sixiang wenhua yicong). Beijing: Shangwu Yinshuguan*) [Auf Deutsch: Jullien, Francois (2001): *Der Weise hängt an keiner Idee – Das Andere der Philosophie.* München: Fink].
林志明;张婉真[译]：法兰斯瓦·余莲（2004）[著];拉尔夫·吉普森[摄影]：本质或裸体。台北县：桂冠图书。(*Lin, Zhiming; Zhang, Wanzhen* [Übers.] *Falansiwa Yulian;*

Leitartikel der Komparatistin und Kulturwissenschaftlerin Yue Daiyun vom 27. Mai 2006 nennen, die in der hochoffiziellen *Volkszeitung* darauf hinweist, dass ‚westliche' kulturreflexive Konzepte wie Julliens *Ortswechsel des Denkens* „*dem gegenseitigen Verstehen der östlichen und westlichen Kultur*" nutzten und die „*Lösung von kulturellen Konflikten*" förderten. In solchen Beiträgen zum Diskurs über das Andere und das Eigene wird jedoch im Grunde gerade das Bild von der Abgrenzung und der Opposition von Ost und West im Sinne von einander als fremd gegenüberstehenden kulturellen Blöcken erzeugt, dem diese Diskurse angeblich entgegenwirken wollen.[229]

Diese postulierte Getrenntheit der Kulturkreise ist eine der wichtigsten Voraussetzungen Julliens bei seiner Suche nach einer Heterotopie. Hierbei bezieht er sich auf Michel Foucault, der im Vorwort zu *Die Ordnung der Dinge*[230] die Heterotopie als Gegenbegriff zur Utopie konzipiert und dort sogar auf China angewendet hat.[231] Ausgehend von dieser Heterotopie, will Jullien einen „*Außenstandpunkt*" in Bezug auf die griechisch-westliche Philosophie, deren Denkvoraussetzungen und das, was deren Kohärenz ausmacht, einnehmen, um so das Eigene durch die Verwendung der chinesischen Philosophie als Kontrastfolie besser sichtbar zu machen.

Methodisch ist es Jullien nach seinen eigenen Worten primär darum zu tun, einen „*radikalen Bruch mit den impliziten Einverständnissen und Filiationen, auf denen unser Denken ruht (und sich ausruht)*" zu vollziehen. Dies wolle er nicht, weil das, was er in China „*entdeck*[t]*e, unbedingt anders wäre [...], sondern einfach, weil es von Anfang an einen anderen Rahmen bietet.*"[232] Diese Betonung, dass es in China nicht unbedingt anders sei, und damit widerspricht er sich in gewisser Hinsicht selbst, ist von großer Bedeutung und zudem eine unabdingbare Voraussetzung seines Konzept, da nur so Vergleichbarkeit gegeben sein kann. Im Zusammenhang mit

---

Laerfu Jipusen [Fotograph.]: *Benzhi huo luoti. Taibei Xian: Guiguan tushu*) [Auf Deutsch: Jullien François (2003b): *Vom Wesen des Nackten*. Berlin/Zürich Diaphanes].

张放[译]：弗朗索瓦·于连；狄艾里·马尔塞斯；(2005)：远西对话(经由中国)从外部反思欧洲。(国际汉学研究书系。当代海外汉学名著译丛)。郑州：象出版社。(*Zhang, Fang* [Übers.]: *Fulangsuowa Yulian; Di'aili Maersaisi: Yuan xi duihua (jingyou Zhongguo) cong waibu fansi Ouzhou (Guoji hanxue yanjiu shuxi. Dangdai haiwai hanxue mingzhu yicong). Zhengzhou: Daxiang chubanshe*) [Jullien, François; Marchaisse, Thierry (2000): Penser d'un dehors (la Chine): Entretiens d' extreme-occident. Paris: Seuil].

卓立[译]：法兰斯瓦·余莲 (2006)：淡之颂。论中国思想与美学。台北县：桂冠图书。(*Zhuo, Li / Esther Lin-Rosolato* [Übers]: *Falansiwa Yulian. Dan zhi song. Lun Zhongguo sixiang yu meixue. Taibei Xian: Guiguan tushu*) [Auf Deutsch: Jullien, François (1999): *Über das Fade – Eine Eloge: Zu Denken und Ästhetik in China*. Berlin: Merve].

229 Vgl. 乐黛云：以东方智慧化解文化冲突。人民日报海外版27.05.2006。(*Yue, Daiyun: Yi dongfang zhihui huajie wenhua chongtu. Renmin ribao haiwaiban*) [Mit östlicher Weisheit kulturelle Konflikte lösen].

230 Foucault, Michel (1978): *Die Ordnung der Dinge: eine Archäologie der Humanwissenschaften*. 2. Aufl. Frankfurt/Main: Suhrkamp, S. 17 – 28.

231 Vgl. Jullien, François (2002): *Der Umweg über China – Ein Ortswechsel des Denkens*. Berlin: Merve, S. 15.

232 Beide Zitate: Jullien 2002, S. 43.

dem Umgang mit diesem ‚Anderen' betont er auch stets, dass ihm Essenzialisierungen und simple Vergleiche, die sich auf Gegenüberstellungen wie der ‚Orient und der Okzident' stützten, zuwider seien.

Denkt man diese Argumentation durch, ist man allerdings versucht zu fragen, was der Unterschied zwischen *anders sein* und einem *von Anfang an anderen Rahmen bieten* sein mag. Das Konzept des Anderen als Kontrastfolie bleibt was es ist, auch wenn es rhetorisch verbrämt wird. Der Schweizer Sinologe Jean François Billeter fasst dies in seiner Kritik an Jullien in sicherlich von Wittgensteins Gedanken inspirierten Worten zusammen:

> Es gibt eine weitere unüberwindliche Schwierigkeit; denn eine Form des Denkens ist nur so lange real, wie man sich ihrer bedient, um zu denken, und niemand denkt jemals auf zwei Arten gleichzeitig. Das, was man sich dabei [in Julliens komparatistischem Ansatz, TK] vor Augen halten kann, sind nicht zwei Arten des Denkens in realer Aktion, sondern nur entleerte Formen, wie abgelegte Schlangenhäute.[233]

Laut Jullien erfüllen die chinesischen Philosophen, oder genauer gesagt deren Texte, die von Foucault geforderte Funktion als Heterotopie[234] aus drei Gründen: Zum einen seien diese außerhalb des Einflussbereichs des indoeuropäischen Kultur- und Sprachraumes entstanden,[235] zum anderen sei in ihnen ein anderer Zivilisationskontext zu entdecken, mit dem ‚uns', also den Westen, weder eine gemeinsame Geschichte noch ein gemeinsamer Einfluss verbinde,[236] und schließlich handele es sich um eine Kultur, die aufgrund einer lebendigen schriftlichen Tradition aus ihren schriftlichen Quellen und nicht durch anthropologische Forschungen erschließbar sei.[237]

---

233 Billeter 2006, S. 48f., Übersetzung TK.
234 Ein weiterer Einwand gegen seine Vorgehensweise ist, dass auch Jullien nicht umhin kann, irgendeine Haltung einzunehmen, die seine „*Perspektive so bestimmt, dass sie nichts anderes als sich Selbst* [sic] *thematisieren kann.*" (Shimada 2000, S. 19.) Eben diese Perspektivenproblematik ist ein weiterer wichtiger Aspekt bei der Kulturkomparatistik. Obschon Julliens Ortswechsel des Denkens als Ansatz zur Erklärung des Anderen in China durchaus interessante Beiträge leistet, muss er dennoch kritisch betrachtet werden. Der Gedanke, man könne seinen Standpunkt komplett wechseln, ist unplausibel. Die Unhintergehbarkeit der Wirkungsgeschichte, in der man steht, und das Nicht-Wegkönnen bzw. Nicht-wegkönnen-Wollen vom eigenen Standpunkt sind nicht zu unterschätzen.
235 Daher sei, so Jullien, kein Einfluss sprachlicher Gemeinsamkeiten auf die Philosophie gegeben. Dies ist für eine *Außensicht* der westlich-griechischen Philosophie in seiner Konzeption notwendig.
236 Hier wird die Getrenntheitsthese sehr deutlich sichtbar.
237 Vgl. Jullien 2002, S. 42. Dazu könnte man zum einen kritisch anmerken, dass der Standpunkt durchaus vertretbar ist, China habe sich durch die Übernahme westlicher Konzepte und Terminologie seit Mitte des 19. Jahrhunderts sowie die Abschaffung der klassischen Schriftsprache im Gefolge der Bewegung des 4. Mai von seiner Tradition abgeschnitten (hierzu vgl. Lackner, Michael et al. [Hg.] (2004): *Mapping Meanings. The Field of New Learning in Late Qing China*. Leiden/Boston/Köln: Brill, S. XVff.). Dies wird von den chinesischen Quellen, auf die sich Jullien bezieht allerdings ignoriert.

Die beiden ersten Bedingungen sind in dieser Form nicht haltbar, wenn man davon ausgeht, dass sich Kulturen an ihren Grenzen definieren und nachgerade sogar an diesen bilden, wie dies in den Kulturwissenschaften mittlerweile weithin anerkannt ist.[238] Man muss nach dieser Vorstellung nämlich davon ausgehen, dass sämtliche Kulturen auf dem eurasischen Kontinent seit jeher – zumindest mittelbar – in Verbindung standen, wenngleich man dazusagen sollte, dass sich die Intensität dieser Verbindungen in den letzten Jahrhunderten und Jahrzehnten dramatisch gesteigert hat.

Als ein Beispiel für das Zutreffen dieser *Verbindungsthese*, die meines Erachtens gewichtige epistemische Konsequenzen bei der Betrachtung und dem Verstehen verschiedener Kulturen hat, soll hier ein kurzer Abschnitt aus einem Text über die Mandragora-Wurzel zitiert werden, der Ende des 19. Jahrhunderts von dem Japaner Minakata Kumagasu in der britischen Zeitschrift *Nature* publiziert wurde:

> So far the many analogies between the mandrake- and the Phytolacca-stories appear to militate against the probability of the independent growths, if not origins, of the folklores connected with the two plants. Further, it may be worthy of notice that, while the ancient Europeans possessed a hazy knowledge of the anthropomorphous Ginseng, the Chinese of middle ages had an equally circuitous acquaintance with the mandrake. The fact is well evinced in the following passage of Chau Mih (1232 – 1308): »Several thousand miles west of the region of Moslem, the land produces one substance extremely poisonous, which is shaped like man as our Ginseng is. It is called ›Yah-puh-lü‹, and grows several chang deep […]« The readers of the above passage scarcely need my annotations that the story is obviously composed of what Josephus and Dioscorides record, and also that the name »Yah-puh-lü« is nothing but »Ybruh«, the Arabic word for the mandrake. (Minakata 1896: 344)[239]

Geht man davon aus, dass es sich dabei um keinen Einzelfall gehandelt hat, und nichts ließe einen derartigen Rückschluss zu, kann in der Tat von einer völligen Getrenntheit der Kulturen keine Rede sein. Der Kontakt, wenngleich sicherlich häufig indirekt und vage, bestand zu jeder Zeit.

Mit dem Hinfälligwerden der Voraussetzungen ist zwar primär Julliens Rechtfertigung seines Forschungsgegenstandes hinfällig, aber nicht unbedingt seine Methodik. Allerdings muss die Einschränkung gemacht werden, dass in China eben nicht das radikal Andere gefunden werden kann, das er sucht. In einer positiven Wendung könnte man daraus aber auch schließen, dass das Verstehen der Anderen eben doch nicht so unmöglich sei, da immer eine Verbindung und eine Durchmischung mit dem Anderen stattgefunden habe und stattfinde. Hans Julius Schneider hat in diesem Zusammenhang die Metapher des „*Lebenselements*" gebraucht, das in „*kommunizierenden Röhren*"[240] fließe. Man kann also, wenn man schon nicht von einer so eng

---

238 Vgl. Kogge 2002, S. 289ff.
239 Minakata Kumagusu: „The Mandrake", in: *Nature* (54) 1896, S. 343 – 344, zitiert aus: Shimada, Shingo (2000): *Die Erfindung Japans. Kulturelle Wechselwirkungen und nationale Identitätskonstruktion.* Frankfurt/Main: Campus, S. 163.
240 Schneider 2002, S. 44f.

verbundenen Wirkungsgeschichte als Verstehensvoraussetzung ausgehen will, wie dies Gadamer in seiner philosophischen Hermeneutik tut, doch von gewissen, bedingten Verbindungen der Kulturen ausgehen, die es ermöglichen, sich diesen in „*dichter Praxis*" weiter anzunähern. Dadurch wird es möglich, den hermeneutischen Zirkel zu rehabilitieren, ohne ihm vorwerfen zu müssen, damit werde prinzipiell eine Assimilation des Fremden an das Eigene im Sinne eines Machtgefälles betrieben. Das soll aber wiederum nicht heißen, dass dies nicht in der Kulturwissenschaft stattfinden könnte, es ist jedoch nicht notwendigerweise so.

Chinesische Innenansichten auf Basis westlicher Kategorien

Aber auch eine zu Jullien sozusagen ‚gegenläufige' Betrachtungsweise kann zu Problemen führen. Um dies etwas konkreter zu zeigen, soll hier an Beispielen vorgestellt werden, wie der Transfer von Konzeptionen des ‚Anderen' durch seine wechselseitigen Auswirkungen zu einer derartigen Vermischung von Eigen- und Fremdbildern führen kann, dass am Ende nicht mehr klar ist, was woher stammt bzw. was das Eigene und was das Fremde ist. Dabei stützt sich diese Untersuchung auf Gedanken des japanischen Soziologen Shimada Shingo, der in *Die Erfindung Japans*[241] die Konstituierung des ‚Japanischen' nach der Meiji-Restauration (ab 1868) im Wechselspiel mit dem Westen untersucht hat. Der Vergleich mit Japan ist insofern legitim, als das Land, wie schon in der Einleitung erwähnt, bei der Übernahme anderer Konzepte und Begriffe aus dem Westen – so zum Beispiel auf den Gebieten der Politik, der Wissenschaft und des Militärwesens – eine Schlüsselrolle gespielt hat.[242]

Shimada geht davon aus, dass die Rezeption westlichen Wissens im Japan der Meiji-Ära (1868 – 1912) von progressiven Kreisen als Notwendigkeit empfunden und nachdrücklich gefördert wurde. Dies geschah primär, um sich gegen die technologisch und militärisch als übermächtig erlebten westlichen Staaten behaupten zu können. Dabei kam es, selbst bei solchen japanischen Gelehrten, die den Neuerungen kritisch gegenüberstanden, zu einer Konzeptualisierung der Opposition Ost-West, die weitgehend auf Basis von Begrifflichkeiten aus der westlichen Wissenschaft gedacht wurde.

Motor der Übersetzung, so Shimada, sei das Machtgefälle zwischen den westlichen und den asiatischen Ländern gewesen, was auch die Asymmetrie der Übersetzungen erkläre.[243] Diese Auffassung muss jedoch aufgrund der Ergebnisse der neue-

---

241 Shimada 2000.
242 Hierzu vgl. Alleton, Viviane: „Chinese Terminologies: On Preconceptions.", in: Lackner, Michael et al. [Hg.] (2001): *New Terms for New Ideas. Western Knowledge and Lexical Change in Late Imperial China*. Leiden/Boston/Köln: Brill, S. 15 – 34, insbesondere S. 23ff.
243 Shimada 2000, passim. Ein frühes Werk zum Thema kultureller Identität von japanischer Seite, *Das Buch vom Tee* von Okakura Kakuzo wurde von diesem, um sich ‚dem Westen' verständlich zu machen, auf Englisch verfasst, wobei es dem Autor primär darum ging, das Japanische an Japan als bewahrenswert aufzuzeigen (vgl. Okakura, Kakuzo [Verf.]; Ham-

ren Forschungen ergänzt werden. So geht Matthias Middell, der über deutsch-französische Kulturtransferprozesse arbeitet, in seinem Aufsatz *Kulturtransfer und Historische Komparatistik*[244] davon aus, dass in der Kulturtransferforschung ein radikaler Perspektivenwandel bezüglich des Verhältnisses zwischen Ausgangs- und Zielkultur stattgefunden habe. Demzufolge sei nicht „*der Wille zum Export, sondern die Bereitschaft zum Import*"[245] die treibende Kraft hinter Kulturtransferprozessen.

Shimada geht davon aus, dass sich erst im Kontakt mit dem ‚Anderen' das ‚Eigene', also das, was später dann als ‚typisch japanisch' angesehen wurde, tatsächlich in der heute vorhandenen Form gebildet habe. Im Prozess der Bildung des Eigenen und des Fremden, Shimada bezieht sich auf das Orientalismus-Konzept von Edward Said, sei am Ende sehr schnell verdrängt worden, was zu Beginn des Rezeptionsprozesses das eigentlich Eigene und was das Fremde gewesen sei. Dadurch, und hierbei handelt es sich um ein Leitmotiv in Shimadas Darstellung, sei das Eigene im Fremden und das Fremde im Eigenen nicht mehr identifizierbar gewesen. Diese These soll hier auch in Bezug auf China fruchtbar gemacht werden.

Der bereits mehrfach genannte Schweizer Sinologe Jean François Billeter analysiert die chinesischen Diskussionen des 20. Jahrhunderts über die Frage einer chinesischen Identität dahingehend, dass er eine Neupositionierung „*der Intellektuellen, der Politiker und der öffentlichen Meinung*" hinsichtlich des alten China diagnostiziert,[246] die sich praktisch ausschließlich auf den Zusammenbruch des chinesischen Kaiserreiches im Jahre 1911 bezogen habe, und welche die Diskurse bis heute praktisch völlig dominiere. Denn seiner Ansicht nach haben die in der Zeit nach dem

---

mitzsch, Horst [Übers.] (1981): *Das Buch vom Tee*. 2. Auflage. Frankfurt/Main: Insel). Als Verfechter einer japanischen Kultur wandte er sich vehement gegen die ‚Verwestlichung' Japans während der Meiji-Ära. Die Tatsache, dass er auf Englisch schrieb ist dabei insofern delikat, als ihn diese Tatsache dazu zwang, sein Verständnis von japanischer Kultur zu übersetzen.
Okakura verfasste noch mehr Werke zu diesem Thema, z.B. *Die Ideale des Ostens* (Okakura, Kakuzo (1921): *Die Ideale des Ostens*. Leipzig: Insel). Er verfocht eine Art von pantartarischem Rassismus: So finden sich im letztgenannten Werk zahlreiche Stellen, an denen die Bedeutung einer, von ihm nicht näher definierten, „*tartarischen Rasse*" wobei die japanische „Rasse" von ihm als Ableger dieser tartarischen Rasse gesehen wurde – für die von ihm postulierte Homogenität einer asiatischen Kultur, mit im wesentlichen indischen Wurzeln, deutlich wird. Interessant ist, dass sein latenter bis offener Rassismus im Grunde auch als ein ‚Westimport' angesehen werden kann. Dieser Rassismus hatte durchaus bereits Anklänge an den imperialistischen Gestus, der in Japan in der Folgezeit immer mehr an Bedeutung gewinnen sollte. Außerdem bezog Okakura sich auf die Romantik (vgl. Okakura 1922, S. 148ff.), was, zusammengenommen mit seinem starken Interesse für die indische Kultur, eine weitere Parallele zur westlichen Romantik bildet. Es zeigt sich so auch bei ihm auf mehreren Gebieten eine enge Verflochtenheit mit dem bekämpften ‚Westen'. Zu Okakura vgl. auch Mishima 1996/1999, S. 86 – 122, S. 105ff.

244 Middell, Matthias: „Kulturtransfer und Historische Komparatistik". Internetdokument, zuerst erschienen in: Comparativ 10 (2000), H. 1, S. 7 – 41. Quelle:
http://www.uni-leipzig.de/zhs/passage/de/forschung/thesen.pdf (Download: 26.06.08).
245 Ibid., S. 16.
246 Vgl. Billeter 2006, S. 20ff. Ebenfalls dazu Billeter, Jean François (2000): *Chine trois fois muette*. Paris: Allia, S. 79f.

Sturz der Qing eingenommen Positionierungen der Intellektuellen gegenüber der eigenen Vergangenheit bis heute nichts von ihrer Brisanz eingebüßt, da sich deren Implikationen bis in die Gegenwart auswirkten. Er schreibt: *„Sie* [die Debatte über diese Positionierung, TK] *stellte einen wesentlichen Teil der Debatten im China des 20. Jahrhunderts und nährt diese auch heute wieder.*"[247] Billeter macht dabei vier wesentliche Positionen aus: Die *Bilderstürmer*, die *Kritiker des alten Systems*, die *Komparatisten* und die *Puristen*.

Die *Bilderstürmer*, zu denen er beispielsweise den ersten Generalsekretär der Kommunistischen Partei Chinas Chen Duxiu (陈独秀, 1880 – 1942)[248] zählt, lehnten die chinesische Kultur radikal ab, da sie diese untrennbar mit der kaiserlichen und patriarchalischen Macht verbunden sahen.[249]

Die *Kritiker* gingen laut Billeter davon aus, dass eine sorgfältige Rekonstruktion der Entstehungsbedingungen des Systems es erlaube, sein Funktionieren und seinen Einfluss auf die Gemüter in China so weit zu verstehen, dass dieser nachlasse. Zu den Vertretern dieser Richtung zählt er den Historiker Gu Jiegang (顾颉刚, 1893 – 1980).[250]

Die dritte Position, die Billeter ausmacht, die der *Komparatisten*, lässt sich seiner Ansicht nach als ein Versuch auffassen, die chinesische Identität neu zu definieren, um so China die Möglichkeit zu geben, sich zu „okzidentalisieren", ohne sich selbst verleugnen zu müssen und die Nation gegenüber feindlichen Einflüssen zu mobilisieren bzw. sich ihrer eigenen Bedeutsamkeit zu versichern. Hier sind deutliche funktionale Parallelen zu den oben dargestellten Phänomenen im Japan des späten 19. und frühen 20. Jahrhunderts zu erkennen. Zu den wichtigsten Vertretern dieser Richtung zählt er den Philosophen Feng Youlan (冯友兰, 1895 – 1990), der die

---

247 Billeter 2006, S. 20, Übersetzung TK.
248 Chen Duxiu (陈独秀) war zudem einer der Initiatoren der 4.-Mai-Bewegung (vgl. Billeter 2006, S. 20).
249 Billeters Standpunkt kann jedoch durchaus auch kritisch gesehen werden. Seiner Klassifizierung der Kommunisten als Bilderstürmer (wenn man davon ausgeht, dass Chen Duxiu für die Kommunisten stehen soll) widerspricht beispielsweise, dass auch die Kommunisten bereits sehr früh begonnen haben, die ‚Tradition' propagandistisch auszuschlachten. Hier sei erinnert an die *Eloge an Huangdi* aus dem Jahre 1937 von Mao Zedong und Zhu De anlässlich einer Zeremonie zu Ehren des Gelben Kaisers. Gleichzeitig verfassten sowohl die Guomindang als auch die Regierung der damaligen Republik China Elogen an den mythischen Kaiser, die Ausdruck einer Einheitsfront sein sollten. Wie man sieht lässt sich also die von Jean-François Billeter vorgenommene ideologische Aufteilung in dieser Form nicht aufrechterhalten. Zu den Huangdi-Elogen vgl. Billeter, Térence: *Un ancêtre légendaire au service du nationalisme chinois*, in: Perspectives chinoises n° 47, mai - juin 1998, S. 46ff.
250 Gu Jiegang (顾颉刚, 1893 – 1980) griff in seinem umfangreichen Werk *Fragen der Alten Geschichte*《古史辨》(*Gushi bian*) unter anderem die Gründungsmythen des Kaiserreiches an (vgl. Billeter 2006, S. 21). Zu Gu Jiegang siehe auch Richter, Ursula (1992): *Zweifel am Altertum. Gu Jiegang und die Diskussion über Chinas alte Geschichte als Konsequenz der "neuen Kulturbewegung" ca. 1915-1923*. Stuttgart: Franz Steiner. Zu Gu außerdem: Schneider, Laurence A. (1971): *Ku Chieh-kang and China's New History: Nationalism and the Quest for Alternative Traditions*. Berkeley: University of California Press.

erste *Allgemeine Geschichte der chinesischen Philosophie*[251] verfasste. Feng und andere Philosophen der ersten Hälfte des 20. Jahrhunderts unternahmen den Versuch, eine Geschichte der chinesischen Philosophie zu schreiben, indem sie sich an der westlichen Philosophiegeschichte orientierten.[252] Hier zeigt sich das von Shimada für Japan konstatierte Phänomen am allerdeutlichsten. Denn auch hier wurden im Prinzip die westlichen Kategorien zur Folie der Selbstbeschreibung gemacht, und zwar gerade dadurch, dass man die ‚eigenen Konzepte' in bzw. durch die Abgrenzung vom ‚Anderen' definierte.

Ein weiterer Vertreter dieser – um in Billeters Terminologie zu bleiben – komparatistischen Richtung war Mou Zongsan (牟宗三, 1909 – 1995)[253], an dem sich der französische Sinologe François Jullien neben Xu Fuguan (徐复观, 1903 – 1982) maßgeblich ausrichtete.[254] Mou habe, so Billeter, eine seiner Wahrnehmung entsprechende Synthese des chinesischen Denkens geschaffen.[255] Billeter kritisiert nun an Jullien, er habe sich lieber von Mou und Xu „inspirieren" lassen, anstatt deren Ideen, Verdienste und immense Wirkung zunächst in Taiwan und später auch in China darzustellen, wobei er es zudem unterlassen habe, deutlich zu machen, was er von diesen übernommen habe.[256] Es lässt sich unschwer erkennen, dass Jullien durch diese ‚komparatistischen' Autoren ein Chinabild rezipiert hat, das sich eng an westliche Ideen anlehnte.

---

251 Feng, Youlan; Bodde, Derk [Übers.] (1937): *A history of Chinese philosophy*. Princeton: Princeton University Press.
252 Billeter beschreibt dies mit den Worten: „*Das Hauptziel einiger anderer hingegen war es, die chinesische Identität neu zu definieren, was es China erlauben sollte, sich zu okzidentalisieren, ohne sich dabei selbst zu verleugnen, um die Nation gegen die widrigen Umstände zu mobilisieren beziehungsweise sie in der Vorstellung von ihrer Stärke zu bestätigen. Darin lassen sich verschiedene Tendenzen unterscheiden. So machten einige sich daran, diese Identität in Termen des Gegensatzes zu einer angenommenen westlichen Identität neu zu definieren. Dies war der Hintergrund, vor dem Feng Youlan und andere Philosophen der ersten Hälfte des 20. Jahrhunderts sich des reichen Erbes ihres Landes bedienten, um eine ‚Geschichte der chinesischen Philosophie' zu schreiben, die ein Gegenstück zur ‚westlichen Philosophie' sein sollte. Eine vergleichbare Arbeit wurde in verschiedenen anderen Bereichen geleistet. Diese Position wollen wir der Bequemlichkeit halber die komparatistische nennen.*" (Billeter 2006, S. 21f., Übersetzung TK.)
253 Dazu schreibt Billeter: „*François Jullien hat auf eigene Rechnung eine Neukonzeption des ‚Chinesischen Denkens' unternommen, die von den chinesischen Intellektuellen, die der Gruppe der* Komparatisten *zuzuordnen sind, eingeführt wurde, um diese der des ‚Okzidents' gegenüberstellen zu können. Darauf aufbauend hat er eine grundlegende Opposition zwischen dem ‚chinesischen' und dem ‚westlichen Denken' entworfen. Dabei bediente er sich insbesondere in den Werken von Xu Fuguan und Mou Zongsan, zwei großartigen Gelehrten, fruchtbaren Autoren und respektierten Meistern, die, obschon demokratisch eingestellt, dem konservativen Lager zuzuordnen waren. Mou Zongsan, Kant-Übersetzer und selbst ein Philosoph, hat eine beeindruckende Synthese des traditionellen chinesischen Denkens – wie er es verstand – geschaffen.*" (Ibid., S. 33f., Hervorhebungen im Original, Übersetzung TK.)
254 Billeter 2006, S. 33 sowie 2000, S. 79f.
255 Billeter 2006, S. 33.
256 Vgl. ibid., S. 33f.

Weiterhin kritisiert Billeter an Jullien in diesem Zusammenhang, dieser habe das griechische Denken und das Denken der Literaten in China einander gegenübergestellt. Das habe seinen Grund in Julliens Prämisse, dass der Grund (frz. *fond*) unseres Denkens sich in der Philosophie des griechischen Altertums, der des chinesischen Denkens hingegen im Denken eben jener chinesischen „*Literaten*" ausmachen lasse und, indem diese miteinander kontrastiert würden, man die Unterschiede herausarbeiten könne.[257] Insofern folgt Jullien der Denkbewegung seiner Vorbilder, die ja nichts anderes im Sinn hatten, als eine ‚chinesische Kultur' von der ‚des Westens' abzugrenzen. Die Orientierung des Franzosen auf die genannten Konzepte lässt sich demnach, folgt man Billeters und Shimadas Analysen, als eine Form des Transports von Kategorien und Betrachtungsweisen zwischen Ost und West auffassen, die man als *reimportierten Orientalismus* bezeichnen könnte.

Die vierte und letzte Gruppe bildeten laut Billeter die *Puristen*, die eine „*Apologie einer idealisierten Form des alten Systems*"[258] zu schaffen versuchten. Einer ihrer bekanntesten Vertreter war der Historiker Qian Mu (钱穆, 1895 – 1990)[259]. „*In ihren extremsten Varianten reduzierte diese* [Apologie, TK] *die ‚chinesische Kultur' letztlich auf eine Essenz, die sich weder mit irgendetwas anderem vergleichen noch mitteilen ließ.*"[260]

Gerade die letzten beiden Positionen, also die der Komparatisten und die der Puristen, werden zur Zeit im aktuellen chinesischen Diskurs über Staat und Macht von konservativen Kräften, die an der Erhaltung des *status quo* interessiert sind, in der Tat stark vereinnahmt.[261] Im modernen China findet sich spätestens seit den 90er-Jahren eine Fülle von Beispielen für die Instrumentalisierung des Konfuzianismus oder besser gesagt eines neukonstruierten Konfuzianismus durch die Kommunistische Partei Chinas.[262] Dieser *Konfuzianismus von oben* bedient sich dabei gerne bei den Vorgaben jener Autoren.[263]

---

257 Ibid., S. 34.
258 Vgl. Billeter 2006, S. 22.
259 Das bislang einzige von Qian Mu auf Deutsch erschienene Werk trägt bezeichnenderweise den Titel *Der Westen versteht den Osten nicht*. Darin lässt sich unschwer jene von Billeter dargestellte Essenzialisierung der ‚Chinesischen Kultur' erkennen (vgl. Qian, Mu [Verf.]; Chen, Chai-hsin [Übers.] (1997): *Der Westen versteht den Osten nicht: Gedanken zur Geschichte und Kultur Chinas*. Arcus-Chinatexte des Richard-Wilhelm-Übersetzungszentrums Bochum 11. Dortmund: Projekt-Verlag).
260 Billeter 2006, S. 22, Übersetzung TK. Bei diesem Begriff der Essenz ist man an romantische Theorien vom völkischen Wesen erinnert. Diese Ähnlichkeit ist, wie im Kapitel zum Nationalismus noch deutlich wird, kein Zufall.
261 Ibid. S. 23.
262 Vgl. Lackner, Michael: „Konfuzianismus von oben? Zur Auseinandersetzung mit dem Konfuzianismus in der VR China", in: Lackner, Michael; Herrmann-Pillath, Carsten [Hg.] (1998): *Länderbericht China*. Bundeszentrale für Politische Bildung: Bonn S. 425 – 449). In diesem Sinne auch: Billeter 2006, S. 9 – 44.
263 … wobei sich durchaus auch Nachfolger für diese finden. So macht sich der Sohn des von Billeter genannten Qian Mu, Qian Xun, in der Volksrepublik zur Zeit einen Namen als konfuzianische Autorität (vgl. Blume, Georg: „Der große Unbekannte", in: *Die Zeit* (10), 1. März 2007).

Einteilungsprobleme bei der Fremdbetrachtung

Aber Billeters lehrreiche und in vielerlei Hinsicht wertvolle Analyse ist zugleich ein hervorragendes Beispiel dafür, was am Verstehen der oder des ‚Anderen' leicht zum Problem werden kann. Denn die Kategorien, die er anlegt, sind an der eigenen Perspektive, der Perspektive des westlichen Wissenschaftlers ausgerichtet und werden in dieser Form unter Umständen von den ‚Beschriebenen' gar nicht akzeptiert; denn solche Untersuchungen betrachten ihr ‚Untersuchungsobjekt' von außen.[264] Letzten Endes versucht Billeter, den Diskurs der ‚Anderen' zu beschreiben, indem er das darstellt, worüber jene reden. Um dies zu ermöglichen, wählt er den Standpunkt eines unbeteiligten, sozusagen außenstehenden Beobachters, der seine Betrachtungen an einem Fixpunkt, aufgrund einer einzigen Prämisse perspektiviert und festmacht, nämlich an der Annahme, der Zusammenbruch des Kaiserreiches habe diese hochkomplexen Diskurse ausgelöst. Unbestreitbar ist das Kaiserreich zugrunde gegangen. Aber bedeutet das zugleich, dass alles, was zeitlich später kommt, seine Ursache und seinen Ausgangspunkt genau in diesem Moment der Historie hat, wie dies durch die Prämisse suggeriert wird? Eine andere Erklärung für die Ursachen und Ausgangspunkte jener Diskurse, die zumindest genauso fundiert und plausibel ist, wäre beispielsweise die von Michael Lackner, der im Vorwort zu *Mapping Meanings*[265], eines Sammelbandes zum Kultur- und Wissenstransfer im China der

---

Interessant in diesem Zusammenhang ist auch die Tatsache, dass zwischen den Aktivitäten der KPCh heute und denen der Guomindang in den 20er- und 30er-Jahren des letzten Jahrhunderts große Ähnlichkeiten bestehen. Ein Beispiel für eine vergleichbare Vereinnahmung des Konfuzianismus als eine Art von Staatskult im China nach dem Zusammenbruch des Kaiserreichs durch Yuan Shikai bzw. Warlords in Nordchina findet sich in einem kritischen Essay Lu Xuns (vgl. Schmitt, Claude [Textauswahl] (1975): *Critique de Lin Piao et de Confucius (pi-Lin pi-Kong) janvier-décembre 1974*. Genf: Alfred Eibel, S. 101 – 106, hier S. 104f).

264 Zur Problematik der Anwendung von Begriffen westlicher Kultur- und Sozialwissenschaft vgl. Chow Kai-wings Buch: *Publishing, Culture, and Power in Early Modern China*. In dem Werk kritisiert Chow weite Bereiche der China-Forschung, indem er schreibt: „*There are two main obstacles* [zu einem angemesseneren Verständnis des frühmodernen China]. *One concerns what I call the "sinologistic"* [als negativer Gegenbegriff zu "sinological"] *approach; the other is the linguistic veil in the literary representation of the Chinese writer's experience in this period. The metaphorical mode of representation had obscured much profound change in practice. As will be explained below, the sinologistic mode of history writing as a practice depends heavily on theories, concepts and methodologies from social sciences that, until recently, have been predominantly developed from studies of European societies. Concepts and theories such as capitalism, the nation-state, Enlightenment, romanticism, individualism, rationality, modernity, the bourgeoisie, ritual, and lineage have been so interwoven into various versions of metanarratives about the "rise of Modern Europe" that scholars who use or avoid them in the study of Chinese history run the risk of activating their idiomatic uses authorized by different disciplines, and consequently misrepresenting practice in China, thereby reproducing Eurocentric narratives by default.*" (Chow, Kai-wing (2004): *Publishing, Culture, and Power in Early Modern China*. Stanford: Stanford University Press, S. 2f.)

265 Lackner 2004.

späten Qing-Zeit, in Bezug auf die in diesen Zeitraum stattfindende Migration von neuen Termen und Konzepten nach China schreibt:

> Although it is evident that the history of the migration of terms will never come to an end, the unprecedented scope of lexical transformation in the relatively short period from late nineteenth to early twentieth century clearly speaks out in favor of the hypothesis of a formative period that continues to shape Chinese discourses.[266]

Allein daran wird klar, wie stark wissenschaftliche Ergebnisse von ihren Prämissen geprägt werden. Ohne dass deswegen der eine oder der andere Standpunkt oder vielmehr die eine oder die andere Behauptung völlig falsch sein müssten, relativieren sie sich doch gegenseitig.[267]

Zudem teilt Billeter, was möglicherweise noch bedeutsamer ist als das eben genannte Argument, die Teilnehmenden an diesen Diskursen nach Kategorien ein, die er aus dem Kontext westlicher Weltbetrachtung entlehnt hat. So verbindet man beim Lesen von Wörtern wie „*Bilderstürmer*", „*Kritiker*", „*Komparatist*" und „*Purist*" mit diesen recht fest gefügte Vorannahmen und Bewertungen – sie haben dadurch einen Bezug zu einer Wirkungsgeschichte, die uns vertraut und bekannt ist oder, wie in diesem Falle, bekannt zu sein scheint.[268] Aber diese Kategorisierung ist bereits Interpretation und in der Tat Vereinnahmung des ‚Fremden': Denn obschon sich sicherlich Hin- und Herbezüge in den Diskursen der vier Gruppen feststellen lassen und die Etiketten, die Billeter diesen anhängt im Lichte seiner Darstellung und Interpretation derselben sehr schlüssig erscheinen, muss man sich doch fragen, wie berechtigt seine Vorgehensweise eigentlich ist. Dürfen wir tatsächlich den ‚Anderen' unsere ‚Wirkungsgeschichte(n)' in dieser Form überstülpen? Andererseits kann dieser Prozess, positiv gewendet, auch zeigen, wie Interkulturalität und damit neue Formen des Denkens und Handelns entstehen.

Es wird deutlich, dass man nicht umhin kann, in der Fremdbeschreibung eine Position zu beziehen. Eine ‚objektive Betrachtung' ist im kulturwissenschaftlichen Bereich schlichtweg eine Utopie. Hinzu kommt, dass ‚die Beschriebenen' ab einem gewissen Zeitpunkt ‚zurückzuschreiben' beginnen. Somit mündet die erkenntnistheoretische Frage nach der Objektivität unausweichlich in normative Fragestellungen und die Notwendigkeit, sich zu positionieren.[269]

---

266 Ibid., S. XV.
267 Letzten Endes ist es eine Frage des Standpunktes und der Wirkungsgeschichte, in die man sich selbst einordnet, d.h., um mit Gadamer zu sprechen, in welche man „*einrückt*". Somit wird es auch zu einer mehr oder minder persönlichen Entscheidung, wie man diese Dinge betrachtet und bewertet.
268 Vgl. die Argumentation Chow Kai-wings in FN Nr. 264.
269 Hierzu vgl. auch die Darstellung von Kogges Konzept der „*Diskretion*" weiter oben, vgl. auch Kempa 2008.

Grundlegende Übersetzungsprobleme bei Jullien

Es ist sicher kein Zufall, dass Billeter in vieler Hinsicht nachgerade der Antipode des von ihm stark kritisierten François Jullien ist. Gehen sie doch in der Betrachtung des Fremden auf den ersten Blick geradezu diametral zueinander verlaufende Wege. Dieser Antagonismus zwischen beiden Autoren wird auch auf dem Gebiet der Hermeneutik und des Übersetzens sichtbar. Billeter wirft Jullien vor, er tue den Wörtern und Begriffen im Chinesischen Gewalt an,[270] und verweist dabei auf Julliens Übersetzungen von Begriffen wie *dao* (道), *shi* (势) oder *dan* (淡), die Jullien mit *procès* (*Prozess*), *propension* (*Potential*) beziehungsweise mit *fadeur* (*Fadheit*) übersetzt habe.[271] Billeter kritisiert an Julliens Vorgehensweise vor allem, dass dieser für jene chinesischen Ausgangsbegriffe je eine einzige, unveränderliche französische Übersetzung gewählt habe, obwohl er sich bewusst gewesen sei, dass er damit die Bedeutung der Begriffe einenge und verfälsche, wie er seinen Lesern sogar selbst zu verstehen gebe.

Als Beispiel dafür nennt Billeter Julliens Übersetzung des Begriffes *dan*, *Fadheit*. Dies könne jedoch, je nach Kontext, mit *fein*, *leicht*, *delikat*, *subtil*, *unmerklich*, *verhalten*, *verdünnt*, *aufgeweicht*, *blass*, *schwach* etc. wiedergegeben werden, was Jullien jedoch nicht berücksichtige und so, indem er die Übersetzung, bei der er „*stehengeblieben*" sei, „*wie einen Nagel überall hineintreibe*" und den „*Effekt einer künstlichen Fremdheit*" schaffe[272].

Dem Einwand, dass die genannten Begriffe (allen voran der Begriff *dao*) besonders reichhaltig und die chinesische Sprache extrem polysemisch sei, weswegen sich eine solche Übersetzung nicht vermeiden lasse, begegnet er mit der Feststellung, dass es sich im Französischen keineswegs anders verhalte. Er gibt das Beispiel des französischen Wortes *grâce*, für das er sechs verschiedene Bedeutungen aufzählt, und stellt zusammenfassend fest: „*Die Polysemie ist die Regel, nicht die Ausnahme, ganz gleich, in welcher Sprache.*"[273]

Ein weiterer Einwand könne sein, so Billeter, dass es in jeder Sprache, und so auch im Chinesischen, gewisse philosophische Begriffe gebe, die der Übersetzer nicht unterschlagen dürfte. Wäre nicht der Begriff *dao* ein eben solcher?[274] Dem widerspricht Billeter nicht, weist aber darauf hin, dass es in jeder Sprache Worte gebe, die, obschon sie „*auf ein Ganzes verweisen, das man nur schwer definieren kann*", und die man zudem nur in einer unbestimmbaren Art und Weise verwenden könne, unverzichtbar seien, um sich auszudrücken. Er zählt als Beispiele dafür Begriffe wie *Natur*, *Welt*, *Realität*, *das Reale*, *die Existenz*, *das Leben* etc. auf.[275] Diese Worte hätten keinen definierten Sinn, sondern erlangten ihn erst in bestimmten

---

270 Diese Darstellung richtet sich nach Billeter 2006, S. 49f.
271 Über diese Begriffe hat Jullien jeweils ein komplettes Buch verfasst.
272 Alle drei Zitate ibid., S. 50.
273 Ibid., S. 53.
274 Vgl. ibid., S. 54f.
275 Ibid., S. 54.

Kombinationen mit anderen Worten. Man könnte meinen, die grundlegende Einsicht der Texthermeneutik, dass Text ohne Kontext nicht verstehbar ist, werde von Jullien absichtlich missachtet. In übersetzungswissenschaftlichen Termen könnte man sagen, Jullien sei ausgangssprachlich, Billeter hingegen zielsprachlich orientiert.[276]

In der Tat könnte man Jullien hier zur Last legen, dass er seinen Verstehensanspruch mit seiner Technik des Übersetzens nicht einlösen kann. Bei genauerer Betrachtung kann man sich jedoch dem Gedanken nicht ganz verschließen, Jullien kokettiere hier mit dem ‚Fremdem' und seinem eigenen Image als privilegiertem Zeichendeuter, der uns das Fremde nahe zu bringen imstande ist. Und in der Tat ist dies genau der Vorwurf, den Billeter Jullien macht.[277] Diese Behauptung wird durch die bereits erwähnte rezente Rezeption Julliens in China bestätigt, die ihn eben zur Begründung ihrer Andersheit instrumentalisiert.

Kulturtransfer als Schwingungsbewegung

Nachdem nun den Wissenschaftlern als den Erzeugern von Fremd- und Selbstbildern breiter Raum eingeräumt wurde, soll nun das Augenmerk auf die Phänomene des Kulturtransfers gerichtet werden. In Anbetracht der zahlreichen Beispiele von komplexen Hin- und Herbewegungen und -lesungen von kulturellen Konzepten beziehungsweise Konzepten von Kultur, kann man generalisierend sagen, dass auch

---

276 Im Übrigen kongruieren hier Billeters Gedanken auch mit den Einsichten der Sprachphilosophie im Anschluss an den späten Wittgenstein, der von der Untrennbarkeit von sprachlichen Formen und Inhalten sowie deren Verwobenheit mit den menschlichen Praktiken ausgeht. Das ist auch insofern nicht weiter verwunderlich, als Billeter sich vielfach auf Wittgenstein bezieht.

277 Billeter wirft Jullien vor, China als das Urbild einer Andersheit (*altérité*) zu konstruieren, wobei er in ihm nur einen der neueren Vertreter dieser Denkweise sieht, die er bis in die Arbeiten der, vor allem französischen, Jesuiten zurückverfolgt. Er sagt dazu: „*François Jullien stellt sich in diese Reihe, indem er uns in jedem seiner Werke zu verstehen gibt 'das Chinesische Denken', das er auch 'das Denken der Literaten' nennt, sei unserem Denken gerade entgegengesetzt.*" (Billeter 2006, S. 11, Übersetzung TK.) Damit [mit dem Terminus *Reihe*, im Original *ligne*, TK] bezieht sich Billeter auf eine Tradition in Frankreich, in China und seinen kulturellen, vor allem literarischen Produkten, das „*Andere*" zu sehen, die sich von den Jesuiten ausgehend, über Voltaire bis heute fortgesetzt habe. Eigentlich war Voltaire ja ein strikter Gegner der Jesuiten, die ein politisches Interesse hatten, den ‚Sohn des Himmels' als aufgeklärten Despoten darzustellen, da ihre Missionierungsbemühungen von der Konversion der herrschenden Oberschicht beziehungsweise des Kaiserhofes ausgingen, was die Sache noch ein wenig pikanter macht (vgl. Billeter 2006, S. 12ff.). Um zu ihrem Ziel zu gelangen, ‚bedienten' sie sich, so Billeter, bei einer in China durchaus bereits existierenden Weltsicht, die sie an ihre Ziele adaptierten (vgl. Billeter 2006, S. 14f.). Billeter sagt dazu: „*Es ist eben deren* [gemeint ist die herrschende Schicht des Mandarinats der Ming- und Qing-Zeit, TK] *Weltsicht, welche die Jesuiten für das europäische Publikum interpretiert und adaptiert hatten, die dann von Voltaire und anderen Philosophen des 18. Jahrhunderts als Kontrapunkt und Gegenmodell* [zu den europäischen Zuständen jener Zeit, TK] *gesetzt wurde, und die bis heute den Hintergrund für einen gewissen Mythos von China, insbesondere in der französischen Öffentlichkeit bildet.*" (Billeter 2006, S. 15, Übersetzung TK.)

die *Business Sunzi*-Literatur sich in einer *stetigen Schwingungsbewegung* zwischen der Volksrepublik China beziehungsweise Taiwan, den USA sowie anderen westlichen Ländern und Japan gebildet hat.

Das Wandern der *Business Sunzi*-Konzepte zwischen Ost und West ist ein hervorragendes Beispiel für die Mehrdimensionalität des Kulturtransfers. Dabei sind Steuerungsmechanismen von Bedeutung wie die ‚Nobilitierung des Eigenen durch das Fremde', die etwa bei der Wiedereinführung von *Business Sunzi* in der Volksrepublik China erkennbar ist,[278] oder die Exotisierung und Verklärung des Anderen, die bei der Rezeption von *Business Sunzi* im Westen eine große Rolle spielt.

Diese Prozesse der wechselseitigen Beeinflussungen lassen sich nicht einfach als geradlinig verlaufende Bewegungen verstehen. Denn bei genauerer Betrachtung fällt rasch auf, dass es problematisch ist, diese Transfers als einseitig gerichtete Prozesse aufzufassen bzw. eindeutige und klare Richtungen für sie zu definieren.[279] Zu ähnlichen Ergebnissen in Bezug auf das Verhältnis Chinas zum Westen kommt auch die Sinologin Natascha Vittinghoff. Sie bringt ihre Vorstellungen von Transkulturalität in der Einleitung zu *Mapping Meanings*, das sich mit dem Transfer von Begriffen in der späten Kaiserzeit in China befasst, auf den Punkt:

> The later encounter between Chinese and Western scholars dealt with in this volume foremost evolved as a transcultural process which neither implied a one way process of transmission and reception nor resulted in a fundamental break with an indigenous past. This perspective does not set out to undermine the significance of the Western impact on developments in China, but chooses a focus on the interplay of global relevance and local exigency which allows the abandonment of strict entitetical separations of the 'foreign' and the 'indigenous'.[280]

Man muss davon ausgehen, dass Kulturtransfer als ein nicht eindeutig abgrenzbarer, stetig schwingender Rezeptionsprozess aufgefasst werden sollte, in dem die Bedürfnisse der Empfängerseite eine wesentliche Rolle spielen und fremde Inhalte transponiert und rekontextualisiert werden, wodurch sie in ihrem neuen Umfeld neue, unerwartete Bedeutungen erlangen. Dies lässt sich als eine *Oszillationsbewegung sich rekontextualisierender Transpositionen* beschreiben, die hier als *transkulturelle Resonanzen* bezeichnet werden.

Natürlich sind solche Prozesse auch in Abhängigkeit von Machtgefällen zu sehen, was darauf hindeutet, dass sie infolgedessen durchaus gesteuert sind. Allerdings kann man sie nicht allein damit erklären. Man sollte vor allem in Betracht ziehen, dass sowohl in Japan als auch in China die rezipierende Kultur sich stets in einem

---

278 Vgl. den Abschnitt *Business Sunzi – Von der Idee der Anwendung in nichtmilitärischen Kontexten bis zur Entstehung des Typus'* in Kapitel 3.
279 Das passt auch zur oben am Beispiel der Mandragora illustrierten These, dass stets Verbindungen und Wechselwirkungen zwischen Ost und West bestanden haben.
280 Vittinghoff, Natascha: „Introduction", in: Lackner, Michael et al. [Hg.] (2004): *Mapping Meanings. The Field of New Learning in Late Qing China*. Leiden/Boston/Köln: Brill, S. 1 – 22, hier S. 3.

nennenswerten Maße behauptet hat. Dies kongruiert mit den Feststellungen der Kulturtransferforschung. Matthias Middell schreibt dazu:

> Während die ältere Forschung hier immer nach Beeinflussungen gesucht hat und diese teilweise mit einem Gefälle der kulturellen Prägekraft erklären wollte, wurde nun die Konjunktur von Rezeptionsbedürfnissen in der Aufnahmekultur zum Ausgangspunkt.[281]

Um nun, wie bereits oben erwähnt, das Element des ‚Miss- oder sogar Nichtverstehens im Verstehen', das in der Übernahme von Konzepten und Ideen aus dem jeweils anderen Kulturraum liegen kann, zu verdeutlichen, soll abschließend eine forschungsleitende Hypothese zur Thematik der wechselseitigen *Business Sunzi*-Rezeption vorgestellt werden.

Die wechselseitige Business Sunzi-Rezeption als interkulturelles Missverständnis

Sunzi bingfa war seit der Song-Zeit (960 – 1279) fester Bestandteil der Prüfungstexte für die Militärbeamten und gehörte somit jahrhundertelang zu den kanonischen Texten in China. Diese dienten der Konsolidierung der kaiserlichen Macht und prägten den Diskurs über das Militärwesen in China inhaltlich und formal bis ins 20. Jahrhundert hinein. Sogar nach der Abschaffung der Beamtenprüfungen im Jahre 1905 spielte diese Literatur weiterhin eine bedeutsame Rolle.

Auch von den Kommunisten wurde *Sunzi bingfa* bereits in den späten 30er-Jahren wertgeschätzt. Mao Zedong selbst studierte das Werk, und Guo Huaruo, einer seiner Kampfgenossen, stufte *Sunzi bingfa* als frühes Beispiel für den *Einfachen Materialismus* und die *Dialektik* ein, was das Werk in kommunistischen Kreisen ‚salonfähig' machte. Zunächst beschränkte sich die volksrepublikanische Beschäftigung auf politische beziehungsweise militärisch-strategische Gesichtspunkte, woran sich bis in die 70er-Jahre nicht allzu viel änderte. In den Jahren 1974 und 1975 wurde die Gestalt des Sunzi, wie etliche andere Denker der chinesischen Antike, während der Kampagne *Kritik an Lin Biao und Kritik an Konfuzius* (*pi Lin pi Kong*) in einem ideologischen Intermezzo als legistischer Denker und Gegner des Konfuzianismus gedeutet und zur Speerspitze der Progressiven im antiken China erklärt.[282] Im Analogieschluss wurde er damit automatisch zu einem Symbol, das für den Kampf gegen die ‚Reaktionäre und Kapitalisten' in der KPCh stand. Zielscheiben der Kampagne waren prominente Politiker wie Zhou Enlai und Deng Xiaoping, die

---

281 Middell 2000, S. 16.
282 Hinter dieser Kampagne stand angeblich Mao Zedong selbst, sicherlich aber seine Ehefrau Jiang Qing und die drei weiteren Mitglieder der später so genannten „Viererbande". Mehr zu diesem Thema im Kapitel zu Ideologie und *Sunzi bingfa* in dieser Arbeit.

in dieser Form indirekt kritisiert wurden. Diese allusive[283] Kritik ließ sich zwar inhaltlich nicht den Kritisierten zuordnen, war aber nichtsdestotrotz auf diese bezogen.[284]

Die sukzessive Vereinnahmung der Gestalt des Sunzi und seines sehr frei deutbaren Werks für diametrale ideologische Positionen ist ein gutes Beispiel für diese allusive Kommunikation, denn in der postmaoistischen Zeit wandelte sich die Interpretation der Gestalt und des ‚Werkes' von Sunzi erneut sehr stark. Zunächst wurde Sunzi nach dem Beginn der wirtschaftlichen Öffnungspolitik im Jahre 1978, spätestens jedoch seit 1984 von der KPCh als eine der Identifikationsfiguren eines staatsgelenkten Kapitalismus aufgebaut.[285] Er stand gleichsam für ein Amalgam von west-

---

283 Zum *Allusiven* vgl. Jullien François (1985): *La valeur allusive: Des catégories originales de l'interprétation poétique dans la tradition chinoise; (contribution à une réflexion sur l'altérité interculturelle)*. Paris: Adrien-Maisonneuve.

284 Solche Formen des allusiven Darstellens und Argumentierens stellen im Übrigen einen wesentlichen formalen Aspekt des gesellschaftlichen und politischen Diskurses in China dar. Die Betrachtung des Einsatzes historischer Allegorien unter dem Blickwinkel des Allusiven kann durchaus zum besseren Verstehen dieses Diskurses beitragen (vgl. Klawitter, Arne: „Dekonstruktion von außen", in: *Zeitschrift Ästhetik und Kommunikation* (126) 2004, S. 63 – 68). Mehr zu diesem Thema im Kapitel zur ideologischen Vereinnahmung von Sunzi.
Eine chinesische Binnenperspekive auf das hier allusive Kritik genannte Phänomen zeigt Harro von Senger im zweiten Band seiner *Strategeme* auf: „Bis auf den heutigen Tag geistert das Flußfabelwesen Yu, auch »sheying« (Schattenschießer) genannt, hier und da durch die Literatur und Historie der Volksrepublik China. Nach alten Überlieferungen lauert es in Flüssen heimtückisch auf Vorübergehende und bespeit deren sich ins Wasser neigende Schatten mit Sand, worauf die Ahnungslosen unweigerlich erkranken oder gar sterben." Das „Schattenschießen" sei ein Terminus für die Verwendung „*hinterlister Ränke*" gegenüber ahnungslosen Opfern und sei während der Kulturrevolution einer der „*unheilvollsten Anklagegründe*" z.B. gegenüber litcrarischen Medien gewesen (von Senger1988/2000, S. 416). Weiter merkt er dazu an: „*Yu beschießt den Schatten des Vorübergehenden unbemerkt. So meidet auch der literarische Schattenschuß Aufsehen. Soll die Anspielung heimlich einschlagen oder soll umgekehrt eine literarische Aussage als Schattenschuß entlarvt werden – in beiden Fällen führt nur eine gewundene Logik zum Ziel: Unmittelbar und offen unter Beschuß genommen wird ein «helles Ziel» (ming bazi), und zwar in Form irgendeines negativen Symbols. Dieses ist identisch mit dem Schatten, den das Fabeltier Yu bespie. Dem Menschen am Flussufer entspricht das «dunkle Ziel» (an bazi) in der Schattenschußliteratur. Durch die Sandbespeiung soll nicht der Schatten, also das «helle Ziel», sondern der Mensch am Ufer, also das «dunkle Ziel,», verdorben werden, ohne daß er des verborgenen Angriffs gewahr wird und sich vorsehen kann. Schattenschußliteratur will demnach letztlich nicht das «helle», sondern insgeheim das «dunkle» Ziel treffen.*"
„*«Helles» und «dunkles» Ziel sollten einander ähnlich sein, aber nicht völlig gleichen. Denn der Autor will sich stets einen Rückzugsweg offenhalten angesichts der gesellschaftlichen Bedingungen, die einen Nährboden für Schattenschußliteratur bilden: «Fehlende Demokratie, keine Redefreiheit, mangelnder Schutz der persönlichen Sicherheit». So kennzeichnet Hao Bing jedenfalls die Umwelt, in der früher chinesische Schattenschußliteratur entstand.*" (Ibid. S. 417.)

285 Zu Beginn des Jahres 1984 wurde *Sunzi bingfa* von dem Wirtschaftsexperten Chen Bingfu auf einer Konferenz als Vorbild für ökonomisches Denken in China vorgestellt. Noch im gleichen Jahr erschien außerdem die erste *Business Sunzi*-Monographie der Volksrepublik. Bezeichnenderweise wurde in diesem Jahr das Modell, mit dem in den späten 70er-Jahren die

lichem Business-Denken und chinesischer Strategematik in der schwierigen Transitionszeit hin zu einer Marktwirtschaft chinesisch-sozialistischer Prägung in der Volksrepublik. Damit machte er eine ideologische Kehrtwendung durch und verwandelte sich aus dem Kapitalistengegner der *pi Lin pi Kong*-Kampagne in ein Vorbild für die Kader in den Unternehmen, die plötzlich mit Konzepten wie Effizienz und Konkurrenz konfrontiert wurden. Die Notwendigkeit, solches Wissen zu erwerben, wurde damit gerechtfertigt, den Sozialismus in China gegen die Tücken der ausländischen Kapitalisten schützen zu müssen. Damit hatte die Beschäftigung mit Business-Konzepten also so etwas wie eine prosozialistische Konnotation gewonnen.

Aber damit war die Entwicklung noch lange nicht abgeschlossen. Sunzi entwickelte sich im weiteren Verlauf zu einer der vielen Identifikationsfiguren des wachsenden Nationalismus und Traditionalismus in China.[286] Seit den 90er-Jahren des

---

Wirtschaftsreformen eingeleitet worden waren, nämlich überschüssige Gewinne den Unternehmen direkt zur Verfügung zu stellen, auf die Industrie übertragen. (Zum Verlauf der Wirtschaftsreformen, vgl. Fischer, Doris: „Chinas sozialistische Marktwirtschaft", in: *Informationen zur politischen Bildung (289), Volksrepublik China. 4. Quartal 2005*. Quelle: http://www.bpb.de/publikationen/NAKFSP,O,O,Chinas_sozialistische_Marktwirtschaft.html. Download am 12.09.2006) Insofern war das Aufkommen dieser Literatur eben zu dieser Zeit kein Zufall.

Im Gegensatz zur Behauptung, dass in China ein radikaler Ideologiewandel stattgefunden habe, fasst Harro von Senger die Paradigmenwechsel in der chinesischen Politik als eine konsequente Weiterführung der Politik der KPCh auf dem Wege zum Kommunismus auf, die allerdings in gewissen Abständen ihren *Hauptwiderspruch* aktiv nach der aktuellen Situation neu definiere, dabei aber ihr eigentliches Ziel weiterverfolge. Beim Hauptwiderspruch handele es sich um eine der wesentlichsten sinomarxistischen Denkmethoden (hierzu vgl. von Senger, Harro (1994): *Einführung in das chinesische Recht*. Schriftenreihe der juristischen Schulung. München: Beck, S. 230ff sowie von Senger, Harro (2008): *Moulüe - Supraplanung: Unerkannte Denkhorizonte aus dem Reich der Mitte*. München: Hanser, S. 97ff).

Eine interessante Bemerkung von Sengers sei hier am Rande erwähnt. Es gehe dabei in China oft im politischen Leben nicht um innere Widerspruchsfreiheit. Er kritisiert Kommentare, welche die mangelnde Klarheit und fehlende Widerspruchsfreiheit z.B. in den in China angestoßenen Reformprozessen angreifen: „*Derartige westliche Kommentatoren scheinen nicht zu wissen, daß in China ‚Widerspruchsfreiheit' meist gar kein Ziel bzw. ‚innere Widersprüchlichkeit' nicht selten gewollt ist und als Zeichen besonderer politischer Raffinesse hoch geschätzt wird.*" (von Senger 1994, S. 233.)

Um auf den Hauptwiderspruch zurückzukommen: Dieser sei von 1937 bis 1945 als der Widerspruch zwischen dem gesamten chinesischen Volk (inklusive Jiang Jieshis und der Guomindang) und Japan, von 1945 bis 1949 als der Widerspruch zwischen der KPCh und der Guomindang, von 1949 bis 1976/78 als der Widerspruch zwischen Proletariat/Bauern und Bourgeoisie/Landeigentümern und seit 1978 als der Widerspruch zwischen den materiellen und kulturellen Bedürfnissen des Volkes und der rückständigen Produktion definiert worden (vgl. von Senger 2008, S. 97ff, besonders S. 111). Das Konzept des Hauptwiderspruchs sei im Übrigen keine chinesische Erfindung, sondern gehe auf sowjetische Vorbilder zurück (vgl. von Senger 2008, S. 100 sowie von Senger 1994, S. 226 FN 50). Zu sowjetischen Einflüssen auf die Ideologie der KPCh vgl auch FN 581.

286 Jean François Billeter beschreibt, wie man sich in China seit den 90er-Jahren des 20. Jahrhunderts, ermuntert von der KPCh in Gestalt von Deng Xiaoping, daran gemacht hat, „*die*

20. Jahrhunderts entstand eine ganze Reihe von Gedenkstätten für Sunzi (und in geringerem Umfang auch für Sun Bin), die durch den beträchtlichen Tourismus, den sie auf sich ziehen, Wirtschaftsfaktoren für die entsprechenden Regionen darstellen. Von politischer Seite, wird diesen Gedenkstätten und dem Bild eines traditionellen China, das sie vermitteln, große Aufmerksamkeit geschenkt. So wurde 2004 in Peking der aus der Ming-Zeit stammende *Tempel der Herrscher aller Zeiten*, der sich westlich der Verbotenen Stadt befindet, mit großem Aufwand restauriert und den Öffentlichkeit nach einer langen Phase der Vergessenheit wieder zugänglich gemacht.[287]

Als Teil dieser rekonstruierten Tradition bildet der Sunzi-Kult mit die Basis eines ‚chinesischen Weges' in die Moderne, der ohne westlich-bürgerliche Interpretationen von Demokratie- bzw. Menschenrechtskonzeptionen auskommt – beziehungsweise auskommen soll. Daraus folgt, dass *Sunzi bingfa* auch im zeitgenössischen China im Rahmen dieses Traditionsdiskurses eine systemstützende Funktion innehat, wie dies von Klawitter festgestellt wurde.[288] Es fällt dennoch deutlich auf, wie sehr sich das Bild von Sunzi im Laufe der Entwicklung wandelte, sodass man kaum von einer ungebrochenen Überlieferung einer wie auch immer gearteten ‚antiken chinesischen Weisheit' ausgehen kann.

In diesem Lichte betrachtet, bedeutet die Übernahme der *Business Sunzi*-Konzeption durch westliche Autoren – auch im Zeichen des Exotismus und vor allem der wachsenden ökonomischen und politischen Bedeutung Chinas – zumindest teilweise ein Missverständnis, auf keinen Fall jedoch ein ‚Verstehen' der Situation in China, da die historischen und aktuellen Kontextbedingungen so grundverschieden sind. Die dargestellten historischen Verstehensprämissen in China sowie der Aspekt der Legitimierung einer Machttradition durch eine erfundene kulturelle Tradition fallen bei der westlichen Interpretation zwangsläufig weg. Dennoch stieß die *Business Sunzi*-Konzeption in westlichen Business-Kreisen auf großes Interesse, das sich demnach aus völlig anderen Motiven als in China entwickelt haben musste.

Die Texte können also im Westen keineswegs in einer auch nur annähernd vergleichbaren Weise gelesen werden wie in Asien, wo sie einen Teil der Tradition bildeten und stets auch in bestimmte ethische sowie philosophisch-politische Diskussionen eingebunden waren.[289] Viel wichtiger war für die westliche Rezeption der Aspekt des ‚Fremden' und ‚Geheimnisvollen'.

Große Mauer wieder aufzubauen", indem man sich vermehrt wieder traditionellen Themen und Inhalten zuwandte. Allerdings sei dies zu einem Einfalltor für den Obskurantismus geworden (vgl. Billeter 2000, S. 75ff.).

287 Jean François Billeter konstatiert diesbezüglich, dass es sich dabei um einen hochoffiziellen Ort handele (vgl. Billeter 2006, S. 32).
288 Ironischerweise teilen Sunzi und *Sunzi bingfa* dieses Schicksal mit den konfuzianischen Klassikern, zu denen sie, vom Mainstream der konfuzianischen Gelehrsamkeit aus gesehen, zumeist in Opposition gestanden hatten (vgl. Giles 1910, S. XLIV).
289 Zwischen China und Japan sind komplexe interkulturelle Interaktionen anzunehmen, wie sie von Lackner et al. für das Projekt: „Selbstbestimmung. Selbstbehauptung. Fremdwahrnehmung: Neufundierung historischer Identität und Geschichtsrevision in Ostasien seit den acht-

Es ist klar, dass es sich beim *Business Sunzi*-Konzept keinesfalls um ein rein chinesisches Phänomen handelt. Vielmehr ist es das Produkt des Kontaktes bzw. der Rekombination von westlichen ökonomischen Konzepten mit Elementen der chinesischen Ratgeber-Tradition, die auf Inhalte aus *Sunzi bingfa* bezogen werden, weswegen es in vieler Hinsicht weniger geheimnisvoll ist, als gemeinhin geglaubt wird. Besonders interessant wird diese Entwicklung an der Stelle, an der die ersten Übersetzungen von *Business Sunzi*-Monographien aus westlichen Sprachen ins Chinesische auftauchen. Denn welchen Sinn können solche Übertragungen haben? Was ist daran noch chinesisch, was westlich?

Betrachtet man die bisher genannten Problemfelder, also die unterschiedlichen Funktionen von *Sunzi bingfa* in Japan, China und dem Westen im Spannungsfeld zwischen Kanon, Machterhalt und reinem Utilitarismus, auch in ihrer historischen Dimension, sowie die Probleme der Begriffsübersetzungen und der mannigfachen Vermischungen, so stellt sich die Frage, inwiefern in Bezug auf Japan, China und den Westen überhaupt vom Gleichen gesprochen werden kann, wenn es um Sunzi und sein Werk in der Anwendung im Business-Bereich geht.

ziger Jahren des 20. Jahrhunderts" definiert wurden [vgl. Richter, Steffi: „Selbstbestimmung. Selbstbehauptung. Fremdwahrnehmung: Neufundierung historischer Identität und Geschichtsrevision in Ostasien seit den achtziger Jahren des 20. Jahrhunderts" (Vortragstext), in: http://www.uni-leipzig.de/~oarev/download/Richter_28_2_04.pdf (Download: 21.09.2006)].

3 Die Entstehung von Business Sunzi

> Ein Rhizom kann an jeder beliebigen Stelle gebrochen und zerstört werden; es wuchert entlang seinen eigenen oder anderen Linien weiter. Man wird mit den Ameisen nicht fertig, weil sie ein tierisches Rhizom bilden: es rekonstituiert sich auch dann noch, wenn es schon größtenteils zerstört ist. Jedes Rhizom enthält Segmentierungslinien, nach denen es geschichtet ist, territorialisiert, organisiert, bezeichnet, zugeordnet etc.; aber auch Deterritorialisierungslinien, auf denen es unaufhaltsam flieht. Jedesmal, wenn segmentäre Linien in eine Fluchtlinie explodieren, gibt es Bruch im Rhizom, aber die Fluchtlinie ist selbst Teil des Rhizoms. Diese Linien verweisen ununterbrochen aufeinander.

Gilles Deleuze; Felix Guattari (1977): *Rhizom*. Berlin: Merve, S. 16

Im Folgenden wird die Entwicklung des *Business Sunzi*-Konzeptes dargestellt. Der Übersichtlichkeit halber werden dabei China, Japan und der Westen jeweils separat in einem eigenen Abschnitt behandelt, obwohl man davon ausgehen kann, dass zwischen allen Dreien Verbindungen und wechselseitige Beeinflussungen bestanden und bestehen. Der Fokus der Untersuchung soll allerdings, um das Feld nicht allzu weit werden zu lassen, primär auf der *Business Sunzi*-Literatur liegen, die sich in der Volksrepublik China entwickelt hat.

Um nun einen konkreten Ausgangspunkt zu finden, also um sozusagen ‚den Finger auf die Stelle' legen zu können, an der die Interpretation von *Sunzi bingfa* unter dem ökonomischen Aspekt begonnen hat, ist es notwendig, eine Unterscheidung zu treffen. Man muss differenzieren zwischen der Idee, *Sunzi bingfa* in anderen Kontexten als dem militärischen zu interpretieren, und der Gestaltwerdung dieses Gedankens als Text, der sich von der orthodoxen Kommentar- und Interpretationstradition unterscheidet. Das heißt, man kann zum einen von der *Erwähnung der Anwendbarkeit* von *Sunzi bingfa* auf ökonomische Kontexte z.B. in Paratexten[290] wie Vorworten und Einleitungen, oder auch in völlig getrennten Texten, wie Geschichtswerken ausgehen, bei denen sich im Haupttext nichts zum Thema Ökonomie findet. In diesem Falle handelt es sich um die bloße, nicht inhaltlich ausgeführte Idee, dass *Sunzi bingfa* im Wirtschaftsleben anwendbar sei. Zum anderen existiert aber auch die *tatsächliche Anwendung* des Textes auf ökonomische Sachverhalte, ganz gleich ob diese Anwendung in Form einer Veränderung des Originaltextes oder der Verwendung des Originals als ‚theoretische Basis' mit beigefügtem Kommentar, etwa in Form von Fallstudien oder Beispielen, für die Erklärung konkreter ökonomischer Sachverhalte erfolgt.

---

[290] Der Begriff des Paratextes wird hier im Sinne der Genette'schen Intertextualität verwendet (zu Genette vgl. auch FN 96).

Diese Unterscheidung ist notwendig, da zwar der *Business Sunzi*-Gedanke der chinesischen und japanischen Interpretationstradition von *Sunzi bingfa* bereits früh immanent war, sich aber nicht immer in konkreten, speziell zu diesem Thema verfassten Texten niedergeschlagen hat.[291] Daher soll zunächst die Entwicklung und Ausprägung der *Business Sunzi*-Idee in China, Japan sowie im Westen dargestellt werden. Die Betrachtung der Entwicklung der Formen erfolgt weiter unten in Kapitel 5 *Kulturtransfer in Business Sunzi*.

Anhand von Beispielen wird gezeigt, dass der Gedanke, *Sunzi bingfa* in außermilitärischen Kontexten anzuwenden, offenbar schon sehr lange in China und Asien, vor allem in Japan, und sehr rezent auch im Westen verbreitet war. In die gleichen Kontexte sind möglicherweise auch ältere Tendenzen einzuordnen, die der chinesischen orthodoxen Lehre zuwiderliefen und das militärische dem zivilen Denken gleichberechtigt betrachteten. Dieser Idee einer Anwendung in ökonomischen Kontexten folgte früher oder später stets auch ihre konkrete Ausarbeitung in Texten.

Vorgreifend kann man sagen, dass der Gedanke, *Sunzi bingfa* vom ökonomischen Blickwinkel her zu sehen, gerade in China sehr alt ist. Konkrete Texte zum Thema tauchten dort allerdings erst recht spät im 20. Jahrhundert auf, lange nach den ersten Beispielen in Japan. Wie in China gab es auch in Japan eine relativ lange Tradition – wenngleich diese bei weitem nicht so alt ist wie die chinesische –, *Sunzi bingfa* (und andere Kriegshandbücher) unter ökonomischen Aspekten zu lesen. Die konkrete Umsetzung in entsprechend gestaltete Texte fand dort allerdings weitaus früher statt, nämlich in der frühen Edo-Zeit (1600 – 1868). So kann man davon ausgehen, dass die Vorbilder für die aktuelle Beschäftigung mit dem *Business Sunzi*-Gedanken in China zumindest teilweise aus Japan übernommen wurden. Im Westen ist dieser Gedanke am jüngsten. Konkret findet er sich dort erst in den späten 60er-Jahren des letzten Jahrhunderts. Dennoch ist ein gewisser Einfluss auf die Entwicklung in China denkbar. Es ist durchaus möglich, dass durch Erwähnungen in westlichen Texten eine gewisse ‚Nobilitierung' von *Sunzi bingfa* stattfand, welche das Aufgreifen des Gedankens in der Volksrepublik in den 80er-Jahren miterklären könnte.[292] Die Dynamik dieser (Business) Sunzi-Welle, die sicherlich eng verknüpft ist mit der aktuellen wirtschaftlichen Entwicklung Chinas, hatte dann wiederum erhebliche Auswirkungen auf die Sicht auf *Sunzi bingfa* in Japan und im Westen.

---

291 Bei der Untersuchung von *Business Sunzi* sollte jedoch nicht vergessen werden, dass Prozesse der Beeinflussung und der Vorbildnahme auch quer zu den Themenbereichen erfolgt sein könnten. Es gibt Publikationen, in deren Titel das Thema Business nicht erwähnt wird, die aber, außer Lebenshilfe auch Wirtschaftsthemen ansprechen. Ein und derselbe Autor hat häufig sowohl zu Business als auch zu anderen Themen (Lebenshilfe, Erfolg) geschrieben. Andere sind tatsächlich Wirtschaftswissenschaftler. Andererseits wurden und werden Bücher zu Themen wie Erfolg und Lebensbewältigung ohne offenkundigen Businessbezug verfasst, die jedoch von Wirtschaftsverlagen herausgegeben werden.

292 Hierzu vgl. die folgenden Abschnitte dieses Kapitels.

In China

Streng genommen finden sich in der chinesischen Literatur vor den 70er-Jahren des 20. Jahrhunderts nur sehr wenige Beispiele für den Gedanken, *Sunzi bingfa* konkret auf den ökonomischen Bereich anzuwenden. Andererseits lässt sich dieses Konzept nicht prinzipiell von der Idee trennen, das Werk in anderen, nämlich nichtmilitärischen Kontexten zu interpretieren, da der Bereich der Ökonomie nicht isoliert von den Feldern des Sozialen und Politischen zu betrachten ist. Daher werden in diesem Abschnitt auch Beispiele für nichtmilitärische Interpretationen von *Sunzi bingfa* besprochen, die nicht direkt mit ökonomischen Sachverhalten verbunden sind, da nichtmilitärische Interpretationen mit großer Wahrscheinlichkeit inspirierend für eine Anwendung im Ökonomischen wirkten.

Vorausgreifend lässt sich feststellen, dass sich interessanterweise nur im chinesischen Altertum sowie in der Moderne eindeutige Beispiele für den konkreten *Business Sunzi*-Gedanken finden lassen. Bei diesen handelt es sich zum einen um eine Textstelle in den *Aufzeichnungen des Großhistorikers* (*Shiji*)[293] von Sima Qian[294] (司马迁, 145 – 86 v. Chr.?) sowie um drei kurze Erwähnungen in chinesischen Publikationen aus den 30er- und 40er-Jahren des 20. Jahrhunderts, die obendrein japanische Einflüsse aufweisen. Quantitativ relevant wird das *Business Sunzi*-Konzept in China erst seit Mitte der 80er-Jahre. Dabei sollte die Rolle der politischen Führung der Volksrepublik China nicht unterschätzt werden, deren erklärter Wille seit Ende der 70er-Jahre die Entwicklung der Ökonomie des Landes ist.

---

[293] Die Anregung für diesen Abschnitt bzw. der Hinweis auf Bai Gui im *Shiji* stammt aus dem Artikel *Untersuchung über die Geschichte des „Kriegskunst-Managements"* von Suzuki Asao (vgl. 王建[译]：铃木朝雄：" 兵法经营 " 史研究—主要从近代商家思想出发 (*Wang, Jian* [Übers.]: *Suzuki, Asao: bingfajingyingshi yanjiu: zhuyao cong jindai shangjia sixiang chufa*) [Untersuchung über die Geschichte des „Kriegskunst-Managements" – ausgehend vom Denken der Kaufleute in der Neuzeit], in: SBNJ4, S. 218 – 222, hier S. 218; siehe auch 于汝波（主编）（1994）：孙子学文献提要。北京：军事科学出版社。 (*Yu, Rubo* [Hg.]: *Sunzixue wenxian tiyao. Beijing: Junshi kexue chubanshe*) [Zusammenfassung der Dokumente zur Sunziologie], S. 249. Im folgenden Text und den Fußnoten wird dieses Werk mit der Sigle SXWT bezeichnet. Außerdem vgl. Senger, Harro (1999/2000): *Strategeme Band II 19 - 36*. Bern/München/Wien: Scherz, S. 21f.

[294] Der Einfluss Sima Qians und des *Shiji* auf China kann gar nicht überschätzt werden. Grant Hardy geht im Vorwort zu *Worlds of bronze and bamboo* so weit, zu sagen, Sima Qian sei neben Kongzi und Qin Shihuang der Schöpfer des kaiserlichen China, im Grunde sei er sogar auch der Schöpfer von Kongzi und Qin Shihuang selbst (Hardy 1999, S. xi). Stephen W. Durrant äußert in seiner Studie: *The Cloudy Mirror* den Gedanken, Sima Qian habe mit dem *Shiji* die Kategorien und Themen gesetzt, in denen über Chinas Vergangenheit gesprochen wird, wobei es bis heute in China Einfluss ausübe (Durrant 1995, S. xi u. xxi). Spinnt man diesen Gedanken in Bezug auf das Buch *Sunzi bingfa*, Sunzi als historische Gestalt sowie die chinesische Sicht auf beide weiter, so könnte man die Behauptung aufstellen, dies gelte auch für den Teilbereich *Business Sunzi*, der seinen Ursprung damit ebenfalls im *Shiji* (Kapitel 129) hätte.

Der erste Hinweis auf eine mögliche nichtmilitärische Interpretation von *Sunzi bingfa* geht auf das Kapitel 129 des *Shiji* zurück. Sima Qian legt darin dem Kaufmann Bai Gui in dessen Biographie[295] die Aussage in den Mund, er betreibe seine Geschäfte in der Weise, wie die Feldherren Sunzi und Wuzi ihre Truppen befehligt hätten. Allerdings vergleicht Bai Gui sich selbst im gleichen Textabschnitt auch mit den Staatsmännern Yi Yin und Lü Shang sowie dem legistischen Philosophen Shang Yang, sodass die Bedeutung, die Sunzi durch diese Aussage beigemessen wird, relativiert wird. Burton Watson übersetzte die betreffende Stelle wie folgt:

> He ate and drank the simplest fare, controlled his appetites and desires, economized on clothing, and shared the same hardships as his servants and slaves, and when he saw a good opportunity, he pounced on it like a fierce animal or a bird of prey. "As you see", he said, "I manage my business affairs in the same way that the statesmen Yi Yin and Lü Shang planned their politics, the military experts Sun Zi and Wu Zi deployed their troops, and the legalist philosopher Shang Yang carried out his laws. Therefore, if a man does not have wisdom enough to change with the times, courage enough to make decisions, benevolence enough to know how to give and take, and strength enough to stand his ground, though he may wish to learn my methods, I will never teach them to him!"[296]

Anhand dieser Textstelle kann zwar nicht behauptet werden, der Bai Gui des *Shiji* habe bei seinen Geschäften Sunzis Methoden angewendet, das lässt sich aus dem Text nicht herauslesen. Andererseits kann man jedoch feststellen, dass einige Charaktereigenschaften sowie Handlungsweisen sowohl in *Sunzi bingfa* als auch in diesem Abschnitt des *Shiji* für den Erfolg im Krieg bzw. im Geschäft als unabdingbar angesehen werden. So erinnert Sima Qians Aussage, Bai Gui habe einfach und sparsam gelebt und alle Leiden und Mühen mit seinen Angestellten und Sklaven geteilt, an den ersten der in *Sunzi bingfa* erwähnten Fünf Faktoren[297], die untersucht

---

295 Die Frage nach der Authentizität des Bai Gui spielt für die Argumentation an dieser Stelle keine Rolle. Daher wird hier auf eine weitergehende Diskussion dieser Problematik verzichtet. Bei allen offenen Fragen bezüglich des *Shiji* als Quellenwerk kann dennoch davon ausgegangen werden, dass bereits in der chinesischen Antike Parallelen zwischen Sunzis Kriegskunst und dem Handel gezogen worden sind.

296 Watson, Burton [Übers.] (1961): *Sima, Qian: Records of the Grand Historian: Han Dynasty II*. Hong Kong/New York: Columbia University Press, S. 439. Im *Shiji* heißt es im Original: 能薄饮食，忍嗜欲，节衣服，与用事僮仆同苦乐，趋时若猛兽挚鸟之发。故曰："吾治生产，犹伊尹、吕尚之谋，孙、吴用兵，商鞅行法是也。是故其智不足与权变，勇不足以决断，仁不能以取予，强不能有所守，虽欲学吾术，终不告之矣。" (siehe: 王利器（1988）（主编）：司马迁：史纪注译（四）。史记卷129货殖列传第六十九。西安：三秦出版社。(*Wang, Liqi [Hg.]: Sima, Qian: Shiji zhuyi (si) shiji juan 129 huozhi liezhuan di liushijiu. Xi'an: Sanqin chubanshe*) [Das Shiji mit Kommentaren], S. 2716).

297 Die Fünf Faktoren sind: Der Weg (*dao*, 道), der Himmel (*tian*, 天), die Erde (*di*, 地), das Kommando (*jiang*, 将) und die Regeln und Verordnungen (*fa*, 法). Vgl. Wu 2003, S. 2f. Bei Klöpsch heißt es nicht *Faktoren*, sondern *Voraussetzungen*. Diese übersetzt er mit: *Moral, Klima, Gelände, Führung und Ordnung* (Klöpsch 2009, S. 11). Ames gibt sie mit: *way (tao), climate, terrain, command und regulations* wieder (vgl. Ames, Roger T. 1993, S. 103).

werden müssen, um im Krieg erfolgreich zu sein, nämlich an das *dao* 道. Mit dem Begriff des *dao*, der im ersten Kapitel von *Sunzi bingfa* auftaucht, wird die moralische Integrität des Feldherrn bezeichnet. Bai Guis Betonung der Charakterfestigkeit als Voraussetzung für einen Geschäftsmann, der es wert sei, seine, also Bai Guis, Methoden zu erlernen, lässt sich mit dem vierten dieser Fünf Faktoren, nämlich mit dem Begriff *jiang* 将 verbinden. Dieser bezeichnet die Weisheit, die Vertrauenswürdigkeit, das Wohlwollen, den Mut und die Festigkeit des Kommandierenden.[298] Auch die Eigenart Bai Guis, sich wie ein „*wildes Tier oder ein Raubvogel*" auf jede sich bietende Gelegenheit zu stürzen, sowie seine Aussage, man müsse weise genug sein, um mit der Zeit gehen zu können, stimmen mit den Lehren aus dem Kapitel *Die Leere und die Fülle* (Kapitel 6) von *Sunzi bingfa* überein, in dem die Notwendigkeit betont wird, sich flexibel den Gegebenheiten anzupassen. So heißt es dort:

> Die Formation der Truppen gleicht dem Wasser: Die Formation des Wassers meidet die Höhe und strebt in die Tiefe, und siegreich bleiben die Truppen, indem sie die Fülle meiden und in die Leere stoßen.
>
> Das Wasser nimmt seinen Lauf ganz nach der Beschaffenheit des Geländes, die Armee erringt ihre Siege ganz in der Einstellung auf den Gegner.
>
> Daher verfügt eine Truppe über keine beständige Schlagkraft und das Wasser über keine feststehenden Formationen.
>
> Wer in der Lage ist, den Sieg zu erringen, indem er sich im ständigen Wandel auf den Feind einstellt, den kann man wohl als begnadet bezeichnen.
>
> Denn von den fünf Elementen behält keines ständig die Oberhand, von den vier Jahreszeiten behauptet sich keine auf Dauer, die Sonne scheint länger und kürzer, und der Mond durchläuft die Phasen von Tod und Wiedergeburt.[299]

---

298 Vgl. Wu et al. 2003, S. 4f. Klöpsch übersetzt: "Die Führung verkörpert Weisheit, Glaubwürdigkeit, Menschlichkeit, Tapferkeit und Strenge." (Klöpsch 2009, S. 11.) Ames schreibt: "*Command is a matter of wisdom, integrity, humanity, courage and discipline.*" (Ames 1993, S. 103.)

299 Klöpsch 2009, S. 29. Bei Ames heißt es: *The positioning (hsing) of troops can be likened to water: Just as the flow of water avoids high ground and rushes to the lowest point, so on the path to victory avoid the enemy's strong points and strike where he is weak.[...] As water varies its flow according to (yin) the fall of the land, so an army varies its method of gaining victory according to (yin) the enemy.*
Thus an army does not have fixed strategic advantages (shih) or an invariable position (hsing).[...] To be able to take the victory by varying one's position according to (yin) the enemy's is called being inscrutable (shen).[...]
Thus, of the five phases (wu hsing), none is the constant victor; of the four seasons, none occupies a constant position; the days are both short and long; the moon waxes and wanes.[...] (Ames 1993, S. 126f.).
Im Original: 夫兵刑（形）象水，水之行，辟（避）高而趋下；兵之胜，辟（避）实而击虚。水因地而制行，兵因敌而制胜。故兵无成艺（势）无恒刑（形）。能因敌而变

So lassen sich durchaus inhaltliche Parallelen zwischen der Stelle im *Shiji* und *Sunzi bingfa* ziehen. Kritisch anmerken könnte man jedoch, wenn man auf der intratextuellen Deutungsebene bleibt, dass Bai Gui explizit von seinen eigenen Methoden spricht, was indirekt darauf hindeuten könnte, dass es sich bei diesen eben nicht um Sunzis Lehren gehandelt habe. Übrig bliebe dann aber zumindest immer noch Sunzi als Vorbild, wenngleich als eines unter mehreren. Einschränkend sollte man zudem erwähnen, dass das angesprochene Prinzip der Flexibilität im Übrigen auch kein Monopol von *Sunzi bingfa* ist. Vielmehr handelt es sich dabei um ein bereits damals in der chinesischen Philosophie weit verbreitetes Konzept,[300] sodass dessen Auftreten in der Äußerung Bai Guis allein nicht als stichhaltiges Argument gelten kann.

Zusammenfassend kann man sagen, dass das *Shiji Sunzi bingfa* nicht nur relativ ausführlich bespricht,[301] sondern auch bereits eine Verbindung zum Themenbereich des Ökonomischen herstellt. Zieht man die Verbreitung und den eminenten Einfluss des *Shiji* im Laufe der chinesischen Geschichte in Betracht, so könnte man problem-

---

化取胜者，谓之神。故五行无常胜，四时无常立（位）；日有短长，月有死生。(Ames 1993, S. 124.)

300　Für eine ausführliche Darstellung dieses Gedankens empfiehlt sich u.a. die Lektüre von: Jullien, Francois (2001): *Der Weise hängt an keiner Idee – Das Andere der Philosophie.* München: Fink sowie: Jullien, Francois (2002a): *Umweg und Zugang: Strategien des Sinns in China und Griechenland.* Wien: Passagen Verlag und: Jullien, Francois (2002b): *Der Umweg über China – Ein Ortswechsel des Denkens.* Berlin: Merve.

301　Vgl. auch (刘玉生：《史记》中的《孙子兵法》文句及其价值初探 (*Liu, Yusheng: Shiji zhongde Sunzi bingfa wenju jiqi jiazhi chutan*) [Sätze aus Sunzi bingfa im *Shiji* und erste Erörterungen ihres Wertes], in: SBNJ4, S. 112 – 125. In diesem Text wird eine Reihe von Textstellen aus dem *Shiji* in Verbindung mit *Sunzi bingfa* gebracht. Es soll nun jedoch an dieser Stelle nicht der Eindruck entstehen, dem *Shiji* habe es in China noch keinerlei durch Quellen belegbare Beschäftigung mit *Sunzi bingfa* gegeben. Schon *Sun Bin bingfa* kann in diesem Kontext gesehen werden (eine andere Meinung hierzu vertritt wie in der Einleitung deutlich wurde, Victor Mair 2007).

Yu Rubo erwähnt in seinem Aufsatz *Abriss der Forschungsgeschichte von Sunzi bingfa*, dass das erste ‚Sunzi-Fieber' in der Zhanguo-Zeit (475 – 221 v. Chr.) ausgebrochen sei, was er mit einem Zitat aus dem *Hanfeizi* belegt. In der Westlichen Han-Zeit (206 v. Chr. – 24 n. Chr.) sei *Sunzi bingfa* zudem dreimal in größerem Umfange neu geordnet worden (Vgl. 于汝波：孙子兵法研究概述 (*Yu, Rubo: Sunzi bingfa yanjiu gaishu*) [Überblick über die Forschung zu Sunzi bingfa], in: SBNJ4, S. 201 – 208, hier 201f.). Auch das deutet auf eine intensive Beschäftigung mit dem Text in der damaligen Epoche hin. So erwähnt Roger T. Ames in seiner Einleitung zu seiner Übersetzung von *Sunzi bingfa*, dass das *Buch des Herrn Shang* （商君书, *Shangjun shu*）tief bei *Sunzi bingfa* in der Schuld stehe. Wie Yu zitiert er (in der Übersetzung Burton Watsons) die Stelle in *Hanfeizi*, in der dieser die Popularität des Buches beschreibt: „*Everyone in the realm discusses military affairs, and every family keeps a copy of the* Master Wu *and the* Sun-tzu *on hand.*" (Watson, Burton [Übers.] (1964): *Han Fei Tzu: Basic writings.* New York: Columbia University Press, S. 110, zitiert nach: Ames 1993, S. 35.) Allerdings lassen beide Autoren den Nachsatz im *Hanfeizi* weg, wo es heißt: "*The people of the state all discuss military affairs, and everyone has a copy of the works of Sun Wu and Wu Qi in his house, and yet the armies grow weaker and weaker, for though many people talk about war, very few buckle on armor.*" (Watson, Burton [Übers.] (2003): *Han Feizi: Basic Writings.* New York: Columbia University Press, S. 111.)

los eine daraus resultierende, bereits seit dem chinesischen Altertum vorhandene Bewusstheit bezüglich dieser Anwendungsmöglichkeit postulieren. So wäre im *Shiji* die Idee der späteren *Business Sunzi*-Literatur im Keim bereits angelegt. Das dort enthaltene und tradierte Motiv der Anwendung von *Sunzi bingfa* im Wirtschaftskontext würde somit auch das möglicherweise isolierte, mehr oder minder sporadische Auftreten dieses Gedankens in der chinesischen Literatur erklären. Denn es finden sich erst in viel späterer Zeit weitere konkrete Hinweise auf mögliche nichtmilitärische Interpretationen von *Sunzi bingfa*.

In der Übergangszeit von der Nördlichen zur Südlichen Song-Zeit (um 1127) wirkte Zheng Youxian (郑友贤, Lebensdaten unbekannt), dessen Text *Überlieferte Worte*[302] im Anhang der songzeitlichen *Sunzi bingfa*-Ausgabe *Sunzi kommentiert von 10 Meistern*[303] zu finden ist. Darin behauptete er, *Sunzi bingfa* sei dem *Buch der Wandlungen* (*Yijing*) gleichzusetzen und nicht bloß als Militärhandbuch anzusehen.[304] Für diese Gleichstellung des Militär-Klassikers mit den konfuzianischen Klassikern wurde er später heftig kritisiert. So zum Beispiel von dem qingzeitlichen Autor Rui Changxu (芮长恤, Lebensdaten unbekannt), der in seinem Text *Kürbisflaschen-Sammlung*[305] argumentiert, Zheng positioniere *Sunzi bingfa* über dem *Mengzi* und dem *Xunzi*, da er es auf eine Stufe mit dem *Yijing* und den *Gesprächen des Konfuzius* (*Lunyu*) stelle. Wenngleich bei Zheng keine ökonomische Anwendung von *Sunzi bingfa* erkennbar ist, nahm er den Text mit dieser Einordnung doch aus dem Kontext der Militärhandbücher heraus, was diesen theoretisch für andere Interpretationen öffnete. Da die Auslegung der Klassiker in China stets im Zusammenhang mit der herrschenden Ordnung gesehen wurde, ist diese Diskussion alles andere als akademisch.[306] Im Übrigen flammten auch im 20. Jahrhundert Diskussionen über den ‚philosophischen Gehalt' von *Sunzi bingfa* wieder auf.

---

302 Im Original: 遗说 (*Yishuo*). Vgl. SXWT, S. 40 sowie Giles 1910, S. XXXIff.
303 Im Original: 孙子十家注. Das Werk enthält die gesammelten Kommentare von zehn Autoren. Der früheste Kommentar stammt von Cao Cao, (155 – 220). Auch in der Tang- (608 – 907) und der Song-Zeit (960 – 1279) wurde Sunzi noch mehrfach kommentiert. Vgl. Giles 1910, S. XVff. Ames 1993, S. 20. Siehe auch:李浴日(1946)：孙子兵法新研究。南京：世界兵学社. (*Li, Yuri: Sunzi bingfa xin yan. Nanjing: Shijie bingxueshe*) [Neue Forschungen über Sunzi bingfa], S. 10. Vgl. auch die Einleitung dieser Arbeit.
304 Vgl. SXWT, S. 40.
305 Im Original: 鲍瓜集 (*paoguaji*) [Kürbisflaschen-Sammlung], vgl. SXWT, 287.
306 Zur engen Verbindung zwischen Philosophie sowie Politik und Gesellschaft in China siehe: Meißner, Werner (1994): *China zwischen nationalem ‚Sonderweg' und universaler Modernisierung – Zur Rezeption westlichen Denkens in China*. München: Fink. Dort heißt es beispielsweise auf Seite 2 der Einleitung: „*In der chinesischen Geistesgeschichte lassen sich Politik und Ideengeschichte nur schwer voneinander trennen. Dies ist jedoch nicht in dem Sinne zu verstehen, daß wir es in China nur mit politischen Philosophen zu tun haben. Der chinesische Philosoph war nicht nur ein* homo sapiens, *er war in den meisten Fällen auch ein* homo politicus.*"* In diesem Sinne auch Ames 1993, S. 41.

Yu Rubo stellt in seinem Aufsatz *Überblick über die Forschung zu Sunzi bingfa*[307] die Behauptung auf, in der Ming- (1368 – 1644) und Qing-Zeit (1644 – 1911) habe es Tendenzen gegeben, die Ideen in *Sunzi bingfa* mit anderen, z.B. konfuzianischen, Gedanken zu verbinden, wobei die These nicht weiter ausgeführt wurde, weswegen diese mit einer gewissen Vorsicht zu behandeln ist.[308] Yu schrieb dazu:

> Li Zhi[309] behauptete: „*Indem man die* Sieben Bücher *und die* Sechs Klassiker *vereint, kann man alle Dinge dieser Welt lehren*", Wang Yangming[310] vereinte die Gemüts-Schule mit der Kriegsschule [Der Begriff *Gemüts-Schule*[311] als Übersetzung für *xinxue* (心学) ist entlehnt von

---

307 Yu 2005, in: SBNJ4, S. 201 – 208, hier S. 203.
308 Ibid., S. 203.
309 Li Zhi (1527 – 1602), mingzeitlicher Denker und Literat, war an verschiedenen Orten als Beamter tätig. Später gab er die Beamtenlaufbahn auf und widmete sich der Literatur. Er widersprach der orthodoxen konfuzianischen Lehre, und behauptete, die konfuzianischen Klassiker seien nichts anderes als Notizen der damaligen Jünger gewesen und stellte so den Absolutheitsanspruch dieser Schriften in Frage. In Folge wurde er wegen Anstiftung zum Aufruhr verhaftet und beging im Gefängnis Selbstmord. Er hinterließ ein beachtliches literarisches Werk und gab neben vielen anderen klassischen Werken auch *Sunzi bingfa* mit Kommentaren (*Sunzi cantong wujuan* 孙子参同五卷) heraus (vgl. SXWT, S. 78). Zu Li Zhi, siehe: Billeter, Jean-François (1979): *Li Zhi philosophe maudit (1527 - 1602)*. Genf/Paris: Librairie Droz sowie: Spaar, Wilfried (1984): *Die kritische Philosophie des Li Zhi (1527 - 1602) und ihre politische Rezeption in der Volksrepublik China*. Wiesbaden: Harrassowitz.
310 Wang Yangming (1472 – 1529) war einer der einflussreichsten Philosophen der Ming-Zeit, der den idealistischen Flügel des Neokonfuzianismus mit einem an den Chan-Buddhismus erinnernden Einschlag lehrte. Seine Schriften übten auch in Japan einen bis heute anhaltenden Einfluss aus. Wang Yangming führte ein bewegtes, aktives Leben. So bekleidete er verschiedene Positionen als Beamter und war zudem militärisch bei der Unterdrückung von Aufständen engagiert (vgl. Henke, Frederick Goodrich (1916/1964): *The Philosophy of Wang Yang-Ming*. New York: Paragon Book Reprint Corporation, S. xi-xiv und 3 – 44, siehe auch: Tu, Wei-Ming (1976): *Neo-Confucian Thought in Action*. Berkeley, Los Angeles/London: University of California Press, passim.
311 Die Gemüts-Schule (*Xinxue*, 心学) geht auf den Neokonfuzianer Lu Jiuyuan (1139 -1193) zurück, der Zhu Xis (1130 – 1200) Philosophie anfocht. Zhu Xi lehrte, dass das Wesen des Menschen sich aus dem „*Strukturprinzip*" der Welt (*li*, 理) und der gestaltlosen „*Grundsubstanz*" (*qi*, 气) zusammensetze und so am „*Prinzip*" der Welt und sogar am „*Höchsten Äußersten*" (*taiji*, 太极) teilhabe, da die Welt aus eben diesen beiden Grundkomponenten bestehe. Von dem Prinzip der Welt unterscheide sich der Mensch allerdings auf Grund seiner Komplexität. Die moralische Aufgabe des Menschen sei es nun, seine „*Natur*" (*xing*, 性) an das „*Prinzip*" anzugleichen, was durch das „*Untersuchen der Dinge*" (*gewu*, 格物) möglich sei. Lu Jiuyuan stellte sich dieser Auffassung entgegen, indem er die Gespaltenheit der menschlichen Natur für bedeutungslos erklärte, da allem Seienden immanent sei. Wichtiger sei das ungeteilte Wesen des Menschen in seiner Ganzheit, das er mit dem Begriff „*Gemüt*" (*xin* 心) bezeichnete. Wang Yangming folgte dieser idealistischen Auffassung des Neokonfuzianismus. Kernpunkt von Wangs Lehre war der Begriff des „*Intuitiven*" (*liang zhi*, 良知), das es durch Versenkung ins eigene Selbst erlaube, das eigene Wissen zu erweitern (vgl. Bauer, Wolfgang (1989): China und die Hoffnung auf Glück. 2. Aufl. München: dtb, S. 305f., 332ff., 337f. und 345).

Wolfgang Bauer,[312] parallel dazu wurde *bingxue* (兵学) mit *Kriegsschule* wiedergegeben, TK.] zu einem Ganzen, Qi Jiguang[313] verschmolz militärisches mit konfuzianischem Denken, [sie] legten besonderen Wert darauf, die Anwendung der Theorien zu erforschen, und schufen durch die Konkretisierung der profunden Lehren aus *Sunzi bingfa* eine Reihe anwendbarer Methoden.[314]

Was lässt sich aus Yus Behauptungen herausdestillieren? Im Grunde ist nur bei Li Zhi der Gedanke, *Sunzi bingfa* in nichtmilitärischen Kontexten anzuwenden, indirekt aus der Textstelle herauszulesen. Weder bei Wang Yangming, der als Philosoph und Lehrer, als Beamter sowie bei der militärischen Bekämpfung von Unruhen durchaus erfolgreich war, noch bei Qi Jiguang, der sich als General und als Verwalter verdient gemacht hat, sind Tendenzen der Verquickung von *Sunzi bingfa* mit konfuzianischen Gedanken erkennbar.

Folgt man Yus Darstellung, so war es Li Zhis These, dass die konfuzianischen Klassiker allein nicht die Lösung aller Probleme per se beinhalteten, sondern der Interpretation bedurften. Zudem seien sie auch nur teilweise brauchbar, um umfassendes Wissen zu vermitteln.[315] Das könnte man auch im Umkehrschluss aus seiner von Yu Rubo zitierten Behauptung herauslesen, man müsse die *Sieben Militärklassiker* (*Wujing qi shu*, 武经七书)[316] und die *Sechs konfuzianischen Klassiker* (*Liu jing*, 六经)[317] vereinen, um „*alle Dinge dieser Welt zu lehren*".

Li Zhi, der als Enkelschüler Wang Yangmings gelten kann,[318] hatte gegenüber jedweder kanonischen Lehre Vorbehalte und tendierte dazu, eklektizistisch zu denken. Der Sinologe Jean-François Billeter schrieb dazu:

> Li Zhi betrachtete Konfuzianismus, Daoismus und Buddhismus als drei gleichwertige Instrumente. Im Gegensatz zu vielen seiner Zeitgenossen interessierte er sich nicht für eine Synthese

---

312 Ibid., S. 334 und 337.
313 Qi Jiguang (1528 – 1588) war ein erfolgreicher Ming-Militär. Seine größten Verdienste erwarb er bei der Bekämpfung der japanischen Piraten, die sich an den Küsten von Zhejiang und Fujian festgesetzt hatten. Bis heute ist er eine populäre Gestalt in China. Er verfasste mehrere Militärtraktate, in denen er häufig auf *Sunzi bingfa* zu sprechen kam (vgl. SXWT, S. 282 – 283 sowie Goodrich, L. Carrington et al. [Hg.] (1976): *Dictionary of Ming Biography 1368 – 1644*. Volume I, A-L. New York/London: Columbia University Press, S. 220 – 224).
314 Im Original schreibt er:
李贽主张 "以《七书》与《六经》合而为一，以教天下万事"，王阳明合心学、兵学于一体，戚继光融兵、儒于一炉，并注重应用理论研究，将《孙子兵法》高深的理论具体化为一系列切实可行的方法；[…]. SBNJ44. S. 203, Übersetzung TK, zum Li Zhi-Zitat, das aus dessen Einleitung zum *Sunzi cantong wujuan zixu* (孙子参同五卷，自序) stammt, siehe auch SXWT, S. 78 sowie SXWT, S. 284f.
315 Vgl. Billeter 1979, passim.
316 Zu Details bezüglich der *Sieben Militärklassiker* vgl. die Einleitung.
317 Dabei handelt es sich um: 尚书 *Buch der Dokumente* (*Shangshu*), 易经 *Buch der Wandlungen* (*Yijing*), 诗经 *Buch der Lieder* (*Shijing*), 礼记 *Buch der Riten* (*Liji*), 乐经 *Buch der Musik* (*Yuejing*) 春秋左传 *Frühlings- und Herbstannalen* (*Chunqui zuozhuan*).
318 Vgl. Billeter 1979. S. 101ff.

der Denkschulen, da dies seiner Ansicht nach die Nützlichkeit einer jeden für sich abschwächte.[319]

Wenngleich sich Billeter hierbei nicht auf militärische Lehren bezieht, so ist es durchaus plausibel, dass Li Zhi auch *Sunzi bingfa* in diese Reihe der Klassiker eingeordnet haben könnte. Aber eben nicht als Klassiker oder kanonisches Werk, sondern schlichtweg aufgrund seiner praktischen Anwendbarkeit, was dazu passt, dass Li Zhi zahlreiche heterodoxe Thesen äußerte.[320]

Nun handelte es sich bei den *Sieben Militärklassikern* im Grunde zwar auch um orthodoxe Literatur, die seit der Song-Zeit (960 – 1279) den Prüfungskanon für die Militärbeamten bildete,[321] aber die Literatur über den Krieg wurde von den konfuzianischen Gelehrten in der Regel geringgeschätzt und eines Studiums nicht für würdig erachtet.[322] So war es durchaus eine deutliche Aussage gegen das Establishment, die *Sieben Militärklassiker* mit den *Sechs konfuzianischen Klassikern* auf eine Stufe zu stellen.[323] Auch das würde zu Li Zhis Charakter passen, der sich Zeit seines Lebens offenkundig schwer damit tat, sich in die rigide Gesellschaftsordnung des mingzeitlichen China einzufügen.[324]

Li Zhi wurde von den Behörden damals als Unruhestifter betrachtet und fiel schließlich den Intrigen seiner Gegner zum Opfer, die ihn angeklagt hatten, er sei mit seinen Gedanken eine Gefahr für die öffentliche Ordnung.[325] Das ist nicht weiter ungewöhnlich, da die Philosophie in China stets praktische Relevanz hatte, die sie für die Machthabenden potenziell gefährlich machte.[326] Zudem war die orthodoxe Interpretation der Klassiker (und auch von *Sunzi bingfa*) ein Instrument des Machterhalts, das sich in der Institution der Beamtenexamina konkretisiert hatte.

---

319 Ibid., S. 211, Übersetzung TK.
320 Vgl. Spaar 1984, passim.
321 Vgl. Sawyer 1993, S. xii.
322 Vgl. Giles 1910, S. XLIV.
323 Allerdings gab es auch zu vielen Zeiten gewichtige Gegenstimmen. In der Einleitung zu seiner Übersetzung von *Sunzi bingfa* fügte Giles, der ja noch zur Zeit des kaiserlichen China wirkte, einen Abschnitt *Apologies of War* (Giles 1910, S. XLIII - XLIX) ein, in dem er eine Reihe von Aussagen chinesischer Literaten zitierte, die sich für das Studium der Kriegskunst einsetzten. Giles nannte Sima Qian, Du Mu (803 – 852, ein Kommentator des Sunzi; vgl. Giles 1910 S. XXXVII), Zhu Xi und Sun Xingyan (1753 – 1818), den bedeutenden qingzeitlichen Herausgeber von *Sunzi shija zhu* 孙子十家注 (vgl. SXWT, S. 129ff.). Diese Texte beschränkten sich jedoch darauf aufzuzeigen, dass das Studium der Kriegskunst eben für den Krieg von Bedeutung sei und für sonst nichts.
324 Vgl. Billeter 1979, passim.
325 Vgl. ibid., S. 268.
326 Laut Francois Jullien hatte die ‚chinesische Philosophie' weniger das „*Sein*" als das „*Werden*" und den „*Ursprung der Dinge*" als ihre „*Beziehungen untereinander*" in den Mittelpunkt ihrer Betrachtungen gestellt, was sie – wie man daraus schließen könnte – näher an die Praxis und damit an die Politik rückte, als dies bei ihrer griechisch-westlichen Schwester der Fall war (vgl. Jullien, Francois (1999a): *Über das Fade – Eine Eloge: Zu Denken und Ästhetik in China*. Berlin: Merve, S. 40f sowie Jullien 2003, S. 66).

Der andere wesentliche Aspekt ist Yus Behauptung, die genannten drei Persönlichkeiten hätten aus *Sunzi bingfa* neue Methoden extrahiert. An dieser Stelle kommt ein Moment ins Spiel, das über die damalige Zeit hinaus in die Zukunft weisen könnte, wenn Yus Ansicht korrekt ist. Man könnte jedoch fragen, warum es dann nicht viel früher zu einer umfassenden Anwendung bzw. zur deren Niederschlag in einer entsprechenden literarischen Form gekommen sei? Ohnehin kann nur Li Zhis knappe Aussage: „*Indem man die* Sieben Bücher *und die* Sechs Klassiker *vereint, kann man alle Dinge dieser Welt lehren* […]" in diesem Kontext als akzeptabel betrachtet werden. Wang Yangming hat allerdings unter Umständen seine Idee von *xinxue* in seinen Kommentar zu *Sunzi bingfa* einfließen lassen, insofern er vermerkt, ein General habe sich von allen ablenkenden Gedanken freizumachen, um so die Kriegskunst richtig an zuwenden.[327] Andererseits finden sich weder bei Wang Yangming noch bei Qi Jiguang im vorliegenden Material Hinweise darauf, dass diese ihre in beiden Fällen nachgewiesenen Studien von *Sunzi bingfa* in anderen als militärischen Kontexten gesehen haben. Daher mag es durchaus sein, dass es Yu Rubo an dieser Stelle um der Wirkung willen, mit der Strenge des Argumentes nicht allzu genau genommen hat.[328]

Später finden sich weitere Hinweise auf den Gedanken, *Sunzi bingfa* sei auch in nichtmilitärischen Kontexten anwendbar. So wies Yu auf den Text *Kommentierte Themen der Sieben Militärklassiker*[329] des spätmingzeitlichen Autors Xie Hongyi (谢弘仪, Lebensdaten unbek.) hin, in dem dieser die Nützlichkeit von *Sunzi bingfa* auch für die Zivilbeamten unterstrich. So hieß es im Vorwort zu dessen kommentierter Ausgabe von *Sunzi bingfa*:

> Schon bevor *Die Sechs Geheimen Lehren des Taigong*[330] erschienen waren, hatte man *Sunzis* 13 Kapitel der Welt kredenzt. Indem man diese las, wandte man die Prinzipien des Geraden und des Schrägen an, man verbarg sich und setzte Spione ein […]. Wo also wären die Wege des Zivilen und des Kriegerischen verschieden?[331]

---

327 Vgl. SXWT, S. 57.
328 Die Implikationen der Debatte um *Sunzi bingfa* in China, sowohl in Taiwan als auch in der Volksrepublik, können an dieser Stelle nicht dargestellt werden. Der Versuch Yus möglichst viele ‚Autoritäten' hinter sich zu bringen, um seinen Standpunkt zu untermauern, sollte jedoch auch in diesem Zusammenhang betrachtet werden. Der ideologischen Bedeutung von *Sunzi bingfa* ist das folgende Kapitel gewidmet.
329 Im Original: 武经七书集注标题 (*Wujing qishu jizhu biaoti*) [Kommentierte Themen der Sieben Militärklassiker] (vgl. SXWT, S. 285).
330 *Die Sechs Geheimen Lehren des Taigong* (太公六韬, *Taigong liu tao*) waren Bestandteil der *Sieben Militärklassiker*.
331 Im Original:且太公韬略未出，而《孙子》十三编先已樽俎于世。[…] 读之，而用正、用奇、用伏、用间[…]。何文武异途之有？ (Zitiert nach Yu, Rubo, SXWT, S. 285). Eine interessante zeitliche Koinzidenz ist, dass auch in Japan in der frühen Edo-Zeit (ab ca. 1600) ähnliche Gedanken aufkamen. Dies wird im folgenden Abschnitt genauer ausgeführt.

Der erste Autor in China, der nachweislich *Sunzi bingfa* außerhalb des militärischen Kontexts sah und möglicherweise auch anwendete, war der Mediziner Xu Dachun (1693 – 1771).[332] Allerdings handelt es sich um eine offenbar isoliert dastehende Publikation. In seinem Werk *Von Ursprung und Entwicklung der Medizin* schrieb Xu im Abschnitt *Die Verwendung von Medizin gleicht der Verwendung von Soldaten*[333]: „*Was die Dreizehn Kapitel von Meister Sun Wu betrifft, so erschöpfen diese alle Methoden, Krankheiten zu behandeln.*"[334]

Nach dieser qingzeitlichen Episode tauchen in China aller Wahrscheinlichkeit nach für längere Zeit keine Hinweise auf eine nichtmilitärische Interpretation von *Sunzi bingfa* mehr auf. Erst bei Zheng Guanying (1842 – 1921) findet sich wieder eine im Kontext dieser Betrachtung interessante Erwähnung, und zwar in seinem einflussreichen Werk *Mahnworte in einer blühenden Zeit*[335], bei dem Autor, der den Begriff des Handelskrieges (商战, *shangzhan*), der heute wieder vermehrt Beachtung erfährt, wenn schon nicht in China eingeführt, so doch popularisiert hat.[336] In der Einleitung zitierte Zheng den berühmten Ausspruch aus *Sunzi bingfa* „*Der Meister Sun sagt: ‚Kenne den anderen, und kenne dich selbst; in hundert Schlachten wirst du hundert Siege erringen.'* "[337] Zheng befasste sich sowohl mit Politik, Militärwesen als auch mit Wirtschaftsthemen. Seine Ideen zur Selbststärkung Chinas gegenüber dem von ihm als übermächtig und aggressiv empfundenen Westen fanden damals starke Resonanz.

---

332 Vgl. Suzuki in SBNJ4, S. 218 sowie: SXWT, S. 291f. Das *Huangdi neijing* parodiert und zitiert ebenfalls einen kurzen Abschnitt aus *Sunzi bingfa*. Dort heißt es: 伯高曰：“兵法曰：无迎逢逢之气，无击堂堂之陈。。。。。". In *Sunzi bingfa* steht: 无邀正正之旗，勿击堂 堂之陈（阵）[...] Das wird im SXWT als früheste Anwendung von *Sunzi bingfa* auf dem Gebiet der Medizin interpretiert (vgl. SXWT, S. 248, das Original wurde zitiert nach Ames 1993, S. 128).

333 Im Original: 医学源流论：用药如用兵论 (*Yixue yuanliu lun: yong yao ru yong bing*), Übersetzung TK.

334 Im Original: 孙武子十三编，治病之法尽之矣。(Suzuki 2005, S. 218; SXWT, S. 292). Allerdings finden sich in der Literatur durchaus Hinweise auf eine analogiehafte Gleichsetzung von Taktiken in *Sunzi bingfa* und medizinischen Rezepten, beispielsweise in dem von Deng Tingluo 邓廷罗 verfassten *Der Soldatenspiegel - Dreizehn Kapitel zur Prüfungsvorbereitung* 兵镜备考十三卷 (vgl. SXWT, S. 119). Der medizinische Anwendungsbereich ist im Übrigen heute sehr beliebt. Es findet sich eine ganze Reihe von Publikationen zum Thema *Sunzi bingfa* und Medizin. Allerdings lässt sich die Entwicklung in diesem Bereich nicht mit dem Boom bei *Business Sunzi* vergleichen.

335 Vgl. die Einführung zu: 郑观应（著）；王贻梁（评注）（1998）：盛世危言。郑州市：中州古籍出版社。(*Zheng, Guanying* [Verf.]; *Wang, Yiliang* [Kommentar]: *Shengshi weiyan. Zhengzhou shi: Zhongzhou guji chubanshe*) [*Worte der Warnung in Zeiten der Fülle*], S. 1 – 49. Zur Übersetzung des Buchtitels, siehe: Kehnen, Johannes (1975): *Cheng Kuanying – Unternehmer und Reformer der späten Ch'ing-Zeit*. Wiesbaden: Harassowitz, S. 6.

336 Vgl. ibid. S. 33. Der Begriff Handelskrieg findet sich häufig im Umfeld der *Business Sunzi*-Literatur, weswegen Zhengs Beitrag im hier untersuchten Zusammenhang auf jeden Fall mit in Betracht gezogen werden muss.

337 Vgl. Kehnen 1975, S. 36.

Erst mit dem Beginn der Republikzeit (1911 – 1949) gab es in China erste Versuche, *Sunzi bingfa* neu zu rezipieren und an die aktuellen Gegebenheiten anzupassen, wobei sich diese Interpretationen zunächst weitgehend im militärischen Bereich bewegten. Hierbei wurde auch der Versuch gemacht, politische Konzepte aus dem Westen einzubringen und so in China zu popularisieren.[338] Viele Militärs zogen jedoch westliches Gedankengut vor.[339]

Verständlicherweise wurden in den unruhigen und vom Konflikt mit Japan überschatteten späten 30er- und in der ersten Hälfte der 40er-Jahre in China zahlreiche Ausgaben von *Sunzi bingfa* publiziert. Die wesentlichen Anstöße für die Forschung kamen jedoch seit den 30er- und 40er-Jahren aus Japan. Die japanische *Sunzi bingfa*-Rezeption spielte eine Schlüsselrolle im chinesischen Verständnis des Buches, da japanische Gelehrte in der wissenschaftlichen Beschäftigung mit *Sunzi bingfa* eine Vorreiterrolle eingenommen hatten. Obschon ihre Arbeit in China rezipiert wurde, wurde stets kritisiert, die Japaner hätten sich zwar Verdienste im Zusammenhang mit *Sunzi bingfa* erworben, den eigentlichen Gehalt des Buches jedoch nicht erfasst. Im rezenten China spielte Li Yuri eine Pionierrolle bei der Erforschung von *Sunzi*

---

338 Beispielsweise 蒋方震；刘邦骥 (1915)：孙子浅说。北京 o.V.。(*Jiang, Fangzhen; Liu, Bangji: Sunzi qianshuo. Beijing*) [Elementare Einführung zu Sunzi]. So wurde im ersten Kapitel das Konzept des Staatspräsidenten vorgestellt. 蒋方震；刘邦骥（1991）：孙子浅说。扬州：江苏广陵古籍刻印社。(*Jiang, Fangzhen; Liu, Bangji: Sunzi qianshuo. Yangzhou: Jiangsu guangling guji keyinshe*) [Elementare Einführung zu Sunzi], S. 6f. Ebenfalls von Jiang Fangzhen stammt ein Text, den er bereits 1914 nach seiner Rückkehr von einer Studienreise nach Deutschland verfasste und in dem er *Sunzi bingfa* mit Clausewitz' *Vom Kriege* verglich. 孙子新释 (*Sunzi xinshi*) [Neuauslegung von Sunzi], erschienen in: 《庸言》(*Yongyan*), Nr. 5, vgl. SXWT, S. 310.

339 Spätestens seit den 30er-Jahren wurde das Werk als Mittel des Widerstandes gegen die japanische Aggression entdeckt und erlebte so eine Renaissance. Am deutlichsten wird diese Tendenz in dem 1939 erschienen Werk *Anhand von Sunzi bingfa beweisen, dass Japan [den Krieg] verlieren muss* von Li Zefen vgl.李则芬（1939）：以孙子兵法证明日本必 败。(verschiedene Orte) 生活书店。(*Li, Zefen: Yi Sunzi bingfa zhengming riben bi bai. Shenghuo shudian*) [Anhand von Sunzi bingfa beweisen, dass Japan den Krieg verlieren wird]. Allerdings scheint der Einfluss von *Sunzi bingfa* in den militärischen Kreisen um Jiang Jieshi eher begrenzt gewesen zu sein. Der US-amerikanische Militär Liddell Hart schrieb im Vorwort zu Samuel B. Griffiths Sunzi-Übersetzung, dass der chinesische Militärattachée, ein Schüler Jiang Jieshis, ihm während des Zweiten Weltkrieges einmal mitteilte *Sunzi bingfa* werde als veraltet angesehen und sei im Zeitalter der mechanischen Waffen keiner Studien wert. Vgl. Griffith, Samuel B. [Übers.] (1963): *Sun Tzu: Art of War*. Glasgow et al.: Oxford University Press. Siehe auch: 李 零：孙子兵法—古今中外及其它。(*Li, Ling: Sunzi bingfa – gujin zhongwai ji qita*) [Sunzi bingfa – Früher und Heute, im In- und Ausland sowie Anderes], in: 杨承运 [Hg.] (1998)： 学校的理想装备。电子图书学校专集校园网上 的最佳资源。智慧的感悟 o.O.。(*Yang, Chengyun: Xuexiao de lixiang zhuangbei. Dianzi tushu xuexiao zhuanji xiaoyuan wangshang de zuijia ziyuan. Zhihui de ganwu*) [Die ideale Ausstattung für die Schule. Das beste Material aus dem Netz für elektronische Hochschulbücher], S. 77 – 91 (hier S. 80). Quelle:
http://ebook.mumayi.net/51/wxls/ts051037.pdf, Download am 05.06.2006. Li bezieht sich mit größter Wahrscheinlichkeit auf Liddell Hart in Griffith 1963.

bingfa. Er stieß Mitte der 1930er-Jahre während eines Japan-Aufenthaltes auf die umfangreiche japanische Literatur zu diesem Thema und veröffentlichte, auf die Ergebnisse japanischer Forscher gestützt, in China mehrere einflussreiche Werke.[340]

Wie zu Beginn des Abschnittes bereits erwähnt, sind in einigen dieser Werke aus den 30er- bzw. 40er-Jahren des 20. Jahrhunderts Spuren des *Business Sunzi*-Gedankens aufzufinden. So etwa im Buch *Sunzi und die Moderne* von Xu Youcheng aus dem Jahre 1932, im Werk *Ergänzungen zur Einführung in Sunzi* von Wen Jincheng aus dem Jahre 1939, und in *Neue Forschungen zu Sunzi*,[341] das Li Yuri im Jahre 1945 publizierte. Sowohl Xu als auch Wen und Li erwähnen – wenngleich im Nebensatz – die Nutzbarkeit von *Sunzi bingfa* auch außerhalb militärischer Kontexte, aller Wahrscheinlichkeit nach, um das Buch für die Leserschaft attraktiver zu machen. So schreibt Xu Youcheng in seinem Vorwort:

> Hat man sich mit diesem Buch erst vertraut gemacht, so ist man in der Lage, sich […] in jedem Umgang, vom Internationalen im Großen, bis zum Einzelnen im Kleinen in eine unbesiegbare Position zu bringen.[342]

In die gleiche Kerbe schlägt Li Yuri, der, ebenfalls nur ganz nebenbei, die Nützlichkeit von *Sunzi bingfa* in nichtmilitärischen Zusammenhängen erwähnt:

> Außerdem können diese zehn großen Prinzipien [Li Yuri extrahierte aus *Sunzi bingfa* zehn Prinzipien, um das, was er als den Kerngehalt ansah, deutlicher zu machen, TK.] nicht nur in

---

340 Siehe: 李浴日（1938）：孙子兵法之综合研究。长沙：商务印书馆 (*Li, Yuri: Sunzi bingfa zhi zonghe yanjiu. Changsha: Shangwu yinshuguan*) [Zusammenfassung der Forschungen zu Sunzi bingfa]. Und: 李浴日(1945/1946)：孙子新研究。南京：(Verlag unbekannt) (*Li, Yuri: Sunzi xin yanjiu. Nanjing*) [Neue Forschungen zu Sunzi]. Ebenfalls zum Thema Sunzi bingfa stammen von Li Yuri: 李浴日（1943）：从孙子兵法分析敌人侵犯粤北的溃败。 (*Li, Yuri: Cong Sunzi bingfa fenxi diren qinfan yubei de kuibai*) [Eine von Sunzi bingfa ausgehende Analyse, warum der Feind bei seinem Überfall in Nord-Guangdong in die Flucht geschlagen wurde] sowie: 李浴日（1943）：孙子兵法的解剖。 (*Li, Yuri: Sunzi bingfa de jiepou*) [Sunzi bingfa seziert], beide erschienen in:
李浴日（1943）：东西兵学代表作之研究。世界兵学编译社。 (*Li, Yuri: Dong xi bingxue daibiaozuo zhi yanjiu. Shijie bingxue bianyishe*) [Forschungen über paradigmatische Kriegslehren aus Ost und West], worin Sunzi bingfa und Clausewitz' Vom Kriege einander gegenübergestellt wurden, 李浴日（1945）：兵学随笔论孙子。兵学丛书。 (*Li, Yuri: Bingxue suibi lun Sunzi. Bingxue congshu*) [Skizzen zu Militärlehren – über Sunzi], vgl. SXWT, S. 318. Einen Vergleich zwischen Sunzi bingfa und dem Clausewitz'schen Vom Kriege enthält auch: 李浴日（1947）：孙克兵学新论。南京：世界兵学社。 (*Li, Yuri: Sun Ke bingxue xinlun. Nanjing: Shijie bingxue she*) [Sunzi und Clausewitz neu besprochen].
341 Vgl. SXWT, S. 176.
342 Im Original:
熟读本书［…］对一切交涉、上自国际、下至个人、皆可立于不败之地。
Siehe: 许有成（1932）：孙子与现代。杭州健社。 (*Xu, Youcheng: Sunzi yu xiandai: Hangzhou jianshe*) [Sunzi und die Moderne], S. 2, Übersetzung TK.

militärischen Auseinandersetzungen, sondern vielmehr auch in politischen, ökonomischen und allen anderen Konflikten angewendet werden, Sunzis Prinzipien sind wahrhaft unsterblich.[343]

Konkretere Spuren des *Business Sunzi*-Gedankens finden sich in dieser Zeit nicht. Dennoch sind diese Textstellen deutliche Hinweise darauf, dass *Sunzi bingfa* trotz der kriegerischen Umstände auch zu jener Zeit als Ratgeber der Lebensklugheit oder sogar fürs Geschäftsleben angesehen wurde.

Li Yuri führt in der Einführung zu seinem Buch *Neue Forschungen zu Sunzi*[344] Zitate von Autoren aus Amerika, Russland, England und Japan an, um die Bedeutung von *Sunzi bingfa* zu unterstreichen. Bemerkenswert sind dabei zwei Dinge: Zum einen sind es in der Mehrzahl japanische Forscher, die zitiert werden, das heißt, die Mehrzahl der von Li verwendeten Quellen stammten aus Japan, was sicherlich auch damit zusammenhing, dass die Forschung zu *Sunzi bingfa* dort bereits sehr entwickelt war. Zum anderen erwähnt keiner der nichtjapanischen Autoren, dafür aber mehrere der japanischen Autoren, die Anwendbarkeit von *Sunzi bingfa* im ökonomischen Bereich. Auch bei der Sichtung der vorliegenden Literatur ergibt sich das gleiche Bild: in ausgearbeiteter Form war *Business Sunzi* in Japan offenbar früher vertreten als in China und zudem viel bedeutender. Man kann somit davon ausgehen, dass es japanische Einflüsse waren, die dafür sorgten, dass das Thema *Business Sunzi* in China später (wieder?) Eingang fand. Daher wird es an anderer Stelle notwendig sein, nachzuvollziehen, wie sich das Motiv Sunzi und Business in Japan entwickelt und ausgeprägt hat (vgl. folgender Unterabschnitt).

Der *Business Sunzi*-Gedanke im Sinne der Kategorisierung in die *Business Sunzi*-Idee und in *Business Sunzi* als Text ist zu dieser Zeit in China durchaus präsent. So findet sich in Wen Jinchengs Bearbeitung von Jiang Fangzhens und Liu Bangjis Werk *Elementare Einführung zu Sunzi* und dem 1939 erschienenen *Ergänzungen zur Elementaren Einführung zu Sunzi* die Aussage, *Sunzi bingfa* sei auf allen Gebieten zwischenmenschlicher Konflikte, so etwa in der Politik oder der Ökonomie einsetzbar.[345]

Im Jahr 1945 findet sich das erste chinesische Buch, das in seinem Titel explizit die lebenspraktische Anwendbarkeit von *Sunzi bingfa* erwähnte. Es handelt sich um das Buch *Ausgehend von Sunzi bingfa Methoden des Alltagshandelns erforschen* von Zhang Tinghao.[346] Bei diesem Werk kann man nicht annehmen, dass es eine

---

343 Im Original:
又，孙子这十大原理，不独可应用于军事上，且可应用于政治斗争上，经济斗争，以及一切斗争上，孙子的原理真是不朽。(Li 1945/1946, S. 19), Übersetzung TK. Für Details zu Lis zehn Prinzipien vgl. Kapitel 5.
344 Ibid., passim.
345 温晋城（1939）：孙子浅说补解。上海，南京 et al.：中央政治学校。*(Wen, Jincheng: Sunzi qianshuo bujie. Shanghai/Nanjing: Zhongyang zhengzhi xuexiao.)* [Ergänzungen zur Elementaren Einführung zu Sunzi] (vgl. SXWT, S. 175f.).
346 张廷灏（1945）：从孙子兵法研究做事方法 。重庆 ：中周出版社。*(Zhang, Tinghao: Cong Sunzi bingfa yanjiu zuoshi fangfa. Chongqing: Zhongzhou chubanshe)* [Ausgehend von Sunzi bingfa Methoden des Alltagshandelns erforschen].

primär ökonomische Stoßrichtung hatte, vielmehr handelte es sich um eine Art ‚praktischer Lebensphilosophie'. Dennoch muss man davon ausgehen, dass dieses Werk die erste Monographie aus China war, die *Sunzi bingfa* in einer dem *Business Sunzi*-Gedanken nahestehenden Weise umdeutete und dies in Textform niederlegte. Das Werk stellte also einen Meilenstein in der neueren chinesischen Rezeption von *Sunzi bingfa* dar. Danach klaffte in diesem Bereich eine große zeitliche Lücke. Erst in den 70er-Jahren tauchten in Taiwan und Hong Kong Werke auf, die dann bereits eine konkretere Verbindung zu wirtschaftlichen Themen herstellten.

Offenbar als Folge des gewaltigen sozialen und politischen Umbruchs auf dem Festland lässt sich in China nach 1949 längere Zeit fast keine Interpretation von *Sunzi bingfa* auffinden, welche die Bahnen des militärischen Denkens verlässt. Allerdings begann in kommunistischen Kreisen bereits relativ früh eine Diskussion über *Sunzi bingfa* unter philosophischen Aspekten, deren Einfluss sehr lange anhielt. In den Jahren 1939 bis 1940 publizierte Guo Huaruo, der auch später auf diesem Gebiet eminent einflussreich sein sollte, in einer Zeitschrift der 8. Route Armee einen dreiteiligen Artikel mit dem Namen *Erste Forschungen zu Sunzi bingfa*.[347] Möglicherweise ist die Entstehung dieser Schrift auf Anregungen Mao Zedongs (1893 – 1976) zurückzuführen, der *Sunzi bingfa* gelesen und die Maximen des Werkes rezipiert haben soll.[348] In Guos Schrift wird das Werk zum ersten Mal unter dem Blickwinkel des Historischen Materialismus sowie der Dialektik betrachtet, was bis heute für die offizielle *Sunzi bingfa*-Interpretation in der Volksrepublik von Bedeutung ist.

Diese Betrachtungsweise wurde von ihm und anderen später erneut aufgegriffen. Beispielsweise publizierte der Philosophiewissenschaftler Guan Feng im Jahre 1957 das Buch *Forschung über das militärphilosophische Denken Sunzis*.[349]

Auch in der Folge wurden die philosophisch-ideologischen Aspekte des Werkes weiter diskutiert. Möglicherweise verbargen sich dahinter auch ideologische Richtungsdebatten, die in China häufig unter dem Deckmantel abstrakter Diskussionen geführt wurden.[350] Interessant ist auch, dass es seit Beginn der *Business Sunzi*-Welle

---

347 郭化若（1939 – 40）：孙子兵法之初步研究。In:
八路军军政杂志。1939年11月-1940年1月，第1卷11，12期，第2卷1期。(*Guo, Huaruo: Sunzi bingfa zhi chubu yanjiu.* In: *Balu jun junzheng zazhi*) [Erste Forschungen zu Sunzi bingfa].
348 Vgl. Li, Ling 1998, S. 80f.
349 关锋 (1957)：孙子军事哲学思想研究。湖北人民出版社。(*Guan, Feng: Sunzi junshi zhexue sixiang yanjiu. Hubei renmin chubanshe*) [Forschung über das militärphilosophische Denken Sunzis].
350 Für einige sehr erhellende Einblicke in dieses Phänomen siehe: Meißner, Werner (1986): *Philosophie und Politik in China : Die Kontroverse über den dialektischen Materialismus in den 30er Jahren*. München: Fink, passim. Ebenfalls dazu sagt Meißner: „*Die Lehren des Konfuzius, seiner Schüler wie auch seiner großen Nachfolger und Gegner waren daher nicht Philosophie im modernen Sinne, sondern Staats- und Gesellschaftsdoktrinen, die allgemeine Verbindlichkeit beanspruchten, über lange Zeiträume auch besaßen, und die der Legitimierung von politischer Herrschaft im weitesten Sinne dienten. Aus diesem Zusammenhang erklärt sich weiterhin, daß philosophische Kontroversen in China, und davon gibt es genug in*

auch immer wieder Versuche von Autoren, die dem Militär angehörten, gab, die Deutungshoheit über *Sunzi bingfa* zu bewahren, indem sie vor den Auswüchsen einer ungehemmten Anwendung und einer angeblich verflachten Interpretation des Buches warnten.[351] Aller Wahrscheinlichkeit nach als Folge der Kulturrevolution ist dann bis zum Beginn der 80er-Jahre in der Volksrepublik keine Spur einer nichtmilitärischen Analyse geschweige denn einer ökonomischen Interpretation von *Sunzi bingfa* mehr zu finden.

In Taiwan und Hong Kong stellte sich die Situation anders dar als in der Volksrepublik. Bereits im Jahre 1970 erschien in Taiwan als erste im chinesischen Sprachraum auffindbare *Business Sunzi*-Monographie das Werk *Das Unternehmensmanagement muss Anleihen bei Sunzi bingfa machen*[352] von Liu Shigu.

Derselbe Autor publizierte 1972 das Buch *Sunzis Kriegskunst für den Handelskrieg*,[353] das sich offenbar großer Beliebtheit erfreute, da es schon kurz nach seinem Erscheinen erneut aufgelegt wurde. In der Einführung zu diesem Werk schrieb Liu, die Anregung zu seiner Arbeit sei aus Japan gekommen. So seien dort nach dem 2. Weltkrieg etliche neue Werke zum Thema Unternehmenskrieg und *Sunzi bingfa* herausgegeben worden. Dies sei besonders beachtenswert gewesen, da Japan es trotz seiner Niederlage zu einer wirtschaftlichen Blüte gebracht habe.[354] Liu kritisierte, dass, obschon China das Herkunftsland von *Sunzi bingfa* sei und dort seit jeher eine umfassende Kommentartradition bestanden habe, im *Business Sunzi*-Bereich keinerlei Publikationen aufzufinden seien. Vielmehr sei man dort bis dato auf ausländische Bücher angewiesen gewesen.

Er gründete seine Arbeit nach eigener Aussage auf Li Yuris Werk *Neue Forschungen zu Sunzi bingfa* und das Buch *Sunzi bingfa und der Unternehmenskrieg*, das in den 60er-Jahren von Andō Akira in Japan publiziert worden war.[355] Zudem gab er an, zahlreiche chinesische und „*ausländische*" Werke zu Wirtschaftsthemen konsultiert zu haben.[356] Betrachtet man Lius Aussagen im Zusammenhang mit der

---

der Vergangenheit wie in der Gegenwart, meistens einen politischen Hintergrund hatten." Meißner 1994, S. 2.

351 Vgl. 吴如嵩；宫玉振：浅议当前的孙子研究 (*Wu, Rusong; Gong, Yuzhen: Qianyi dangqian de Sunzi yanjiu*) [Ansichten zur gegenwärtigen Sunzi-Forschung], SBNJ4, S. 161ff. Wu Rusong ist der Herausgeber einer chinesisch-englischen Ausgabe von *Sunzi bingfa* bzw. *Sun Bin bingfa* (Wu 1999/2003).

352 刘式谷（著）周范国（编）（1970）：企业管理必须借重孙子兵法。台北：实业世界出版社。(*Liu, Shigu* [Verf.]*; Zhou, Fanguo* [Hg.]*: Qiye guanli bixu jiezhong Sunzi bingfa. Tabei: Shiye shijie chubanshe*) [Das Unternehmensmanagement muss Anleihen bei Sunzi bingfa machen].

353 刘式谷（1972）：商战孙子兵法。台北：实业世界出版社。(*Liu, Shigu: Shangzhan Sunzi bingfa. Tabei: Shiye shijie chubanshe*) [Sunzis Kriegskunst für den Handelskrieg].

354 Ibid., Einführung S. 6.

355 安藤亮（1963）：孙子の兵法：企业 作战 。东京：日本文艺社。(*Andō Akira: Sonshi no heihō: kigyō sakusen. Tōkyō: Nihon bunkeisha*) [Sunzi bingfa und der Unternehmenskrieg, 6. Aufl.]. Vom selben Autor stammen Publikationen zu *Wuzi* sowie *Liutao* und *Sanlüe* im Wirtschaftskontext. Diese stammen aus dem Jahr 1962.

356 Ibid. S. 7.

Tatsache, dass in Japan seit den frühen 60er-Jahren eine Fülle von *Business Sunzi*-Monographien auf den Markt kamen, so bestätigt auch dies die These, die konkreten Vorgaben für die *Business Sunzi*-Literatur seien von dort nach Taiwan gekommen. Anregungen, die *Business Sunzi*-Idee in Taiwan tatsächlich konkret zu realisieren, könnten – wie noch deutlich werden soll – zwar rein zeitlich betrachtet auch aus den USA stammen, lassen sich jedoch nicht nachweisen.

In Hong Kong gab im Jahre 1974 Yi Ren das Buch *Auf der Grundlage von Sunzi bingfa seine persönliche Wirtschaftslage verbessern*[357] heraus. In dem Buch werden jedoch lediglich einige aus *Sunzi bingfa* herausgegriffene Zitate als Aufhänger benutzt, um damit diverse Geschäftstipps einzuleiten. Es handelt sich eher um ein Ratgeberbuch der Lebensklugheit mit ökonomischer Ausrichtung als um eine regelrechte ökonomische Auslegung von *Sunzi bingfa*. Der Autor gab in seinem Vorwort an, zufällig auf *Sunzi bingfa* gestoßen und nach der Lektüre des Werkes auf die Idee gekommen zu sein, es auch im geschäftlichen Bereich anzuwenden.[358] Diese Idee scheinen später unabhängig voneinander noch einige andere Autoren, z.B. auch in Malaysia und in den USA gehabt zu haben, wenn man deren Darstellungen glauben schenken will.[359]

Als nächste Publikationen sind dann in den Jahren 1976 Xu Muyis *Sunzi: Wie kann ein Unternehmensführer seine Organisationsfähigkeit entwickeln*[360] und 1978 *Sun Wus Kriegskunst im Unternehmensmanagement*[361] von Xiao Erkuang zu finden, die in Taiwan veröffentlicht wurden. Xiaos Buch imitierte zwar die Struktur von *Sunzi bingfa* mit den 13 Kapiteln, gab aber den Originaltext nur teilweise wieder. Diese Teile wurden ins Neuchinesische ‚übersetzt' und anhand von Beispielen erläutert. Danach finden sich mit großer Wahrscheinlichkeit einige Jahre lang keine Publikationen zum Thema. Erst im Jahre 1984, wenige Monate vor dem Erscheinen der ersten Monographie in der Volksrepublik, die *Sunzi bingfa* ausschließlich auf ökonomische Sachverhalte bezog, erschien mit Yi Yes *Sunzi bingfa auf Umgangschi-*

---

357 益人（1974？）：以孙子兵法的法门来充实个人的经济。香港：文化书局。(*Yi, Ren: Yi Sunzi bingfa de famen lai chongshi geren de jingji. Xianggang: Wenhua shuju*) [Auf der Grundlage von Sunzi bingfa seine persönliche Wirtschaftslage verbessern].
358 Ibid., S. 4ff.
359 Auf der Sunzi und *Sunzi bingfa* gewidmeten Website www.sonshi.com behaupten folgende Autoren, „*von selbst*" auf die Idee gekommen zu sein, *Sunzi bingfa* im Business anzuwenden: Terry Barker, Robert Cantrell, Luke Chan, Gary Gagliardi, David Goldenberg, Khoo Khenghor, Morgan Lynch und Jessica Steindorf.
360 徐慕亦（1976）：孙子：企业领导者如何发挥组织能力。古代人际学的探讨系列。高雄：大众。(*Xu, Muyi: Sunzi: Qiye lingdaozhe ruhe fahui zuzhi nengli. Gudai renjixue de tantao xilie. Gaoxiong: Dazhong*) [Sunzi: Wie kann ein Unternehmensführer seine Organisationsfähigkeit entwickeln].
361 萧而邝（1978）：孙吴兵法与企业管理。o.O. 台湾信文图书有限公司。(*Xiao, Erkuang: Sun Wu bingfa yu qiye guanli. Taiwan xinwen tushu youxiangongsi*) [Sunzis und Wuzis Kriegskunst im Unternehmensmanagement].

nesisch analysiert[362] auf Taiwan wieder ein Werk, das konkrete Anwendungen auf Themen wie Aktienkauf, aber auch auf nichtökonomische Sachverhalte enthielt, also eher der lebenspraktischen Ratgeberliteratur zuzuordnen ist.

In der Volksrepublik waren erst nach der Entmachtung der ‚Viererbande'[363] mit der Mao-Witwe Jiang Qing als zentraler Figur und dem Wiederaufstieg Deng Xiaopings die politischen Rahmenbedingungen für eine Neuinterpretation von *Sunzi bingfa* entstanden. Ein bedeutsames Datum ist diesbezüglich die Dritte Plenarsitzung des 11. Zentralkomitees der KPCh im Dezember 1978. Hier wurde die Förderung der ökonomischen Entwicklung Chinas und des materiellen Wohlergehens als vordringlichstes Ziel in der Form eines neuen Hauptwiderspruchs formuliert.[364] Seitdem war in der Volksrepublik China die Beschäftigung mit *Sunzi bingfa* auch unter dem ökonomischen Blickwinkel überhaupt erst wieder möglich, ja sogar politisch erwünscht.[365] In diesem Sinne äußerten sich später auch Wu Rusong et al., in dem Aufsatz: *40 Jahre* Sunzi-*Forschung*. Dort heißt es:

> Wenn wir sagen, dass die Saat der Anwendung der marxistischen Theorie in der Sunzi-Forschung vor der Staatsgründung gelegt wurde, und die ersten Keime in der Zeit direkt nach der Gründung sprossen, so ist die reiche Zeit der Ernte, die Zeit nach der Dritten Plenarsitzung des 11. Zentralkomitees der Partei, in welcher das akademische Denken befreit wurde.[366]

An gleicher Stelle wurden Anspielungen auf „*zehn Jahre Chaos*" gemacht, das eine systematische und korrekte Erforschung von *Sunzi bingfa* unmöglich machte, und es ist nicht schwer zu erraten, welche Meinung die Autoren gegenüber den Ereignissen während der Kulturrevolution vertraten.

In diesem Zusammenhang wuchs in der Volksrepublik das Interesse an Sunzi im Zusammenhang mit Wirtschaftsthemen. So wurden – vor allem aus Japan – Fachleute eingeladen, um die Anwendung Sunzis im Bereich der Wirtschaft vorzustellen.

---

362 一也（1984）：孙子兵法白话解析。台湾长春书房。(*Yi, Ye: Sunzi bingfa baihua jiexi. Taiwan changchun shufang*) [Sunzi bingfa auf Umgangschinesisch analysiert].
363 Zum Thema ‚Viererbande' und dem Machtkampf nach Maos Tod siehe Kapitel 4.
364 In der Satzung der KPCh vom 21.10.2007 steht: „*Der Hauptwiderspruch in der chinesischen Gesellschaft ist der Widerspruch zwischen den wachsenden materiellen und kulturellen Bedürfnissen des Volkes und der rückständigen gesellschaftlichen Produktion.*" (zitiert nach von Senger 2008, S. 103.) Zum Hauptwiderspruch vgl. FN 285.
365 Dies wird auch im Geleitwort zur ersten Monographie zum Thema *Sunzi bingfa* und Management: *Sunzi bingfa und Unternehmensmanagement* ausdrücklich erwähnt. Siehe: Li et al. 1984, Geleitwort, S. 16.
366 Im Original:
如果说运用马克思主义理论研究《孙子兵法》播种于建国之前、根植于建国初期的话，那么，丰硕成果的出现却是在学术思想得到解放的党的十一届三中全会以后。Siehe: 吴如嵩 et al.：《孙子》研究四十年。(*Wu, Rusong: Sunzi yanjiu sishi nian*) [*40 Jahre* Sunzi-*Forschung*] In: N.N. (1990) 孙子新探：中外学者论孙子。北京：解放军出版社。(*Sunzi xintan: zhong wai xuezhe lun Sunzi. Beijing: Jiefangjun chubanshe*) [Sunzi neu besprochen: Chinesische und ausländische Gelehrte diskutieren Sunzi], S. 370, Übersetzung TK.

1982 holte die *Renmin Daxue*, die Volksuniversität in Peking, den japanischen Management-Experten Murayama Makoto (1920 –) in die Hauptstadt, dessen Vortrag den Titel *Sunzi bingfa und Unternehmensmanagement* trug. Dieser Vortrag stieß auf großes Interesse und löste eine Welle ‚patriotisch motivierter' Forschung aus.[367] Das Pionierwerk der neuen *Business Sunzi*-Bewegung in China war das 1984 erschienene Werk *Sunzi bingfa und Unternehmensmanagement*.[368] Diese Publikation markierte einen entscheidenden Wandel in der Volksrepublik, denn sie wird gemeinhin als erste Monographie in der VR China angesehen,[369] die *Sunzi bingfa* auf das Unternehmensmanagement anwendete.[370] Das Buch gab sich sehr linientreu und sollte, so die Autoren, die sich gerade dem Ausland öffnende sozialistische Marktwirtschaft chinesischer Prägung vor der Übervorteilung durch die „*Kapitalisten*" bewahren.

---

367 Vgl. 王泽民（2006）：《孙子兵法》的管理学阐述。北京：民族出版社。(*Wang, Zemin: Sunzi bingfa de guanlixue chanshu. Beijing: Minzu chubanshe*) [Darstellung der Managementlehre in Sunzi bingfa], S. 50f. Zum Thema Patriotismus und Nationalismus siehe das folgende Kapitel 4.

368 Li et al. 1984. Im selben Jahr erschien in China der erste auffindbare Zeitschriftenartikel, in dem Sunzi bingfa und Business in Verbindung gebracht wurden, allerdings lässt sich nicht feststellen, ob die Autoren des Buches mit dem Autor des Artikels Kontakt hatten. Es handelte sich um: 贺克毅：《孙子兵法》与"管理科学"，in: 科学管理研究（内蒙古）1984 第一期。(*He, Keyi: Sunzi bingfa yu guanli kexue. Kexue guanli yanjiu. Nei Menggu*.) [Sunzi bingfa und die Management-Wissenschaft] (vgl. SXWT, S. 392). Im Jahre 1986 erschien in Taiwan eine ideologisch gereinigte Ausgabe des in Fußnote 367 genannten ersten volksrepublikanischen Business Sunzi-Werkes, in der sämtliche Marx- und Mao-Zitate sowie Anspielungen auf die Vier Modernisierungen bzw. auf die innenpolitischen Umstände in der Volksrepublik, die im Original breiten Raum einnehmen, gestrichen sind. Mehr hierzu im Kapitel 5 dieser Arbeit.

369 Vgl. Wang, Zemin 2006, S. 51.

370 Vgl. SXWT, S. 205. In einer E-Mail vom 13.04.2006 bestätigte auch der Sunzi-Übersetzer Ralph D. Sawyer dem Verfasser, dass es sich bei dieser Monographie um das erste derartige Werk in der Volksrepublik China handelt. Ein wichtiger Protagonist des Business Sunzi-Gedankens in China war auch Chen Bingfu (陈炳富), der als Wirtschaftswissenschaftler an der Tianjiner Nankai-Universität tätig war und später die erste englischsprachige Fassung eines Business Sunzi-Werkes publizieren sollte. Chen hielt Anfang 1984 vor der Vollversammlung der Chinesischen Akademie der Wissenschaften einen Vortrag, in dem er die Verwandtschaft von modernem Management und *Sunzi bingfa* betonte (vgl. http://ibs.nankai.edu.cn/Site/show.asp?option=22&item=16&section=14, Download am 01.09.2006). Chen Bingfu verfasste in der Wochenzeitschrift *Der Ausblick* einen Artikel mit dem Titel: *Über die Geschichte des Managements in China ausgehend von Sunzi bingfa* (vgl. 陈炳富：从《孙子兵法》说到中国管理史。《瞭望》1984 年第35期。) (*Chen Bingfu: Cong Sunzi bingfa shuodao Zhongguo guanlishi. Liaowang.*) [Über die Geschichte des Managements in China ausgehend von Sunzi bingfa] (vgl. SXWT, S. 393). Diese Aussagen kongruieren im Übrigen auch mit den Ergebnisse der umfangreichen bibliographischen Recherchen des Autors dieser Arbeit.

Das Buch rief ein großes Echo im In- und Ausland hervor. Die japanische Autorität für das ‚Kriegskunst-Management' Ōhashi Takeo (1906 – 1987)[371] organisierte sogar eine Übersetzergruppe, die das Buch ins Japanische übertrug.[372] In der Einleitung des Werkes findet sich ein interessantes Detail. Als Vorbild für das eigene Unterfangen nannten Li Shijun et al. nämlich neben Beispielen der Beschäftigung mit dem Thema durch japanische[373], taiwanische und Hongkonger Autoren auch zwei US-amerikanische Wirtschaftswissenschaftler, die [Ende der 60er- bzw. Anfang der 70er-Jahre des 20. Jahrhunderts, TK] *Sunzi bingfa* in ihren Werken erwähnt hatten. Das heißt, eine gewisse Beeinflussung der Entwicklung in Hong Kong, Taiwan und damit später auch in der Volksrepublik durch diese ist durchaus wahrscheinlich.

In den frühen 1980er-Jahren kam es zu einer rasanten polit-ökonomischen Entwicklung in der Volksrepublik, und gegen Ende der Dekade wurde zudem *Sunzi bingfa* von der Erziehungskommission als Thema für wissenschaftliche Arbeiten designiert, wie Chan und Chen 1988 in *Sunzi on the art of war and its general application to business* schrieben:

> China is currently organizing a systematic approach to study The Art of War and its application to business activities. Soon this will be a major topic of research for doctoral students in business management as assigned by the Chinese State Education commission.[374]

Tatsächlich ist ab diesem Zeitpunkt auf dem Buchmarkt eine deutliche Zunahme von Publikationen zu Sunzi und Business zu verzeichnen. Ab Ende der 80er- bzw. Anfang der 90er-Jahre fällt bei der Betrachtung des bibliographischen Materials in China und in Taiwan und in bescheidenerem Umfang auch erneut in Japan sowie mit leichter Verspätung sehr deutlich in den USA ein Boom bei den *Business Sunzi*-Publikationen auf. Das Pikante daran ist die Tatsache, dass diese *Business Sunzi*-Welle, die zwischen Ost und West hin- und herschwappte, ihr entscheidendes Antriebsmoment im politischen Willen der führenden Kreise der Kommunistischen Partei Chinas hatte.

---

371 Ōhashi Takeo (大桥武夫) wird in der VR China als Pionier bei der systematischen Anwendung von militärischem Denken auf ökonomische Zusammenhänge gesehen. Dabei bezog er sich nicht nur auf *Sunzi bingfa*, sondern auch auf andere asiatische und westliche Werke über den Krieg.
372 Vgl. SXWT, S. 204f.
373 Neben Ōhashi Takeo im Allgemeinen wird dort Warabe Kuniyoshi mit seiner Publikation *Wie führt man ein Unternehmen?* genannt. 占部都美 [著], 贾全德 [译] (1981): 怎样当企业 领导. 北京：新华出版社。(*Kuniyoshi, Urabe; Qin, Quande* [Übers.]*: Zenyang dang qiye lingdao. Beijing: Xinhua chubanshe*) [Wie führt man ein Unternehmen?].
374 Chan, M.W. Luke; Chen, Bingfu (1989): *Sunzi on the art of war and its general application to business*. Shanghai: Fudan University Press, S. 6.

In Japan

Der japanische Forscher Suzuki Asao wendet sich in seinem Text *Untersuchung über die Geschichte des Kriegskunst-Managements*[375] gegen die weit verbreitete Ansicht, der japanische Ex-Militär und Manager Ōhashi Takeo sei der Begründer des „Kriegskunst-Managements" (auf Chinesisch *bingfa jingying* 兵法经营) gewesen. Diese ökonomische Denkschule sei nicht erst, wie viele meinten, auf Ōhashis 1962 erschienenes Buch *Mit Kriegskunst managen*[376] zurückzuführen, sondern in Japan bereits seit der frühen Edo-Zeit (1600 – 1868) nachweisbar. Seiner Darstellung nach entwickelte sich in Japan, wie dies für China bereits gezeigt wurde, zunächst die Idee, *Sunzi bingfa* in ökonomischen Kontexten anzuwenden und erst später – allerdings nicht allzu lange nachdem die Idee nachweisbar ist – deren Ausprägung in Textform.

Der ‚Urahn' des *Business Sunzi*-Gedankens in Japan war nach Suzukis Ansicht Hōjō Ujinaga (1609 – 1670), der sich als Begründer einer eigenen Schule primär mit Kriegskunst beschäftigt hatte.[377] Hōjō war zudem Spezialist der *rangaku*, der Wissenschaft von den Dingen, die von den Holländern nach Japan gebracht worden waren. Man kann also davon ausgehen, dass er neuen Technologien und Ideen gegenüber aufgeschlossen gewesen sein muss. Kriegskunst, so lehrte Hōjō, sei nicht nur für die Samurai von Bedeutung; auch Bauern, Handwerker und Kaufleute sollten sich darin üben, wobei mit seiner Lehre hohe ethische Ansprüche verbunden waren.[378] Er lehrte ausdrücklich, die Kriegskunst sei nicht nur eine Handlungsanweisung für Kriegszeiten, sondern gelte auch in anderen Situationen. So heißt es in dem Werk *Ermahnungen und Anweisungen für den Samurai*:

> Kriegskunst, das bedeutet die Methode, das Land zu bewahren und den großen Weg des Himmels, aber, obschon dieser mit der Bezeichnung Kriegskunst geehrt wurde, wäre es wahrhaftig ein schwerer Fehler dies so zu verstehen, als dass es hierbei nur um Angelegenheiten in Kriegszeiten ginge ... [Die Auslassung im Zitat ist bereits im chinesischen Übersetzungstext vorhanden, TK.][379]

---

375 Vgl. Suzuki 2005, in: SBNJ4, S. 218 – 222.
376 大桥武夫（1962）：兵法で経営する。東京： 日本事務能率協会。(Ōhashi, Takeo: *Heihō de keiei suru. Tōkyō Nihon: Jimu noritsu kyokai*) [Mittels Kriegskunst managen]. Ōhashi publizierte anfangs Bücher, welche asiatische und westliche Kriegskunst und Strategie generell auf das Management anwendeten. In diesem Zusammenhang kann man ihn durchaus als Pionier bezeichnen.
377 Vgl. Suzuki, S. 219.
378 Vgl. ibid., S. 219.
379 Im Original:
兵法乃保卫国家之做法，乃天下之大道，然而却被冠以兵法之名，理解为仅是战时之事，。。。。。实乃大错持错。北条氏长：士鉴用法 (1653, Herausgeber unbekannt)。(*Hōjō, Ujinaga: Shikan yōhō*) [Ermahnungen und Anweisungen für den Samurai]. Zitiert nach Suzuki, S. 219.

Mit dieser Verquickung militärischen Denkens mit Alltagsdenken und dem Leben des einfachen Volkes bewegte er sich damals außerhalb der üblichen Vorstellungen, da die bis dahin gültige Ansicht lautete, das einfache Volk solle sich nicht mit der Kriegskunst befassen. Schon relativ kurze Zeit später begann man jedoch, so Suzuki, in Familienverfassungen und -unterweisungen für die Stadtbevölkerung, die Kriegskunst anzuwenden.[380]

In eine ähnliche Richtung ging laut Suzuki die Entwicklung in der von Ishida Baigan (1685 – 1744) begründeten Sekimon-Schule, der „*Lehre vom Herzen*"[381], einer komplexen religiös-philosophischen Bewegung der Edo-Zeit mit pädagogischem Charakter, die sich im Laufe ihrer Entwicklung stark ausdifferenzierte.[382] Ihr Begründer stellte, im Gegensatz zu einigen seiner Nachfolger, den Shintoismus über die anderen geistigen Strömungen, wie Konfuzianismus, Buddhismus sowie Daoismus, und verschmolz Elemente dieser Lehren auf synkretistische Weise.[383] Ishida war in seiner Jugend als Kaufmann tätig und predigte später in Kyoto, wo er kostenlose Vorlesungen hielt. Im Gegensatz zur damals herrschenden Ansicht, Kaufleute strichen leichte Gewinne ein, setzte er deren Gewinn mit den Einkünften der Samurai gleich. Seine Ideen verbreiteten sich rasch unter den Kaufleuten und den unteren Schichten der Gesellschaft, wo sie großen Einfluss ausübten. Die Japanologin Ingrid Schuster schreibt dazu:

> Baigan wollte dem neuen Bürgertum, das etwas außerhalb des sozialen Gefüges stand, zeigen, welche Rolle es im Staat zu spielen habe und daß der Weg des Kriegers im Prinzip auch für das Volk gelte.[384]

Suzuki attestiert ihm allerdings eine gewisse Widersprüchlichkeit in Bezug auf die Bedeutung seiner Lehre für die vier Stände. Zum einen betonte Ishida, seine Lehre gelte nur für den Kaufmannsstand, zum anderen postulierte er jedoch einen ‚Weg', der für alle Vier Stände Geltung habe.[385] Immerhin sei damit eine Entwicklung vorgezeichnet, die sich einige Zeit später bei einem seiner Nachfolger, nämlich Kamada Ryūkō (1754 – 1821), in der Anwendung der Kriegskunst in ökonomischen Zusammenhängen konkretisieren sollte, wovon gleich noch die Rede sein wird.[386] Generell kann man sagen, dass es im Vergleich zu China in Japan nur relativ kurze Zeit dau-

---

380 Vgl. ibid., S. 219.
381 Diese Übersetzung stammt von Ingrid Schuster (vgl. Schuster, Ingrid (1967): *Kamada, Ryūkō und seine Stellung in der Shingaku*. Wiesbaden: Harrassowitz, S.19.
382 Anderson Sawada schreibt: „*The religious movement founded by Ishida Baigan was a popular Japanese outgrowth of the Ch'eng-Chu tradition of mind cultivation.*" Mit Chu ist Zhu Xi gemeint. Eine einführende Lektüre zur *Lehre des Herzens* der Sekimon-Schule findet sich in: Anderson Sawada, Janine (1993): *Confucian values and popular Zen: Sekimon shingaku in eighteenth century Japan*. Honolulu: University of Hawaii Press.
383 Vgl. Schuster 1967, S. 13ff.
384 Ibid., S. 19.
385 Suzuki, S. 220.
386 Ibid., S. 220.

erte, bis der Schritt vom Gedanken der Möglichkeit der Anwendung von *Sunzi bingfa* in Analysen ökonomischer Zusammenhänge bis zu dessen konkreter Realisierung getan wurde.

Diese Entwicklung dürfte, folgt man Suzukis Darstellung, nicht mehr als ca. zwei Generationen in Anspruch genommen haben. Als einen Angelpunkt dieses Prozesses könnte man das *Handbuch für den Kaufmann*[387] von Mitsui Takafusa (1684 – 1748) bezeichnen. In diesem zitierte der Autor Kriegshandbücher, um den Erfolg bzw. Misserfolg von Kaufleuten aus der frühen Edo-Zeit zu erläutern.[388] Besondere Bedeutung verdient dabei die Tatsache, dass er das dritte Kapitel von *Sunzi bingfa*[389] *Die Planung des Angriffs* zitierte, um kaufmännische Methoden zu beschreiben und auch Entlehnungen aus dem Text vornahm. Zum Beispiel schrieb er: „*Die Kriegshandbücher bezeichnen denjenigen als berühmten General, der sowohl den Feind als auch sich selbst kennt.*"[390] Dies erinnert an die bekannte Stelle vom Ende des dritten Kapitels von *Sunzi bingfa*: „*Wer den Gegner kennt und sich selbst, wird in hundert Schlachten nicht in Not geraten*".[391]

Ebenfalls an *Sunzi bingfa* erinnert laut Suzuki das in diesem Werk auf kaufmännische Sachverhalte angewendete Prinzip, „*den Gegner kampflos zu besiegen*".[392] So schrieb Mitsui:

> In den Kriegshandbüchern heißt es, dass der General nicht nur an den Sieg denken darf. In der Begegnung mit dem anderen sollte man die Anzahl seiner Gegner kennen, Gewinne und Verluste beherrschen, seine Gläubiger zu ergründen suchen, und auf den Umfang seiner Handelsabschlüsse achten, das ist das Allerwichtigste.[393]

Man könnte jedoch hier kritisch anmerken, dass Suzukis Aussage lediglich vom ersten Satz des Zitates gestützt wird, in dem darauf hingewiesen wird, dass es nicht nur um den Sieg gehen kann. Allerdings könnte man auch die Warnung, den Handelspartner so gut wie möglich zu kennen durchaus als im Geiste von *Sunzi bingfa* gesprochen auffassen. Es ist schwierig, festzustellen, ob dieses Werk bereits eine konkrete Anwendung von *Sunzi bingfa* im ökonomischen Bereich war oder nur deren Grundgedanken als anwendbar betrachtete. Man könnte es als eine Zwischenstufe ansehen.

387 Vgl. 三井高房（Jahr und Herausgeber unbekannt）：町人考見録。(*Mitsui, Takafusa: Chōnin kōgenroku*) [Handbuch für den Kaufmann]. Im Text wird hier abweichend der Name 三井高鹿茸 angegeben.
388 Vgl. Suzuki, S. 220.
389 Auf Chinesisch: 孙子兵法：谋攻篇。(*Sunzi bingfa: mou gong pian*)
390 Mitsui, zitiert nach Suzuki, S. 220, Im Original: 兵书也称知敌知己者为名将。
391 Klöpsch 2009, S. 19. Im chinesischen Original: 故曰：知皮（彼）知己；百战不殆 […] 。(Ames 1993, S. 110.)
392 Suzuki, S. 220.
393 Im Original heißt es:
兵书中也有夫军不可只思可胜之说。应对其人数谙熟于心，掌握其商业盈亏状况，仔细揣摩其债主，留意其成交量，此为首要者也。Mitsui, zitiert nach Suzuki, S. 220.

Eine konkretere Umsetzung findet sich laut Suzuki erst eine ganze Weile später, und zwar bei dem bereits erwähnten Kamada Ryūkō. In seinem Werk *Instruktionen für den Kaufmann*[394] wurden Kaufleute häufig mit Samurai verglichen, und zudem *Sunzi bingfa* und andere Handbücher der Kriegskunst zitiert, um kaufmännische Methoden zu erläutern. Das Buch zeigte besondere Wertschätzung gegenüber dem ersten Kapitel von *Sunzi bingfa*[395], welches die grundlegenden *Fünf Faktoren* behandelt, und wendete diese auf den Kaufmannsberuf an. So schrieb Kamada:

> Die in Sunzis Buch der Kriegskunst erwähnten [Faktoren]: Weg, Himmel, Erde, Kommando sowie Regeln und Verordnungen sind nicht nur auf die militärischen Angelegenheiten begrenzt, auch Bauern, Handwerker und Kaufleute wenden diese ständig an; es handelt sich bei diesen um [allgemeingültige] Maximen. Zuerst werden sie in kaufmännischen Angelegenheiten angewendet, wobei ihr Nutzen außerordentlich groß ist.[396]

Im weiteren Text werden die Fünf Faktoren dann noch genauer erläutert, sodass man bei diesem Werk zu Recht von einer Anwendung zumindest von Teilen von *Sunzi bingfa* auf kaufmännische Angelegenheiten sprechen kann. Damit ist die künftige Entwicklung im Großen und Ganzen bereits vorgezeichnet. Es soll jedoch nicht verschwiegen werden, dass in dem Buch außer *Sunzi bingfa* durchaus auch andere Lehren angewendet werden, z.B. werden auch *Wuzi* und *Huangshigong sanlüe* zitiert.[397]

Für das 19. Jahrhundert ist in Japan nach Kenntnisstand des Verfassers sonst keine *Business Sunzi*-Literatur nachweisbar. Erst zu Beginn des 20. Jahrhunderts finden sich dazu wieder Beispiele. So ist im Jahr 1913 *Der kaufmännische Sunzi* von Harada Yūzō belegbar.[398] Bei diesem Werk handelt es sich allerdings mehr um eine Einführung in das Handelswesen[399] als um eine Interpretation von *Sunzi bingfa*. Sunzi ist hier eher als Metapher für den Kaufmann zu sehen, der sich wie ein Samurai durch die Welt kämpfen muss. Immerhin zeigt die Existenz des Buches die Konti-

---

394 Vgl. 鎌田柳泓 (Jahr unbekannt; o.O.)：商家心得草。(*Kamada Ryūkō: Shōka kokoro e gusa*) [Instruktionen für den Kaufmann].
395 Auf Chinesisch: 孙子兵法：计篇。(*Sunzi bingfa: ji pian*)
396 Im Original heißt es:
孙子这部兵书言道天地将法，但又不仅限于军务之事，农工商各业都常应用，是箴言也。首先将其用于商家之事，其益甚多也。Kamada zitiert nach Suzuki, S. 220. Dieses Phänomen, sich bei den verschiedensten Quellen zu bedienen, findet sich bis heute in der Kriegskunst-Management-Literatur, sowohl in Japan als auch in China. Es kam offenbar damals bereits zu Hybridisierungen, die zu untersuchen sich gewiss lohnen würde.
397 Suzuki, S. 221. *Huangshigong sanlüe* gehört ebenfalls zu den *Sieben Militärklassikern*, vgl. FN Nr. 77.
398 原田祐三 (1913)：商業孫子。東亜堂書房。(*Harada, Yūzō: Shōgyō Sonshi. Tōadō shoten*) [*Der kaufmännische Sunzi*].
399 Derselbe Autor brachte im Jahre 1914 eine Einführung in die Handelslehre ohne Bezug zu *Sunzi bingfa* heraus.

nuität der Interpretationstradition von *Sunzi bingfa* als ein im ökonomischen Kontext anwendbares Buch.

Das erste im modernen Japan (hier definiert als mit der Meiji-Zeit im Jahre 1868 beginnend) auffindbare Buch, welches *Sunzi bingfa* mit praktischer Lebensphilosophie und zwischenmenschlichen Beziehungen verbindet, stammt aus dem Jahr 1915. Es handelt sich um das Werk *Erläuterungen, wie man Sunzi bei der Alltagsbewältigung einsetzen kann* von Shikahara Jūshien. Vom gleichen Autor stammt auch das Werk *Vorlesungen über Sunzi. Anwendung in der Lebensführung*, die zwischen 1910 und 1916 erschienen.[400] Damit wurde dieses Thema mehr 30 Jahre früher als in China in einer Monographie abgehandelt.

Vor 1930[401] publizierte der japanische *Sunzi bingfa*-Forscher Ata Shunsuke das Werk *Neue Forschungen über Sunzi*[402], das von Li Yuri als eine seiner Quellen bezeichnet wurde. Ata war insofern für die weitere Entwicklung von Bedeutung, als er seinen Vorgängern ein unsystematisches Vorgehen unterstellend in seinem Buch *Sunzi bingfa* systematisch untersuchte und mit westlichen Militärlehren, wie etwa der Clausewitz'schen, verglich. Allerdings war ein derartiger Vergleich in China bereits früher angestellt worden, nämlich im Jahr 1914 vom bereits erwähnten Jiang Fangzhen.

Im Jahre 1939 findet sich mit Miwa Zembeis *Sunzi und der Handelskrieg*[403] offenbar zum ersten Mal eine Monographie, die ausschließlich *Sunzi bingfa* unter dem Aspekt des Ökonomischen interpretiert. Somit ist dieses Buch möglicherweise das erste ‚wirkliche' *Business Sunzi*-Werk. Diese Vermutung wird erhärtet durch eine Anmerkung in Samuel Griffiths Übersetzung von *Sunzi bingfa*, in der er schreibt, dass in Japan sich unter den mehr als einhundert Ausgaben des Werkes auch eine befinde, welche „*sich der Anwendung seiner* [Sunzis, TK] *Prinzipien des Krieges auf den Handel widmet*"[404]. Leider geht er darauf nicht weiter ein. Es steht jedoch zu vermuten, er habe damit weder eines der zahlreichen, seit 1962 zu diesem Thema erschienenen Bücher, noch das bereits erwähnte, 1913 herausgegebene *Der kaufmännische Sunzi* gemeint.

Der bekannte Unternehmer Yamashita Tarō (1898 – 1967) war ebenfalls von *Sunzi bingfa* begeistert und setzte das Werk in seinem Unternehmen um; und im Jahr 1962 gab Ōhashi Takeo das bereits zu Beginn des Abschnittes erwähnte Werk *Mit Kriegskunst managen* heraus, das von vielen, wie nun deutlich sein sollte, irrtümlich für den Ausgangspunkt des Kriegskunst-Managements gehalten wird. Ab

---

400 塚原渋柿園（1916）：孫子講話 ：処世応用。(*Shikahara, Jūshien: Sonshi kōwa. Shosei ōyo*) [Vorlesungen über Sunzi: Anwendung in der Lebensführung], (vgl. SXWT, S. 454).
401 In diesem Jahr erschien die erste datierbare Ausgabe (vgl. SXWT, S. 456).
402 Vgl. 阿多俊介（Jahr unbekannt, aber vor 1930）。孫子之新研究。东京：一诚堂。(*Ata, Shunsuke: Sonshi no shin kenkyū. Tōkyō isseidō*) [Neue Forschungen über Sunzi] vgl. SXWT, S. 456). Li Yuri beruft sich in seiner Vorrede zu dem Buch *Zusammenfassung der Forschungen zu Sunzi bingfa* ebenfalls auf Ata als einer seiner Quellen (vgl. Li 1938, Vorwort, S. 7).
403 三輪善兵衛 （1939）： 孫子と商戦。丸見屋商店。(*Miwa, Zembei: Sonshi to shōsen. Marusen shōten*) [Sunzi und der Handelskrieg].
404 Griffith 1963, S. 176.

1962 ist im Übrigen eine signifikante Zunahme von Publikationen zu diesem Thema erkennbar. Allein in diesem Jahr sind drei Monographien zum Thema *Sunzi bingfa* und Business nachweisbar, eine zum Thema *Sunzi bingfa* und Alltagsbewältigung sowie jeweils ein Werk zu *Wuzi* bzw. *Taigong liutao* und *Huangshigong sanlüe*, die sich klar aufs Business beziehen.[405] Somit markiert das Jahr 1962 einen Wendepunkt in Japan, ab welchem sich die *Business Sunzi*-Literatur sprunghaft entwickelte. Was japanische Einflüsse auf China betrifft, kann man annehmen, dass von der Beschäftigung mit der Thematik in Japan großer Einfluss auf Taiwan ausging, in dem auch nach der Kolonialzeit Bezüge zu den ehemaligen Besatzern erhalten geblieben waren.

Nun soll an dieser Stelle nicht der Eindruck entstehen, bei der Genese des *Business Sunzi*-Genres handele es sich um eine ungebrochene Tradition. Vielmehr sollte man von Unterbrechungen in dieser Tradition ausgehen, die in Japan mit der Ausrichtung auf den Westen in der Meiji-Zeit entstanden sind. Ein noch deutlicherer Bruch ist für die Volksrepublik zu erwarten, in der das Genre *Business Sunzi* erst nach der Kulturevolution konkret entstand und vor allem anfänglich auf westliche wirtschaftswissenschaftliche Lehren rekurrierte. Allerdings haben andere, ‚traditionellere' Formen der Bearbeitung dieser Thematik später in der volksrepublikanischen *Business Sunzi*-Literatur Eingang gefunden, möglicherweise unter dem Einfluss japanischer Vorbilder.[406] Für Taiwan ist keine unabhängige Entwicklung zu vermuten. Vielmehr kann man davon ausgehen, dass die Entwicklung dort in enger Verbindung zu Japan bzw. der eigenen chinesischen Überlieferung folgend verlief. Eine fundierte Aussage dazu lässt sich jedoch erst nach einer inhaltlichen und formalen Untersuchung der *Business Sunzi*-Literatur in Japan, Taiwan und China machen. Daher soll dieses Thema an dieser Stelle vorerst zurückgestellt werden.[407]

405 Vgl. 電通PRセンター，経営教育研究会解説監修（1962）：孫子の兵法 : マネジメントのなかの作戦要務令。 青春の手帖社。(*Dentsū PR sentā, keiei kyōiku kenkyūkai kaisetsu kanshū: Sonshi no heihō: manejimento no naka no sakusen yōmu rei. Seishun no techōsha*) [Sunzis Kriegskunst: Essenzielle Befehle im Management-Kampf] sowie:
倉本長治（1962）孫子と商法。 商業界。(*Kuramoto, Chōji: Sonshi to shōhō. Shōgyōkai*) [Sunzi und der Handelskrieg] (Der Autor hat von den späten 20er-Jahren an Wirtschaftsbücher publiziert; dabei waren die Themen sehr breit gestreut und in der Regel praxisorientiert.) sowie:
山崎正夫（1962）：経営孫子：この不敗の兵法哲学。日本事務能率協会。(*Yamazaki, Masao: Keiei Sonshi: kono fubai no heihō tetsugaku. Nihon jimu nōritsu kyōkai*) [Management-Sunzi: Die unbesiegbare Philosophie der Kriegskunst].
安藤亮（1962）：呉子の兵法 : 企業作戦 。 日本文芸社。(*Andō, Akira: Goji no heihō: kigyō sakusen. Nihon bunkeisha*) [Wuzis Kriegskunst: Unternehmenskrieg].
安藤亮（1962）：兵法六韜・三略 : 企業作戦 。 日本文芸社。(*Andō, Akira: Heihō rikutō – sanryaku: kigyō sakuzen. Nihon bunkeisha*) [Die Kriegskunst von *Taigong liutao* und *Huangshigong sanlüe*: Unternehmenskrieg].
岡村誠之（1962）：現代に生きる孫子の兵法 。 産業図書。(*Okamura, Masayuki: Gendai ni ikiru Sonshi no heihō. Sangyō tosho*) [Die Kriegskunst Sunzis in der Moderne].
406 Vgl. Liu 1970 und 1972.
407 Mehr dazu in Kapitel 5.

Im Westen

Mit der Entwicklung im Westen sind hier primär die Publikationen aus westlichen Ländern gemeint. Für die frühen Jahre der *Business Sunzi*-Welle werden jedoch auch in Asien entstandene Werke betrachtet. Prinzipiell lässt sich feststellen, dass die Entwicklung in den westlichen Ländern nicht mit der in Asien vergleichbar ist. So muss man nach der Sichtung und Analyse des Materials davon ausgehen, dass der Entstehung einer *Business Sunzi*-Literatur in westlichen Sprachen nur eine vergleichsweise kurze Phase vorausging, in welcher der Anwendungsgedanke bereits verbreitet war, wie dies sowohl für Japan als auch für China gezeigt wurde. Zwar gibt es eine relativ lange Übersetzungsgeschichte – die erste Übertragung in eine westliche Sprache erfolgte, wie in der Einleitung erwähnt, im Jahre 1772[408] durch den französischen Jesuitenpater Amiot –, aber dennoch blieb die Rezeption bis weit ins zwanzigste Jahrhundert auf den militärischen Bereich beschränkt.[409]

Der erste, der in der westlichen Literatur die Anwendung von *Sunzi bingfa* im Business-Bereich konkret, allerdings indirekt, erwähnte, war der bereits in der Einleitung und im vorangehenden Abschnitt genannte US-amerikanische Militär Samuel B. Griffith. Das führte aber anscheinend nicht zu irgendwelchen Initialzündungen, sondern blieb damals unbeachtet.

Aller Wahrscheinlichkeit nach folgenreicher als die Nennung bei Griffith waren die ersten Erwähnungen von *Sunzi bingfa* in den Publikationen der im vorletzten Abschnitt bereits kurz angesprochenen zwei US-amerikanischen Wirtschaftswissenschaftler. Es handelt sich dabei um das im Jahre 1968 herausgegebene *The history of management thought* von Claude S. George sowie um das 1972 erstmals erschienene *The evolution of management thought* von Daniel A. Wren.[410] Diese beiden Autoren wurden im Vorwort, der später erschienenen ersten *Business Sunzi*-Ausgabe der Volksrepublik von 1984 genannt, wobei die Verfasser anmerkten, die beiden hätten lobende Werke über *Sunzi Bingfa* im Business-Kontext verfasst.[411]

Diese Aussage ist in dieser Form nicht korrekt. Zwar gingen beide Autoren tatsächlich in ihren Darstellungen der Entwicklung des Management-Gedankens neben vielen anderen antiken Kulturen auch auf China ein. Aber in beiden Büchern wurde

---

408 Amiot 1772.
409 Eine Darstellung der Übersetzungsgeschichte findet sich in der Einleitung zu dieser Arbeit.
410 Vgl. George, Claude S. Jr. (1968): *The history of management thought*. Englewood Cliffs, N.J.: Prentice-Hall, S. 14 sowie: Wren, Daniel A. (1972) *The evolution of management thought*. New York: Ronald Press. Allerdings erwähnt Wren in der Ausgabe aus dem Jahr 1972 fernöstliches oder gar chinesisches Management-Denken noch gar nicht. Dies geschieht erst in der Ausgabe von 1979, also recht zeitnah zur ersten *Business Sunzi*-Ausgabe in der Volksrepublik (Wren, Daniel A. (1979) *The evolution of management thought*. 2. Aufl. Bognor Regis: Wiley & Sons, S. 14f.).
411 Siehe: Li et al., S. 18. In der englischen Übersetzung des Werkes aus dem Jahre 1990 finden sich die Namen der beiden übrigens nicht mehr. Dort wurden sie nur noch anonymisiert als „Some American scholars wrote books in praise of the management ideas contained in ‚Sun Zi' [.]" erwähnt. Vgl. Li, Shijun; Yang, Xianju; Qin Jiarui [Übers. Mou Xudian] (1990): "Sun Wu's Art of War" and the art of business management. Hong Kong: Hai Feng.

Sunzi bingfa nur als eines von mehreren Beispielen für Management-Denken im antiken China in einem relativ kurzen Abschnitt erwähnt. George handelte *Sunzi bingfa* auf ganzen 19 Zeilen[412] ab, Wren widmete dem Thema etwa eine Seite.[413] In Georges Werk wird neben den *Zhouli* und dem *Mengzi Sunzi bingfa* erst als ein drittes Beispiel für Management-Denken im antiken China erwähnt. Zu *Sunzi bingfa* meinte er: „*To those military leaders and modern managers who would care to study his treatise it is still a valuable guide* [...].„[414] Darauf folgen zwei kurze Zitate aus der *Sunzi bingfa*-Ausgabe, die 1940 als Teil von Thomas R. Phillips Werk *Roots of strategy* erschienen war.[415] Bei der Erwähnung handelte es sich nicht um eine Analyse im eigentlichen Sinne, vielmehr wurden einige Textstellen aus *Sunzi bingfa* zitiert und als frühe Beispiele von Management-Denken ausgelegt.

Wie George behandelte auch Wren, der in ähnlicher Weise vorging, außer *Sunzi bingfa* noch weitere Themen. So postulierte er, Konfuzius habe sich für ein System von Belohnungen ausgesprochen und machte die in dieser Form unzutreffende Feststellung, die Chinesen hätten bereits 1000 v. Chr. eine Bürokratie sowie Arbeitsteilung gekannt.[416]

So kann nach der vorliegenden Quellenlage davon ausgegangen werden, dass der *Business Sunzi*-Gedanke spätestens seit Ende der 60er-Jahre Eingang in die westliche, d.h. US-amerikanische Wirtschaftswissenschaft gefunden haben dürfte. Jedoch kam es zu diesem Zeitpunkt weder zu einer genaueren Ausarbeitung noch entfaltete er dort damals eine besondere Wirkkraft.

Obschon aus den Texten von George und Wren keinerlei konkrete Einflüsse auf den *Business Sunzi*-Gedanken oder gar Inhalte des Buches *Sunzi bingfa und Unternehmensmanagement* ableitbar sind – schließlich handelt es sich nur um kurze, sehr allgemein gehaltene Darstellungen –, ist doch eine gewisse Wirkung in China, insbesondere in Taiwan und Hong Kong nicht auszuschließen. So könnte es auf Grund der prestigiösen Erwähnung durch ausländische Experten zu einer Aufwertung der im Vergleich zu Japan wenig beachteten *Business Sunzi*-Idee gekommen sein. Die Nennung von *Sunzi bingfa* in den westlichen Fachbüchern hätte somit eine Art von ‚Ritterschlag' dargestellt. Auffällig ist in jedem Fall die zeitliche Koinzidenz. So erschien Georges Buch zwei Jahre vor der ersten *Business Sunzi*-Ausgabe, die im chinesischsprachigen Raum auffindbar ist, nämlich Liu Shigus Buch aus dem Jahre 1970 *Das Unternehmensmanagement ist auf Sunzi bingfa angewiesen*[417]. Derselbe Autor brachte 1972 noch *Sunzis Kriegskunst für den Handelskrieg* heraus.[418] Auch

---

412 George 1968, S. 13f.
413 Wren 1972/1979/1994, S. 14f.
414 George 1968, S. 13f.
415 Vgl. Phillips, Thomas R. (1940): *Roots of strategy. A collection of military classics*. Harrisburg, Pa.: The Military service publishing company. George verwendete eine Ausgabe des Werkes aus dem Jahre 1955 und griff somit indirekt auf die Giles'sche Übertragung zurück, da die Phillips-Ausgabe sich auf diese stützte.
416 Wren 1972/1979/1994, S. 14f.
417 Liu 1970.
418 Vgl. Liu 1972.

später erregten die beiden US-Publikationen zumindest so viel Aufsehen im chinesischsprachigen Raum, dass es den Autoren von *Sunzi bingfa und Unternehmensmanagement* noch Jahre nach deren Veröffentlichung wert erschien, diese zu erwähnen und so dem eigenen Unterfangen mehr Glanz zu verleihen.

An dieser Stelle sollte nicht unterschlagen werden, dass sich etwa zur gleichen Zeit wie bei George in dem auf Englisch verfassten Buch *Principles of Conflict* des nationalchinesischen Ex-Militärs Tang Zi-Chang eine kurze Erwähnung des *Business Sunzi*-Gedankens findet. Tang hatte bereits im Jahre 1960 in den USA eine in limitierter Auflage herausgegebene *Sunzi bingfa*-Übersetzung vorgelegt. Im Geleitwort der Neuauflage von 1969 schrieb Tang:

> Most of Sun Zi's principles, especially the fundamental principles in maneuver of war are not only applicable for warfare – armed conflict, but for all kinds of conflicts: political, diplomatic, economic, psychological and social.[419]

Das erinnert stark an Li Yuris Äußerungen zu diesem Thema. Dass Tang Lis Schriften kannte ist mehr als wahrscheinlich, da Li als der Sunzi-Spezialist der Guomindang galt.[420] Danach ist im Westen allerdings für längere Zeit keinerlei Beschäftigung mit dem Topos zu konstatieren. Das sollte erst mehr als zehn Jahre später der Fall sein.

In ähnlicher, aber wesentlich nachhaltigerer Weise als die Erwähnungen bei George und Wren könnte ein anderes Ereignis die Geschehnisse in China und vor allem im Westen beeinflusst haben. Es handelte sich hierbei um die Rezeption von *Sunzi bingfa* durch den angelsächsischen Romanautor James Clavell[421]. Dieser war nach eigener Aussage im Jahre 1977 in Hong Kong durch einen befreundeten Steward[422] des Jockey-Clubs in Happy Valley, der Pferderennbahn auf Hong Kong Island, auf das Buch aufmerksam geworden.[423] Kurz darauf hatte er das Werk in seinem Roman *Noble House*[424], der die komplexe und teilweise zwielichtige Geschäftswelt von Hong Kong schildert, als Ratgeber für den Business-Mann dargestellt. In der Tat findet sich in Hong Kong, wie schon erwähnt, bereits in den frühen 70er-Jahren eine *Business Sunzi*-Publikation. Insofern ist die Behauptung Clavells plausibel, Sunzi sei dort von vielen in Zusammenhang mit Business gelesen worden.

---

419 Tang, Zi-Chang (1969): *Principles of Conflict*. San Rafael: T.C. Press, S. 5.
420 Vgl. Li 1998, S. 79.
421 Zu James Clavell und seinem Werk, siehe: Macdonald, Gina (1996): *James Clavell. A Critical Companion*. Westport/Connecticut/London: Greenwood Press. Zu seinem Leben siehe insbesondere S. 1 – 16, zu *Sunzi Bingfa*, siehe S. 22 – 24, zu *Noble House*, siehe S. 107 – 134.
422 Eine amüsante Beobachtung am Rande: Das Wort *Steward,* bei dem es sich in diesem Zusammenhang um ein hochrangiges Mitglied des Jockey-Clubs handelte, wurde in der deutschen Übersetzung aus dem Jahre 1988 fälschlich mit *Kellner* übersetzt.
423 Vgl. Clavell, James (1983/1988): *The Art of War*. New York: Dell Publishing, S. 3.
424 Clavell, James: (1981): *Noble House: A Novel of Contemporary Hong Kong*. New York: Delacorte Press.

Clavells Begeisterung für *Sunzi bingfa* ging so weit, dass er im Jahre 1983 die Giles'sche Übersetzung neu herausgab, wobei er den Text an einigen Stellen edierte und ihm ein Vorwort beifügte, in dem er das Werk als ein *must read* für Politiker, Manager und Militärs bezeichnete. So schrieb er dort:

> Like Machiavelli's *The Prince* and Myamoto Musashi's *The Book of Five Rings*, Sun Tzu's truths, contained herein, can equally show the way to victory in all kinds of ordinary business conflicts, boardroom battles, and in the day to day fight for survival we all endure – even in the battle of the sexes![425]

Dass die positive Bewertung des weltberühmten Autors für die Wiederaufnahme des Topos *Business Sunzi* in der Volksrepublik eine Rolle gespielt hat, lässt sich zwar nicht mit Sicherheit nachweisen. Wahrgenommen wurde sein Beitrag jedoch auch dort. Beispiele dafür finden sich in dem 1990 erschienenen Sammelband *Sunzi neu besprochen: Chinesische und ausländische Gelehrte diskutieren Sunzi.*[426] Als bemerkenswerte Kookkurrenz könnte man jedenfalls die Tatsache auffassen, dass im chinesischen Sprachraum von 1978 bis 1983 keine Publikation in diesem Kontext mehr nachweisbar war, 1984 jedoch, also nur ein Jahr nach dem Erscheinen der Clavell-Ausgabe von *Sunzi bingfa*, in der Volksrepublik das erste *Business Sunzi*-Buch publiziert wurde. Ähnliches ließ sich ja bereits schon für die ersten *Business Sunzi*-Ausgaben in Taiwan und Hong Kong in Bezug auf die Publikationen von George und Wren konstatieren.

In Deutschland findet sich im Jahre 1988 die erste knappe Erwähnung von Sunzi im Business-Bereich. Der Sinologe Harro von Senger nannte in Band 1 seiner Pub-

---

425 Ibid., S. 2f. Ein anderes Buch der Kampfkunst, das in dem Zitat genannte *Buch der fünf Ringe* von Miyamoto Musahi wurde bereits relativ früh in Japan ebenfalls im Business-Kontext gelesen. So schreiben Shibata und Shibata im Vorwort zur französischen Übersetzung von 1977: „*Das «Buch der fünf Ringe» stellt nicht nur eine hervorragende Grundlage für Adepten der Kriegskünste oder die Militärs etc. dar. Vielmehr übt es auf die Business-Welt einen derartigen Einfluss aus, dass das Groupement d'Etudes sur la Gestion eine eigene Ausgabe herausbringen musste.*" Shibata, Masumi; Shibata, Maryse [Übers.] (1977) Myamoto, Musashi: *Écrits sur les cinq roues – Gorin-no-Sho*. Paris: Maisonneuve et Larose, S. 8f, Übersetzung TK.

426 Vgl. 潘嘉玢：略论《孙子兵法》在国外的影响及启示. (*Pan, Jiafen: Lüe lun Sunzi bingfa zai guowai de yinxiang ji qishi*) [Anmerkungen zum Einfluss von Sunzi bingfa im Ausland] S. 308 – 324 (hier S. 313) sowie 杨少俊：浅谈国外对《孙子兵法》的研究. (*Yang, Shaojun: Qiantan guowai dui Sunzi bingfa de yanjiu*) [Über die Forschung über Sunzi bingfa im Ausland] (hier S. 332), beide in: （N.N.）（1990）：孙子新谈：中外学者论孙子。解放军出版社. (*Sunzi xintan: Zhong wai xuezhe lun Sunzi. Jiefangjun chubanshe*) [Sunzi neu besprochen: Chinesische und ausländische Gelehrte diskutieren Sunzi], S. 325 – 337.

likation *Strategeme*[427] das Buch *Sunzi Bingfa und Unternehmensmanagement* von Li Shijun et al. aus dem Jahre 1984.[428]

Was die anschließende Entwicklung betrifft, so kann man sagen, dass zu Beginn der 1990er-Jahre die Veröffentlichungen zu diesem Thema sich sprunghaft vermehrten und bereits kurze Zeit nach dem Erscheinen der ersten englischsprachigen *Business Sunzi*-Publikation eine ganze Reihe von Folgepublikationen herauskam. Die entscheidenden Vorstöße für die Übertragung in den westlichen Sprachraum kamen allerdings von Chinesen bzw. US-Chinesen. So wurde die erste englischsprachige Edition eines *Business Sunzi*-Werkes im Jahre 1989 veröffentlicht. Dabei handelt sich um das bereits erwähnte ‚Joint Venture' *Sunzi on the art of war and its general application to business* zwischen dem chinesischstämmigen in Kanada tätigen Wirtschaftswissenschaftler und Hochschuldozenten Luke Chan und seinem chinesischen Kollegen Chen Bingfu.[429] Das Werk war das Ergebnis eines Austauschprogramms zwischen der kanadischen McMaster University und der Shanghaier Fudan Universität. In der Einführung wurde neben anekdotenhaften Beispielen zum Thema, wer im Westen *Sunzi bingfa* bereits rezipiert hatte (von Napoleon I. bis zu Kaiser Wil-

---

427 von Senger, Harro (1988): *Strategeme*. Bern: Scherz. Hier zitiert aus: von Senger, Harro (2000): *Strategeme. Band 1: Strategeme 1 – 18*. Bern: Scherz, S. 24.

428 Die Erwähnung bei von Senger erfolgte unter dem Titel: *Die Kriegskunst des Sun Zi und die Betriebsführung*. von Senger ging zu diesem Zeitpunkt allerdings weder auf das Thema Sunzi an sich noch auf den Business Sunzi-Bereich ein. Er widmete *Sunzi bingfa* insgesamt nicht mehr als eine halbe Seite, wobei er dort primär den von ihm eingeführten Begriff *Strategem* illustrierte. Erst später befasste er sich mit den *Sanshiliu ji* schwerpunktmäßig auch unter dem Aspekt des Ökonomischen. Auch der Band II der *Strategeme*, der 1999 zum ersten Mal erschien, geht stärker als Band I auf die Rezeption der *36 Strategeme* in China unter dem ökonomischen Aspekt ein (vgl. von Senger, Harro (1999/2000): *Strategeme Band II 19 - 36*. Bern/München/Wien: Scherz, sowie: von Senger, Harro (2001): *Die Kunst der List*. München: Beck und: von Senger, Harro (2004): *36 Strategeme für Manager*. München/Wien: Hanser Verlag). Die *36 Strategeme* und *Sunzi bingfa* wurden später auch von anderer Seite vielfach miteinander in Verbindung gebracht. So erschienen in der Folge auch Veröffentlichungen, welche beide Werke in einem Band herausgaben. Vgl. 诸葛静一（2005）：孙子兵法与三十六计。北京：中国长安出版社。(*Zhuge, Jingyi: Sunzi bingfa yu Sanshiliu ji. Beijing: Zhongguo Chang'an Chubanshe*) [Sunzi bingfa und die 36 Strategeme].

429 Chan/Chen 1989. Luke Chan teilte dem Verfasser in einer E-Mail vom 22.06.06 mit, dass der Gedanke, das Buch zu verfassen, eine Idee gewesen sei, die er und Chen Bingfu gemeinsam anlässlich eines Lehraufenthaltes Chens in Kanada entwickelt hätten. Chen sei an der westlichen Ökonomie sowie an der chinesischen Philosophie interessiert gewesen. Chan habe sich mit der chinesischen Geschichte beschäftigt und sei auf dem Gebiet der Ökonomie beschlagen gewesen. Allerdings sei das Interesse an dem Thema im Westen damals nicht groß gewesen. So sei es schwierig gewesen, einen Verlag für das Werk zu finden. Auch habe es damals kaum jemanden im Westen gegeben, der sich mit dem Topos Business Sunzi ausgekannt habe. In China habe Chen durchaus Kenntnis von Li Shijun und seinen Koautoren, aber keinen direkten Kontakt zu ihnen gehabt. Deren Arbeit habe sie nicht beeinflusst, wenngleich sich Chen und Li auf Konferenzen durchaus getroffen hatten. Clavells Roman *Noble House* hingegen habe definitiv keinerlei Einfluss auf ihre Idee gehabt.

helm II.)[430], als einziges rezentes Beispiel James Clavells Lob des Werkes in dem oben genannten Roman *Noble House* genannt.[431] Seltsamerweise erwähnten die beiden Autoren seine zu diesem Zeitpunkt seit fünf Jahren publizierte Sunzi-Ausgabe jedoch nicht. Allerdings ist in *Noble House* der *Business Sunzi*-Gedanke auch wesentlich sichtbarer und anschaulicher als in Clavells Sunzi-Edition, da dieser im Roman an zahlreichen Stellen und von mehreren Figuren des Romans aufgegriffen wird.[432]

Nicht lange danach, im Jahre 1990, erschien die schon genannte englische Übersetzung des ersten *Business Sunzi*-Buches der Volksrepublik unter dem Titel: *Sun Wu's "Art of War" and the art of business management*. Offenbar sahen die Autoren des ersten *Business Sunzi*-Buches der Volksrepublik nach dem Erscheinen von *Sunzi on the art of war and its general application to business*[433] sehr früh das Potenzial, das im englischsprachigen bzw. internationalen Buchmarkt lag. Somit kamen die ersten Vorstöße für eine konkrete Übertragung der *Business Sunzi*-Literatur in westliche Sprachen – zumindest überwiegend – von chinesischer Seite.

In anderen asiatischen Ländern wurde das Thema rasch aufgegriffen. Der heute in Singapur lebende malaysische Autor Khoo Kheng-Hor veröffentlichte seit den frühen 90er-Jahren eine große Zahl von Publikationen im *Business Sunzi*-Bereich. Auch hier ist davon auszugehen, dass er durch eine wie auch immer geartete chinesische Vermittlung auf das Thema aufmerksam wurde.[434]

---

430   Der Wahrheitsgehalt dieser Anekdoten ist nicht überprüfbar. Napoleon I. soll mit Hilfe des Werkes seine Siege errungen, Wilhelm II. hingegen das Buch erst im niederländischen Exil gelesen und seine Fehler bereut haben. Die Anekdote über die napoleonischen Siege unter Zuhilfenahme von *Sunzi Bingfa* wird auch von Li Ling abgestritten. Seiner Darstellung nach hat Li Yuri die bei Chan/Chen Wilhelm II. zugeschriebene Anekdote mit Bezug auf Napoleon erzählt (vgl. Li 1998, S. 79). Die Anekdote taucht übrigens bereits in einer 1945 erschienenen zweisprachigen Ausgabe der Giles'schen Übersetzung auf, die in Chongqing herausgegeben wurde, und damit dem Dunstkreis der Guomindang und Li Yuri zuzuschreiben wäre. Allerdings lässt sich die Historizität der Anekdote nicht beweisen, da die Ausgabe keine Hinweise auf ihre Herkunft macht (vgl. SXWT, S. 480).
431   Chan/Chen 1989, Introduction, S. 3f.
432   Clavell 1981, passim.
433   Li et al. 1990.
434   Khoo behauptete in einem Interview auf der Sunzi und *Sunzi bingfa* gewidmeten Website www.sonshi.com, er habe *Sunzi bingfa* im Jahre 1980 durch seine aus Taiwan stammende Frau kennen gelernt. Als er Probleme als Human Resource Manager (personnel officer) hatte, stellte sie ihm eine eigene Übersetzung von *Sunzi bingfa* in Auszügen zur Verfügung, da er kein Chinesisch konnte (vgl. http://www.sonshi.com/khoo-kheng-hor.html, Download am 01.06.2006.). Das ändert jedoch nichts an der Tatsache, dass sein erstes Buch zum Thema *War at Work* (Khoo, Kheng-Hor (1990). *War at Work – Applying Sun Tzu's Art of War in Today's Business World*. Pelanduk Publications) erst im Jahre 1990, und somit ungefähr ein Jahr nach der englischen Übersetzung von Chan und Chen und etwa zeitgleich mit der englischen Version der ersten Business Sunzi-Publikation der Volksrepublik erschien. Die erste nachweisbare Übersetzung von *Sunzi bingfa* ins Malaysische stammt aus dem Jahr 1986 und wurde von Yap Sin Tian angefertigt. Im Vorwort wurde die Anwendbarkeit auch außerhalb militärischer Kontexte erwähnt (vgl. SXWT, S. 477f.).

Es folgten weitere Publikationen in englischer Sprache im asiatischen Raum, wie *Sun Tzu: war and management – application to strategic management and thinking*[435] von Wee Chow Hou et al. aus dem Jahre 1991, das in Singapur erschien. Dieses Werk nimmt sogar Bezug auf *Sunzi bingfa und Unternehmensmanagement*, im einleitenden Abschnitt heißt es:

> Another area, one that is very significant, that the Chinese have turned to for help is their own Chinese classics. Today, the Chinese have begun actively researching their classics and relating their applications to management. Sun Tzu's *Art of War* has emerged as a favorite, and today there are already publications in China that attempt to relate this Chinese military classic to strategic thinking and practice. The following are two examples of such publications:
>
> Li Shi Jun; Yang Xian Ju and Tian Jia Rei [sic] (1984), *Sun Tzu's Art of War and Business Management*, Kwangsi People's Press, China (translated).
>
> National Economic Commission (1985), *Classical Chinese Thoughts and Modern Management*, Economic Management Research Institute, Yunnan People's Publishing, China (translated).[436]

Das Buch von Wee et al. wurde 1997 ins Chinesische übersetzt. Der nächste Autor, der eine *Business Sunzi*-Monographie[437] herausbrachte, war Foo Check Teck. Er publizierte 1994 zusammen mit dem Emeritus der schottischen University of St. Andrews, Peter Hugh Grinyer, *Organising strategy: Sun Tzu business warcraft*,[438] das ebenfalls in Singapore veröffentlicht wurde.[439]

Das erste Buch, das eindeutig von einem westlichen, d.h. in diesem Falle einem US-amerikanischen Autor zum Thema publiziert wurde, stammt aus dem Jahre 1995. Es handelte sich um *The Art of war for executives*[440] von Donald Krause. Krause behauptet in einem Interview, das sich auf der Webpage www.sonshi.com findet:

---

435 Wee, Chow Hou; Lee, Khai Sheang; Walujo Hidajat, Bambang (1991). *Sun Tzu: war and management - application to strategic management and thinking*. Singapore/Reading: Addison Wesley.
436 Ibid., S. 8f.
437 1992 erschien aber eine Monographie, die *Sunzi bingfa* auf das Golfspiel anwendete. Siehe: Chapin, Gary Parker, McDonald, T. Liam (1992): *Sun tzu's ancient art of golf*. McGraw-Hill.
438 Foo, Check Teck; Grinyer, Peter Hugh (1994): *Organising strategy: Sun Tzu business warcraft*. Singapore/Reading: Addison Wesley.
439 Peter Grinyer war damals Professor an der University of St. Andrews Management School und betreute Foos PhD-Arbeit.
440 Krause, Donald G. (2/1995): *The art of war for executives*. New York: Berkeley Publishing. Group.

The book which really got me interested in Sun Tzu as a business tool was James Clavell's novel, Noble House. It was obvious that people in the Far East (at least in Clavell's conception of it) used the principles of The Art of War as a pattern for their competitive thinking.[441]

Hier findet sich der erste direkte Hinweis auf Clavells Einfluss im *Business Sunzi*-Bereich bei einem westlichen Autor. Über die bereits erschienenen *Business Sunzi*-Werke verliert Krause in dem Interview kein Wort. Im gleichen Jahr erschien Bruce Websters *The Art of 'ware*.[442] Zu diesem Zeitpunkt war der *Business Sunzi*-Gedanke in den USA offenbar bereits durchaus verbreitet. In den folgenden Jahren sollte die Anzahl der Publikationen stark ansteigen, wobei seit dem Beginn des 21. Jahrhunderts dann auch Übersetzungen von *Business Sunzi*-Werken aus dem Westen ins Chinesische feststellbar sind.[443]

---

441 Vgl. www.sonshi.com/krause.html (Download 01.06.2006).
442 Webster, Bruce F. (7/1995): *Art of 'ware*. New York: M & T.
443 Um einige Beispiele zu nennen: 叶祖尧，叶馨梅［著］；乐为良［译］(2005)：商道：卓越领导的五大管理艺术. 台北县汐止市：中国生产力出版. (Ye, Zuyao; Ye, Jimei [Verf.]; Yue, Weilang [Übers.]: *Shangdao: zhuoyue lingdao de wu da guanli yishu. Taibei Xian Xizhi shi: Zhongguo shengchanli chuban*). Originaltitel: Yeh, Raymond T.; Yeh, Stephanie H. (2004): *The art of business: in the footsteps of giants*. Olathe: Zero Time.
塞缪尔．B. 格里菲斯［著］；育委［译］(2003)：孙子兵法：美国人的解读. 北京：学苑出版社. (*Saimouer B. Gelifeisi* [Verf.]; *Yu, Wei* [Übers.]: *Sunzi bingfa: meiguoren de jiedu. Beijing: Xueyuan chubanshe*). [Griffith, Samuel B.: *The Art of War*]. Hierbei handelt es sich zwar nicht um eine Business Sunzi-Publikation, interessant ist jedoch die Tatsache, dass das Griffith'sche Werk (das aus einer kommentierten Übersetzung von Sunzi bingfa besteht, ins Chinesische zurückübertragen wurde, um so angeblich die US-amerikanische Interpretation nachvollziehen zu können.
马克．麦克内利［著］；宋克勤［译］(2003)：经理人的六项战略修炼：孙子兵法与竞争的学问. 北京市：学苑出版社. (*Make Maikeneili* [Verf.]; *Song, Keqin* [Übers.]: *Jinglīren de liu xiang zhanlüe xiulian: Sunzi bingfa yu jingzheng de xuewen. Beijing Shi: Xueyuan chubanshe*). Originaltitel: McNeilly, Mark (1996): *Sun Tzu and the art of business: six strategic principles for managers*. New York: Oxford University Press.
杰拉尔德．A. 麦克尔森(Gerald A. Michaelson)［著］；郑颖［译］(2003)：孙子兵法与现代商战谋略. 上海：汉语大词典出版社. (*Jielaerde A. Maikeersen* (Gerald A. Michaelson) [Verf.]; *Zheng, Ying* [Übers.]: *Sunzi bingfa yu xiandai shangzhan moulüe. Shanghai: Hanyu da cidian chubanshe*). Originaltitel: Michaelson, Gerald A. (2001): *Sun tzu: the art of war for managers: 50 strategic rules*. Avon: Adams Media.
Auch eine französische Publikation wurde ins Chinesische übersetzt, wobei offenbar zwei Werke des Autors kombiniert wurden:
让-弗朗索瓦．费黎宗［著］；赵清源［译］2003：思维的战争游戏：从《孙子兵法》到《三十六计》. 北京：中信出版社. (*Rang Fulangsuowa Feilizong* [Verf.]; *Zhao, Qingyuan* [Übers.]: *Siwei de zhanzheng youxi: cong Sunzi bingfa dao Sanshiliu ji. Beijing: Zhongxin chubanshe*). Originaltitel: Phelizon, Jean-François (1999): *Relire l'art de guerre de Sun Tsu*. Paris: Economica. Phelizon, Jean-François (2000): *Trente-six stratagems*. Paris: Economica.

Zusammenfassung der Ergebnisse

Aus den vorangegangenen Abschnitten wurde deutlich, dass die Entstehung des *Business Sunzi*-Genres ein sehr komplexer Prozess war. Die Betrachtung wird dadurch erschwert, dass es sich um einen inhaltlich und formal sehr heterogenen Vorgang handelte. Zudem wird es, mit der wachsenden Popularität des *Business Sunzi*-Gedankens immer schwieriger, den Vorworten bzw. den Autoren selbst objektive Informationen zu entlocken. Die Rede von der Selbstentdeckung des Themas ist gerade bei den US-amerikanischen Autoren sehr verbreitet.

Zusammenfassend kann man sagen, dass die *Business Sunzi*-Idee in China mindestens seit der westlichen Han-Zeit (206 v. Chr. – 24 n. Chr.), möglicherweise aber noch früher, bekannt war, wie die Erwähnung im *Shiji* zeigt. Daher kann auch davon ausgegangen werden, dass sie immer wieder in der chinesischen Tradition auftauchte, offenbar jedoch nie systematisch ausgearbeitet wurde. Erst im China der 30er-Jahre des 20. Jahrhunderts findet sich die erste Erwähnung der Idee der direkten Anwendung im Business. Doch auch nachdem der Gedanke mehrfach formuliert worden war, wurde längere Zeit kein Werk zu diesem Thema verfasst. Erst der japanische Einfluss auf Taiwan und Hong Kong scheint dazu geführt zu haben, dass man sich der Frage in konkreten Untersuchungen widmete. Einen wirklichen Wendepunkt markierte jedoch erst Wiederaufnahme und Ausarbeitung der Idee in der Volksrepublik – wobei westliches Gedankengut übertragen wurde – und der sich seit den frühen 90er-Jahren beträchtlich verstärkenden *Business Sunzi*-Welle. Damit kam eine boomartige Entwicklung in Gang, wie sie bis dahin nur kurzzeitig im Japan der 60er-Jahre zu konstatieren war. Man kann davon ausgehen, dass das Antriebsmoment dieser Welle in der ökonomischen und politischen Entwicklung Chinas lag. Hier soll zudem nochmals daran erinnert werden, dass es sich zumindest anfänglich um eine von oben erwünschte Beschäftigung mit dem Thema *Business Sunzi* handelte.

Man kann zudem davon ausgehen, dass es keine völlig ungebrochene Geschichte des *Business Sunzi*-Genres seit dem Altertum in China bzw. seit der Edo-Zeit in Japan gab. Zu groß waren die Veränderungen in beiden Ländern aufgrund der intensivierten Kontakte mit dem Westen. Die klassische Interpretationsweise und die dazugehörenden Textformen unterscheiden sich deutlich von den modernen Varianten. Allerdings kam es später in der neueren Literatur sowohl in Japan als auch in China zu Rückgriffen auf alte Darstellungspraktiken und traditionelle Formen.[444] Daher kann man fragen, ob diese unterschiedlichen Darstellungspraktiken und die dazugehörigen Formen tatsächlich einem einzigen Genre zuzurechnen sind.

Da für Taiwan in dieser Arbeit eine Abhängigkeit der Entwicklung von Japan postuliert wurde, kann man weiterhin davon ausgehen, dass es dort zu Beeinflussungen aus Japan, aber auch zur Beibehaltung bzw. Neueinführung ‚eigener', also traditioneller Formen kam. Ein entscheidender Sprung fand jedoch erst in der Volkrepublik der 80er-Jahre statt. Dort wurde ein deutlicher Einfluss westlicher Betriebswirt-

---

444 Die Frage nach dem Warum dieses Rückgriffs wird im Kapitel 4 erörtert.

schaftslehre auf die *Business Sunzi*-Publikationen sichtbar. Die in dieser Weise beeinflussten Werke wurden auf einem betriebswirtschaftlich fundierten System aufgebaut bzw. durch betriebswirtschaftliche Lehrsätze im Zusammenhang mit Aussagen aus *Sunzi bingfa* untermauert.[445] Die Autoren in der Volkrepublik sahen sich in der komfortablen Situation, sich aus einer bereits bestehenden ‚Tradition' bedienen zu können.

Exkurs – Faktoren in der Entwicklung von Business Sunzi

Vergleicht man die gesellschaftliche und politische Situation Japans in den frühen 60er-Jahren mit der in China ab den späten 80er-Jahren, so ist man versucht, die These zu äußern, dass sich durchaus einige – zumindest äußerliche – Parallelen aufzeigen lassen. In gewisser Weise befand sich China, wie zuvor bereits Japan, nach einer wirtschaftlich und politisch problematischen Zeit in einer Phase des Neubeginns und einer erstarkenden Wirtschaft, in der zudem ein wachsendes nationales Selbstbewusstsein feststellbar ist. Gerade in diesem Zusammenhang konnte sich Sunzi zu einer Identifikationsfigur entwickeln, was, neben seiner breiten Anwendbarkeit, seine Popularität teilweise erklären könnte.

Auch heutzutage sind in China starke Tendenzen der Vereinnahmung von offizieller Seite erkennbar.[446] Man könnte die These aufstellen, dass sich die KPCh bemüht, den sich ausprägenden Sunzi-Kult (in gewisser Hinsicht vergleichbar mit anderen Kulten wie dem Mao-Kult, dem Konfuzius-Kult oder dem Deng-Kult) zu instrumentalisieren, um die politische Integration der Privatunternehmer in die KPCh auch ideologisch zu fundieren.

Was die Entwicklung in Japan angeht, so ist Suzuki Asao der Ansicht, dass sich die Entstehung der ökonomischen Lesart von *Sunzi bingfa* aus der Struktur der edozeitlichen Gesellschaft[447] erklären lasse.[448] Er zählt dabei drei Faktoren auf: Zum einen nennt er die Durchlässigkeit der Klassenschranken. So hätten Kaufleute zu Samurai und Samurai zu Kaufleuten werden können, was die Möglichkeit impliziert, die sozial abgestiegenen Samurai hätten ihre Kriegshandbücher nach dem Verlust oder Wechsel ihres Standes nicht weggeworfen, sondern in den neuen Lebenskontext einbezogen. Zum anderen nennt er die hohe Alphabetisierungsrate in der edozeitlichen japanischen Gesellschaft, die es auch Angehörigen der sozial niedriger gestellten Schichten ermöglicht habe, Wissen schriftlich niederzulegen und weiterzureichen, wie dies z.B. bei den Kaufleute und ihre „*Familienverfassungen*" bzw.

---

445 Vgl. Li et al. 1984 oder auch Chan/Chen 1989.
446 So beispielsweise in dem Text *Anmerkungen zur gegenwärtigen Sunzi-Forschung* von Wu Rusong und Gong Yuzhen (Wu/Gong 2005, in SBNJ4, S. 161 – 163). Mehr dazu in Kapitel 4.
447 Zur Edo-Zeit siehe: Barth, Johannes (1979): *Edo: Geschichte einer Stadt und einer Epoche Japans*. Tokyo: Deutsche Gesellschaft für Natur- und Völkerkunde Asiens; Japanisch-Deutsche Gesellschaft.
448 Vgl. Suzuki 2005, S. 221f.

„*-unterweisungen*" der Fall war. Und zum dritten weist er auf den angeblich speziellen Nationalcharakter der Japaner hin, die stets sehr flexibel gewesen seien und verschiedene Denkweisen harmonisch miteinander verknüpft hätten, so zum Beispiel bei der Verbindung von konfuzianischen mit daoistischen Gedanken. Dies habe sich auch in der Verbindung von kaufmännischem und militärischem Denken durch japanische Kaufleute gezeigt. Hier soll nur kurz kritisch angemerkt werden, dass es auch in China durchaus zahlreiche Verquickungen und Überlappungen zwischen den verschiedenen Lehren gegeben hat und das Konzept eines ‚Nationalcharakters' ohnehin äußerst problematisch ist.

Was man nach einer eingehenden Betrachtung der Fakten auf jeden Fall sagen kann, ist, dass Japans Rolle aus der Rezeption von *Sunzi bingfa* im modernen China nicht wegzudenken ist. Selbst wenn der *Business Sunzi*-Gedanke in China bereits relativ kurz nach der Entstehung von *Sunzi bingfa* formuliert wurde, so finden sich die ersten konkreten Anwendungen im ökonomischen Bereich überhaupt doch erst im edozeitlichen Japan, von wo aus sie in relativ (wenn vermutlich auch nicht ganz) ungebrochener Tradition bis in die Moderne überliefert wurden. Es ist zu vermuten, dass diese von dort aus zunächst Eingang in Hong Kong und Taiwan fanden, um dann mit dem Beginn des politischen Tauwetters primär von Japan aus auch in die Volksrepublik zu gelangen. Eine Nebenentwicklung, deren Bedeutung allerdings nicht unterschätzt werden sollte, ist die *Sunzi bingfa*-Rezeption durch westliche Autoren wie George, Wren und Clavell, deren initiierende Rolle zwar nur schwer einschätzbar ist, aber dennoch nicht völlig vernachlässigt werden sollte.

4 *Business Sunzi* als Instrument der Ideologie

> Nationalism has been one of the basic leitmotifs of twentieth century China, undergirding the Revolution of 1911, the May Fourth Movement of 1919, the reorganization of the Guomindang in 1924, and the communist revolution.
>
> Joseph Fewsmith & Stanley Rosen. "The Domestic Context of Chinese Foreign Policy: Does 'Public Opinion' Matter?" Zitiert nach: Zhao Suisheng (2004): *A Nation State by Construction*. Stanford: Stanford University Press, S. 19

Nationalismus, Traditionalismus und Kulturalismus

Im vorangegangenen Kapitel wurde gezeigt, dass *Business Sunzi* ein Produkt von Faktoren und Einflüssen verschiedenster Herkunft ist und ohne die Kontakte zwischen China und dem ‚Westen' nicht entstanden wäre. Insofern ist diese Literatur ein hervorragendes Beispiel zur Illustration der These, dass Kulturen sich erst im Kontakt mit- und durch Abgrenzungen voneinander formen. Dieses Misch-Konstrukt *Business Sunzi* ist für die aktuelle politische und ideologische Situation in der Volksrepublik von großer Bedeutung, wobei seine Formung durch importierte, ‚missverstandene' und immer wieder auch anverwandelte Diskurse die Regel war und ist. Zudem spielt auch die Frage eine Rolle, wie sich die Konzeption des Nationalismus im heutigen China auf dem Gebiet der Ideologie ausgewirkt und mit indigenen Formen der kollektiven Selbstbeschwörung verbunden hat.[449] Das ist insofern von Bedeutung, als die historistisch ‚aufgepeppte' Gestalt des Sunzi und seines Werkes *Sunzi bingfa* massiv in einem Diskurs instrumentalisiert werden, der von

---

[449] Der Begriff des Nationalismus ist wissenschaftlich nur schwer zu fassen. Zhao Suisheng zitiert in der Einleitung zu seiner Studie zur Entstehung und Funktion des modernen chinesischen Nationalismus u.a. Peter Alter mit dessen Einschätzung, dass *Nationalismus* einer der vieldeutigsten Begriffe im aktuellen Vokabular des politischen und wissenschaftlichen Denkens sei (vgl. Zhao, Suisheng (2004): *A Nation State by Construction*. Stanford: Stanford University Press, S. 2). Die von der Führung der KPCh als Antwort auf den Verlust der moralischen und ideologischen Autorität aufoktroyierte Form des Nationalismus nach 1989 bezeichnet er sehr treffend als „*State-Led Pragmatic Nationalism*" (Ibid., S. 209ff.). Aus chinesischer Sicht thematisiert Zheng Yongnian die Frage des chinesischen Nationalismus. Er sieht diesen als Antwort auf die Modernisierung Chinas nach der Kulturrevolution und die Reaktion der westlichen Staaten auf die zusehends als Bedrohung empfundene wachsende Bedeutung Chinas im ökonomischen und politischen Bereich (vgl. Zheng, Yongnian (1999): *Discovering Chinese Nationalism in China. Modernization, Identity and International Relations*. Cambridge/New York/Melbourne: Cambridge University Press).

den Machthabern zur Stabilisierung der gegenwärtigen politisch-gesellschaftlichen Lage genutzt wird.

So wurde seit den späten 1980er-Jahren in China eine ganze Reihe von Gedenkstätten für Sunzi und *Sunzi bingfa* errichtet. Diese Gedächtnisorte erfüllen, wie viele andere mehr oder minder historische *lieux de mémoire*, im Rahmen eines nationalistischen und zugleich kulturalistisch[450]-traditionalistischen[451] Diskurses eine wichtige ideologische Funktion, weshalb sie von der KPCh auch stark beachtet werden. Die Kommunistische Partei Chinas, „*die in ihre postmarxistische[...] und -maoistische[...] Phase getreten und damit der zentralen Säule ihres Herrschaftsanspruches beraubt*" ist, fördert seit den 90er-Jahren zunehmend historische Projekte wie etwa Forschungen, die die wissenschaftliche Untersuchung der frühesten Dynastien Chinas zum Ziel haben. Mit solchen Mitteln „*scheint sich die KPCh qua des Nachweises der teils mythischen ersten Herrscher und Dynastien Chinas mit diesen in eine Reihe stellen*"[452] und Zweifel an der Legitimität der kommunistischen

---

450 Prasenjit Duara definiert den chinesischen Kulturalismus wie folgt: „*Culturalism referred to a natural conviction of cultural superiority that sought no Legitimation or defence outside of the culture itself.*" (Duara, Prasenjit: "De-Constructing the Chinese Nation", in: Unger, Jonathan [Hg.] (1996): *Chinese Nationalism*. New York/London: Sharpe, S. 31 – 55, S. 32.) Methoden, die man als kulturalistisch bezeichnen könnte, wurden bereits von den Mandschu als Mittel der politischen Legitimierung eingesetzt. Gerade die frühen Mandschu-Kaiser waren große Förderer der indigenen chinesischen Kultur. Als Beispiel dafür mag das Vorgehen des Kangxi-Kaisers gelten, der chinesische Gelehrte anstellte, um Lexika, Enzyklopädien, Anthologien und andere literarische Werke zu verfassen. Zudem demonstrierte er ostentativ sein Interesse an der chinesischen Kultur, was ihm große Hochachtung seitens der chinesischen Bevölkerung einbrachte (vgl. Spence 2001, S. 81ff.).

451 Zum Begriff des Traditionalismus, der hier getrennt von der Überlieferung gesehen werden sollte, vgl. Hobsbawm, der von der *Erfindung von Traditionen* spricht. Er schreibt: *Inventing traditions, it is assumed here, is essentially a process of formalization and ritualization characterized by references to the past, if only by imposing repetition. The actual process of creating such ritual and symbolic complexes has not been adequately studied by historians. [...] It is probably most difficult to trace where such traditions are partly invented, partly evolved in private groups [...], or informally over a period of time as, say in parliament and legal profession.*" (Hobsbawm, Eric J. (1995): *The Invention of Tradition*. Cambridge et al.: Cambridge University Press, S. 4.) Solche (erfundenen) Traditionen, die sich aber durchaus überkommener Formen und Rituale bedienen, werden häufig für aktuelle Zwecke gebraucht und umfunktioniert (vgl. ibid., S. 5 et passim). Eine Darstellung des traditionalistischen Diskurses in der populärwissenschaftlichen chinesischen Historiographie findet sich in: Spakowski, Nicola (1999): *Helden, Monumente, Traditionen. Nationale Identität und historisches Bewusstsein in der VR China. Berliner China-Studien 35*. Berlin: LIT, S. 20ff. Sie zeigt in ihrer Darstellung die Komplexität des Geschehens in China auf, das in der Diversität der wissenschaftlichen Diskussion sehr deutlich zum Ausdruck kommt (vgl. Spakowski 1999, S. 11ff).

452 Lackner, Michael [Hg.] (2008a): *Zwischen Selbstbestimmung und Selbstbehauptung. Ostasiatische Diskurse des 20. und 21. Jahrhunderts*. Neue China Studien 1. Baden Baden: Nomos, S. 11f., Hervorhebung im Original. Zur ‚Entdeckung' der Kultur für propagandistische Zwecke durch die KPCh in den 1980er-Jahren vgl. auch Lackner, Michael: „Kulturelle Identitätssuche von 1949 bis zur Gegenwart", in: Fischer, Doris; Lackner, Michael [Hg.] (2007): *Länderbericht China. Geschichte, Politik, Wirtschaft, Gesellschaft*. Bonn: Bundeszentrale für politische Bildung, S. 491 – 512.

Herrschaft mit Verweisen auf die Fortführung einer langen Tradition sowie der Betonung der kulturellen Besonderheit Chinas ausräumen zu wollen. Dieses Vorgehen der Machthaber kongruiert mit der Beobachtung Benedict Andersons, dass gerade postrevolutionäre Führungen die Vergangenheit und die Tradition in den Dienst eines Nationalismus stellen, der sie mittels der Bewahrung imperial-dynastischer Interessen legitimieren und absichern soll. Allerdings ist bei der Betrachtung des chinesischen Nationalismus zu beachten, dass sich die Beschreibungen, wie sie von Anderson, Hobsbawm und Gellner gegeben wurden, nicht direkt auf die Verhältnisse in China umlegen lassen.

Der Nationalismus ist für die chinesische Führung ein zweischneidiges Schwert, da der Gebrauch von nationalistischen Schablonen und Versatzstücken leicht zu einem ‚ideologischen Eiertanz' werden kann.[453] Schließlich ist China ein Vielvölkerstaat, weswegen sich beispielsweise schon die chinesischen Revolutionäre vor 1911 zum einen nach außen, also gegen die ‚weiße Rasse', und nach innen, gegen die Mandschu-Aristokratie, die zur ‚gelben Rasse' zählte, abgrenzen mussten.[454]

Man sollte auch nicht übersehen, dass in China hinter auf gleichartigen Symboliken beruhenden Selbstaffirmationen der eigenen Abkunft und Historie die unterschiedlichsten Ziele stehen können. Dabei entsteht eine Janusköpfigkeit der Diskurse, die sich auch gegen die ursprünglich beabsichtigten Ziele ihrer Urheber wenden kann. Und genau damit hat die KPCh zu kämpfen, seitdem sie selbst nationalistische Diskurse unterstützt. Aus machtpolitischer Perspektive handelt es sich um eine ideologische Gratwanderung. Peter Hayes Gries konstatiert einen wachsenden Nationalismus, der sich der Kontrolle der KPCh entziehe und diese sogar in gewisser Hinsicht herausfordere.[455] Die Reaktion der KPCh bestehe zwar in der Unterdrückung von nationalistischen Ansprüchen, gleichzeitig aber auch darin, auf diese einzugehen und sie für die eigenen Ziele zu instrumentalisieren. Zheng Yongnian unterscheidet zwischen einem *„offiziellen"* und einem *„populären Nationalismus"*, wobei seiner Ansicht nach der populäre Nationalismus für die politische Führung Chinas unter Umständen sogar eine Bedrohung darstelle, da dieser die chinesische Gesellschaft destabilisieren könne.[456]

---

453 Vgl. Lackner 2007, S. 503.
454 Der erste bedeutende Han-Nationalist, Zhang Binglin (1869 – 1936) wandte sich nach dem Scheitern der Reform der Hundert Tage im Jahre 1898 sowie des Boxeraufstandes gegen die Mandschu, da diese offenkundig nicht in der Lage waren, sich gegen die imperialistischen Westmächte bzw. Japan, das im Grunde zu diesen zu zählen war, zu behaupten (vgl. Chow, Kai-wing: „Imagining Boundaries of Blood. Zhang Binglin and the Invention of the 'Han'-Race in Modern China", in: Dikötter, Frank [Hg.] (1997): *The Construction of Racial Identities in China and Japan. Historical and Contemporary Perspectives.* London: Hurst & Company, S. 34 – 52, hier S. 34ff.).
455 Vgl. Hays Gries, Peter: „Popular Nationalism and State Legitimation in China", in: Hays Gries, Peter; Rosen, Stanley (2004): *State and Society in 21st-century China.* London/New York: Routledge Curzon, S. 180 – 194, hier 180f.
456 Vgl. Zheng 1999, S. 87ff., insbesondere S. 88.

Die Verwendung traditionalistischer, zeitweise eher kulturalistisch und zeitweise eher ethnisch interpretierter Konzepte als Rechtfertigung für die jeweils aktuellen Herrschaftsverhältnisse kann in China bereits auf eine lange Geschichte zurückblicken. Ein aufschlussreiches Beispiel hierfür ist der Umgang mit der Gestalt des Huangdi, des mythischen Gelben Kaisers, der innerhalb weniger Jahrzehnte Adressat von Elogen seitens des Mandschu-Kaiserhofes, Sun Yat-sens *Revolutionärer Allianz* (*Tongmeng hui*),[457] der Guomindang und der Kommunistischen Partei Chinas wurde,[458] worauf im Folgenden noch genauer eingegangen wird. Als Begleiterscheinung des Nationalismus sind diese immer stärker hervortretenden Beispiele eines Traditionalismus in China für diese Untersuchung insofern interessant, als auch die Figur des Sunzi und seine Verwendung für die Konstruktion einer mit der Gegenwart verbundenen Vergangenheit stark in den nationalistischen Diskurs eingebunden wird. Daher werden anschließend einige Beispiele des aktuellen Sunzi-‚Kultes' dargestellt, der als ein bedeutendes Element des staatsgelenkten Traditionalismus im heutigen China gelten kann.[459]

Bekanntlichermaßen sind in China bereits im frühen zwanzigsten Jahrhundert nationalistische und kulturalistische Phänomene feststellbar, die sich aus deutschen Einflüssen ableiten lassen.[460] So haben sich gerade die Vertreter des Modernen Neokonfuzianismus vom deutschen Gedankengut des „*Sonderweges*"[461] inspirieren lassen. Manche Autoren gehen soweit, das Verhältnis zwischen der KPCh und einigen Philosophen als ein „*inzwischen fest etabliertes Bündnis von neukonfuzianischer und nationalkommunistischer Ideologie*" zu bezeichnen.[462] Es wird daher die These

---

457 Zur *Tongmeng hui* vgl. Spence 2001, S. 298ff.
458 Vgl. Billeter, Térence: „Un ancêtre légendaire au service du nationalisme chinois", in: Perspectives chinoises n° 47, mai - juin 1998, S. 46ff.
459 In dieser Arbeit wird die Rolle der Medien, insbesondere von Film und Fernsehen im Zusammenhang mit der Konstruktion einer Vergangenheit nicht untersucht, da diese sehr dankbare Perspektive den Rahmen dieser Untersuchung inhaltlich und fachlich sprengen würde. Hier sei nur erwähnt, dass auch diese in China offiziell starke Beachtung finden (vgl. 原军事科 学院副院长高锐将军在孙子塑像落成典礼上的讲话(*Yuan junshi kexueyuan fuzhang Gao Rui jiangjun zai Sunzi suxiang luocheng dianli shang de jianghua*) [Rede des ehemaligen stellvertretenden Leiters der Militärakademie Gao Rui anlässlich der Enthüllung des Sunzi-Denkmals] Quelle:
www.suntzu.gov.cn/huimin/szgl/newsByIdAction.do?id=5343 (Download: 16.07.07).
460 Hierzu vgl. Hu, Chang-tze (1983): *Deutsche Ideologie und politische Kultur Chinas. Chinathemen Bd. 12*. Bochum: Brockmeyer. Außerdem: Martin, Bernd: „Das Deutsche Reich und Guomindang-China 1927 – 1941", in: Guo, Hengyu [Hg.] (1986): *Von der Kolonialpolitik zur Kooperation: Studien zur Geschichte der deutsch-chinesischen Beziehungen*. München: Minerva, S. 325 – 375. Vgl. z.B. auch: Machetzki, Rüdiger (1973): *Liang Ch'i-chao und die Einflüsse deutscher Staatslehren auf den monarchischen Reformnationalismus in China nach 1900*. Dissertation zur Erlangung der Würde des Doktors der Philosophie der Universität Hamburg. Hamburg.
461 Vgl. Meißner 1994, passim.
462 Kurtz, Joachim: „Philosophie hinter den Spiegeln: Chinas Suche nach einer philosophischen Identität", in: Lackner, Michael [Hg.] (2008a): *Zwischen Selbstbestimmung und Selbstbe-*

aufgestellt, dass die Folgen dieser Inspirationen – die über Hong Kong, Taiwan und die USA in die VR China zurückimportiert wurden – bis heute in China nachwirken. Deshalb soll dieses Phänomen ebenfalls aufgegriffen werden, um so den modernen Neokonfuzianismus in seiner Bedeutsamkeit für die heutige chinesische Gesellschaft zu verorten.

Mit dieser Darstellung ist die Grundlage für die Untersuchung des Sunzi-Diskurses im heutigen China mit Schwerpunkt auf der Mitte der 80er-Jahre des 20. Jahrhunderts gelegt. Diese Zeit ist insofern von großer Bedeutung, als in dieser Periode die Weichen für die folgenden Entwicklungen gestellt wurden. Zudem wird auf die Ausformungen des traditionalistischen Sunzi-Diskurses bzw. seiner ideologischen Verwendung, sowie auf seine Funktion in der VR China eingegangen. Der Fokus liegt dabei auf dem dramatischen Bedeutungswandel, dem Sunzi und sein Werk seit der Kulturrevolution unterworfen waren, wobei dieses Geschehen als stellvertretend für die Gesamtentwicklung in der Volksrepublik China angesehen werden kann.

Bereits seit der Song-Zeit (960 – 1279), als *Sunzi bingfa* auf kaiserlichen Befehl hin wesentlicher Bestandteil der *Die Sieben Militärklassiker* (*Wujing qi shu*) genannten Prüfungstexte für die Militärbeamten wurde, gehörte das Werk zu den kanonischen Texten für das Militärwesen in China.[463] Damit diente es der Konsolidierung der kaiserlichen Macht und prägte den Diskurs über das Militärwesen in China inhaltlich und formal bis ins 20. Jahrhundert hinein. Sogar nach der Abschaffung der Beamtenprüfungen im Jahre 1905 war diese Literatur in militärischen wie nichtmilitärischen Kreisen Chinas immer noch von Bedeutung.[464] Und auch heute

---

hauptung. Ostasiatische Diskurse des 20. und 21. Jahrhunderts. Neue China Studien 1. Baden Baden: Nomos, S. 222 – 238, hier S. 230.

463   Bezeichnenderweise ist die Song-Zeit durch starken gesellschaftlichen Wandel gekennzeichnet. Damals „*begann die Zeit der endgültigen Durchsetzung bürokratischer Verwaltung und formalisierter Beamtenrekrutierung*", zudem wurden die Militärbeamten stärker als zuvor unter zivile Aufsicht gebracht (Schmidt-Glintzer, Helwig: „Wachstum und Zerfall des kaiserlichen China", in: Lackner, Michael; Herrmann-Pillath, Carsten [Hg.] (1998): *Länderbericht China*. Bonn: Bundeszentrale für politische Bildung. S. 79 – 101, hier 92).

464   Zur Bedeutung von *Sunzi bingfa* für China stellt Arne Klawitter die These auf, das Werk (als eines von einer ganzen Reihe von Strategiehandbüchern) sei zusammen mit der Architektur der Prüfungshallen im kaiserlichen China und der legistischen Philosophie Teil eines Autoritätsdispositivs, das seit dem Altertum wirke (vgl. Klawitter, Arne: „Das Situationspotential im chinesischen Autoritätsdispositiv. Ein Versuch zur Topographie der Macht", in: Schultze, Michael; Meyer, Jörg; Krause, Britta; Fricke, Dietmar [Hg.] (2005): *Diskurse der Gewalt – Gewalt der Diskurse*. Frankfurt/Main et al: Peter Lang, S. 211 – 225, passim). Auch wenn man sich durchaus fragen kann, wie weit diese Erklärung für das bis heute autoritäre System in China hinreicht, so muss man Klawitter doch insofern beipflichten, als das Werk in seiner Bedeutung für das alte und das neue China nicht unterschätzt werden sollte. Klawitters Betrachtungsweise ist angelehnt an Foucault, der in *Der Wille zum Wissen*, ein Dispositiv zur Produktion von Diskursen in Bezug auf die Sexualität beschreibt (vgl. Foucault, Michel (1977): *Der Wille zum Wissen. Sexualität und Wahrheit*, Band 1. Frankfurt/Main, S. 34f). Einige kritische Gedanken zum Konzept des Autoritätsdispositivs sollen hier aber noch geäußert sein: Der Gedanke ist zwar sehr reizvoll, führt aber leicht zu ahistorischen Miskonzepti-

noch spielt *Sunzi bingfa* eine Rolle in der militärischen Ausbildung.[465] Es wird die These vertreten, dass das Werk damals wie heute staatstragende Funktionen erfüllte bzw. in der letzten Zeit bis zu einem gewissen Grad wiedererlangt hat.

Aber neben dieser konservativen Funktion hatte das Werk auch schon in der Vergangenheit die Aufgabe, neue Gedanken zu transportieren. Ein bekanntes Beispiel für eine in diesem Sinne ‚progressive' Ausdeutung von *Sunzi bingfa* als Instrument der Modernisierung ist das im Kapitel über die Genealogie des Werkes bereits genannte Werk *Sunzi qianshuo*[466] aus der frühen Republikzeit. Darin wurde eine Synthese von traditionellen chinesischen Konzepten mit modernen, aus dem Westen importierten Ideen angestrebt.[467] Das Buch, das unter der Schirmherrschaft des einflussreichen Politikers und späteren Präsidenten der Republik China Xu Shichang (徐世昌, 1855 – 1939, im Amt 1918 – 1922) verfasst wurde, bleibt zwar formal in vieler Hinsicht der klassischen chinesischen Kommentarliteratur verhaftet, geht aber im ersten Kapitel z.B. auf das aus damaliger chinesischer Sicht moderne Konzept des *Präsidenten* (总统, *zongtong*) ein.[468] Hier wurde Sunzis Autorität in den Dienst der importierten Ideen gestellt.

---

onen und Reifizierungen. Das Autoritätsdispositiv ist keine Institution, sondern bestenfalls eine historisch gewachsene und immer wieder tradierte Form, in der Macht gedacht und konzeptualisiert wird. Diese Form konstituiert sich aus der Macht historischer Beispiele und ist damit eher dem Kulturellen Gedächtnis zuzuordnen (vgl. Assmann, Jan (2000): *Religion und kulturelles Gedächtnis. Zehn Studien.* 3. Aufl. München: C.H. Beck. und Assmann, Aleida (2004): *Das Kulturelle Gedächtnis an der Millenniumsschwelle: Krise und Zukunft der Bildung.* Konstanzer Universitätsreden 216. Konstanz: UVK). Nichtsdestotrotz hat dieses Erklärungsmodell insofern Bedeutung, als auch dieses Dispositiv der Produktion von Diskursen dienen kann, die Autorität begründen und fortschreiben.

465 Ein bekanntes Beispiel ist das von General Tao Hanzhang verfasste *Über Sunzi bingfa*, in dem er seine Unterrichts- aber auch seine persönlichen Kampferfahrungen verarbeitete. 陶汉章（1985）：孙子兵法概论。解放军出版社。(*Tao Hanzhang: Sunzi bingfa gailun. Jiefangjun chubanshe*) [Über Sunzi bingfa]. Dieses Buch wurde auch ins Englische übersetzt und fand internationale Beachtung. Vgl. auch 郭鸿翔（1991）：孙子兵法通俗讲义。白山出版社。(*Guo, Hongxiang: Sunzi bingfa tongsu jiangyi. Baishan chubanshe*) [Leichtverständliche Lektionen zu Sunzi bingfa], in dem auch Übungsaufgaben und Antworten enthalten sind (vgl. SXWT, S. 223).
466 Jiang/Liu 1915/1991.
467 Das hat sich in den 80er-Jahren des 20. Jahrhunderts mit der *Business Sunzi*-Literatur in der Volksrepublik wiederholt
468 Vgl. Jiang; Liu 1915/1991, S. 6f. Xu förderte im Übrigen auch andere Unternehmungen, durch die traditionelles chinesisches Denken mit aus dem Westen importierten Ideen kombiniert bzw. im Sinne der Denkfigur vom „Chinesischen Ursprung westlichen Wissens" (*xi xue zhong yuan*, hierzu mehr in Kapitel 5) dem westlichen Denken ähnliche Wissenschaftskonzepte im alten China diagnostiziert werden sollten. Diese waren als Schützenhilfe für die eigene Politik gedacht. Werner Meißner beschreibt dies in Bezug auf Xu für die Erziehungspolitik. Xu rief eine Studiengesellschaft über den Qing-Gelehrten und Mandschu-Gegner Yan Yuan (颜元, 1635 – 1704) ins Leben, deren Aufgabe es sein sollte, Yans Werke herauszugeben. Damit sollte Yans Konzept des praktischen Lernens (实学, *shixue*) propagiert werden. Dies erfolgte bezeichnenderweise im Zusammenhang mit dem Besuch des Pragmatisten John

Zum Abschluss des Kapitels folgt eine Betrachtung der Entwicklung, welche die Gestalt und das Werk Sunzis in der Volksrepublik während und nach der Kulturrevolution durchlaufen haben. Der radikale ideologische Wandel wird durch die Analyse früher *Business Sunzi*-Texte, die die Architekten der damals neuen *Sozialistischen Managementlehre mit chinesischen Besonderheiten* verfassten, um die neuen ökonomischen Gedanken zu popularisieren, demonstriert. In diesen wurde Sunzi als Leitbild für die Führungskader in der Produktion aufgebaut, die damals mit zahlreichen neuen Konzepten vertraut und für diese bereit gemacht werden mussten.

Ausprägungen des Nationalismus in China

Die Begriffe Traditionalismus, Kulturalismus und Nationalismus lassen sich in Bezug auf China nur schwer definieren geschweige denn differenzieren. Dies gilt nicht nur für die Gegenwart, sondern auch für die Vergangenheit. Jonathan Unger schreibt darüber in der Einleitung zu dem Sammelband *Chinese Nationalism*:

> When pondering any country's nationalism, we are dealing, of course, with a powerful, and, today, near-universal sentiment. Yet researchers remind us that nationalism is an ideological artifact of relatively recent historical provenance – as is the very notion of a 'nation-state'. Notwithstanding this, when Ernest Gellner wrote that 'It is nationalism which engenders nations, and not the other way round', and when Eric Hobsbawm wrote 'nationalism comes before nations', their quips did not ring entirely true for China. Unlike much of Europe, China was not carved out of a welter of remnant feudal suzerainties and city-states under the impetus of 19th-century nationalist romanticism (it should be recalled that Italy and Germany did not become nation-states until 1870 - 71).[469]

Unger stellt im offiziellen Denken in China vor der Revolution von 1911 keine nationalistischen Ideen, sondern eine universalistische Tendenz fest, Kultur als Fokus von Loyalitäten zu betrachten. Nationalismus im ‚eigentlichen Sinne', wie er im Westen verstanden werde, beziehe die Loyalitäten hingegen auf den Staat oder eine Ethnie, wobei der Nationalstaat wiederum durch den Gegensatz zu anderen Nationalstaaten definiert werde.[470]

Seiner Ansicht nach treffen die Konzepte von Nationalismus und Nationalstaat auf China nicht unbedingt zu, da solche Differenzierungen dort nicht in der Form greifen wie im ‚Westen'. Hierbei bezieht Unger sich auf James Townsends Aufsatz *Chinese Nationalism*[471], in dem Townsend behauptet, die verwirrende Komplexität

---

Dewey in China 1919 bis 1921, sodass die extrinsische Motivation dieser Interpretationsfigur nur allzu deutlich wird (vgl. Meißner 1994, S. 185f).
469 Unger 1996, S. xii, vgl. auch S. xiif.
470 Vgl. ibid., xiif.
471 Townsend, James: „Chinese Nationalism", in: Unger, Jonathan [Hg.] (1996): *Chinese Nationalism*. New York/London: Sharpe, S. 1 – 30.

des modernen Nationalismus im heutigen China habe auch damit zu tun, dass der damalige Kulturalismus nicht völlig durch den modernen Nationalismus verdrängt worden sei. Vielmehr habe er diesen unterstützt und sich mit großer Leichtigkeit mit ihm vermischt.[472]

Auch Gunter Schubert, der sich wie Unger auf James Townsends Analyse stützt, kommt zu einem vergleichbaren Ergebnis. Er stellt in *Chinas Kampf um die Nation*[473] fest, dass die von dem US-amerikanischen Sinologen Joseph R. Levenson in die Diskussion eingebrachte Unterscheidung und Gegenüberstellung von Kulturalismus und Nationalismus von sich in China ausschließenden Begriffe problematisch sei. Dies sei selbst dann der Fall, wenn man sie auf die „*Umbruchszeit*" in den Jahren von 1895 bis 1919 beziehe. Ein radikaler Wandel vom Kulturalismus der Kaiserzeit hin zum Nationalismus des modernen China, wie ihn Levenson diagnostiziert habe, fand seiner Ansicht nach in dieser Form nicht statt.[474]

Es habe in China vielmehr auch in früherer Zeit ebenso eine ethnisch begründete Fremdenfeindlichkeit gegeben wie eine erstaunliche Offenheit für Fremde, die sich dem konfuzianischen Kanon unterworfen hätten. Eben daher habe James Townsend auf den ethnozentrischen Gehalt des Kulturalismus hingewiesen, der eine klare Unterscheidung zwischen diesem und dem Nationalismus zumindest für jene Epoche problematisch mache und der *„zu einem diffusen Verhältnis zwischen Staats- und Ethno-Nationalismus"*[475] beigetragen habe.[476] Daran anknüpfend stellt Schubert fest:

> Bei genauerem Hinsehen war der Kulturalismus mit dem Nationalismus sehr viel kompatibler, als dass beide sich konzeptionell widersprachen. Sowohl der moderne chinesische (offizielle) Staatsnationalismus als auch der (inoffizielle) Ethnonationalismus können sich auf das „kulturalistische Erbe" berufen.[477]

Das heißt, dass Nationalismus und Kulturalismus und in seinem Gefolge heute auch der Traditionalismus zwar separate Phänomene sind, die funktional und genetisch nicht unter dem gleichen Aspekt gesehen werden können, dennoch aber zahlreiche

---

472 Vgl. Townsend 1996, S. 9.
473 Schubert, Gunter (2002): *Chinas Kampf um die Nation. Dimensionen nationalistischen Denkens in der VR China, Taiwan und Hongkong an der Jahrtausendwende. Mitteilungen des Instituts für Asienkunde Hamburg Nr. 357.* Hamburg: IFA. Diese Darstellung folgt der Schuberts auf den Seiten 81ff. Schuberts Werk gibt einen ausführlichen Überblick über die Fragen, die sich im Zusammenhang mit dem chinesischen Nationalismus ergeben, insbesondere die Fragen, die über die bereits allgemein anerkannte Mobilisierungsfunktion des chinesischen Nationalismus zugunsten der KPCh hinausgehen (vgl. ibid., S. 23ff.).
474 Vgl. Townsend 1996, S. 11ff. sowie Schubert 2002, S. 113.
475 Ibid., S. 90.
476 Es stellt sich bei dieser Sichtweise allerdings die Frage, ob hier nicht Ethnozentrismus und Nationalismus als ein modernes, aus den westlichen Ländern bzw. aus Japan importiertes Konzept unzulässig gleichgesetzt werden. In diesem Sinne auch Townsend 1996, S. 8.
477 Schubert 2002, S. 113f.

Berührungspunkte aufweisen.[478] Hinzu kommt, dass der Kulturalismus mit der aus Deutschland importierten Idee der *Kulturnation*, auf die weiter unten noch zu sprechen gekommen wird, zumindest auf einer äußerlichen Ebene sehr kompatibel war. So ist es nicht weiter verwunderlich, dass sich die modernen Neokonfuzianer dieser Vorlagen bedienten, um ihre auf die Abgrenzung einer kulturellen Identität Chinas vom Westen zielenden Gedanken auszuformulieren.

Verschiedene Autoren schlagen vor, möglichst klar zwischen den unterschiedlichen Formen des Nationalismus in China zu unterscheiden, die sich verschiedenen Gruppen mit jeweils eigenen Zielen zuschreiben lassen. Zhao Suisheng beispielsweise nennt drei Ebenen, auf denen das *„bemerkenswerte Wiederauftreten des chinesischen Nationalismus"* beobachtet werden könne: Zum einen im Staatsapparat, zum zweiten im intellektuellen Diskurs und zum dritten im Alltagsleben.[479] Zhao, der sich in seiner Analyse an Anderson und Hobsbawm anlehnt, konstatiert weiterhin, dass der pragmatische, von der KPCh geförderte Nationalismus *primär kontextgebunden und praktisch inhaltsfrei* geworden sei. Die Machthaber seien in der komfortablen Situation, mittels des ihnen zur Verfügung stehenden Apparates einen Nationalismus produzieren zu können, der voll und ganz ihren Interessen diene.[480] Einer der Gründe für die Verwirrung, die bezüglich der ‚Gestalt' des chinesischen Nationalismus heute herrscht, könnte daher auch darin liegen, dass die KPCh in der *Kampagne zur Patriotischen Erziehung* seit dem Jahr 1991 die Unterschiede zwischen *„Patriotismus, Nationalismus, Sozialismus und Kommunismus systematisch verwischt"* habe, wie Zhao sich ausdrückt.[481] Auf diese Kampagne wird später noch ausführlicher eingegangen.

Eine kritische Position gegenüber den Nationalismus-Konzeptionen, die sich auf Hobsbawm und Anderson stützen, nimmt Prasenjit Duara ein. Allerdings widerspricht er diesen in vieler Hinsicht weniger, als dass er sie ergänzt. Er geht davon aus, dass in einer Gesellschaft wie der chinesischen zahlreiche Quellen *„konstruierter Identitäten"* existieren, die *„nicht notwendigerweise miteinander harmonieren"*. Wenngleich nationale Identität zuweilen in der Tat komplett erfunden sei, gebe

---

478   Das lässt sich bis zu einem gewissen Punkt auf den politischen Willen der chinesischen Führung zurückführen. So schreibt Zhao Suisheng: „*In response to the decline of communist ideology, patriotic education made a special effort to link PRC history with China's noncommunist past and to justify the CCP's rule on the basis of Chinese tradition and culture.*" (Zhao 2004, S. 227.)
479   Vgl. ibid., S. 9. Diese komplexe Debatte soll in dieser Untersuchung allerdings nicht weiter aufgegriffen werden. Obschon die Frage, ab wann man in China von Nationalismus sprechen kann, von großer Bedeutung für die Nationalismus-Diskussion ist, spielt in Zusammenhang dieser Arbeit eher die Frage eine Rolle, was daraus in den letzten Jahrzehnten in China geworden ist. Heute herrscht in China unter den Intellektuellen ohnehin eine tendenziell ahistorische Sichtweise vor (vgl. Zhao 2004, S. 39ff., Übersetzung TK).
480   Vgl. ibid., S. 207 sowie S. 230.
481   Vgl. ibid., S. 9, Übersetzung TK.

es doch auch genügend bereits vorhandene „*loci of identification*"[482]. Aber in der Tat sagt Hobsbawm ja kaum etwas anderes, wenn er schreibt:

> More interesting, from our point of view, is the use of ancient materials to construct invented traditions of novel type for quite novel purposes. A large store of such materials is accumulated in the past of any society, and an elaborate language of symbolic practice and communication is always available. Sometimes new traditions could be readily grafted on old ones [...].[483]

Die Konzepte Hobsbawms und Andersons[484] sind trotz ihrer perspektivisch bedingten Schwächen und Duaras berechtigter Kritik keineswegs unbrauchbar. Allerdings muss ihr Konzept der *Erfindung* von Nationen oder Traditionen um das Element der *Narrativität* ergänzt werden. Diese Ergänzung trägt dem Verhältnis zwischen Narrationen und deren Bezugspunkten in der Vergangenheit besser Rechnung. Jene Bezugspunkte sind selbst durchaus wirkmächtig und bestimmen und begrenzen das Narrativ, wobei in diesem wiederum immer wieder Kombinationen und Rekombinationen vorgenommen werden.

---

482 Duara, Prasenjit: "De-Constructing the Chinese Nation", in: Unger, Jonathan [Hg.] (1996): *Chinese Nationalism*. New York/London: Sharpe, S. 31 – 55, hier S. 44.
483 Hobsbawm 1995, S. 6.
484 Benjamin Andersons Idee von der Entstehung von Nationen, wie er sie in Die Erfindung der Nation dargelegt hat, basiert darauf, dass die Entstehung von Nationalbewusstsein durch den Zusammenbruch bzw. die Entwertung von drei Säulen der vormodernen Gesellschaft ermöglicht wurde. Diese drei Säulen seien die heiligen Schriften, das gottgegebene Königtum und die Verschmelzung von Historie und Kosmologie gewesen. Zusammen hätten diese drei Faktoren für eine unbewusste Kohärenz der Gesellschaft gesorgt, die sich aufgrund der Ausbreitung der kapitalistischen Printmedien aufgelöst habe. Erst durch diese sei es möglich geworden, die eigene Existenz als eine Gleichzeitigkeit in einer imaginierten Gruppe zu begreifen, in man als Einer von Vielen gleichzeitig mit unzähligen Anderen den gleichen Tätigkeiten, wie etwa der Lektüre von Tageszeitungen oder Romanen, obliegt. Zudem hätten die zunehmenden Kontakte nach ‚Außen' und die Territorialisierung des Glaubens die Konzeptualisierung der eigenen Gemeinschaft als eine gegen die ‚Anderen' abgegrenzte Gruppe gefördert. Damit einhergegangen sei der Niedergang der Monarchie, in dessen Gefolge die Souveränität vom König auf die Gemeinschaft übergegangen sei. Daraus sei im Laufe der Zeit die Idee der Nation als Gemeinschaft entstanden, die somit im Grunde darauf basiere, dass eine Gemeinschaft vorgestellt, imaginiert werde. Dieser Nationalstaatsgedanke bzw. die Idee der Nation, die einer langen, historisch einmaligen Entwicklung auf den britischen Inseln zu verdanken sei, wurde dann in zahlreiche andere Kontexte (und Erdteile) transponiert. Was zwangsläufig zu den verschiedensten ‚Ergebnissen' geführt habe. Anderson meint zudem, die vietnamesische und auch kambodschanische Revolution seien erst durch eine „geplante Revolution" und das „Imaginieren der Nation" ermöglicht worden (vgl. ibid., S. 158). In gewisser Hinsicht, so Anderson, habe dies auch für die chinesische Revolution gegolten. (vgl. Anderson 1988, passim). Eine sehr konzise Darstellung mit Kritik findet sich in: Duara, Prasenjit (1995): Rescuing History from the Nation. Questioning Narratives of Modern China. Chicago/London: University of Chicago Press, S. 51ff.

Dabei sollte allerdings die Macht des Faktischen nicht vergessen werden. Narrative setzen sich eben, wie Mao einst prägnant formulierte, häufig genug aufgrund von Gewaltanwendung und nicht allein aufgrund diskursiver Regeln durch. Die Verschränktheit von Praxis und Diskurs als einer Form von Praxis, sollte daher nicht vernachlässigt werden. Ein Beispiel dafür ist die Entwicklung der nationalistischen Diskurse in China nach dem Tian'anmen-Massaker 1989, das, wie Zhao Suisheng in *A Nation State by Construction*[485] aufzeigt, einen Wendepunkt in den innerchinesischen Diskursen darstellte.

Duara stellt sehr treffend fest, dass für den Nationalismus bestimmte Narrative instrumentalisiert werden, um ganz pragmatisch bestimmte Ziele zu erreichen, und ist der Ansicht, dass sich Nationalismus und Nationalstaat in China nie völlig zur Deckung hätten bringen lassen. Nationalismus sei eher unter dem Aspekt seiner komplexen Beziehung zur Vielfalt historischer Narrative und Identitäten zu verstehen.[486] Diese historische Narrative seien im Rahmen dessen, was hier deren ‚narrative Potenz' genannt werden könnte, bis zu gewissen Grenzen, aber nicht beliebig manipulierbar, was für diejenigen, die sich der Narrative bedienen, durchaus auch zu Problemen führen kann.[487] Denn gerade in China zeigt sich sehr deutlich, dass heute unter dem Oberbegriff des Nationalismus die verschiedensten Positionen vertreten werden.

In der Tat scheint der Gebrauch von nationalistischen Begrifflichkeiten in den Diskursen in China heute teilweise recht willkürlich; denn Gruppen, die einander durchaus entgegengesetzte Ziele oder ideologische Ausrichtungen haben, bedienen sich teilweise auch der Sprache ihrer Gegenspieler, um ihre Ziele zu erreichen. Peter Hays Gries schreibt zur Diskussion über das nationalistische Buch *China kann ‚Nein' sagen*,[488] das im Jahre 1996 erschien:

> The 'say no' sensation involved a complex and dynamic interplay between state and popular actors. The Chinese state sought to use 'say no' nationalists, but 'say no' authors also used the Chinese state.[489]

---

485 Zhao 2004, passim.
486 Vgl. Duara 1996, S. 32 sowie S. 55. Vgl. auch Unger 1996, S. xiii.
487 Zur Manipulierbarkeit der Diskurse schreibt Duara: „*I have highlighted the openness of language to strategic appropriations because traditional writings about nationalist rhetoric all too easily accept its closures. These appropriations also reveal that language only can be mapped upon social reality through the mediation of ideology. Having made this point, I would emphasize that it is not infinitely manipulable and the limits imposed by the meaning of the words* [Hier verabsolutiert er den Begriff der Bedeutung, da er Bedeutung in strukturalistischer Manier allzu eng an das Wort gebunden sieht, womit er die pragmatische Dimension vernachlässigt. Zudem widerspricht er sich im Grunde selbst. TK] *reflect not the unerasable truth of some historical reality, but powerful political forces bent upon nipping in the bud certain deployments of language.*" (Duara 1996, S. 47.)
488 宋强 （1996）：中国可以说不 ：冷战后时代的政治与情感抉择。北京：中国文联出版公 司。 (Song, Qiang (1996): *Zhongguo keyi shuo bu: lengzhanhou shidaide zhengzhi yu qinggan jueyi. Beijing: Zhongguo wenlian chubanshe*) [China kann ‚Nein' sagen].
489 Hays Gries, S. 185f.

Das Buch wurde von einer Gruppe jüngerer chinesischer Autoren veröffentlicht und erregte durch seinen antiamerikanischen Grundtenor und seine Absage an die westliche Kultur in China und auch international großes Aufsehen.[490] Zhao Suisheng stellt in diesem Zusammenhang fest, dass viele prominente Intellektuelle, die sich für den kulturalistisch begründeten Nationalismus stark machten, vorher prominente Vertreter eines antitraditionalistischen Diskurses gewesen waren.[491] Hier zeigt sich eine Verschränktheit und Doppelbödigkeit der Diskurse, in denen es häufig schwierig ist, klare Positionierungen vorzunehmen.

Auf jeden Fall könne man aber, so Hays Gries hierbei die staatlichen Nationalisten in enger Verbindung zur KPCh und deren Apparat sehen, wohingegen die kulturellen Nationalisten tendenziell in losen Netzwerken und Gruppen operierten.[492] Im Zusammenhang mit dem staatsgelenkten Nationalismus, der für diese Untersuchung von besonderer Bedeutung ist, stellt Zhao Suisheng zudem fest:

> The communist state has made use of nationalism because nationalism elicits a sense of unity and engenders loyalty to the state in its citizens. Pragmatism, which by definition is behavior disciplined by neither a set of values nor established principles, has thus characterized the attitude of Chinese political elites toward nationalism in the PRC. The most important feature of this pragmatism is the state's emphasis on the instrumentality of nationalism for rallying support in the name of building a modern Chinese nation-state.[493]

---

490 Vgl. Schubert 2002, S. 24 FN Nr. 16.
491 Vgl. Zhao 2004, S. 149.
492 Im Kontext des chinesischen Nationalismus unterscheidet beispielsweise Guo Yingjie ähnlich wie John Hutchison (vgl. Schubert 2002, S. 59ff.) zwischen „*staatlichem*" und „*kulturellem Nationalismus*". Diese beiden Formen des Nationalismus betonten laut Guo zwar beide die Rolle der Kultur beim *nation building*, doch sei diese, zumindest für die Vertreter des staatlichen Nationalismus, nicht mehr als ein Mittel zum Zweck, keineswegs jedoch, wie bei den Vertretern des kulturellen Nationalismus der Versuch, ein „*historisch verwurzeltes Leben*" zu führen, um zum „*kreativen Lebensprinzip der Nation*" zurückzukehren. Guo, Yingjie (2004): *Cultural Nationalism in Contemporary China*. London/New York: Routledge Curzon, S. 17f. Die hier offenkundig zu Tage tretenden Parallelen zu auf romantisch-historistischen Vorstellungen aufsitzenden deutschen nationalistischen Ideen werden im Folgenden noch angesprochen.
Ein schönes Beispiel für den von Guo so genannten *kulturellen Nationalismus* ist die *Hanfu*-Bewegung 汉服, die man nach dieser Definition zwanglos unter den kulturellen Nationalismus subsumieren kann. Über diese berichtete die offizielle Tageszeitung *Renmin ribao* (People's Daily) in ihrer Auslandsausgabe vom 14.04.07 auf ihrer Titelseite, woraus man schließen kann, dass dem Thema auch von Parteiseite Beachtung geschenkt wird. Die *Hanfu*-Bewegung, deren Mitglieder tendenziell aus den gebildeteren Schichten stammen, befasst sich ausgiebig mit der traditionellen chinesischen Kleidung. So werden traditionelle Zeremonien wie Hochzeiten in dieser, häufig selbstgemachten Kleidung gefeiert. Es finden aber auch größere Treffen statt. Die Gruppen organisieren sich dabei weit gehend per Internet (vgl. Renmin ribao: 汉服，悄然走进我们的身边。人民日报2007，4月，14日。(*Hanfu, qiaoran zoujin women de shenbian. Renmin ribao*) [Die Tracht der Han erobert ganz unauffällig unsere Welt. *Volkszeitung* vom 14.04.2007]).
493 Zhao 2004, S. 207.

Die Huangdi-Elogen als Beispiel für den Gebrauch der Tradition als Identifikationspunkt

Als ein markantes und vor allem bedeutsames Beispiel für die aktuelle Implementierung der Tradition im Rahmen des Kulturalismus soll hier der chinesische Umgang mit der Figur des mythischen Gelben Kaisers Huangdi vorgestellt werden.[494]

Térence Billeter[495] beschreibt in einem Artikel in *Perspectives Chinoises* Nr. 47 eine Opferzeremonie, die Anfang April 1998 zum Qingming Fest[496] am Grab des Gelben Kaisers in der Provinz Shaanxi zu dessen Ehren durchgeführt wurde. Wie zudem aus einem Artikel der Tageszeitung *Renmin ribao* zu entnehmen ist, wurde gleichzeitig eine Stele zur Erinnerung an die Rückgabe Hong Kongs an China eingeweiht.[497] Der Kult am Grab des Gelben Kaisers, der in den Jahren der Kulturrevolution suspendiert war, wurde in geringerem Umfang seit 1979 wieder betrieben. Allerdings habe dieser – so Billeter – erst ab der zweiten Hälfte der 80er-Jahre wieder nennenswerte Ausmaße angenommen, wobei im Laufe der Zeit immer hochrangigere Führungspersönlichkeiten der KPCh – wie etwa der chinesische Ministerpräsident und Generalsekretär der KPCh Zhao Ziyang (1919 – 2005) – an den Feierlichkeiten teilgenommen hätten. Im Jahre 1992 sei auf Anregung des Mitglieds des Ständigen Komitees des Politbüros der KPCh und Vorsitzenden der Politischen Konsultativkonferenz Li Ruihuan sogar eine *„Stiftung für das Grab des Gelben Kaisers"* (黄帝陵基金会, *Huangdiling jijinhui*) eingerichtet worden. Zhao Suisheng berichtet, dass Li am Qingming-Fest 1994, das in diesem Jahr auf den 5. April fiel,

---

494 Eine interessante Beobachtung zu Huangdi und dem chinesischen Han-Nationalismus macht Chow Kai-wing, der die Popularität des Gelben Kaisers unter den Nationalisten auch daran festmacht, dass dieser für die im Rahmen sozialdarwinistischer Gedanken häufig rassistisch argumentierenden Nationalisten als ‚gelber Kaiser' eine ideale Identifikationsfigur für eine ‚gelbe Rasse' abgegeben habe. Hierbei kam es natürlich zu Abgrenzungsproblemen zu den Mandschu, die dadurch gelöst wurden, dass die Beziehung der Han-Chinesen zu Huangdi später als eine Familienbeziehung definiert wurde (vgl. Chow 2001, S. 58ff).

495 Térence Billeter ist nicht mit Jean François Billeter zu verwechseln, der ebenfalls Sinologe ist, und der im Kapitel zur Theorie der Fremdbetrachtung primär mit seiner Kritik an François Jullien zitiert wurde.

496 Das Qingming-Fest (清明节, *qingminjie*) ist ein Fest zur Erinnerung an die Vorfahren und verstorbenen Verwandten. Anlässlich des Festes begibt sich der ganze Clan zu deren Gräbern, um diese zu reinigen und den Verstorbenen über besondere Ereignisse zu berichten, die sich im Verlauf des letzten Jahres abgespielt haben. Es ist auch ein Fest, an dem sich die ganze Familie versammelt und seine Einigkeit demonstriert (vgl. Billeter, Térence: „Un ancêtre légendaire au service du nationalisme chinois", in: Perspectives chinoises n° 47, mai - juin 1998, S. 46ff. Da die hier verwendete Quelle aus dem Internet stammt, ist es leider nicht möglich, Seitenzahlen anzugeben. www.cefc.com.hk/fr/pc/articles/art_ligne.php?num_art_ligne=4702 Download: 04.05.07.

497 清明公祭黄帝陵盛典举行。人民日报1998，4月，6日。(*Qingming gongji Huangdiling shengdian juxing. Renmin ribao*) [Ahnenopfer am Grab des Gelben Kaisers zum Fest der Reinen Klarheit. Volkszeitung vom 06.04.1998]

an der Gedenkzeremonie teilgenommen und damit ein Tabu der KPCh bezüglich der Ahnenverehrung gebrochen habe.[498]

Diese quasi offizielle Verehrung des Gelben Kaisers sei, so Billeter, allerdings keineswegs eine neue Entwicklung, sondern könne sich auf eine lange Tradition berufen. Die erste Erwähnung eines solchen Kultes durch den Han-Kaiser Wudi finde sich bereits in den Aufzeichnungen des Großhistorikers Sima Qian.[499] Seitdem hätten viele Kaiser, vor allem während der Song- und Ming-Dynastie, an diesem Ort ihrem mythischen Vorgänger ihre Reverenz erwiesen. Aber auch die Mandschu hielten dort zahlreiche Zeremonien zu seinen Ehren ab. Die lokalen Chroniken erwähnen nach seinen Angaben sieben kultische Handlungen während der Ming- und sogar vierundzwanzig während der Qing-Zeit.[500]

Die Situation wurde zu Beginn des 20. Jahrhunderts komplexer, als die Shaanxi-Abteilung von Sun Yat-sens *Revolutionärer Allianz* (*Tongmeng hui*) an diesem Ort eine Zeremonie durchführte, um den Gelben Kaiser getreu den Bräuchen von den neusten Entwicklungen unter seinen ‚Nachkommen' zu informieren. Bei dieser Gelegenheit wurde eine Eloge an ihn verlesen, eine Praktik, die in der Folgezeit von Vertretern der Guomindang und der kommunistischen Partei anlässlich des Zusammenschlusses gegen Japan im Jahre 1937 wieder aufgegriffen wurde. 1998, also über 60 Jahre später, wurde am Grab des Gelben Kaisers eine weitere Eloge anlässlich der Rückgabe Hong Kongs an China vorgetragen.

Man kann sagen, dass sich so nacheinander bzw. teilweise auch gleichzeitig vom politischen und ideologischen Standpunkt her unterschiedlichste Gruppen der Symbolik des Gelben Kaisers bedienten, um ihre Ansprüche auf die Macht zu demonstrieren. Es ist faszinierend zu sehen, wie von den Beteiligten die gleichen Symbole und Mythen zur Rechtfertigung ihrer häufig doch diametralen Ziele verwendet wurden und werden.

In diesem Zusammenhang ist das von Anderson so genannte Konzept des „*offiziellen Nationalismus*" erwähnenswert. Seiner Ansicht nach ist dieser in Funktion und Wirkweise eng verknüpft mit einer Politik „*der Bewahrung imperial-dynastischer Interessen*", die dem Selbstschutz der jeweiligen Dynastie diene. Einmal entstanden, „*konnte sie* [die Funktion, TK] *von einem breiten Spektrum politischer*

---

498 Zhao 2004, S. 227f.
499 Zu Sima Qian und seinem Werk vgl. die Einleitung dieser Arbeit.
500 Dies ist insofern mit Blick auf die heutige Situation aufschlussreich, als der Han-Nationalist (oder Rassist) Zhang Binglin (1869 – 1936) sich in seiner Begründung seiner Lehre von einer Han-Rasse auf die Abkunft eben vom Gelben Kaiser berief und das Sich-Berufen auf den Gelben Kaiser als Usurpation seitens der Mandschu ansah (vgl. Chow 1997, S. 40). In der Darstellung von Bo Ming und Li Yingke werden höhere Zahlen genannt vgl. 柏明；李颖科（1990）：黄帝与黄帝陵。西安：西北大学出版社。(*Bo, Ming; Li Yingke: Huangdi yu Huangdiling. Xi'an: Xibei daxue chubanshe*) [Huangdi und das Huangdi-Grab]. Jedenfalls wird deutlich, dass die Mandschu noch fleißigere Huangdi-Verehrer waren als ihre ethnisch chinesischen Vorgänger. Dies bestätigt die Interpretation der Huangdi-Verehrung als herrschaftslegitimierende Handlung, die für die Mandschu als ‚Fremdherrscher' noch wichtiger gewesen sein dürfte als für die Ming.

und gesellschaftlicher Systeme nachgeahmt werden", wie dies für die *Tongmeng hui* und später auch die Kommunisten deutlich wird.

Ihr ursprüngliches und wesentliches Merkmal sei ihr *„offizieller Charakter"*. Diese Form des Nationalismus gehe vom Staat aus und stelle das Individuum hintan, was für Anderson die Ursache dafür ist, dass dieses Modell des offiziellen Nationalismus vor allem dann an Bedeutung gewinne, wenn *„Revolutionäre die Kontrolle über den Staat erzwingen und so zum ersten Mal in der Lage sind, die Staatsmacht zur Durchsetzung ihrer Ziele und Visionen zu benutzen."*[501] Diese Sichtweise passt sehr gut zur aktuellen Situation in China, wenngleich die Dinge hier sicherlich komplexer sind, da die Berufung auf das Frühere d.h. auf die Tradition bereits in der Ming- und Qing-Zeit eine große Rolle spielte und somit nicht in Andersons Schema der postrevolutionären Vereinnahmung passt.

Dennoch könnte man Anderson folgend sagen, die Ming und die Mandschu deuteten Huangdi dynastisch, die *Tongmeng hui*, die Guomindang sowie die frühen Kommunisten nationalistisch und die postrevolutionären Kommunisten von heute wieder dynastisch, sodass sich der Kreis an dieser Stelle schließt.

Einträgliche Orte des Gedenkens[502]

Auch die Gestalt von Sunzi und in geringerem Umfang die des Sun Bin wurden durch die Schaffung teilweise ausgesprochen monumentaler Erinnerungsorte in den nationalistisch-traditionalistischen Diskurs eingebunden und so für diesen instrumentalisiert. So besteht, um nur ein Beispiel zu nennen, die Gedenkstätte in Huimin in der Provinz Shandong mit einer Fläche von ca. 480 ha. aus 15 Hallen, von denen 13 inhaltlich jeweils um ein Kapitel von *Sunzi bingfa* kreisen. Flankiert werden diese Hallen von Galerien, in denen die *36 Strategeme* (三十六计, *Sanshiliu Ji*) thematisiert sind. Diese Entwicklung hin zu historistischen oder vielleicht eher pophistorischen *lieux de mémoire*, die seit den frühen 90er-Jahren des 20. Jahrhunderts in der VR China feststellbar ist, hat sich im Laufe der Zeit stark ausgeweitet und diversifiziert.[503] Michael Lackner schreibt dazu:

> In vielerlei Hinsicht sind Wissenschaftler und Künstler eingebunden in das Projekt der kulturellen Renaissance; nach jahrzehntelangem Zwang zur Schwarz-Weiß-Malerei hat es zweifellos etwas Verlockendes, nunmehr über andere Medien als ausschließlich die traditionellen an der Rehabilitation historischer Bewegungen und Gestalten mitwirken zu dürfen. Comics Fernsehserien, lokale Festivals, der historische Themenpark gestalten nicht nur in China, son-

---

501 Vgl. Anderson 1988, S. 159.
502 Zu diesem Thema vgl. Nora, Pierre (1998): *Zwischen Geschichte und Gedächtnis*. Frankfurt/Main: Fischer, wo dieser von *lieux de mémoire* spricht. Im traditionalistischen Diskurs und in den traditionalistischen Gedächtnisorten wird die *Business Sunzi*-Variante stets mitgedacht. Das wird bei der Betrachtung des Textmaterials über diese Gedächtnisorte sowie des materiellen Kontexts der Orte selbst, z.B. der *Sunzi bingfa*-Stadt in Shandong, deutlich.
503 Vgl. auch Lackner 2007, S. 498ff.

dern in ganz Ostasien mittlerweile einen gewichtigen Teil des historischen Gedächtnisses, das, der Verpflichtung zu politischer Korrektheit oder derjenigen zum wissenschaftlichen Ethos entzogen, nunmehr als Populärkultur vielfach austauschbare Beliebigkeit produziert.[504]

Hervorzuheben ist der von Lackner angesprochene *Aspekt der Beliebigkeit*, der die Geschichtsdarstellungen in Asien und vor allem in China prägt. Je austauschbarer die Protagonisten und die von ihnen vertretenen Inhalte und Werte sind, desto leichter fällt deren propagandistische Ausschlachtung durch jene Gruppen, die ohnehin den Diskurs durch die Kontrolle der Medien weitgehend lenken können. Grundthema von solchermaßen erzeugten Diskursen ist eine konstruierte reichhaltige Tradition Chinas und vor allem die Betonung ihrer zeitlichen Ausdehnung, wodurch inhaltliche Fragen freilich weitgehend vernachlässigt werden.[505]

Eine zentrale Rolle spielte in diesem Zusammenhang die *Kampagne zur Patriotischen Erziehung*. Diese Kampagne wurde zwar bereits 1991 initiiert, kam aber erst nach dem sich einstellenden Erfolg von Deng Xiaopings berühmter Südreise Anfang 1992 richtig in Gang. Auf seiner Reise warb Deng für seine Wirtschaftspolitik und agitierte gegen die Hardliner in der KPCh, die nach der Katastrophe von 1989 für eine Abkehr von der Reform- und Öffnungspolitik plädierten. Ziel der Kampagne war es, das Band zwischen Individuum und Staat zu festigen und so die Herrschaft der KPCh zu stabilisieren.[506] Zwar war sie inhaltlich sehr breit angelegt, hatte aber drei Kernthemen: die Chinesische Tradition und Geschichte, die territoriale Integrität Chinas sowie die nationale Einheit.[507] Laut Zhao Suisheng war die Kampagne ein voller Erfolg: die unangefochtene Position des Traditionalismus im heutigen China sei Beweis genug dafür. Als eines der wichtigsten Ergebnisse der Kampagne kann laut Zhao gelten, dass viele Chinesen, u.a. auch etliche Intellektuelle, die zuvor die chinesische Führung scharf kritisiert und 1989 während der Demonstrationen auf dem Tian'anmen-Platz Demokratie gefordert hatten, ihre Ansichten geändert hätten.[508]

Nach dem Willen ihrer Urheber sollte in der Kampagne ausgiebig Gebrauch von kulturellen Relikten zwecks „*patriotischer Erziehung*" gemacht werden,[509] wofür alle verfügbaren Quellen genutzt wurden. So zitiert Zhao Suisheng Liu Xiaobo:

---

504 Lackner, Michael: „Einleitung: Zwischen Selbstbestimmung und Selbstbehauptung. Versuch einer Typologie chinesischer Diskurse", in: Lackner, Michael [Hg.] (2008a): *Zwischen Selbstbestimmung und Selbstbehauptung. Ostasiatische Diskurse des 20. und 21. Jahrhunderts*. Neue China Studien 1. Baden Baden: Nomos, S. 17 – 28, hier S. 26.
505 In diesen Kontext fällt auch die Erforschung der Chronologie der antiken Dynastien in der Prä-Qin-Zeit. Hierzu vgl. Su, Rongyu: „A State Project of China: The Chronology of the Xia, Shang, and Zhou Dynasties", in: Lackner, Michael [Hg.] (2008a): *Zwischen Selbstbestimmung und Selbstbehauptung. Ostasiatische Diskurse des 20. und 21. Jahrhunderts*. Neue China Studien 1. Baden Baden: Nomos, S. 182 – 195.
506 Vgl. Zhao 2004, S. 223.
507 Vgl., ibid. S. 9.
508 Vgl. ibid., S. 242.
509 Vgl. ibid., S. 218ff.

Sun Zi, Lao Zi, the emperors of the Han, Tang, Song, Yuan, Ming and Qing dynasties, and even Genghis Khan as well as a parade of imperial concubines all had their moment of glory on the TV screen as a part of patriotic education.[510]

Dabei sollte man aber neben der politisch-ideologischen Funktion der Identitätsbildung auch den ökonomischen Faktor Beachtung schenken. Wie viele andere ‚historische Stätten' in China sind die echten oder konstruierten ‚Sunzi-Relikte' mittlerweile primär als Objekte einer florierenden Tourismus-[511] und Kulturindustrie zu sehen.[512] So wurde beispielsweise das im Herbst 2007 im Shandonger Huimin veranstaltete *Fünfte internationale Kultur- und Tourismusfest der Sunzi-Kultur* ausdrücklich unter die Aktivitäten der *Messe der Binzhouer Kreativindustrie für die Kultur des Gelben Flusses* eingereiht.[513]

Zu den *lieux de mémoire* für Sunzi heute lässt sich im Überblick sagen, dass vor allem in drei Orten[514] der Provinz Shandong (als der ‚Erbin' von Sun Wus ‚Stammland' Qi), und zudem in Suzhou in der Provinz Jiangsu (als der ‚Nachfahrin' des Staates Wu), in dem Sunzi als General gedient und wo er auch gestorben sein soll, eine Reihe von Gedenkstätten für Sunzi und sein Werk errichtet wurde. Bei den Stätten in Shandong handelt es sich zum einen um die in Huimin (惠民县, *Huimin Xian*) in den Jahren 2002 bis 2004 im Stil der Qin und Han-Dynastie errichtete[515]

---

510 Ibid., S. 239, Hervorhebung TK.
511 In China existiert eine Form des Tourismus, die *Militärtourismus* (军事旅游活动, *junshi lüyou huodong*) genannt wird. Überhaupt ist das Interesse an militärischen Dingen in China zur Zeit sehr ausgeprägt, das würde u.a. auch die Aufmerksamkeit erklären, die hochrangige Militärs der ‚Ressource Sunzi' schenken.
512 Hierzu schreibt Zhao: „*Recreational facilities such as so-called beautiful-China gardens, folk custom villages, wax museums, and the Romance of the Three Kingdoms palaces mushroomed all over China.*" (Zhao 2004, S. 240.)
513 Auf Chinesisch: 在中国·滨州黄河文化创意产业博览会 (*Zai Zhongguo – Binzhou Huanghe wenhua chuangyi chanye bolanhui*) [Messe der (China) Binzhouer Kreativindustrie für die Kultur des Gelben Flusses] vgl. 第五届中国滨州惠民国际孙子文化旅游节将举办 (*Di wu Zhongguo Binzhou Huimin guoji Sunzi wenhua lüyoujie jiang juban*) [Fünftes internationales Kultur- und Tourismusfest der Sunzi-Kultur in Huimin] Quelle: www.aweb.com.cn 2007年8月27日 (Download: 02.09.07). Spannend ist es, hier zu sehen, wie das Konzept des Gelben Flusses als Metapher für eine bestimmte Spielart (oder die gesamte) der chinesischen Kultur seit der bekannten TV-Serie „*Heshang*" vom Negativen ins Positive gekehrt wurde.
514 Ein Aufsatz über die Erschließung der Tourismusressourcen in Shandong erwähnt eine Reihe anderer Orte, die allerdings nicht so bedeutend sind, wie die im obigen Text aufgeführten (vgl. 薛宁东（2007）：山东省孙子军事旅游资源评价与开发 (*Xue, Ningdong: Shandong Sheng Sunzi junshi lüyou ziyuan pingjia yu kaifa*) [Bewertung und Erschließung der Ressourcen für militärischen Tourismus in der Provinz Shandong] Quelle: www.sunwuzi.com.cn/xwnews.asp?newsid=1436 (Download: 03.09.07)).
515 Vgl. 张建国；孙兵（2005）：孙子故里研究集粹。北京：军事科学出版社。(*Zhang, Jianguo; Sun Bing: Sunzi guli yanjiu jicui. Beijing: Junshi kexue chubanshe*) [Texte zu den Forschungen über Sunzis Heimat], Bildunterschrift im Bildteil.

Chinesische Sunzi-Bingfa-Stadt (中国孙子兵法城, *Zhongguo Sunzi bingfa cheng*)[516] und zum anderen um den in Guangrao (*Guangrao Xian*, 广饶县), im Stil der Südlichen Song-Dynastie errichteten *Ahnentempel von Sunzi* (孙武祠, *Sunzi ci*). Zum dritten wäre für Shandong auch noch der Ort Yinqueshan (银雀山) zu nennen, wo im Jahre 1972 in Gräbern aus der frühen Han-Zeit auf Bambusstreifen geschriebene Versionen von *Sunzi bingfa* und *Sun Bin bingfa* gefunden wurden. Speziell für diese unschätzbaren Funde wurde dort ein Museum errichtet,[517] das auch auf höchster politischer Ebene Beachtung erfuhr. So besuchten am 29.07.1992 der damalige Staatspräsident Jiang Zemin und im Januar 1995 der seit 2003 amtierende Ministerpräsident Wen Jiabao, damals hochrangiger Parteisekretär, das Museum. Am 12.11. 2002 beehrte dann noch der damalige Ministerpräsident Zhu Rongji den Ort mit seiner Anwesenheit.[518]

In den dortigen Ausstellungen sind neben den Funden der Bambusstreifen-Versionen von *Sunzi bingfa* und *Sun Bin bingfa* auch viele andere Funde aus den Han-Gräbern aufbereitet. Das Museum, als Ort der „*patriotischen Erziehung*"[519], richtet nach eigenen Angaben zudem akademische Veranstaltungen aus und zieht zahlreiche Besucher aus dem In- und Ausland, u.a. auch viele hochrangige Parteifunktionäre, an.[520]

Auch in Suzhou in der Provinz Jiangsu, als der ‚Erbin' des antiken Staates Wu, in dem Sunzi seine militärischen Talente entfaltet haben und wo er auch gestorben sein soll, existiert eine Reihe von ‚Reliken' und Gedenkstätten, die sich auf ihn beziehen.[521] Die wichtigste Anlage dort ist der außerhalb der Stadt gelegene *Sun Wu-Garten am Qionglongshan* (穹窿山孙武苑, *Qionglongshan Sun Wu yuan*), ein Naturpark, in dem sich unter anderem eine Klause befindet, in der Sun Wu sein Werk verfasst haben soll.[522] Außerdem gibt es in Suzhou zahlreiche weitere ‚historische Relikte', wie einen weiteren Sunzi-Ahnentempel, den *Exerzierplatz* am Ufer des Taihu-Sees, das Grab der zwei von Sunzi laut dem Bericht im *Shiji* wegen Ungehorsamkeit enthaupteten Konkubinen des Fürsten He Lu sowie Sun Wus letzte Ruhestätte. Hierbei handelt es sich, zum einen um in älteren Quellen belegte Orte pri-

---

516 Zudem wurden dort noch der *Sunzi-Garten* (*Sunzi guyuan*, 孙子故园) sowie das *Landgut der Familie Wei* (*Weishi zhuangyuan*, 魏氏庄园) errichtet (vgl. Xue 2007).
517 Es handelt sich um das Museum für die *Bambusstreifen aus den von Han-Gräbern von Yinqueshan* (银雀山汉墓竹简博物馆, *Yinqueshan Hanmu zhujian bowuguan*).
518 Vgl. SBNJ4, im einleitenden Bilderteil, keine Seitenangabe.
519 SBNJ4, S. 300ff.
520 Vgl. ibid., S. 300 – 302.
521 Eine genauere Auflistung findet sich in SBNJ5, S. 581f.
522 In der Suzhou National New and High-Tech Developement Zone (SND) wurde von 1999 bis 2001 allerdings ein Park mit der Bezeichnung Sun Wu-Park (*Sun Wu gongyuan*, 孙武公园) errichtet, in dem nach Angaben der Erbauer Sun Wus Klause (also eine andere als die auf dem *Qionglong*-Berg) und die Sun Wu-Brücke, die sich zuvor in *Jinshangang* (金山港) befunden hätten, wieder aufgebaut wurden (vgl. 孙武公园亮相苏州新区 (*Sun Wu gongyuan liangxiang Suzhou xin qu*) [Pläne für Sunzi-Park im neuen Gebiet von Suzhou enthüllt] http://www.sunwuzi.com.cn/xwnews.asp?newsid=1155).

vater Sunzi-Verehrung – so durch den qingzeitlichen Herausgeber von *Sunzi kommentiert von 10 Meistern* Sun Xingyan – oder um Stätten, die in lokalen Chroniken bzw. in der Volksüberlieferung eine Rolle spielten.

An all den genannten Orten hat sich eine umfangreiche ‚historisch' motivierte Tourismusindustrie entwickelt, in der das ökonomische Moment eine große Rolle spielt. Dennoch soll hier die These vertreten werden, dass diese Einrichtungen gleichzeitig von der politischen Führung stark beachtete und geförderte Gedächtnisorte sind, in denen ein historisch verbrämtes Bild des antiken China erzeugt wird, das der *patriotischen Erziehung* dient. Denn in die Gremien, die den ‚wissenschaftlichen Hintergrund' für die Einrichtung der Gedenkstätten liefern, sind auch zahlreiche Vertreter von Partei, Militär und Wirtschaft involviert. Dabei wird die enge Verflechtung von Politik Militär und Kommerz, die für China so typisch ist, sehr deutlich.

Da es aufgrund der schriftlichen Überlieferungen in Geschichtswerken und lokalen Chroniken nicht möglich ist, Sun Wus Geburtsort eindeutig festzustellen, ist es kein Wunder, dass es, vermutlich aus handfesten ökonomischen Gründen, zwischen den interessierten Parteien zu Differenzen um seinen ‚wahren Heimatort' kam.

Sun Wus doppelte Heimat

Das Recht, sich als Sun Wus Heimat zu bezeichnen, beanspruchen gleich mehrere Städte in Shandong für sich.[523] Besonders hervorgetan haben sich dabei zwei Orte: Zum einen das in der Präfektur Binzhou liegende Huimin (惠民县) und zum anderen das in der Präfektur Dongying gelegene Guangrao (广饶县).

In diesem Zusammenhang spielte die *Chinesische Forschungsgesellschaft für Sunzi bingfa* (中国孙子兵法研究会, *Zhongguo Sunzi bingfa yanjiuhui*; engl. China Research Society of Sun Tzu's Art of War, abgekürzt CRSSTAW) eine wichtige Rolle. Diese Gesellschaft, 1989 in Huimin gegründet, bezeichnet sich in ihrer Selbstdarstellung[524] als das autoritative Organ zu Fragen der Sunzi-Forschung und -Anwendung in China. Zu ihren Mitgliedern und zum Vorstand zählen zahlreiche hochrangige Vertreter des Militärs. Sie befasst sich mit Forschungen zu *Sunzi bingfa* in den Bereichen Politik, Militär, Diplomatie, Unternehmensführung, Kultur und Sport, wobei ihr erklärtes Ziel die Förderung der traditionellen militärischen Kultur Chinas sowie der Sunzi-Forschung weltweit ist.

Die Gesellschaft veranstaltet nationale und internationale Konferenzen, die unter der Schirmherrschaft von hohen Parteifunktionären stehen. Neben der Unterstützung akademischer Forschungen zu *Sunzi bingfa* gehören auch umfangreiche Publi-

---

523 Vgl. 孙武故里山东惠民 (*Sun Wu guli Shandong Huimin*) [Sunzis Heimat Huimin in Shandong] Quelle: www.sunwuzi.com.cn/xwnews.asp?Newsid=876 (Download: 02.09.07).

524 Vgl. 中国孙子兵法研究会简介 (*Zhongguo Sunzi bingfa yanjiuhui jianjie*) [Kurze Vorstellung der Chinesischen Forschungsgesellschaft für Sunzi bingfa] Quelle: http://jczs.news.sina.com.cn/2004-10-29/0002238310.html (Download: 02.09.07).

kationstätigkeiten zum Tätigkeitsbereich der Gesellschaft. Gleich nach der Gründungssitzung auf der im Mai 1989 veranstalteten *1. internationalen Konferenz zu Sunzi bingfa* in Huimin wurde eine Publikation herausgegeben, die sich mit Frage auseinandersetzte, wo der eigentliche Herkunftsort Sun Wus anzusiedeln sei, und ‚herausfand', dass es sich dabei eben um Huimin handele.

Im ‚Konkurrenzstandort' Guangrao wurden im Gegenzug allein im ersten Halbjahr 1991 vier Konferenzen ausgerichtet, in denen unter anderem festgestellt wurde, dass es sich bei Sunzi Herkunftsort nicht um Huimin, sondern vielmehr um Guangrao handeln müsse. Zudem wurde im Juni 1991 mit Unterstützung des Kreiskomitees der KPCh in Guangrao sowie der Stadtregierung das *Sunzi Forschungszentrum* von Guangrao gegründet, dessen Aufgabe es war und ist, Forschung über und Marketing für Sunzi und *Sunzi bingfa* sowie deren Anwendung zu organisieren und akademischen Austausch mit anderen Forschungseinrichtungen zu pflegen, die sich mit Sunzi und *Sunzi bingfa* befassen.[525]

In den folgenden Monaten – also just in der Anfangsphase der *Kampagne zur Patriotischen Erziehung* – entspann sich eine intensive Diskussion über die wahre Heimat Sun Wus, die in verschiedenen Zeitungen und Zeitschriften geführt wurde.[526] Zwar ebbte der Streit bald ab, doch ging der Disput offenbar so weit, dass Guo Huaruo[527] eine Autorität in Sachen *Sunzi*, der großes Ansehen in der KPCh genoss, sich schließlich dafür aussprach, solange in den alten Schriften keine neuen Beweise auftauchten, Huimin als die Heimat von Sun Wu zu betrachten, um so der Diskussion die Spitze abzubrechen.[528] Es scheint ohnehin, dass Huimin in der CRSSTAW starke Befürworter hatte. So machte sich beispielsweise auch Wu Rusong – einer der führenden Mitglieder der Gesellschaft – für Huimin als Heimatort Sunzis stark.[529]

---

525 Vgl. 孙子研究中心概述 (*Sunzi yanjiu zhongxin gaishu*) [Darstellung des Sunzi Forschungszentrums] Quelle: www.sunwu.cn/index.php?option=com_content&module=35&sortid=0&artid=2 (Download: 02.09.07).

526 So sind für das erste Quartal 1991 elf Artikel zu diesem Thema auffindbar, die in einer ganzen Reihe verschiedener Publikationen erschienen sind. Im Jahr 1992 erschien dann sogar ein ganzer Band zu dem Thema.
山东省惠民县孙子研究会（1992）：孙子故里。解放军出版社。(*Shandong Sheng Huimin Xian Sunzi yanjiuhui: Sunzi guli. Jiefangjun chubanshe.*) [Sunzi-Studiengesellschaft Kreis Huimin (Shandong): Sunzis Heimat].

527 Zu Guo Huaruo vgl. das Kapitel zur Genealogie von *Business Sunzi*.

528 Vgl. *Sunzis Heimat Huimin in Shandong*.

529 In diesen Zusammenhang passt auch die Tatsache, dass sich seit der Jahrtausendwende der Forschungsschwerpunkt des Guangraoer Zentrums nach eigenen Angaben weg von der Dokumentenforschung und der Klärung der Frage von Sunzis Heimat und hin zur Frage der „*friedlichen* [sic!] *Anwendung von Sunzi bingfa auf dem Gebiet der Wirtschaft*" verschoben hat. So wurde im Oktober 2003 das *Internationale Forum für Sunzi bingfa und Unternehmensentwicklung im 21. Jahrhundert* veranstaltet, an dem neben Sunzi-Forschern und Unternehmern auch Militärs, wie z.B. auch Yu Rubo, Mitglied der CRSSTAW, teilnahmen. Ebenso waren nach Angaben des Sunzi Forschungszentrums Vertreter ausländischer Firmen zugegen, und es wurden Verträge über hohe Summen abgeschlossen (vgl. *Darstellung des Sunzi Forschungszentrums*).

Jeweils zeitgleich zu den Konferenzen über Sunzi – d.h. 1989 in Huimin und 1991 in Guangrao – wurden die ersten ‚Renovierungen' von ‚Relikten' aus ‚Sunzis Zeiten' durchgeführt. Auch das bestätigt die These, dass die Standortdiskussion auch konkrete ökonomische Gründe hatte. Schließlich handelte es sich in beiden Fälle um Investitionen, die mittels touristischer Nutzung der Örtlichkeiten wieder hereingeholt werden mussten. Die Diskussionen zur Frage des wahren Herkunftsortes sind bis heute nicht völlig zum Erliegen gekommen. Im Vorwort des im Jahre 2005 erschienenen *Texte zu den Forschungen über Sunzis Heimat* heißt es:

> Da über den Autor von *Sunzi bingfa* Sun Wu keine weiteren historischen Materialien überliefert sind, kam es sogar zu Zweifeln bezüglich seines Schicksals und seiner Herkunft. Heute gibt es die Huimin-Theorie, dieser hängt die Mehrzahl an, aber es gibt auch Theorien wie die Boxing-, die Guangrao-, die Linzi-Theorie [...].[530]

In dem Sammelband sind ältere und neuere Texte zum Thema versammelt, in denen erneut der Anspruch Huimins, die echte Heimat Sun Wus zu sein, bekräftigt wird. Da das Buch kurz nach der Fertigstellung der *Sunzi bingfa*-Stadt herausgegeben wurde, ist ein ökonomischer Zusammenhang auch hier wahrscheinlich. Dies wird auch durch den weiteren Diskurs zur Sunzi-Vermarktung und der *Marke Sunzi* deutlich. In dem 2007 publizierten Band *Neue Textforschungen zu Sun Wus Heimat* heißt es:

> In den 90er-Jahren des 20. Jahrhunderts entwickelte sich, verbunden mit der Entwicklung der sozialistischen Marktwirtschaft in China, zeitgleich mit dem Wissen um Investition und Produktion eine vertiefte Kenntnis bezüglich der Auswirkungen nichtmaterieller Konzepte auf den Markt. So wuchs das Interesse an nichtmateriellen Dingen von hohem Bekanntheitsgrad und gutem Ruf, wie Wissen, Information, Handels- und Produktmarken. Diese in der Vergangenheit unbeachteten Konzepte können in der Tat einen enormen wirtschaftlichen Nutzen haben. Daher zogen in einer einseitig auf das GDP fixierten Zeit weltweit bekannte Marken wie „Sun Wu" die Aufmerksamkeit und das Wohlwollen der lokalen Regierungsbehörden auf sich.[531]

Es ist also in der Tat anzunehmen, dass die Protagonisten sich über die ökonomische Bedeutung dieser nichtmateriellen Ressourcen schon früh im Klaren waren und dementsprechend suchten, ihre Claims abzustecken.

Sowohl in Huimin als auch in Guangrao wurden groß angelegte Veranstaltungen zum Thema Sunzi und *Sunzi bingfa* durchgeführt. Dazu gehören publikumswirksame Festivals, mit denen zudem auf die verschiedensten Weisen für die ausdrücklich

---

530 Zhang/Sun 2005, Einführung, ohne Seitenzahl.
531 郭克勤（2007）：孙武故里新考。北京：军事科学出版社。(*Guo Keqin: Sun Wu guli xin kao. Beijing: Junshi kexue chubanshe*) [Neue Textforschungen zu Sun Wus Heimat], S. 22.

als solche bezeichnete ‚Marke Sunzi'[532] geworben wurde: So z.B. auf dem bereits erwähnten, im September und Oktober 2007 in Huimin veranstalteten *Fünften internationalen Kultur- und Tourismusfest der Sunzi-Kultur*,[533] zu dessen Programmpunkten neben Tanzdarbietungen und Ahnenopfern durch Nachfahren Sun Wus auch die Inauguration der *Binzhouer Sunzi-Stiftung* sowie die *Nationale Konferenz zum Stammbaum des Sun-Clans* und Foren zu *Sunzis Heimat*, der *Sunzi-Kultur* und *Foren zur Wirtschaftsentwicklung* zählten. Bereits ein Jahr zuvor war auf dem *4. internationalen Kultur- und Tourismusfest der Sunzi-Kultur* zudem von einem Parteifunktionär des Kreises Huimin offiziell verkündet worden, es sei aufgrund „*historischer Aufzeichnungen und dem Rat von Fachautoritäten*" bestätigt worden, dass Sun Wus Geburtstag auf den 12.09. falle und dieser in Huimin künftig offiziell immer zu diesem Datum begangen werden solle.[534] Weiterhin wurde bei dieser Gelegenheit in Gegenwart des bereits erwähnten Sunzi-Experten Wu Rusong offiziell das *Sunzi-Standard-Denkmal* enthüllt, auch dies ein Hinweis auf den offiziösen Beiklang dieser Veranstaltung.[535]

Es wird deutlich, wie groß das Interesse der lokalen, aber auch der zentralen Parteiorgane und Verwaltungsbehörden ist, zusammen mit Militärs, Wissenschaftlern und Geschäftsleuten die ‚Sunzi-Kultur' in all ihren Facetten zu befördern und daraus Kapital zu schlagen. Als weitere Illustration dafür mag dienen, dass die Pressekonferenz zum *4. internationalen Kultur- und Tourismusfest der Sunzi-Kultur*, bei der ein Grußwort des Vorsitzenden der CRSSTAW General Yao Youzhi (姚有志) an das Publikum gerichtet wurde, am 31.08.2006 in der Großen Halle des Volkes in Peking, also in einer der offiziellsten Örtlichkeiten der Volksrepublik China statt-

---

532 Z.B. der Markenname „*Heimat des Kriegsheiligen Sunzi und historische Kulturstadt*" 武圣孙子故里，历史文化名城 (*Wusheng Sunzi guli, lishi wenhua mingcheng*) in Huimin. Das Komplement aus Guangrao ist der Markenname „*Sunzi und die Kultur des antiken Qi*" (孙子与古齐文化, *Sunzi yu gu Qi wenhua*).
533 Diese Darstellung stützt sich auf den Bericht: *5. internationales Kultur- und Tourismusfest der Sunzi-Kultur in Huimin/Binzhou*.
534 Wenn man bedenkt, dass all diese Konjekturen über Sunzis Leben bzw. seine Herkunft und seine Nachfahren praktisch ohne brauchbare historische Quellen auskommen, kann man in diesem Zusammenhang nur Hobsbawms These von der Erfindung von Tradition zustimmen.
535 *Eröffnung des Vierten internationalen Kultur- und Tourismusfests der Sunzi-Kultur in Huimin/Binzhou* 第四届中国滨州惠民国际孙子文化旅游节开幕 (*Di si jie Zhongguo Binzhou Huimin guoji Sunzi wenhua lüyoujie kaimu*) [Eröffnung des 4. internationalen Kultur- und Tourismusfests der Sunzi-Kultur in Huimin/Binzhou] Quelle:
 http://www.51766.com/www/detailhtml/1100223809.html (Download: 02.09.07). Interessanterweise hat man sich in Suzhou dafür entschieden, dass Sun Wus Geburtstag „*vorläufig*" am 21.05. gefeiert werden solle, da es bisher nicht möglich sei, diesen exakt festzulegen (vgl.孙武后裔瞻仰《孙子兵法》诞生地 (*Sun Wu houyi zhanyang Sunzi bingfa danshengdi*) [Die Nachfahren Sun Wus ehren den Geburtsort von Sunzi bingfa] Quelle:
 www.sz.chinanews.com.cn/suzhou/wzx/2005-06-08/85/
 132.html (Download: 02.09.07).

fand.[536] Die Verflechtung zwischen den genannten Interessengruppen ist auch hier recht deutlich erkennbar. Es stellt sich jedoch die Frage, ob mit jenen historistischen ‚Hüllen' überhaupt noch echte Inhalte transportiert werden.

Eine andere Frage ist die nach den Hintergründen und Vorbildern des nationalistischen Traditionalismus und Kulturalismus, die für dessen Blüte im zeitgenössischen China ursächlich sind. Hierbei sind zwei Aspekte von Bedeutung: der genetische und der inhaltliche. Weiter soll gezeigt werden, dass genetisch gesehen ein Kulturtransfer aus Europa, insbesondere aus Deutschland, für die heutige Ideologie[537] in der VR China eine gewichtige Rolle spielte. Danach wird zudem untersucht, wie Sunzi und *Sunzi bingfa* von den Machthabern für ihre jeweiligen Zwecke instrumentalisiert wurden.

Deutsche Einflüsse in der Genese des Traditionalismus[538]

Bekanntlichermaßen lassen sich bereits für das Ende der Qing- und auch in der frühen Republikzeit beachtliche Einflüsse deutschen Denkens in China nachweisen, und man kann davon ausgehen, dass diese in verschiedenster Form bis heute nach-

---

536 Vgl. 中国孙子兵法研究会会长姚有志在第四届孙子文化旅游节新闻发布会上的致辞 (*Zhongguo Sunzi bingfa yanjiuhui huizhang Yao Youzhi zai di si jie Sunzi wenhua lüyoujie xinwen fabuhui shang de zhici*) [Grußwort von Yao Youzhi, dem Vorsitzenden der Chinesischen Forschungsgesellschaft für Sunzi bingfa auf der Pressekonferenz zum 4. internationalen Kultur- und Tourismusfest der Sunzi-Kultur] Quelle: www.suntzu.gov.cn/huimin/szgl/newsByIdAction.do?id=5401 (Download: 16. Juli 2007).

537 Man sollte hierbei die simple Tatsache nicht vergessen, dass es sich bei der sinomarxistischen Ideologie im Ganzen auch schon um das Produkt eines Kulturtransfers handelt, wie Harro von Senger betont (private Kommunikation vom 21.08.09).

538 Mit den Einflüssen deutscher Philosophie und Ideologie auf chinesische Intellektuelle und unter anderem auch auf die modernen Neokonfuzianer beschäftigt sich auch der Sinologe Thomas Fröhlich in: Fröhlich, Thomas (2000): *Staatsdenken im China der Republikzeit: (1912 – 1949). Die Instrumentalisierung philosophischer Ideen bei chinesischen Intellektuellen*. Frankfurt/Main: Campus. Er untersucht dabei das Denken von Ding Wenjiang (1887 – 1936), Zhang Junmai (1887 – 1969), Hu Shi (1891 – 1962) und Chen Duxiu (1879 – 1942). Fröhlich sieht die Einordnung der genannten Denker in das Schema traditionell versus modern sehr kritisch. Er geht davon aus, dass diese Denker, die angetreten waren, Lösungen für die Krise zu finden, in die China nach der Revolution von 1911 geraten war, über keinen Begriff des Politischen verfügten, und betont die Rolle des expertokratischen Denkens für das damalige und auch das heutige China. Die Rezeption westlicher Gedanken durch die chinesischen Intellektuellen konzeptualisiert er als eine Kette von produktiven Missverständnissen. Hier könnte man sich die Frage stellen, ob dies nicht bei allen Rezeptionsprozessen eine gewisse Rolle spielt und es uns die ‚Entfernung' zum China der 20er-Jahre einfach leichter macht, dieses Phänomen zu sehen.
Ebenfalls zum Thema vgl. Werner Meißner in seinem sehr aufschlussreichen Werk *China zwischen nationalem 'Sonderweg' und universaler Modernisierung. Zur Rezeption westlichen Denkens in China*. Hierbei geht er vor allem auf Zhang Junmai ein, von dem noch die Rede sein wird (vgl. vor insbesondere Meißner 1994, S. 12, 16, 147ff., 202ff. sowie 237ff.).

wirken.[539] Denn der Traditionalismus in der heutigen Volksrepublik weist nicht nur strukturell-funktionale Ähnlichkeiten zur Situation im Deutschland des späten 19. und frühen 20. Jahrhunderts auf, sondern es hat vielmehr auch genetisch wirksame Einflüsse von dort gegeben.[540] Um diese Behauptung zu belegen, muss allerdings etwas weiter ausgeholt werden.

Michael Lackner legt in seinem Aufsatz *Konfuzianismus von oben? Tradition als Legitimation politischer Herrschaft in der VR China*[541] dar, wie die Führung der KPCh auf den beginnenden Autoritätsverlust nach Beginn der wirtschaftlichen Öffnungspolitik in der nachmaoistischen Ära mit einer bemerkenswerten ideologischen Kehrtwendung reagiert hat. Nach dem Ende der Kulturrevolution und mit dem Beginn der wirtschaftlichen Öffnungspolitik habe die KPCh, aufgrund zahlreicher auftretender gesellschaftlicher Probleme sowie ihrer zunehmenden ideologischen Unglaubwürdigkeit[542] immer wieder mit Legitimitätsproblemen zu kämpfen gehabt.

---

539 Hierzu vgl. Kurtz 2008, hier S. 226. Parallelen zu den deutschen Einflüssen im meijizeitlichen Japan sieht auch Thompson, der von dort eine Linie zu den autoritären Regimes in Singapur und Malaysia zieht (vgl. Thompson, Mark R.: „Das Schicksal eines südostasiatischen Selbstbehauptungsdiskurses: ‚Asiatische Werte' nach der Wirtschaftskrise und den Terroranschlägen", in: Lackner, Michael [Hg.] (2008a): *Zwischen Selbstbestimmung und Selbstbehauptung. Ostasiatische Diskurse des 20. und 21. Jahrhunderts*. Neue China Studien 1. Baden Baden: Nomos, S. 398 – 415, hier S. 404ff. sowie S. 411).

540 Diese These hat Werner Meißner für die 80er-Jahre des 20 Jahrhunderts bereits 1994 vertreten: *„Der Debatte über die ‚Verwestlichung'* [in der seit den 80er-Jahren geführten Modernisierungsdebatte in der VR China, TK] *entspricht ein nicht weniger bedeutsames, aber bislang im Westen kaum beachtetes Phänomen: das wiedererwachte Interesse an jener deutschen Philosophie, welche in China nicht durch Marx und Engels* [gemeint ist vor allem die Rezeption der idealistischen Philosophie des 18. und 19. Jahrhunderts, TK] *repräsentiert wird. Auch dies ist eine Wiederkehr der zwanziger und dreißiger Jahre."* (Meißner 1994, S. 252.) Weiterhin schreibt Meißner: *„Welche Auswirkungen die Rezeption der westlichen Philosophie im Allgemeinen und der deutschen Philosophie im Besonderen für die chinesische Politik haben wird, ist kaum abzuschätzen. Auf jeden Fall läßt sich festhalten: Seit den achtziger Jahren gibt es zwar in der VR China eine Tendenz zur ‚Verwestlichung' im Sinne des Liberalismus, Parlamentarismus und Föderalismus. Diese Tendenz wir allerdings von offizieller Seite schärfstens bekämpft. Darüberhinaus gibt es aber – wie in den zwanziger und dreißiger Jahren – gleichzeitig eine Wiederbelebung idealistischer und möglicherweise konservativer Ideologien, die sich ebenfalls gegen den westlichen Liberalismus und eventuell auch gegen den Westen generell richten."* (Ibid., S. 253.)

541 Lackner 1998b, S. 425 – 449. Einführend zum Thema Kulturalismus und seiner ‚Anwendung' in China außerdem: Lackner, Michael: *Ist ein Oberbegriff "chinesische Kultur" zum Verständnis von Politik, Wirtschaft, Gesellschaft und Kultur des gegenwärtigen China erforderlich?* Quelle: www.bpb.de/veranstaltungen/W64NKG.html (Download am 03.09.2006) sowie: Lackner, Michael: *Vortragstext - Konferenz „Kulturelles Gedächtnis", 24.- 26.03.2006, HKW*, in: Quellen: www.bpb.de/files/4I0QD1.pdf (Download am 03.09.2006). Ebenfalls sehr aufschlussreich zu diesem Thema: Billeter, Jean-François (2000): *Chine trois fois muette*. Paris: Allia, S. 75ff.

542 Vgl. Heberer, Thomas: „Zwischen Krise und Chance: Neue soziale Herausforderungen des ländlichen China", in: Lackner, Michael; Herrmann-Pillath, Carsten [Hg.] (1998): *Länderbericht China*. Bundeszentrale für Politische Bildung: Bonn S. 379 – 406, insbesondere 382ff. Auch Zhao Suisheng stellt diesen Sachverhalt fest. Er zitiert Kim und Dittmer: *„In place of*

Diesen Schwierigkeiten suchte die Parteiführung durch die Einführung der „*Vier Modernisierungen*" (四个现代化, *si ge xiandaihua*) zu begegnen. Im Programm der Vier Modernisierungen, sollten die Bereiche Industrie, Landwirtschaft, Wissenschaft/Technik sowie die Landesverteidigung modernisiert werden, ohne dadurch die nationale Selbstständigkeit zu gefährden.[543]

Die chinesischen Politikplaner erkannten bereits Mitte der 1980er-Jahre, dass infolge der Politik der Vier Modernisierungen eine zunehmende Orientierungslosigkeit sowie ein Wertevakuum entstanden, die es zu bekämpfen galt. Die politische Agenda empfand „*die Suche nach dem chinesischen Nationalcharakter sogar als so dringlich* [...], *daß sie 1986 als Schwerpunktthema in den 7. Fünfjahresplan aufgenommen wurde*".[544] Im gleichen Sinne schreibt Iwo Amelung, dass den chinesischen Politikplanern spätestens in den 1980er-Jahren klar wurde, dass „*der vollkommene Glaubwürdigkeitsverlust der KPCh bzw. der Ideologie, auf der diese basiert, mittelfristig ein anderes politisches Modell notwendig machen würde.*"[545]

Bei dem Programm der Vier Modernisierungen handelte es sich nach der Terminologie des Sinologen Werner Meißner um eine „*partielle Modernisierung*",[546] wobei es der Führung der VR China gleich dem Zauberlehrling nicht möglich war, die Entwicklung im Zaum zu halten. So kam es zu überschießenden Entwicklungen in Richtung auf Liberalisierung und Demokratisierung gerade im Bereich der Wissenschaft, die für die unnachgiebig auf ihrer Führungsrolle beharrende KPCh inakzeptabel waren. Der katastrophale Höhepunkt dieser Entwicklung war die Demo-

---

the revolutionary legitimacy of Marxism-Leninism, the regime substituted performance legitimacy provided by invocating economic development and nationalist legitimacy provided by invocation of the distinctive characteristics of Chinese culture." (Zitiert nach Zhao 2004, S. 6.)

543 Vgl. Spence 2001, S. 734 und vor allem S. 767 – 773.
544 Schulte, Barbara: „Für den Fortschritt der Menschheit. Die chinesische Kulturlinguistik erfindet sich selbst", in: Lackner, Michael [Hg.] (2008a): *Zwischen Selbstbestimmung und Selbstbehauptung. Ostasiatische Diskurse des 20. und 21. Jahrhunderts*. Neue China Studien 1. Baden Baden: Nomos, S. 239 – 259, hier S. 253.
545 Amelung, Iwo: „Wissenschaft, Pseudowissenschaft und feudalistischer Aberglaube. Überlegungen zu antidemokratischen Aspekten von Selbstbehauptungsdiskursen im China des 20. Jahrhunderts", in: Lackner, Michael [Hg.] (2008a): *Zwischen Selbstbestimmung und Selbstbehauptung. Ostasiatische Diskurse des 20. und 21. Jahrhunderts*. Neue China Studien 1. Baden Baden: Nomos, S. 162 – 181, hier S. 174.
546 Vgl. Meißner 1994, S. 1ff. sowie S. 245. Meißner teilt Chinas Modernisierer in zwei Gruppen auf. Zur Gruppe der *universalen Modernisierer* zählt er z.B. Hu Shi oder Ding Wenjiang (1887 – 1936). Diese „traten für eine radikale Kritik des kulturellen Erbes und eine Verwissenschaftlichung (k'o-hsüeh hua) *des chinesischen Denkens ein.*" (Ibid., S. 9, Hervorhebung vom Autor.) Die, der chinesischen Kultur gegenüber weniger radikal eingestellten, *partiellen Modernisierer* teilt er in drei Gruppen auf: Zum einen in die Traditionalisten und Neo-Traditionalisten und die Anhänger des modernen Neokonfuzianismus, wie Zhang Junmai, die laut Meißner zwischen Ablehnung bis eingeschränkter Rezeptionsbereitschaft schwankten (letzteres war ein Kennzeichen der damaligen modernen Neokonfuzianer). Zum anderen in die Anhänger des Sunyatsenismus, der unter Sun Yat-sen und Chiang Kai-shek zur Staatsideologie wurde, und schließlich Sozialisten, Anarchisten und Maoisten (vgl. ibid., S. 8).

kratiebewegung, die auf dem Tian'anmen-Platz im Juni 1989 blutig erstickt wurde.[547]

Die KPCh begegnete dem zunehmenden Autoritätsverlust mit einer nationalistischen, aber weitgehend inhaltsentleerten Ideologie, *„wobei die Nation zur Klammer für alle Chinesen, ungeachtet ihrer Einstellung"*[548] werden sollte. Lackner stellt dazu fest, dass *„das Argument einer unverwechselbaren (häufig als Antithese zu einem holzschnittartig auf ein paar angebliche Wesensmerkmale reduzierten Westen konstruierten) ‚Kultur' [...] nur zur Unterstützung eines Nationalismus [...]"* diene, der wiederum *„nur der Machterhaltung der Regierenden"* zugute komme.[549] Ihren Ausdruck fand diese nationalistische Ideologie unter anderem in den Versuchen der kommunistischen Propaganda, *„den Konfuzianismus als den Inbegriff der chinesischen Kultur darzustellen."*[550] Hierbei stützte sich die KPCh auf drei Quellen, aus denen der Konfuzianismus wiederbelebt werden sollte.[551] Es handelte sich dabei zum einen um die geistige Strömung des *„Modernen Neokonfuzianismus"* (von diesem soll noch ausführlicher die Rede sein), den *„neuen Autoritarismus"*,[552] wie er in Singapur noch heute existiert und im Taiwan dieser Zeit ebenfalls praktiziert wurde, und der eine Zeit lang große Anziehungskraft auf Teile der KPCh ausübte, sowie eine allgemeine *„soziale, religiöse und geistige Retraditionalisierung Chinas im Gefolge der teilweisen Liberalisierung seit Beginn der achtziger Jahre"*[553].

Im Zusammenhang mit dieser Argumentation ist insbesondere der *Moderne Neokonfuzianismus* von Interesse. Diese in den 50er-Jahren des 20. Jahrhunderts aufgekommene geistige Bewegung griff auf Versuche zurück, die in den 20er- bis 40er-Jahren in China von mehreren bedeutenden Philosophieprofessoren unternommen worden waren, um eine *„genuin[...] chinesische[...] Philosophie in Vergangenheit und Gegenwart"*[554] zu begründen.

---

547 Vgl. Amelung 2008, S. 168f. In diesem Zusammenhang bietet sich auch Ulrich Becks These von den Nebenfolgen der Nebenfolgen, die sich zu einer ungewollten katastrophalen Wirkung addiert hätten als Erklärungsmodell an (vgl. Beck, Ulrich; Giddens, Anthony; Lash, Scott (1996): *Reflexive Modernisierung. Eine Kontroverse.* Frankfurt/Main: Suhrkamp).
548 Heberer 1998, S. 383.
549 Lackner 1998b, S. 425.
550 Ibid., S. 425.
551 Vgl. ibid., S. 428ff.
552 Ibid., S. 429. Bezüglich der weiteren Entwicklung schreibt auch Zhao Suisheng: *„After the Tiananmen incident new authoritarianism evolved into a nationalistic response to the dissolution of the Soviet Union and Western sanctions against China. It became known as neoconservatism and dominated both intellectual and political circles for an extended period."* (Zhao 2004, S. 246.)
553 Lackner 1998b, S. 430.
554 Ibid., S. 428. Zu diesen zählten unter anderen Zhang Junmai (Carsun Zhang, 1887 – 1969), Qian Mu (1894 – 1990), Xu Fuguan (1902 – 1982) und Feng Youlan (1895 – 1990). In diesem Zusammenhang besonders interessant ist Qian Mu, auf den noch zurückgekommen wird.

Hier wird nun die These vertreten, dass der Nationalismus und Traditionalismus in der heutigen Volksrepublik China, der sich ja auch maßgeblich auf den oben vorgestellten Modernen Neokonfuzianismus stützt, damit letzten Endes auch auf Einflüsse aus der deutschen Geistesgeschichte zurückzuführen ist. Das bedeutet natürlich nicht, dass es sich um den Import deutscher Philosophie oder gar des deutschen Nationalismus in Reinform gehandelt habe. Das Konglomerat von Nationalismus, Kulturalismus und Traditionalismus im heutigen chinesischen Kulturraum lässt sich auf keinen Fall mit einer solch einfachen Kausalerklärung motivieren.[555] Daher muss, um den Zusammenhang zwischen dem Modernen Neokonfuzianismus und der deutschen Ideologie deutlich machen zu können, an dieser Stelle ein kurzer Exkurs eingefügt werden.

Der taiwanische Historiker Hu Chang-tze geht in Deutsche *Ideologie und politische Kultur Chinas*[556] davon aus, dass die deutsche Ideologie des späten 19. und frühen 20. Jahrhunderts auch in anderen Ländern, deren soziale und politische Strukturen Parallelen zu denen des damaligen Deutschland aufwiesen, Anerkennung gefunden habe.[557] Insbesondere interessiert ihn, wie deutsche Ideologie in den 1920er- bis 1940er-Jahren von den chinesischen Intellektuellen vor dem Hintergrund des Wunsches nach dem Aufbau eines starken Nationalstaats und der gestaltenden Partizipation an diesem rezipiert wurde.[558]

Hu zeigt im Denken des Historikers Qian Mu (1895 – 1990), der zu den Modernen Neokonfuzianern zu rechnen ist, und dessen Ideen heute auch in der Volksrepublik China eine Rolle zu spielen beginnen, Parallelen zum Denken und der historistischen Geschichtsschreibung im Deutschland des 19. Jahrhunderts auf.[559] Besonders attraktiv sei für die damalige chinesische Bildungselite – zu der Qian Mu sicherlich hinzuzuzählen ist – der deutsche Begriff der „*Kulturnation*"[560] gewesen.

---

555 Hier soll nochmals ausdrücklich auf die einleitenden Bemerkungen zu diesem Kapitel hingewiesen werden, in denen dargelegt wird, dass es sich bei diesen Phänomenen um eine höchst undurchschaubare Gemengelage handelt, in der sich häufig auch widersprüchliche Standpunkte und Konzepte vermischen. So gilt im übertragenen Sinne das, was Hagen Schulze über die deutsche Nationalbewegung schreibt, auch für China: „*Kaum ein Phänomen der neueren deutschen Geschichte ist so vielgestaltig, so proteusartig verschwommen wie die deutsche Nationalbewegung [...].*" (Schulze, Hagen (1992): *Der Weg zum Nationalstaat. Die deutsche Nationalbewegung vom 18. Jahrhundert bis zu Reichsgründung.* München: dtv, S. 7.)
556 Hu 1983.
557 Beispielsweise war auch der Einfluss Preußens auf das meijizeitliche Japan sehr groß (vgl. Thompson, Mark R.: „Das Schicksal eines südostasiatischen Selbstbehauptungsdiskurses: ‚Asiatische Werte' nach der Wirtschaftskrise und den Terroranschlägen", in: Lackner, Michael [Hg.] (2008a): *Zwischen Selbstbestimmung und Selbstbehauptung. Ostasiatische Diskurse des 20. und 21. Jahrhunderts.* Neue China Studien 1. Baden Baden: Nomos, S. 398 – 415, hier S. 404ff.).
558 Vgl. ibid., S. 221. Die folgende Darstellung orientiert sich an 155ff.
559 Vgl. ibid., S. 154.
560 Vgl. ibid., passim. Hinweise hierzu bei Mou Zongsan, ebenfalls ein bedeutender Vertreter des Modernen Neokonfuzianismus, vgl. auch Lehmann, Olf (2003): *Zur moralmetaphysischen Grundlegung einer konfuzianischen Moderne. ‚Philosophierung' der Tradition und ‚Konfuzi-*

Bei der Berufung auf diesen Gedanken habe es sich für das bildungselitär eingestellte Bürgertum um den Versuch der Selbstlegitimierung im postrevolutionären China des frühen 20. Jahrhunderts gehandelt. Man habe als Trägerschicht dieser für die Nation unabdingbaren Kultur mehr Partizipationsmöglichkeiten gefordert und erhalten und sei dabei eine ideologische Allianz mit der Guomindang eingegangen.

Der im Kontext von Qian Mus Historiographie zentrale Gedanke der „*Kulturnation*" könne, so Hu, genetisch-funktional unter mehreren sozio-politischen Aspekten gesehen werden. In Deutschland habe das deutsche Bildungsbürgertum damit zum einen seinen Kampf gegen die Privilegien des Adels legitimiert; zum anderen sei mit diesem Begriff die gesellschaftliche und nationale Integration betont worden, und schließlich habe man sich dadurch als eine spezifische Wesenheit von anderen Nationen abgegrenzt, was zudem auch der weltanschaulichen Rechtfertigung des herrschenden politischen Systems diente.[561] Der Historismus wird von Hu als Phänomen der Frühindustrialisierung „*und [...] verbunden mit der Überwindung einer Kulturkrise sowie dem Bewußtsein über ein Defizit an Nationalstaatbildung*" angesehen, wobei die historistische Geschichtsschreibung von ihm demgemäß als die „*historische Rechtfertigung der bildungsbürgerlichen Ideologie – des kulturnationalen Gedankens [...]*" betrachtet wird.[562]

Die Ursachen für die Wirkung der historistischen Gedanken bzw. der *Idee der Kulturnation* in China sieht Hu darin, dass die in der zweiten Dekade des 20. Jahrhunderts erfolgte Rezeption des deutschen Idealismus und Nationalismus durch die kleine, aber doch sehr einflussreiche Schicht des Bildungsbürgertums sowie durch die Vorläufer der modernen neokonfuzianischen Denker eine Gegenbewegung zum Szientizismus bzw. der radikalen Traditionskritik von chinesischen Intellektuellen wie Hu Shi (胡适, 1891 – 1962) und Gu Jiegang (顾颉刚, 1893 – 1980) sowie eine Wendung hin zu einem kulturalistisch legitimierten Nationalstaatsgedanken gewesen seien, welche Begriffe wie „*Werte*" und „*freier Wille*" betont habe.[563] Diese Ideologie sei von der Guomindang-Regierung weitgehend übernommen worden, was auch dazu geführt habe, dass beispielsweise die in eben diese Richtung gehenden Gedanken des ehemaligen preußischen Kultusministers Carl H. Becker 1932 in China lebhaft begrüßt wurden.[564] Becker war 1931 als Vorsitzender einer Experten-

---

anisierung' der Aufklärung bei Mou Zongsan. Mitteldeutsche Studien zu Ostasien 8. Leipzig: Leipziger Universitätsverlag, S. 22 und 29.

561 Der Widerspruch, der sich in dieser Analyse zwischen dem ersten Punkt, dem Kampf der Bürger gegen den Adel, und dem dritten Punkt, der Rechtfertigung des herrschenden Systems, auftut, kann hier aus Platzgründen nicht thematisiert werden. Man könnte zum Beispiel vermuten, dass dies ein Problem der Unüberschaubarkeit der komplexen sozialen, politischen und kulturellen Verhältnisse ist.
562 Hu 1983, S. 157.
563 Vgl. ibid., S. 158. Hier lassen sich Parallelen zum Kulturalismus und der Aufgabe der Beamtenschaft während der Kaiserzeit ziehen. Möglicherweise wirkte sich in dieser Bewegung auch eine Identifizierung mit der überkommenen, kulturalistisch geprägten Auffassung aus.
564 Becker vertrat die Ansicht, dass sich Staat und Kultur gegenseitig bedingten. „*Schon die Anfänge einer Kultur haben in ihrer Abgrenzung gegen andere Kulturen ein vorstaatliches, aber staatsähnliches soziologisches Formgebilde zur Voraussetzung. Auch in höheren Ent-*

delegation des Völkerbundes nach China gereist und hatte in seinen Vorschlägen zur Reformierung des chinesischen Schulsystems kulturnationales Denken propagiert.[565] Hu meint diesbezüglich:

> Der gesellschaftsintegrierende Bevormundungsgedanke und die anti-parlamentarischen und anti-kommunistischen, [sic] politischen Sonderwegsgedanken, die die Bildungselite befürwortete, wurden durch die Becker-Rezeption auch bewußter mit den national-kulturellen Argumenten gerechtfertigt [...].[566]

Hu stellt Qian Mus Entwicklung in den 20er- und 30er-Jahren in direkten Zusammenhang mit dem „*politische[n] Interesse der Bildungselite*", die mit einer neuen Geschichtsschreibung ihr „*politische[s] Denken rechtfertigen*" wollte.[567] Hu bringt mehrere Beispiele für „*den Bedarf einer neuen Geschichtsschreibung*" in der „*bildungselitären Mentalität*" der Republikzeit[568] und entdeckt in Qians Werk deutliche Einflüsse des deutschen Historismus:

> Die bildungselitäre Mentalität brachte den Bedarf mit sich, die politische Geschichte Chinas unter dem Gesichtspunkt der Entwicklung[569] zu interpretieren und sie an die Gegenwart anzu-

---

wicklungsstufen ist der Staat bestimmend für die Kultur, besonders dort, wo wie in Preußen der Staat von Anfang an ein großes Erziehungsinstitut gewesen ist." (Vgl. Becker, Carl Heinrich (1926): *Die pädagogische Akademie im Aufbau unseres nationalen Bildungswesens*. Leipzig: Quelle & Meyer, S. 9.) Nach der als Katastrophe empfundenen Niederlage im Ersten Weltkrieg sah Becker als einzige Möglichkeit der Rettung der deutschen Einheit, das Festhalten an der gemeinsamen Kultur, was in seinen Augen der „*Kulturpolitik in Deutschland eine ungeahnte Bedeutung*" verlieh (vgl. ibid., S. 11). Obschon er „*völkische*" Ideologien ablehnte (vgl. Becker 1926, S. 10), unterliegt sein Denken doch einem starker Zug zum Kulturalismus und zur Betonung des ‚Volkscharakters' (vgl. Becker, Carl Heinrich (1919): Gedanken zur Hochschulreform. Leipzig: Quelle & Meyer, S. 1ff., wo er sich über das Verhältnis von Volkscharakter und Wissenschaft auslässt). Ebenfalls zum Thema: Kuß, Susanne (2005): *Der Völkerbund und China. Technische Kooperation und deutsche Berater 1928 – 34*. Berliner China-Studien 45. Münster: LIT Verlag, besonders S. 172 – 214.

565 Vgl. Hu 1983, S. 62 und 159.
566 Ibid., S. 159. Im gleichen Sinne schreibt Susanne Kuß: „*Nachdem der Bericht der Völkerbundskommission über das chinesische Erziehungswesen, der in allen wesentlichen Punkten Beckers Handschrift trug, im Sommer 1932 erschienen war, provozierte er vor allem in China und in Amerika vielfältige Reaktionen. Während er von einem Teil der chinesischen Regierung mit Beifall aufgenommen wurde, weil sich die Idee des gerechtfertigten Führungsanspruches einer kleinen Elite gut mit den Machtambitionen der Guomindang verbinden ließ, reagierten die chinesischen Intellektuellen zurückhaltender*." Kuß, Susanne [Hg.] (2004): *Carl-Heinrich Becker in China. Reisebriefe des ehemaligen preußischen Kultusministers 1931/32*. Berliner China-Studien / Quellen und Dokumente. Münster: LIT Verlag, S. 46f.
567 Hu 1983, S. 118.
568 Ibid., S. 119.
569 Dies ist laut Hu, der hier Jörn Rüsens Typologie des historischen Erzählens folgt, ein Charakteristikum des Historismus (vgl. ibid., S. 7f)

schließen. Das Werk "Grundriß der Staatsgeschichte (Chinas)" ("Kuo-shih ta-gang") von Ch'ien Mu ist eine Folge dieses Bedarfs.[570]

An dieser Stelle muss auf den Modernen Neokonfuzianismus zurückgekommen werden. Anschließend an die Ideen der Vorläufer des modernen Neokonfuzianismus aus den 20er- bis 40er-Jahren, die sich im oben geschilderten Klima kulturnationalistischer Rettungsideen gebildet hatten, publizierten Mou Zongsan (1909 – 1995), Tang Junyi (1909 – 1978), Xu Fuguan und Zhang Junmai 1958 in Hong Kong ein *„an die Welt gerichtetes Manifest über die Bedeutung der chinesischen Kultur"*[571]. Dieses richtete sich gegen die nach Ansicht der Verfasser von den Kommunisten ausgehende Bedrohung der Kultur Chinas. Die Urheber dieser Denkrichtung sahen sich – nach Konfuzius und den Neokonfuzianern des 11. und 12. nachchristlichen Jahrhunderts – selbst als die *„dritte Generation des Konfuzianismus schlechthin"* an.[572] Inhaltlich charakterisiert Lackner diese Schule wie folgt:

> Messianischer Anspruch verbindet sich hier mit einer Fundamentalkritik an gewissen Denk- und Lebensformen des Westens, die das chinesische Selbstbewußtsein vom Trauma der Modernisierung und dessen Folge, einem nationalen Minderwertigkeitskomplex, erlösen will.[573]

---

570 Ibid., S. 119. Zur Frage, wie andere Konzeptionen von historischer Zeit für die Entwicklung nationalistischer Ideen von Bedeutung sind, ist das Buch *Rescuing History from the Nation* von Prasenjit Duara (Duara 1995) von großem Interesse. Duara sucht darin die Beziehungen zwischen den Konzepten von Nationalismus und Nationalstaaten und der Idee einer linearen evolutionär fortschreitenden Geschichte, deren Schreibung kausal argumentierend verfährt, zu erforschen. Diese Form der Geschichtsbetrachtung führt er auf den Hegel'schen Gedanken der Entfaltung des Selbstbewusstseins im Staat zurück (vgl. ibid., S. 17f. et passim). Hegels Gedanken seien, z.B. über die Vermittlung von Marx, in China sehr einflussreich geworden (vgl. ibid., S. 23ff.).

571 Lackner 1998b, S. 429. Mit dem Thema der Konstruktion des ‚Konfuzianismus' als dem Vertreter des offiziellen chinesischen Denkens überhaupt befasst sich Lionel M. Jensen in seinem Werk *Manufacturing Confucianism. Chinese Traditions and Universal Civilization*, in dem er feststellt, dass sich das Bild vom Konfuzianismus, wie wir ihn heute kennen, sowohl in China als auch im Westen aus dem Kontakt zwischen den beiden in der heutigen Zeit entwickelt habe. Dabei sei insbesondere die Rolle der Jesuiten von größter Bedeutung gewesen. Jensen schreibt: „*Confucianism has long been considered the definite ethos of the Chinese [...]. Indeed, the term "Confucianism" has performed such varied service as a charter concept of Chinese culture for the West that is has become indistinguishable from what it signifies – China [...].*
In this particularity of reference also lies Confucianism's universality, for in its (Jesuit-created) role as a bearer of China's significance it was drawn into a seventeenth-century debate over truth, God, and representation that has continued to shape the cultural self-image of the West. Moreover, during the last century the linked history of Confucianism and Western thought has informed Chinese struggles to define culture, history and identity by intellectuals [...]." (Jensen, Lionel M. (1997): *Manufacturing Confucianism. Chinese Tradition and Universal Civilization*. Durham/London: Duke University Press, S. 4.) Allerdings stellt sich die Frage, ob sich Jensens Thesen in dieser radikalen Form halten lassen.

572 Lackner 1998b, S. 429.
573 Ibid., S. 429.

Hier schließt sich der Kreis dieser Darstellung. Denn im Rahmen der pragmatisch motivierten Rückbesinnung auf die Tradition seitens der Führungsriege der KPCh nach dem Beginn der Öffnungs- und Reformpolitik kam es zu Kontakten zwischen den ehemaligen ‚Erzfeinden' und einen Zugriff auf deren Ideen seitens der kommunistischen Propaganda. Besonders aktiv in der „*Rückvermittlung*" konfuzianischer – in diesem Falle moderner neokonfuzianischer – Ideen aufs Festland war damals der hauptsächlich in Havard tätige Neokonfuzianer Tu Wei-ming (杜維明, *Du Weiming*, 1940 –), der sich seit 1978 als Gast in China regelmäßig für eine Neubewertung des Konfuzianismus einsetzte.[574] Man kann davon ausgehen, dass seine Bemühungen ab der Mitte der 80er-Jahre tatsächlich Früchte trugen, wenngleich sich dies bereits in den vorangegangenen Jahren abgezeichnet haben dürfte.

Zusammenfassend lässt sich sagen, die Rezeption der modernen Neokonfuzianer wie etwa Qians oder Mous ließe demnach die These zu, der aktuelle nationalistisch-traditionalistische Diskurs in China sei indirekt auch durch deutsche nationalistische Diskurse beeinflusst worden. Zumindest sind deren Einflüsse nicht von der Hand zu weisen. Der Weg verlief dabei von der Rezeption deutscher Philosophie und Ideologie in der chinesischen Republikzeit durch die Vorläufer des Modernen Neokonfuzianismus zunächst über deren Exilstätten in Taiwan und Hong Kong, wohin sich z.B. Qian Mu, Mou Zongsan oder Xu Fuguan 1949 nach der Machtübernahme durch die Kommunisten zurückgezogen hatten. Dort bauten sie ihre Lehre aus, die dann Mitte der 80er-Jahre des 20. Jahrhunderts vor allem durch Auslandschinesen in die Volksrepublik reimportiert wurde. Damit hatte sich letzten Endes die Kommunistische Partei eines Diskurses bemächtigt, der *„paradoxerweise von nicht- bzw. antikommunistischen Intellektuellen initiiert wurde und mit zunächst ganz anderen Zielen verbunden war."*[575]

Hier soll nun allerdings nicht der Eindruck entstehen, dass die neokonfuzianische Ideologie China und die herrschende KPCh ‚übernommen' hätte. Es kam vielmehr zu einer selektiven Übernahme von brauchbaren Konzepten, die auch durch die ansässigen Wissenschaftler mitgetragen und befördert wurde.[576] Der Neokonfuzianismus kann in diesem Zusammenhang als „*Entwicklungsideologie*" gesehen werden, mit der die Modernisierung der VR China vorangetrieben werden konnte, wobei sie als Beweis dafür herhalten musste, dass die traditionelle Verfasstheit der chinesischen Kultur einer Demokratisierung im westlich-liberalen Sinne aus den verschiedensten Gründen im Wege stehe.[577]

---

574 Vgl. ibid., S. 428.
575 Ibid., S. 431.
576 Vgl. Kurtz 2008, passim insbesondere S. 231.
577 In diesem Sinne vgl. Thompson 2008, passim, insbesondere S. 400f.

Die ideologische Vereinnahmung von Sunzi bingfa

Seit der Kulturrevolution waren Sunzi und sein Werk einem dramatischen Bedeutungswandel unterworfen, der durchaus stellvertretend für die Entwicklung in der Volksrepublik China und den dort stattfindenden zunehmenden ideologischen Wandel gesehen werden kann. Die Ausdrucksformen dieses Sunzi-Diskurses waren lange durch eine sehr allusive, d.h. anspielende Kommunikation geprägt. Dies gilt vor allem für die Zeit während der Kulturrevolution, aber auch der Modernisierung, in der anhand von Sunzi-Zitaten neue Konzepte eingeführt und – als quasi immer schon indigenes chinesisches Denken – legitimiert wurden.[578]

Martin Krott weist in der Einleitung zu seiner Übersetzung von Deng Xiaopings programmatischen Dokumenten zu Chinas Zukunft aus dem Jahre 1975 darauf hin, dass, dessen Schriften über seine Pläne bezüglich der Zukunft Chinas von *„kaum zu überbietender Doppelbödigkeit"* seien. Da sie mitten im Fraktionskampf gegen die ‚Viererbande'[579] um Jiang Qing und die radikalen Kräfte in der KPCh, also zu einem Zeitpunkt als Dengs Machtbasis stark gefährdet war, entstanden seien, sei größte Vorsicht bei den Formulierungen geboten gewesen, so dass sich

> die Autoren stilistisch nicht nur nahezu Wort für Wort mit Máo-Formulierungen und -Zitierungen absichern, sondern dazu noch die in den Medien seit der Kulturrevolution vorherrschenden linken Kampfvokabeln durch hinterhältige Uminterpretierung für den pragmatischen Kurs einzuspannen versuchen.[580]

578 Der bereits erwähnte Sinologe François Jullien stellt in seinem Werk *Umweg und Zugang. Strategien des Sinns in China und Griechenland* fest, dass diese – für China sehr typische – Form des anspielenden Darstellens und Kritisierens zwar die Möglichkeit biete, Kritik zu üben, ohne dabei die kritisierte Person bloßzustellen und sich so unangreifbar zu machen, aber andererseits echte Kritik und demokratische Auseinandersetzungen unmöglich mache. Mit dem Thema Kritik beschäftigt sich aus den unterschiedlichsten Perspektiven auch der hochinteressante Sammelband *Kritik im alten und modernen China*. In seinem Beitrag charakterisierte Thomas Zimmer das Verhältnis in China zu Kritik mit dem sehr treffenden Diktum: *„Dies bestätigt die Erfahrung von vielen in China: dass hier offene Kritik möglich ist, sofern sie nicht öffentlich gemacht wird und dass öffentlich Vorgetragenes keine offene Kritik sein darf."* (Zimmer, Thomas: „Vom furchtlosen Kritiker zur literarischen Figur. Der historische Hai Rui 海瑞 (1514 – 1587) und seine Bedeutung in China nach 1949", in: Roetz, Heiner [Hg.] (2006): *Kritik im alten und modernen China*. Jahrbuch der Deutschen Vereinigung für Chinastudien 2. Wiesbaden: Harrassowitz. S. 238 – 250, hier S. 250.)
579 Zu der später von ihren Gegnern als ‚Viererbande' bezeichneten Gruppe von Führungsgestalten des ultralinken Flügels der KPCh in der Mao-Zeit gehörten außer der Mao-Gattin Jiang Qing (江青, 1914 – 1991) noch Zhang Chunqiao (张春桥, 1917 – 2005), Yao Wenyuan (姚文元, 1931 –2005) und Wang Hongwen (王洪文, 1935 – 1982).
580 Krott, Martin (1978): *Programm für Chinas Zukunft. Deng Xiaopings Dokumente zur Lage der Nation auf dem Höhepunkt des Machtkampfs 1975. Übersetzung und Kommentar.* 2. erweiterte Auflage. Mitteilungen des Instituts für Asienkunde Hamburg Nummer 95. Hamburg: Institut für Asienkunde, S. 6. Zu dieser Kommunikations-Taktik vgl. auch den ersten Abschnitt des vorhergehenden Kapitels. In Krotts Darstellung („*kaum zu überbietende Doppelbödigkeit*" „… durch **hinterhältige** Uminterpretierung für den **pragmatischen Kurs** einzu-

Hier zeigt sich das bereits das für den aktuellen chinesischen Nationalismus konstatierte Phänomen, dass Kritik sich des Vokabulars der Kritisierten bedient, um keine Angriffsflächen zu bieten.[581] Um dies am Beispiel zu verdeutlichen soll zunächst kurz die kommunistische Rezeptionsgeschichte von *Sunzi bingfa* angerissen werden.

Die kommunistische Beschäftigung mit *Sunzi bingfa* lässt sich vermutlich auf die Mitte der 30er-Jahre des letzten Jahrhunderts datieren. Bereits in der prägenden Phase von Yan'an wurde *Sunzi bingfa* wertgeschätzt, und Mao Zedong selbst soll das Werk studiert haben. Zumindest zeigte er Interesse daran, weshalb er 1936 eine *Sunzi bingfa*-Ausgabe von Mitarbeitern in Xi'an anforderte. Guo Huaruo, einer seiner Kampfgenossen, stufte *Sunzi bingfa* als frühes Beispiel des „*Einfachen Materialismus und der Dialektik*" ein,[582] was das Werk in kommunistischen Kreisen akzeptabel machte. Diese Qualifizierung ist bis heute in einem Teil der chinesischen Literatur zu *Sunzi bingfa* zu finden.

In den Jahren nach der Gründung der Volksrepublik ließ das Interesse am Thema offenbar nach, denn es wurden nur relativ wenige Publikationen – sowohl im Bereich der Monographien als auch der Aufsätze – über *Sunzi bingfa* publiziert. Die Beschäftigung mit Sunzi beschränkte sich ohnehin zunächst auf politische bzw. militärisch-strategische Gesichtspunkte. Daran änderte sich bis in die 70er-Jahre nicht allzu viel. Kurz vor und zu Beginn der Kulturrevolution waren dann in der Volksrepublik gar keine Publikationen zum Thema mehr zu verzeichnen.[583]

---

spannen ...") zeigt sich eine an die Position der ‚Viererbande' angelehnte Perspektive (Hervorhebungen TK). Hier scheint sich Krott, mehr oder minder bewusst, an die Terminologie (und damit auch das Denken) dieser Fraktion der KPCh-Führung zu halten. Vgl. hierzu Harro von Sengers Aussage (FN 615), die westliche Sinologie habe das Vokabular der ‚Viererbande' bezüglich Dengs übernommen.

581 Man kann sich aber auch die Frage stellen, inwiefern dieses allusive Kommunizieren tatsächlich ‚typisch chinesisch' ist, wenngleich nicht geleugnet werden soll, dass dieses in der chinesischen politischen Kommunikation stets eine eminente Rolle spielte und auch heute noch spielen mag. Aber schließlich findet und fand indirekte Kritik und Kommunikation auch häufig in Europa, und zwar vor allem dort, wo Diktatur und Despotie herrschten. Ist diese Kommunikationsform also nicht mindestens bis zu einem gewissen Punkt auch auf die tyrannischen, unfreien Umstände zurückzuführen? Und ist eine solche Essenzialisierung ‚chinesischer Kommunikation' nicht auch eine Kapitulation vor den bestehenden Verhältnissen seitens sowohl der chinesischen als auch der westlichen Beobachter?
Als ein rezentes Beispiel für eine solche indirekte politische Kommunikation außerhalb Chinas, die aber massiven Einfluss auf China hatte, wäre die von Werner Meißner dargestellte Diskussion über den dialektischen Materialismus im Sowjetrussland der 1930er-Jahre anzusehen, in der sich hinter den philosophischen Chiffren klare Positionierungen zu bestimmten politischen Grundsatzentscheidungen verbargen, die für Eingeweihte leicht zu entschlüsseln waren. So könnte man sagen, dies gelte eben auch für die ‚Schüler' der Sowjets, die chinesischen Kommunisten, und diese hätten diese Form der Kommunikation von jenen erlernt (vgl. Meißner, Werner (1986): *Philosophie und Politik in China – Die Kontroverse über den dialektischen Materialismus in den 30er Jahren*. München: Fink, 13ff.).
582 Die Formulierung lautete: 朴素唯物主义与辩证法 (*pusu weiwuzhuyi yu bianzhengfa*) „*Einfacher Materialismus und Dialektik*".
583 Dem steht allerdings eine ganze Reihe von Publikationen in Taiwan während der 60er-Jahre gegenüber, vgl. SXWT S. 191ff. sowie 380ff.

Eine erneute intensivere Beschäftigung mit dem Werk in der Volksrepublik korreliert zeitlich mit den sensationellen Funden von Yinqueshan, bei dem 1972 in hanzeitlichen Gräbern in Shandong Versionen von *Sunzi bingfa* und *Sun Bin bingfa* sowie andere Texte gefunden wurden, die in der westlichen Han-Zeit (206 v. Chr. – 24 n. Chr.) bereits existent gewesen waren. Kurz darauf, in der Endphase der Kulturrevolution, kam es zu einem ideologischen Intermezzo in dem Sunzi, zusammen mit vielen anderen Denkern der chinesischen Antike als legistischer Denker und Gegner des Konfuzianismus ausgedeutet und damit zur Speerspitze der damaligen Progressiven in China erklärt wurde. Damit wurde er automatisch zu einer Figur, die gegen die ‚Reaktionäre und Kapitalisten' in der KPCh hochgehalten wurde. In den Jahren 1974 und 1975 wurde eine ganze Reihe von Artikeln über Sunzi und *Sunzi bingfa* mit eben dieser Stoßrichtung publiziert.[584] So begann ein halbseitiger Artikel in der *Guangming ribao* vom 31.10.1974 wie folgt:

> In der Frühlings- und Herbstperiode [770 – 476 vor Chr., TK] wandelte sich das Gesellschaftssystem in China vom Sklavenhaltertum zur Feudalgesellschaft. Damals lieferten sich die Konfuzianer, als Sachwalter der Sklavenhalterklasse und die Legisten als Vertreter der neu entstehenden Klasse der Grundbesitzer auf den Gebieten von Politik, Wirtschaft, Militärwesen und Weltanschauung erbitterte Kämpfe. *Sunzi bingfa* und *Sun Bin bingfa* sind Produkte eben dieses Kampfes. Indem sie das konterrevolutionäre militärische Denken der Konfuzianer heftig kritisierten, passten sie sich an die Anforderungen der neu entstehenden Grundbesitzerklasse an und setzten den gesellschaftlichen Reformbedarf in die Tat um.[585]

Dieses Intermezzo spielte sich während der Kampagne *Kritik an Lin Biao und Kritik an Konfuzius* (*pi Lin pi Kong*) in den Jahren 1974 und 1975 ab, in der zwar auf der Oberfläche Konfuzius sowie der 1971 angeblich mit einem Staatsstreich gescheiterte und unter mysteriösen Umständen umgekommene Stellvertreter Mao Zedongs und Oberbefehlshaber der Armee Lin Biao[586] kritisiert wurden. Eigentliche Zielscheiben der Kritik waren jedoch Zhou Enlai (1898 – 1976) und Deng Xiaoping (1904 – 1997), die im Gegensatz zu den radikalen Kräften um die Mao-Gattin Jiang Qing (1914 – 1991), das heißt der später so genannten *Viererbande*, standen und eine ökonomische Stabilisierung des Landes als das vordringlichste Ziel ansahen.

In dieser Kampagne, die offenbar auf Veranlassung Maos Ende 1973 begann, wurde von Anfang 1974 bis 1975 vordergründig massive Kritik an Lin Biao und Konfuzius geübt. Zudem wurden in diesem Zusammenhang der erste Kaiser von China Qin Shihuang und die Schule der Legisten als fortschrittlich gelobt. Auch aus

---

584 Vgl. SXWT S. 385ff.
585 张振福（1974）：从孙武孙膑兵法看儒法军事路线的斗争。《光明日报》，1974年10月31日 (*Zhang, Zhenfu: Cong Sun Wu Sun Bin bingfa kan ru fa junshi luxian douzheng. Guangming ribao*) [Den Kampf der militärischen Linien des Legismus und des Konfuzianismus unter dem Aspekt von Sun Wus und Sun Bins Kriegskunst. Guangming Tageszeitung vom 31.10.1974], Übersetzung TK.
586 Für eine ausführlichere Darstellung der Umstände von Lin Biaos Tod siehe: Spence 2001, S. 719ff.

Sunzi wurde ein Kämpfer gegen den Konfuzianismus. Der Gelehrte Wang Gungwu kommentierte dies mit den Worten:

> What was astonishing, however, was the revival of a traditional form of political discourse that specifically used the ancient to fight modern battles. It reached its highest form in the movement to criticize Lin Piao and Confucius.[587]

In den Rahmen der *pi Lin pi Kong*-Kampagne lässt sich eine ganze Reihe von Artikeln einordnen, die in den Jahren 1974 und 1975 in verschiedenen Zeitungen und Zeitschriften erschienen.[588] Die im Rahmen des offiziellen marxistischen Ge-

---

587 Wang, Gungwu (2003): *To act is to know: Chinese Dilemmas*. Eastern Universities Press: London/New York/Beijing et al. S. 165.
588 So publizierte Yang Bingyuan im Frühjahr 1974 in der *Zhengzhouer Universitätszeitung* den Text *Über Sunzis den Legismus ehrendes und den Konfuzianismus bekämpfendes Denken*. 杨丙元（1974）：论孙子的尊法反儒思想。《郑州大学学报》，1974年第3期 (*Yang, Bingyuan: Lun Sunzi zun fa fan ru sixiang. Zhengzhou daxue xuebao*) [Über Sunzis den Legismus ehrendes und den Konfuzianismus bekämpfendes Denken] (vgl. SXWT, S. 385). Bald darauf veröffentlichte Chen Guosheng den Text: *Sunzis legistisches Militärdenken – Sunzi bingfa lesen*. 陈国胜（1974）：孙子的法家军事思想——读《孙子兵法》。《安徽师大学报》，1974年第4期 (*Chen, Guosheng: Sunzi de fajia junshi sixiang – du Sunzi bingfa. Anhui shida xuebao*) [Sunzis legistisches Militärdenken – Sunzi bingfa lesen] (vgl. SXWT, S. 385). Es folgten: Hong Jiayis *Sunzi bingfa lesen – Der Konflikt zwischen Konfuzianismus und Legismus im militärischen Denken der Chunqiu- und Zhanguo-Zeit* in der Nanjinger Hochschulzeitung 洪家义（1974）：读《孙子兵法》——春秋战国时期军事学上的儒法斗争。《南京大学学报》，1974年第5、6期合刊 (*Hong, Jiayi: Du Sunzi bingfa. Chunqiu zhanguo shiqi junshixue shang de rufa douzheng. Nanjing daxue xuebao*) [Sunzi bingfa lesen – Der Konflikt zwischen Konfuzianismus und Legismus im militärischen Denken der Chunqiu- und Zhanguo-Zeit] (vgl. SXWT, S. 385) sowie das von Ping Wu und Tan Shaopeng verfasste: *Das antike materialistische militärische Meisterwerk – Sunzi bingfa*, das im Oktober 1974 in der Tageszeitung *Guangxi ribao* gedruckt wurde. 平武、谭绍鹏（1974）：古代唯物主义的军事名著——《孙子兵法》。《广西日报》，1974年10月20日 (*Ping, Wu; Tan, Shaopeng: Gudai weiwuzhuyi de junshi mingzhu – Sunzi bingfa. Guangxi ribao*) [Das materialistische militärische Meisterwerk aus der Antike – Sunzi bingfa. Guangxi Tageszeitung] (vgl. SXWT, S. 386). Im gleichen Monat erschien in der Tageszeitung *Guangming ribao* ein Artikel von Zhang Zhenfu mit dem Titel *Den Kampf der militärischen Linien des Legismus und des Konfuzianismus unter dem Aspekt von Sun Wus und Sun Bins Kriegskunst* (Zhang 1974, vgl. SXWT, S. 386). Zu Beginn des Jahres 1975 brachte die Bewertungsgruppe für den Legismus des Dritten Studienjahres der Fakultät für Chinesisch in der Zeitschrift *Akademie der Jugend* einen Text mit dem Titel: *Versuche über antikonfuzianische Tendenzen in* Sunzi bingfa heraus. 中文系三年级学员评法小组（1975）：试论《孙子兵法》的反儒倾向《青年师院》1975年第1期 (*Zhongwenxi sannianji xueyuan pingfa xiaozu: Shi lun Sunzi bingfa de fanru qingxiang. Qingnian shiyuan*) [Versuche über antikonfuzianische Tendenzen in Sunzi bingfa] (vgl. SXWT, S. 386). In der April-Ausgabe der Zeitschrift *Kulturgüter* publizierte Wu Shuping den Text *Sunzis legistisches Denken unter dem Aspekt der auf den Bambusstreifen aus dem Han-Grab von Yinqueshan entdeckten* Fragen von Wu. 吴树平（1975）：从银雀山汉墓竹简《吴问》看孙武的法家思想《文物》。1975年第4期 (*Wu, Shuping: Cong Yin-*

schichtsbildes in China operierende Argumentation lautete, die Legisten bzw. Sunzi seien im Gegensatz zu Konfuzius, der als Konservativer die Werte der zu seiner Zeit bereits im Abstieg befindlichen Klasse der Sklavenhalter vertreten habe, ein Sachwalter der damals aufstrebenden Grundbesitzerklasse gewesen. Bei diesen habe es sich zu jener Zeit um die fortschrittlichste Gesellschaftsgruppe gehandelt.[589] Diese Sichtweise wird mittlerweile allerdings nicht mehr vertreten. Denn im Rahmen des seit den 1980er-Jahren aufblühenden Kulturalismus wird nun auch Konfuzius in China unter die vorbildlichen ökonomischen Denker gezählt.[590]

Die Kritik in der *pi Lin pi Kong*-Kampagne ließ sich zwar den Angegriffenen nicht direkt zuordnen, doch war es für Eingeweihte relativ deutlich, auf wen sie sich bezog. Nach außen hin zeigte die Führung der Volksrepublik Einigkeit, sodass in der Berichterstattung eben jener offiziellen Publikationen, welche die Kampagne mittrugen, auch Zhou Enlai und Deng Xiaoping, also die in der Hauptsache angegriffenen Personen, in prominenter Position präsent waren.

---

queshan hanmu zhujian Wuwen kan Sun Wu de fajia sixiang. Wenwu) [Sunzis legistisches Denken unter dem Aspekt der auf den Bambusstreifen aus dem Han-Grab von Yinqueshan entdeckten *Fragen von Wu*] (vgl. SXWT, S. 387). Den Abschluss des Reigens bildete ein Artikel in der *Guangming ribao* vom 8. Mai des Jahres 1975 mit dem Titel *Über Sunzis legistisches Denken*, der von der Theoriegruppe der Arbeiterschaft der Neunten Druckfabrik Peking verfasst worden war.
北京印刷九厂工人理论小组（1975）：论《孙子兵法》的法家思想。《光明日报》，1975年5月8日 (*Beijing Yinshua jiuchang gongren lilun xiaozu: Lun Sunzi bingfa de fajia sixiang. Guangming ribao*) [Über das legistische Denken in Sunzi bingfa. Guangming Tageszeitung vom 08.05.1975] (SXWT, S. 387). Als ein Nachzügler der *pi Lin pi Kong*-Kampagne kann das Werk *Sunzi bingfa übersetzt und kommentiert* angesehen werden, das im Februar 1976 herausgegeben wurde. In diesem Buch findet sich ebenfalls Kritik am konfuzianischen Denken. So wurde in den erläuternden Abschnitten nach jedem Kapitel zum einen der Inhalt des entsprechenden Kapitels wiedergegeben, und zum anderen „*Nachdruck auf die Analyse von und Kritik am konfuzianischen Denken gelegt*".
解放军3071部队，黑龙江大学中文系《孙子兵法》译注组译注（1976）：孙子兵法译注。黑龙江人民出版社。(*Jiefangjun 3071 budui, Heilongjiang daxue zhongwenxi Sunzi bingfa yizhuzu yizhu: Sunzi bingfa yizhu. Heilongjiang renmin chubanshe*) [Sunzi bingfa übersetzt und kommentiert] (vgl. SXWT, S. 198).

589 Zu Einzelheiten und Hintergründen dieser Kampagne siehe: Wang, 2003a, S. 193 – 231, sowie: Li, Kwok-sing; Lok, Mary [Übers.] (1995): *A Glossary of Political Terms of the People's Republic of China*. Hong Kong: Chinese University Press, S. 314 – 316 sowie:
吴庆彤（1998）：周恩来在"文化大革命"中。回忆总理同林彪、江青反革命集团的斗争。北京：中共党史出版社。(*Wu, Qingtong: Zhou Enlai zongli zai wenhua da geming zhong. Huiyi zongli tong Lin Biao, Jiang Qing fangeming jituan de douzheng. Beijing: Zhonggongdangshi chubanshe*) [Ministerpräsident Zhou Enlai während der Kulturrevolution: Erinnerungen an den Kampf von Ministerpräsident Zhou mit den konterrevolutionären Gruppen von Lin Biao und Jiang Qing], S. 152 – 172 sowie: Schmitt 1975.

590 Vgl. einen im Internet publizierten Artikel vom April 2006.
李娟：《论语》中的孔子经济思想与近代研究 (*Li, Juan: Lunyu zhong de Kongzi jingji sixiang yu xiandai yanjiu*) [Ökonomisches Denken in Kongzis Lunyu und dessen Erforschung heute] Quelle: http://economy.guoxue.com/article.php/8137 (Download: 02.09.07).

Es ist selbstverständlich nicht davon auszugehen, dass der Beginn der Kampagne einen unmittelbaren Bezug zu den Funden aus dem Han-Grab hatte; ohnehin stellte Sunzi in ihr nur eine Nebenfigur dar. Vielmehr kann man annehmen, dass die vermehrte Aufmerksamkeit, die Sunzi nach dem Fund zuteil wurde, dazu führte, dass seine Gestalt für die Zwecke der Kampagne ausgebeutet wurde. Mit dem Abebben der *pi Lin pi Kong*-Kampagne im Jahre 1975 fand diese Interpretation dann auch rasch ein Ende.

Sunzi als Programm und als Leitbild

Die Entwicklung der Gestalt Sunzis und ihrer Interpretation blieb allerdings nicht dabei stehen. Vielmehr wandelten sich in der postmaoistischen Zeit beide sehr rasch und sehr stark. So wurde *Sunzi bingfa* bzw. der ‚Autor' Sunzi nach der Einführung der wirtschaftlichen Öffnungspolitik im Jahre 1978, genauer gesagt spätestens ab dem Jahre 1984, als eine der Identifikationsfiguren eines staatsgelenkten Kapitalismus aufgebaut. Erste Andeutungen diesbezüglich finden sich bereits in den frühen 80er-Jahren.[591] Deng musste bei seinen Reformen anfangs gegen harten Widerstand seitens der radikalen Linken ankämpfen, wobei man davon ausgehen kann, dass sich die Verhältnisse in der Partei und den Betrieben nicht von einem Tag auf den anderen komplett umstülpen ließen. Vielmehr war ein gradueller Umdenkungs- und Umstrukturierungsprozess vonnöten. *Sunzi bingfa* dürfte dabei als ein geeignetes Instrument angesehen worden sein.

Um dies deutlicher zu machen, soll ein kleiner Exkurs in die 1970er-Jahre gemacht werden, als der Machtkampf zwischen Deng und den radikalen Parteilinken und der Ehefrau Maos Jiang Qing tobte. In diesem spielten die bereits erwähnten programmatischen Dokumente zur Zukunft Chinas eine wesentliche Rolle. Deng machte aus seinen Zielen zwar keinen großen Hehl, verließ aber mit seinen Formulierungen zumindest anfänglich nicht den festen Boden der maoistischen Ideologie und ‚verpackte' seine Gedanken in kulturrevolutionären Kampfvokabeln und Mao-Zitaten.[592] In dem Dokument *Über das allgemeine Programm für jegliche Arbeit der gesamten Partei und des gesamten Landes*[593] schreibt er beispielsweise:

---

591 So erwähnt Chen Bingfu in seinem Artikel *Die Geschichte des Managements in China ausgehend von Sunzi bingfa betrachten*, dass im Jahre 1981 der japanische Sunzi-Experte Murakami in der Zeitschrift *Renmin Zhongguo* (人民中国) die Bedeutung von in *Sunzi bingfa* enthaltenen Gedanken zum Personaleinsatz hervorhob. Außerdem berichtet Chen dort von einer Vortragsreise des US-Auslandschinesen Zhu Chuanqi im Jahre 1983, auf der dieser Ideen zu Sunzi und Business vorgestellt habe und die „*auf große Zustimmung gestoßen*" sei. (vgl. 陈炳富：从《孙子兵法》说到中国管理史。瞭望周刊1984。35。(*Chen, Bingfu: Cong Sunzi bingfa shuodao Zhongguo guanlishi. Liaowang zhoukan*) [Die Geschichte des Managements in China ausgehend von Sunzi bingfa betrachten. Ausblick 1984/35, S. 37].

592 Was er bis zu einem gewissen Grade auch später noch getan hat. Auch die heutigen Machthaber halten an der Gültigkeit der maoistischen Ideologie fest.

593 Krott 1978, S. 58ff.

> Der Vorsitzende Máo lehrte uns: "Unter den Massen gibt es im großen und ganzen überall drei Arten von Leuten: die relativ aktiven, diejenigen mit mittlerer Einstellung und die relativ Rückständigen." [...] Die Unterschiede zwischen den drei Gruppen von Menschen innerhalb der Arbeiterklasse stehen nicht ein für allemal unwandelbar fest, sondern es kann unter bestimmten Bedingungen ein Wechsel von der einen zur andern Gruppe geben. Wir "müssen fortwährend im Kampf hervorgetretene Aktivisten an die Stelle von schwächeren und verdorbenen Elementen im eisernen Kern setzen." Dies geschieht, um den Erfordernissen der Entwicklung von Revolutions- und Produktionskampf gerecht zu werden [...].[594]

Hier machen Deng und seine Redakteure geschickten Gebrauch von Maos Worten, um diese auf die Probleme in der Produktion anzuwenden. Denn wenngleich Deng auch stets penibel Revolutions- und Produktionskampf nebeneinander stellt und der Revolution das Primat einräumt,[595] so ist doch klar, worauf er hinaus will. In dieser Textstelle propagiert Deng *Konkurrenz-* und *Leistungsdenken*, was ihm u.a. seitens der radikalen Parteilinken heftige Kritik und seine zeitweilige Entmachtung einbrachte. An anderer Stelle schreibt Deng:

> Das Verantwortlichkeitssystem bildet das Herz der Vorschriften und Systeme für die Betriebe. Die Einrichtung eines Verantwortlichkeitssystems muss zu einem wichtigen Glied der Ausrichtung der Betriebsverwaltung werden.[596]

In einem weiteren Dokument zur Thematik der Modernisierung Chinas aus der gleichen Zeit mit dem Titel *Einige Fragen zur Beschleunigung der industriellen Entwicklung*[597] geht Deng auch auf das Thema Qualität ein. So verlangt er dort die Einrichtung und Einhaltung von Normen und Qualitätsstandards für die Produktion. Damit sind drei wichtige Elemente der neuen *Sozialistischen Marktwirtschaft mit chinesischen Besonderheiten* genannt: *Konkurrenz, Verantwortlichkeit* und *Qualität*. Diese drei Begriffe sollten in der frühen *Business Sunzi*-Literatur wieder auftauchen.

Den Beginn bei der Einführung von markt- und betriebswirtschaftlichem Denken mit Hilfe von *Sunzi bingfa* machte der Wirtschaftsexperte und Professor der Tianjiner Nankai-Universität Chen Bingfu. Überhaupt spielte Chen für die Einführung wirtschaftswissenschaftlicher Ideen in der Volksrepublik eine bedeutende Rolle.[598] Er stellte zu Beginn des Jahres 1984 *Sunzi bingfa* auf einer Konferenz als Vorbild für ökonomisches Denken in China vor und engagierte sich auch weiter für dieses Thema. Noch im gleichen Jahr erschien außerdem die erste *Business Sunzi*-Monographie der Volksrepublik, das Werk *Sunzi bingfa und Unternehmensmanage-*

---

594 Ibid., S. 69.
595 Vgl. ibid., S. 16ff., insbes. S. 28.
596 Ibid., S. 76.
597 Ibid., S. 85.
598 So forderte er in seinem Artikel *Die Geschichte des Managements in China ausgehend von Sunzi bingfa betrachten* eine systematisch aufgebaute chinesische Betriebswirtschaftslehre, die sich mit Ideen im Bereich des Managements, die es in China auch in früheren Zeiten bereits gegeben habe, auseinandersetzen sollte (vgl. Chen 1984, S. 37f.).

ment, welches bereits im Kapitel zur Genealogie von *Business Sunzi* besprochen wurde.[599]

Das Aufkommen dieser Literatur just zu dieser Zeit war gewiss kein Zufall. Sie legitimierte die Einführung von westlichem Business-Denken in der Übergangszeit hin zur Marktwirtschaft chinesisch-sozialistischer Prägung in der Volksrepublik. Die neuen Konzepte entsprachen jedoch nicht den bis dahin offiziell vertretenen Standpunkten. Daher wurden mit Hilfe des Vehikels *Sunzi bingfa* importierte Methoden und Ansichten als indigen chinesisch dargestellt, da diese ja schon vor Jahrtausenden in Sunzis Denken inhärent gewesen seien.[600] Die wesentliche Zielgruppe dürfte dabei das Management der bis dahin staatlich gelenkten Industrie gewesen sein; d.h. also die Führungskader, die auf die neuen Umstände vorbereitet und eingeschworen werden mussten. In der Tat beziehen sich viele *Business Sunzi*-Interpretationen jener Zeit auf die Begriffe *Organisation* und *Führung*, womit auch die persönliche Eignung der Manager ins Blickfeld rückte.

Ein Nebenaspekt war auch, dass *Sunzi bingfa* insbesondere vielen Militärs durchaus geläufig war, da die Beschäftigung mit dem Werk auch in den schlimmsten Jahren der Kulturrevolution politisch korrekt erschien, solange dabei den Maximen des Großen Vorsitzenden Mao gehuldigt wurde. Da viele der neuen Manager aus den Reihen des Militärs kamen, lag es vermutlich durchaus nahe, sich bei der Konzeptionierung und Ausarbeitung der neuen Ideen auf *Sunzi bingfa* zu berufen, das diesen ja bereits vertraut war. So heißt es in der Widmung des ersten *Business Sunzi*-Buches der Volksrepublik:

Für:

Jene, die mit aller Kraft *Sunzi bingfa* bei der Schaffung eines neuen Managements einsetzen;

Die Offiziere und Soldaten von heute und Manager von morgen;

Sowie alle diejenigen, die sich der Erforschung der chinesischen Managementlehre widmen.[601]

---

599 Einer der drei Autoren, Li Shijun (李世俊, geb. 1943), war ursprünglich Mitglied der Volksbefreiungsarmee, wandte sich aber 1978 wirtschaftlichen Aufgaben zu und nahm zum Zeitpunkt des Erscheinens des Buches eine wichtige Position in der Sonderwirtschaftszone Shenzhen ein. Es wird recht deutlich, dass auch damals enge Verbindungen zwischen Politik, Militär und Wirtschaft bestanden.
Bezeichnenderweise wurde im Jahr 1984 auch das Modell, mit dem in den späten 70er-Jahren die Wirtschaftsreformen eingeleitet worden waren, nämlich überschüssige Gewinne den Unternehmen direkt zur Verfügung zu stellen, auf die Industrie übertragen, sodass aus den Kadern Manager wurden, die auf Gewinn hinarbeiteten. Hierzu vgl. Fischer, Doris: „Chinas sozialistische Marktwirtschaft", in: *Informationen zu politischen Bildung 289, Volksrepublik China. 4. Quartal 2005*.
Quelle: www.bpb.de/publikationen/NAKFSP,O,O,Chinas_sozialistische_Marktwirtschaft.html. (Download am 12.09.2006).
600 Auch hier findet sich das Motiv des „*chinesischen Ursprungs der westlichen Lehren*" (西学中原, *xi xue zhong yuan*).
601 Li et al. 1984, Innenseite des Frontispiz.

In dem Übernahmeprozess kapitalistischer Ideen und Handlungsformen, die Meißner mit dem Begriff der partiellen Modernisierung beschrieben hat, war es für die Führung der KPCh von essenzieller Bedeutung, die Kontrolle über das Geschehen zu behalten. So schrieb der Sozialwissenschaftler Yan Qinmin im Jahre 1984 in seinem Artikel *Sunzi bingfa und Unternehmensmanagement*:

> Die *Sozialistische Managementlehre mit chinesischen Besonderheiten* hingegen wird gerade begründet. Hierbei müssen wir nicht nur die in China bereits vorhandenen Erfahrungen zusammenfassen und die Erfahrungen des Auslands entlehnen, sondern dürfen auch das reiche kulturelle Erbe unseres Vaterlandes nicht vergessen. Nur durch kritische Übernahme kann Fortschritt geschaffen werden. Von daher verdient *Sunzi bingfa* unsere Beachtung.[602]

In dieser Mahnung zeigt sich der Versuch, das Übernahmegeschehen zu begrenzen, was mit der obenstehenden Interpretation der *Vier Modernisierungen* (四个现代化, *si ge xiandaihua*)[603] als partielle Modernisierung übereinstimmt. Die frühen *Business Sunzi*-Ausgaben aus der Volksrepublik in den mittleren und späten 80er-Jahren des 20. Jahrhunderts bezogen sich in ihren Einleitungen und Vorworten explizit auf die Modernisierungen. Die Nähe der Protagonisten des *Business Sunzi*-Gedankens in der Volksrepublik China während dieser Zeit zu den Kräften in der chinesischen Führung, die sich für Wirtschaftsreformen einsetzten, ist jedenfalls nicht zu übersehen. Man kann daher davon ausgehen, dass deren Wirken dem politischen Willen der damaligen Führung der KPCh entsprach, wenn es diesem nicht sogar die alleinige Existenz verdankte.

Was die von *Business Sunzi* damals transportierten Inhalte betrifft, mögen hier zwei Texte aus der Mitte der 80er-Jahre als Beispiele dienen. Der bereits erwähnte Chen Bingfu analysierte in einem Aufsatz aus dem Jahr 1985 *Sunzi bingfa* bezüglich seiner Verwendung in ökonomischen Kontexten.[604] Nachdem er aufgezeigt hatte, dass das Werk im Ausland, d.h. vor allem in Japan, den USA und Taiwan große Beachtung gefunden habe, kam er auf die damalige aktuelle Bedeutung des Werkes zu sprechen: Es handele sich bei dem Buch um ein antikes Werk zum Thema strategisches Denken, das Management-Wissen enthalte und zudem beim systematischen Denken in Projekten hilfreich sei. Daher sein großer Wert für das Management in China.

---

602 阎勤民：论《孙子兵法》与企业管理。In: 经济问题。一九八四年第十一期。(*Yan Qinmin: Lun Sunzi bingfa yu qiye guanli. Jingji wenti. 1984/11*) [Sunzi bingfa und Unternehmensmanagement, in: Probleme der Wirtschaft], S. 17 – 20, hier S. 17, Übersetzung TK.

603 Zu den *Vier Modernisierungen* vgl. Spence 2001, S. 767ff. Vgl. auch den Abschnitt *Einflüsse aus der deutschen Geistesgeschichte*.

604 Vgl. 陈炳富：现代管理与《孙子兵法》。In: 科技管理者一九八五年第一期 (*Chen, Bingfu: Xiandai guanli yu Sunzi bingfa. Keji guanlizhe. 1985/1*) [Modernes Management und Sunzi bingfa, in: Der Wissenschaftliche Manager], S. 39f. und 46, Übersetzung TK.

Bezüglich des strategischen Denkens in *Sunzi bingfa* geht er in die Einzelheiten: So schreibt er zum Thema der „*Fünf grundsätzlichen Prinzipien*"[605]: „*Das Dao kann man als die Ausrichtung des Management-Denkens betrachten.*" Die in *Sunzi bingfa* darauf folgenden *Sieben vor dem Kampf zu bedenkenden ‚Dinge'* ‚übersetzt' er ebenfalls in Termini betriebswirtschaftlichen Denkens. Aus „*Wessen Fürst hat das Dao?*" wird „*Welcher General (Manager) hat mehr Talent und persönliche Qualitäten?*"[606] Andere laut Chen wesentliche Bedingungen seien eine günstige geographische Lage des Unternehmens, eine straffe, effiziente Organisation, eine Belegschaft die gut (besser) informiert und ausgebildet sei und ein klares System von Belohnungen und Strafen. Hierbei wird anhand Chens Interpretation des antiken Kriegshandbuchs mehr oder minder unmerklich die Konkurrenzfähigkeit, ein Aspekt, der in der maoistischen Planwirtschaft keine große Rolle gespielt hatte, als zu beachtendes Konzept und als Wertmaßstab eingeführt. Alles in allem ein bemerkenswerter Vorgang, wenn man sich die damaligen Verhältnisse in der Volksrepublik vor Augen führt.

Ein weiterer in Chens Aufsatz betonter Aspekt ist die Personalauswahl, die seiner Ansicht nach in *Sunzi bingfa* eine große Rolle spiele, was auch daran zu sehen sei, wie wichtig dort das Thema *Jiang* (将, General) genommen werde. Zu den für die Auswahl eines guten Generals (d.h. Managers) wesentlichen Kriterien zählt er u.a. Verlässlichkeit, Fürsorglichkeit gegenüber den Untergebenen, Mut zum Wandel und Disziplin.

Auch in der ersten *Business Sunzi*-Monographie der Volksrepublik lassen sich deutliche Hinweise darauf finden, dass hier eine Umwälzung von oben stattfand. So befasst sich ein ganzes der vier Oberkapitel des Buches *Sunzi bingfa und Unternehmensmanagement* mit Fragen der Ausbildung und den Fähigkeiten von Leitungspersonen (领导素养的重要问题, *lingdao suyang de zhongyao wenti*). In der Einleitung dazu heißt es dazu:

> Der Sekretär des Parteikomitees einer Fabrik bestimmt deren gedanklich politische Ausrichtung, um so die Realisierung und die stetige Entwicklung der Leitlinien und Ziele zu garantieren. Daher muss er nach den Maßgaben der Revolutionierung, der Verjüngung, der Förderung der Intelligenz und der Spezialisierung passende Mitglieder für die Führungsgruppen auswählen, in denen dem Fabrikleiter (Manager) eine Schlüsselposition zukommt.[607]

---

605 Hierzu vgl. Kapitel 2. Es handelt sich um die *Fünf Faktoren*, die man untersuchen muss, um im Krieg erfolgreich zu sein.
606 Pikant ist hierbei, dass Chen den Fürsten und den General, die in *Sunzi bingfa* getrennt betrachtet werden, in einem zusammenfasst. Damit vermeidet er vermutlich eine mögliche störende Kritik, die an Sunzis feudalistischem Führer-Denken geübt werden könnte, wie diese in den (ansonsten Sunzi positiv gegenüberstehenden) Publikationen während der *pi Lin pi Kong*-Kampagne während der Kulturrevolution geübt wurde. Man sieht, es gibt in diesem Diskursbeitrag (und sicherlich nicht nur in diesem) fließende Übergänge und offene Hintertüren. Ibid., S. 40.
607 Li et al. 1984, S. 188. Hier wird deutlich, dass die politische Lenkung durch die Parteifunktionäre trotz aller Liberalisierung der Konzepte keineswegs infrage gestellt werden sollte.

Ebenfalls große Bedeutung misst Chen einem Regelsystem (oder System von Vorschriften) zu. Dazu schreibt er:

> In der ‚Kunst des Krieges' gibt es sowohl bei den Fünf Faktoren als auch bei den ‚Sieben Dingen' [die Kategorie der] Regel [法, *fa*], woran man die Bedeutung von Regeln in der ‚Kunst des Krieges' erkennen kann.[608]

Betrachtet man in diesem Zusammenhang die Kritik der Parteilinken an Dengs Ideen während des oben erwähnten Machtkampfes Mitte der 1970er-Jahre, wird die Bedeutung dieser Formulierungen noch klarer. So heißt es in der Shanghaier Zeitschrift *Studium und Kritik*, die Krott als „*Hauptpropagandaorgan der 'Viererbande'*"[609] bezeichnet:

> Dèng leugnet die führende Rolle des Arbeiters im Betrieb, wenn er ein "Verantwortlichkeitssystem" fordert. Die kapitalistische Betriebsverwaltung geht von der gegenseitigen Beziehung der Beherrschung und Ausbeutung zwischen den Kapitalisten und dem Arbeiter aus, die Vorschriften und Systeme sind so zahlreich wie Kuhhaare und ‚zwingen den Menschen zu sklavischer Arbeitsteilung'. Die westliche Bourgeoisie praktiziert ein Taylor-System, die bürokratisch-monopolistische Bourgeoisie des sowjetrevisionistischen Sozialimperialismus praktiziert 'Schezinov-Versuche', das sind Verwaltungssysteme, die so streng sind, daß selbst beim Pissen die Zeit gezählt wird. Der unverbesserliche Machthaber auf dem kapitalistischen Weg Dèng Xiǎopíng rumort: 'Jetzt werden Systeme praktiziert, da müssen die Forderungen wohl oder übel etwas strenger werden', will er im sozialistischen China ein Taylor-System oder 'Schezinov-Versuche' praktizieren?[610]

Man ist versucht, in Chens Sunzi-Interpretation eine Reaktion auf und die Nachklänge von jener – nur wenige Jahre zuvor noch mit erbitterter Heftigkeit geführten – Auseinandersetzungen zu sehen.

Auch der bereits erwähnte Yan Qinmin führt in seinem Artikel anhand von *Sunzi bingfa* etliche neue Begriffe ein. So sei der Utilitarismus (功利主义, *gonglizhuyi*) im Sunzi bereits angelegt, indem mit dem geringsten möglichen Aufwand der größte mögliche Nutzen erzielt werden solle, wofür er mehrere Beispiele gibt.[611] Im weiteren Text geht Yan zudem darauf ein, dass Sunzis Ideen sich auch im *ökonomischen Wertgesetz* wiederfänden, an dem sich die Manager bei der Produktionsplanung orientieren müssten. Auch dies war vor dem Hintergrund der landesweiten Planwirtschaft ein ‚neuer' Gedanke.

Ein weiterer besonders interessanter Aspekt seines Aufsatzes ist der Begriff der „*Entwicklung der Intelligenz*" (开发智力, *kaifa zhili*), der für den Autor bei Sunzi mit der „*Reduzierung der Truppen*" (减少战斗兵员, *jianshao zhandou bingyuan*)

608　Ibid., S. 40, Übersetzung TK.
609　Krott 1978, S. 36.
610　Ibid., S. 41.
611　Yan 1984, S. 17.

verbunden ist.⁶¹² Darin sieht Yan eine Tendenz der modernen Produktion. Der Hintergrund dieser Formulierungen ist nicht schwer zu erraten. Es ging offenkundig darum, sich langfristig der weniger ‚intelligenten' (überschüssigen) Mitarbeiter zu entledigen und die Staatsunternehmen zu ‚verschlanken'. In diese Richtung dürfte die im gleichen Text am Ende betonte Notwendigkeit gehen, die Form (形式, xingshi) des Unternehmens kreativ an den Wandel anzupassen.⁶¹³ Dass dies im damaligen China der *Eisernen Reisschüssel* eine geradezu revolutionäre (oder konterrevolutionäre – ganz nach Neigung) Neuerung war, ist ganz deutlich. Yan geht dann auch auf den bis heute wichtigen Begriff der *Qualität* (素质, suzhi) im Bereich der Industrie ein, den er mit die „*Fähigkeit, Gewinn zu machen, die Konkurrenzfähigkeit und die Wertschöpfungsfähigkeit*" definiert. Diese Ziele könnten, so Yan, aus Sunzis Abhandlung über die Kontrolle der Truppen auf die Wirtschaft übertragen werden.⁶¹⁴

An diesen Beispielen wird deutlich, dass hier ein Leitbild für die Führungskader erstellt wurde, anhand dessen diese sich in der neuen Situation selbst einordnen konnten, aber unter Umständen auch eingeordnet werden konnten. In diesen Zusammenhang passt auch das ausdrückliche Bekenntnis des Autors zur *Sozialistischen Managementlehre mit chinesischen Besonderheiten* und den *Vier Modernisierungen*. Es zeigt sich zudem die bereits fortgeschrittene ideologische Entleerung⁶¹⁵, die sich in den *Vier Modernisierungen* abzeichnete, und die für die KPCh zu massiven Legitimationsproblemen und der Katastrophe auf dem Tian'anmen-Platz führen sollte.

Man könnte nun die Frage stellen, wann der Umbruch von der ideologisch verbrämten, parteikontrollierten zur wildwüchsig kapitalistischen, von (kommunistischer) Ideologie freien Sunzi-Interpretation stattgefunden habe.⁶¹⁶ Möglicherweise

---

612 Ibid., S. 18.
613 Ibid., S. 20.
614 Vgl. ibid., S. 18.
615 Harro von Senger geht in seinem bereits genannten Werk *Moulüe- Supraplanung* davon aus, die von der KPCh vertretene sinomarxistische Ideologie sei weiterhin voll intakt und werde ihrer Funktion als Herrschaftsinstrument immer noch gerecht. Die, in der Tat in der Sinologie verbreitete Formel von der „*ideologischen Entleerung*" sei im Grunde nichts anderes, als die Übernahme der Kritik an Deng seitens der ‚Viererbande' im Jahre 1976 durch die westliche Sinologie (vgl. von Senger 2008, S. 73f). Für ihn ist dieser Wandel durch den Wechsel des Hauptwiderspruchs erklärlich (zum Hauptwiderspruch vgl. die FN 285 u. 364).
Allerdings stellt sich aus ‚westlicher Sicht' die Frage, ob ein solcher Wechsel des Hauptwiderspruchs, der offenbar als eine machterhaltende Strategieanpassung der KPCh zu sehen ist, nicht doch ideologische Beliebigkeit impliziert, und die Lehre von Grund-, Haupt- und Nebenwidersprüchen daher nicht als reines Machtinstrument gelten kann, in dem eine ‚Mantelideologie' quasi beliebig gefüllt werden kann. Man denke sich nur, Jiang Qings Fraktion hätte nach Maos Tod Deng ausgeschaltet, dann wäre die Entwicklung sicherlich eine andere gewesen, ließe sich aber trotzdem problemlos mit der Hauptwiderspruchslehre (bzw. -methode) erklären oder rechtfertigen.
616 Um ein eindeutig in die Kategorie Wildwuchs einzuordnendes Buch dürfte es sich beim dem im Jahre 1991 erschienen Buch *Sunzis Kriegskunst des Geldmachens* handeln. Leider ist es aufgrund der Struktur des chinesischen Buchmarktes kaum möglich, diesbezüglich systematische Studien zu treiben. Dennoch kann man gewiss davon ausgehen, dass der Sprung bereits

sollte man sich eher fragen, *wo* dieser Umbruch sich abzeichnet. Schließlich gibt es auch heute noch Stimmen, die vor einer zu freien Interpretation von *Sunzi bingfa* und damit vor einem allzu wildwüchsigen Kapitalismus warnen. So finden sich selbst in einer recht neuen Publikation zum Thema *Business Sunzi* Aussagen wie die folgende:

> *Sunzi bingfa* hat mittels der Methoden des Einfachen Materialismus und der Dialektik, von der Realität des Krieges ausgehend, die allgemeinen Gesetze des Krieges und die grundlegenden Regeln von Strategie und Taktik enthüllt und zusammengefasst. Gleichzeitig enthält das Werk tiefgründige Strategeme sowie **moralische und philosophische Inhalte** und transzendiert durch seinen kreativen Gehalt alle zeitgebundenen Denkweisen.[617]

Hier soll die These aufgestellt werden, dass der Sprung von der im Sinne der KPCh ideologisch motivierten Auffassung von *Sunzi bingfa* im Business hin zu einer ‚rein kapitalistischen' Verwendung eher an der Stelle zu suchen ist, an der sich der Fokus von der Einführung neuer Begrifflichkeiten sowie der Erstellung eines Leitbildes für den modernen sozialistischen Manager, also von seiner didaktisch-pädagogischen Funktion sowie seiner Aufgabe, neue Konzepte in China vorzustellen, entfernt und sich primär auf Aspekte der praktischen Anwendung richtet, wie sie mittlerweile in einer Vielzahl von *Business Sunzi*-Werken aufzufinden sind. Hierbei handelt es sich primär um Publikationen, die sich auf Beispiele von erfolgreichen bzw. erfolglosen Unternehmungen konzentrieren und weniger die Persönlichkeit des Managers oder die Notwendigkeit des Erlernens von neuen (bzw. westlichen) Management-Methoden in Vordergrund stellen. Man kann auch an der Form der Bücher deren ideologische Stellung bis zu einem gewissen Grade ablesen. Wie im folgenden Kapitel gezeigt wird, muss hierbei zwischen traditionelleren und moderneren Bauformen unterschieden werden.

Streng genommen könnte man den Beginn dieser Entwicklung im Grunde bereits ins Jahr 1986 legen, in dem die zweite *Business Sunzi*-Publikation in der VR China, Ye Zhonglings *Auswahl aus Sunzi bingfa und Lunyu zum Management-Denken*[618]

---

zu bzw. vor dem Erscheinen des Buches stattgefunden hat.
(Vgl. 林林（1991）：孙子赚钱兵法。中国国际广播出版社。(*Lin Lin: Sunzi zhuan qian bingfa. Zhongguo guoji guangbo chubanshe*) [Sunzis Kriegskunst des Geldmachens].) Dieses Buch wurde auf einer offiziellen Webseite von Zhao Haijun (赵海军) als Beispiel für die schädlichen Tendenzen in der Sunzi-Rezeption stark kritisiert (vgl. 在新的平台上进一步探讨孙子的文化属性 (*Zhao Haijun: Zai xin de pingtai shang jinyibu tantao Sunzi de wenhua shuxing*) [Sunzis kulturelle Zugehörigkeit auf einer höheren Stufe betrachtet] Quelle: http://cpc.people.com.cn/GB/34727/56414/56455/56498/4407472.html (Download: 29.07.07)).

617 Liu 2007, Vorwort S. I, Übersetzung und Hervorhebung TK.
618 叶钟灵：(1986)《孙子兵法》《论语》管理思想选辑。太原：山西人民出版社：山西省 新華書店。(*Ye, Zhongling: Sunzi bingfa, Lunyu guanli sixiang xuanji. Taiyuan: Shanxi renmin chubanshe: Shanxi Sheng xinhua shudian*) [Auswahl aus Sunzi bingfa und Lunyu zum Management-Denken].

erschien. Im Vorwort dieses Werkes findet sich schon keinerlei Erwähnung des politischen Hintergrundes mehr, und die *Vier Modernisierungen* tauchen überhaupt nicht auf. Vielmehr heißt es dort im Text, in dem vor allem von der Adaption westlichen Management-Wissens an die Verhältnisse in Japan die Rede ist:

> Wenn wir ein systematisches Management mit chinesischen Besonderheiten begründen wollen, müssen wir nicht nur fortschrittliches Management-Denken und Management-Techniken aus dem Ausland studieren, sondern auch Wert darauf legen, unsere kulturelle Schätze zu heben, um diese großartige Tradition hochzuhalten und fortzusetzen.[619]

Diese Entwicklung hat sich bis heute fortgesetzt und verstärkt.

Zusammenfassung: Sunzis ‚wunderbare' Wandlungen

Wenn man von der Ideologieproblematik an dieser Stelle einmal absieht und sich auf die Interpretation Sunzis konzentriert, lässt sich feststellen, dass diese in der Volksrepublik in den 70er- bis 80er-Jahren des zwanzigsten Jahrhundert eine extreme interpretatorische Kehrtwendung durchmachte: Sunzi entwickelte sich, wie gezeigt wurde, vom Kapitalistengegner der *pi Lin pi Kong*-Kampagne zum Vorbild für den Unternehmer im sozialistischen China. Die Notwendigkeit, unternehmerisches Wissen zu erwerben wurde damit gerechtfertigt, den Sozialismus in China gegen die Tücken der ausländischen Kapitalisten schützen zu müssen. Damit hatte das Ganze also so etwas wie eine prosozialistische Konnotation, die sich mit Sunzi auf einen „*nationalen von den Ahnen überlieferten Methodenschatz*"[620] berief. Interessanterweise klingt in der Formulierung des „*von den Ahnen überlieferten Methodenschatz*" das Motiv der Tradition an, das ja später noch weitaus mehr Bedeutung erlangen sollte. Denn schließlich war ja die Entwicklung bei weitem noch nicht abgeschlossen. Sunzi entwickelte sich im Verlauf der gesellschaftlichen Umwälzungen in China zu einer der Identifikationsfiguren des im Rahmen der *Patriotischen Erziehung* zusehends wachsenden Nationalismus und Traditionalismus in China.[621]

Gleichzeitig entglitt Sunzi infolge der medialen Explosion in der Volksrepublik im Laufe der 1990er- und 2000er-Jahre der Kontrolle der Partei, was sich in der immer stärker werdenden Betonung des Aspektes der Listigkeit gegenüber dem der Managerpersönlichkeit zeigte. So kam in den ersten Jahren des 21. Jahrhunderts eine

---

619 Ibid., S. 6.
620 Li et al. 1984, S. 12.
621 Jean François Billeter beschreibt, wie man sich in China seit den 90er-Jahren des 20. Jahrhunderts, ermuntert von der KPCh in Gestalt von Deng Xiaoping, daran gemacht habe, indem man sich vermehrt wieder traditionellen Themen und Inhalten zuwandte, „die Große Mauer wieder aufzubauen". Allerdings sei dies zu einem Einfalltor für den Obskurantismus geworden (vgl. Billeter 2000, S. 75ff.).

Vielzahl von *Sunzi bingfa*-Ausgaben auf den Markt, die ideologiefrei zu sein scheinen. Dabei handelte es sich für die KPCh um eine zweischneidige Entwicklung, da so die Gestalt Sunzis, indem sie sich der Fesseln der offiziellen Ideologie der KPCh entledigt, anderen Deutungen immer zugänglicher wird.

Man kann jedoch den ‚Sunzi-Kult' im heutigen China in den Zusammenhang von Traditionalismus und Nationalismus einordnen.[622] Diese konstruierte Tradition bildet die erklärte Grundlage für einen ‚chinesischen Weg' in die Moderne, der auf gesellschaftspolitischem Gebiet ohne westliche Konzepte wie Demokratie und Menschenrechte auskommt (bzw. auskommen soll).[623] Daraus folgt, dass, neben anderen Werken, *Sunzi bingfa* auch im zeitgenössischen China im Rahmen dieses Traditionalismusdiskurses eine systemerhaltende Funktion hat, wie dies beispielsweise von Klawitter festgestellt wurde.

Zusammenfassend kann man sagen, dass die Deutung von *Sunzi bingfa* und der Figur des Sunzi binnen 30 Jahren in China eine radikale Wandlung durchmachte. Galt er zu Beginn dieses Zeitraums, also während der Kulturrevolution, noch als antikonfuzianischer Vertreter eines frühen, „*Einfachen Materialismus*" und der Dialektik, so wurde er ab 1984 zur Galionsfigur eines staatsgelenkten Kapitalismus und entwickelte sich schließlich zu einer Identifikationsfigur für die in den letzten Jahren auch politisch erstarkende Gruppe der Unternehmer. Deren neue Stellung in Gesellschaft und Politik der Volksrepublik China zeigte sich am deutlichsten in der Aufnahme der Lehre der „*Drei Vertretungen*" Jiang Zemins in das Statut der KPCh im Jahre 2002, die mit einer Einladung an die Unternehmer verbunden war, der KPCh beizutreten, sowie der Aufnahme dieser Lehre in die Präambel der Verfas-

---

622 Für China wäre allerdings kritisch zu diskutieren, inwiefern die Tradition dort noch Verbindungen zur heutigen Situation aufweist, da starke Brüche mit der Vergangenheit und der Tradition stattgefunden haben. Die chinesische Kultur ist durch mehrere Faktoren von ihren Wurzeln abgeschnitten worden. Zum einen aufgrund der Aufgabe von *wenyan* als Schriftsprache als Folge der 4. Mai-Bewegung und zum anderen auch durch den umfangreichen Import von Konzepten und Lehnwörtern aus den westlichen Wissenschaften, vor allem über Japan. Diese dienen mittlerweile unter Umständen dazu, klassische chinesische Konzepte ins moderne Chinesisch zu übersetzen. So ist ein tiefergehender Zugang zur klassischen Philosophie und Wissenschaft und den klassischen Texten, wie beispielsweise *Sunzi bingfa*, auch für Chinesen erst mittels spezieller Studien möglich.

623 In diesem Zusammenhang soll nochmals auf die Kampagne zur Patriotischen Erziehung verweisen werden. Diese hatte auch das Ziel, durch eine essenzialistische Darstellung Chinas und seiner Kultur die Unterschiede zu anderen (d.h. vor allem zu den westlichen) Kulturen zu betonen und damit den ‚chinesischen Weg' (der in diesem Falle primär der Weg der KPCh gewesen sein dürfte) als den einzig möglichen aufzuzeigen (vgl. Zhao 2004, S. 223). Im Übrigen hatte auch schon Chiang Kai-sheks Guomindang in den 1930er-Jahren in ähnlicher Weise versucht, die chinesische Kultur in der *Bewegung Neues Leben* (新生活, *xin shenghuo*) für Herrschaftszwecke zu instrumentalisieren (vgl. Xu, Xiaoqun: „National Salvation and Cultural Reconstruction: Shanghai Professor's Response to the National Crisis in the 1930s", in: Wei, C.X. George; Liu, Xiaoyuan [Hg.] (2001): *Chinese Nationalism in Perspective. Historical and Recent Cases*. Westport/London: Greenwood Press, S. 53ff., insbesondere S. 63ff.).

sung der Volksrepublik im Jahre 2004.[624] Ihre ideologische Versabilität und Vieldeutigkeit macht die Betrachtung von *Business Sunzi* insofern interessant, als sich darin beispielhaft die politischen Veränderungen im zeitgenössischen China widerspiegeln.

---

624 Vgl. Fischer 2005. Noch im Jahre 2003 äußerte allerdings Wang Gungwu der Ansicht, dass sich in der Volksrepublik China, vergleichbar mit der Situation in der Kaiserzeit, mit den Unternehmern ein zwar ökonomisch bedeutsamer, aber politisch einflussloser „*Vierter Stand*" gebildet habe, der von der KPCh bewusst von den Schalthebeln der Macht ferngehalten worden sei (vgl. Wang 2003a, S. 14f).

5 Kulturtransfer in *Business Sunzi*

It is always puzzling to see sophisticated audiences of experienced executives sit in rapt attention as self-styled experts pontificate about practices supposedly derived from Sun-Tzu, yet they are so fundamental that without them no company could ever survive. Except perhaps for those self-motivated entrepreneurs (especially in China) who simply plunge into commercial activities, the book's significance and utility lie in stimulating the consciousness of various critical issues, providing a new perspective or mode of thinking, and suggesting unorthodox approaches and varied insights rather than providing basic business education.

Ralph D. Sawyer (2005): The Essential Art of War. Translated, with Historical Introduction and Commentary. Cambridge Massachusetts: Basic Books, S. 118

Einführende Bemerkungen

Bei der Genese und Ausbreitung von *Business Sunzi* wanderte Textmaterial auf den unterschiedlichsten inter-, aber auch intrakulturellen Ebenen hin- und her, wobei es zu Übertragungen und Transpositionen[625] zwischen verschiedenen Sprachen sowie Wissens- und Kulturbereichen kam. War neben China ursprünglich zunächst Japan bei der Entwicklung des Konzeptes *Business Sunzi* von größter Bedeutung gewesen, so wurden Taiwan und später auch die USA – zum Teil auch durch die Vermittlung der dort wirkenden Auslandschinesen[626] – zu wichtigen Partnern in diesem interkulturellen Transferprozess. Wie sich an den häufigen Erwähnungen Japans bzw. japanischer Wirtschaftsexperten in der frühen *Business Sunzi*-Literatur in Taiwan und der Volksrepublik zeigt,[627] kamen die entscheidenden Anstöße für die Entwicklung

---

625 Der Begriff der Transposition wird im Folgenden noch erläutert.
626 Zu nennen wären hier Luke M.W. Chan für Kanada, Chu Chin-ning für die USA oder Zhou Sompo (Songpo) für Deutschland.
627 Als ein Beispiel kann hier z.B. ein Zeitungsartikel genannt werden, auf den in mehreren Publikationen der frühen 80er-Jahre in der Volksrepublik Bezug genommen wurde. Der Artikel berichtet vom Besuch einer chinesischen Managerdelegation in Japan, die dort „*von den Erfahrungen der japanischen Wirtschaft lernen*" sollte. Dem auch später immer wieder gern zitierten Bericht zufolge erhielten die Chinesen von ihren japanischen Gastgebern ein Exemplar von *Sunzi bingfa* als Geschenk mit dem Kommentar, das, was die Chinesen in Japan suchten, stamme aus eben diesem Buche.
   (Vgl. 王国和：孙子兵法与经营管理。世界经济导报。1983年1月24日。(*Wang, Guohe: Sunzi bingfa yu jingying guanli. Shijie jingji daobao*) [Sunzi bingfa und Management. Weltwirtschaftsnachrichten], S. 11. Dieser Bericht wird z.B. im Vorwort zu einer *Sunzi bingfa*-Ausgabe aus dem Jahr 1985, die allerdings nicht dem Genre *Business Sunzi* zuzurechnen ist, erwähnt: (唐满先（1985）：孙子兵法新译。 南昌：江西人民出版社。(*Tang, Manxian:*

von *Business Sunzi* allerdings aus Japan.[628] Im ersten *Business Sunzi*-Werk der Volksrepublik heißt es beispielsweise in der Einleitung: „*Die Japaner waren die ersten, die Sunzi im Management angewendet haben. Japan hat in diesem Bereich sehr aktiv Forschung betrieben.*"[629]

Im weiteren Verlauf scheint aber auch Taiwan, eventuell auch aufgrund seiner politisch-kulturellen Nähe zu Japan, eine nicht unwesentliche Rolle gespielt zu haben, vor allem hinsichtlich des Umgangs mit den Textbauformen. Wie sich zeigen wird, stammten die ersten chinesischsprachigen Beispiele für *Business Sunzi*-Ausgaben, die an traditionellen Bauformen[630] orientiert waren, eben von dort.

Später wurden auch Transferprozesse zwischen der Volksrepublik und den westlichen Ländern, insbesondere den USA und in geringerem Maße auch Frankreich und Deutschland von Bedeutung. Diese Vorgänge sind mittlerweile in eine neue Phase, nämlich die Phase der Rückübertragung eingetreten. So werden seit Beginn des neuen Jahrtausends zunehmend *Business Sunzi*-Werke aus dem Englischen, Französischen und in einem Falle sogar aus dem Deutschen ins Chinesische übersetzt. Hierbei sind für den angelsächsischen Sprachraum vor allem Mark McNeilly und Gerald A. Michaelson zu nennen, für Frankreich Jean-François Phelizon und für Deutschland Werner Schwanfelder.[631]

Wie in den vorangegangenen Kapiteln dargestellt, war es eine wesentliche Aufgabe der *Business Sunzi*-Literatur in der Volksrepublik der 1980er-Jahre neue Konzepte und Kategorien aus dem Westen nach China zu importieren: Das erste *Business Sunzi*-Werk in der Volksrepublik China, *Sunzi bingfa und Unternehmensmanagement*[632], ist voll von Beispielen dafür. Man könnte soweit gehen, zu sagen, dass darin mit Hilfe der eigenen Tradition westliche Konzepte in die aktuelle Situation übersetzt wurden. Das war verbunden mit einem Balanceakt zwischen Selbstaufgabe und Selbstaffirmation, was die Erklärung dafür sein könnte, dass die Anwendung von *Sunzi bingfa* im Business im Sinne des bekannten Denkmusters vom *Chinesischen Ursprung des westlichen Wissens* (西学中源, *xi xue zhong yu-*

    Sunzi bingfa xinyi. Nanchang: Jiangxi renmin chubanshe) [Sunzi bingfa neu übersetzt], S. 12).
628 Im Grunde spielte Japan auch schon weitaus früher eine wichtige Rolle für die Sunzi-Rezeption im 20. Jahrhundert. So bezog sich der bedeutende Sunzi-Forscher Li Yuri auf Vorarbeiten japanischer Forscher. Vergleiche hierzu Kapitel 3.
629 Li et al., S. 17.
630 Mit der traditionellen Bauform ist eine an der klassischen Kommentarliteratur angelehnte Gestaltung des Textes gemeint. Zum einen gab es zu Beginn von Abschnitten häufig eine Kurzzusammenfassung des Inhaltes (manchmal auch am Ende) und zudem wurden Kommentare, sofern die Ausgaben welche enthielten, in den Text eingestreut. Hierbei wurden schwierige Zeichen und Namen erläutert, aber auch Reflexionen zum Thema angestellt. Die älteren *Sunzi bingfa*-Ausgaben sind daher oft sehr kleinteilig gestaltet.
631 Im weiteren Sinne zählt hierzu auch Harro von Senger, von dessen Strategem-Büchern mehrere ins Chinesische übersetzt wurden. Insbesondere sein neustes Werk *Moulüe – Supraplanung* (von Senger 2008) weist gewisse Berührungspunkte mit *Sunzi bingfa* auf.
632 Li et al. 1984.

an)⁶³³ praktiziert wurde, wie sich an vielen Textstellen zeigt. So heißt es in der Einleitung:

> Es lohnt sich, darüber nachzudenken, dass bereits im *Hanshu* eine Kategorisierung der Militär-Literatur vorgenommen wurde […]. Man sieht, dass unsere Ahnen schon vor über zweitausend Jahren Kategorien des Managements kannten.⁶³⁴

Die stillschweigende Voraussetzung der Autoren ist hier, dass es sich auch bei der Administration militärischer Angelegenheiten im chinesischen Altertum um eine

---

633 Dieses Konzept, das bereits in der Ming-Zeit (1368 – 1644) aufkam, aber erst in der frühen Qing-Zeit (1644 – 1911) stärkere Verbreitung fand, geht davon aus, dass die westliche Wissenschaft ihren Ursprung in China hatte. Es entstand, als gegen Ende der Ming-Zeit jesuitische Missionare mit Hilfe ihrer wissenschaftlichen, vor allem astronomischen, Kenntnisse versuchten, den chinesischen Kaiser von der Überlegenheit des Westens zu überzeugen und so zum Christentum zu bekehren. Mit der Vorstellung, dass es sich bei der westlichen Wissenschaft letztlich um einen Abkömmling der chinesischen Wissenschaft handele, sollten konservative Denker in China zur Akzeptanz der fremden Lehren gebracht werden. Die ersten Vorläufer dieser Idee – die von diesen allerdings nicht explizit formuliert wurde – waren Xong Mingyu (熊明遇, 1579 – 1649), der damit das Ansehen der westlichen Astronomie in China heben wollte (ähnliches kann für den Einsatz von *Sunzi bingfa* als ‚frühes chinesisches Vorbild' für westliche Management-Lehren gelten) und Chen Jinmo (陈荩谟, 1600? – 1688?), der im Gegensatz zu Xiong jedoch das Primat der chinesischen Wissenschaft vertrat. Später wurde die Idee, das westliche Wissen stamme ursprünglich aus China, auch auf andere Bereiche der Wissenschaft erweitert (vgl. hierzu die Schlussbemerkungen zu dieser Arbeit). Gleichzeitig wandelte sich die Stoßrichtung der Argumentation. Während Xiong Mingyu und Chen Jinmo noch versuchten, Ost und West zu versöhnen und zu harmonisieren, stellten andere Vertreter von *xi xue zhong yuan*, wie Fang Kongzhao (方孔炤, 1591-1655) und dessen Nachkommen die Überlegenheit des chinesischen Denkens in den Vordergrund. Das Topos *xi xue zhong yuan* als Kritik an der westlichen Wissenschaft wurde von Wang Fuzhi (王夫之, 1619 – 1692) und Huang Zongxi (黄宗羲, 1610 – 1695) ausformuliert, wobei sich Wang Fuzhi offenbar auf Fang Yizhi (方以智, 1611 – 1671), den Sohn Fang Kongzhaos, bezog [vgl.王扬宗：„西学中源" 说在明清之际的由来及其演变. 原载台北《大陆杂志》第九十卷第六期, 15. 6. 1995 (*Wang, Yangzong: Xixuezhongyuanshuo zai Ming Qing zhi ji de youlai ji qi yanbian. Yuanzai Taibei Dalu zazhi. Di jiushi juan di liu qi*) [Die Entstehung der Lehre von der Herkunft der westlichen Wissenschaft aus China in der Übergangszeit von den Ming zu den Qing] Quelle: http://www.ihns.ac.cn/members/yzwang/wyz3.htm (Download: 14.10.07)]. Mit dieser Kritik wurde die Kalenderreform angegriffen, welche sich an der westlichen Kalenderrechnung orientierte und die neugegründete Qing-Dynastie legitimieren sollte. Das kann als ein indirekter Angriff auf die Qing-Herrschaft selbst gesehen werden [vgl. auch 江晓原：试论清代"西学中源"说 （原载《自然科学史研究》1988, 7, 2）。(*Jiang, Xiaoyuan: Shi lun Qingdai Xixuezhongyuanshuo. Yuanzai Ziran kexueshi yanjiu*) [Über die qingzeitliche Lehre von *xi xue zhong yuan*] Quelle: http://www.ihns.ac.cn/readers/2004/jiangxiaoyuan6.htm (Download: 14.10.07)]. Ebenfalls zum Thema siehe: Lackner, Michael (2008b): „*Ex Oriente Scientia? Reconsidering the Ideology of a Chinese Origin of Western Knowledge*", in: Rosemont, Henry; Nylan, Michael; Wai-yi, Lee: Festschrift für Nathan Sivin, in: *Asia Major. Third Series, Volume XXI Part I*. Institute of History and Philology Academia Sinica Taiwan, S. 183 – 200.

634 Li et al. 1984, S. 9, Übersetzung TK.

Form von Management gehandelt habe. Das ist eine Einschätzung, die aus der frühen US-amerikanischen Beschäftigung[635] mit *Sunzi bingfa* unter dem Aspekt des Managements stammen könnte, wobei die Begriffe *Administration bzw. Verwaltung* und *Management* (im Chinesischen kann beides mit dem identischen Begriff *guanli* (管理) wiedergegeben werden) unzulässig gleichgesetzt wurden. Als ein Beispiel für die sinozentrische Sichtweise auf moderne Konzepte der Managementwissenschaft soll hier die Einführung des *span of management*-Prinzips[636] genannt sein. Li Shijun et al. schreiben dazu:

> Die Fähigkeiten eines jeden Menschen sind begrenzt. Man hat herausgefunden, dass ein Mensch nicht mehr als sechs Untergebene effektiv direkt leiten kann. Dieses Prinzip wird das span of management oder Management-Amplituden-Prinzip genannt. Wie geht man nun vor, wenn man 60, 600, 6 000 oder gar 60 000 Untergebene leiten will, und dafür die eigenen Fähigkeiten nicht ausreichen? [...] In diesem Falle muss man seine Fähigkeiten erweitern, indem man Hilfsmittel organisatorischer, informationeller und regulativer Art einsetzt. Manche sagen daher, die Kunst des Managens bestehe darin, sich anderer zu bedienen. Das ist sicher richtig. Aber wie kann man sich anderer bedienen? Sunzi hat diesbezüglich eine ganze Reihe von Methoden beschrieben, die im Folgenden mit dem Management in Verbindung gesetzt werden.[637]

Von großer Bedeutung war für die Autoren des ersten *Business Sunzi*-Werkes auch der Aspekt der *Nobilitierung des Eigenen durch das Fremde*.[638] Es war ihnen ein Anliegen, ihre Texte von ‚den Westlern' ‚adeln' und somit legitimieren zu lassen. Ein vergleichbares Phänomen hat Mishima Ken'ichi für Japan festgestellt, wobei er es dort als *heteronom geleiteten Ethnozentrismus* bezeichnete.[639] Diese Nobilitierung des Eigenen durch das Andere wird in der Einleitung des ersten *Business Sunzi*-Werkes der Volksrepublik besonders deutlich. Dort mussten neben einer Reihe von Japanern zwei US-amerikanische Wirtschaftswissenschaftler sowie der Romanautor James Clavell als Zeugen herhalten, um die Anwendbarkeit von *Sunzi bingfa* im Businessbereich zu ‚beweisen'.[640]

Als komplementäre Bewegung könnte man die Tendenz bei den westlichen Vertretern der *Business Sunzi*-Literatur ansehen, *Sunzi bingfa* als eine Art von ‚Geheimwissen der Asiaten' darzustellen, was der herkömmlichen Wahrnehmung des Originalwerkes in Asien bisher kaum entspricht.[641]

---

635 Im Grunde handelt es sich dabei lediglich um kurze Erwähnungen in der Management-Literatur.
636 Zum Begriff *span of management* vgl. Mackenzie, Kenneth D. (1978): *Organizational Structures*. Arlington Heights: AHM Publishing.
637 Li et al. 1984, S. 105, Übersetzung TK.
638 Dieser Begriff stammt von dem Sinologen Michael Lackner.
639 Vgl. Mishima 1996, S. 97.
640 Vgl. auch Kapitel 3.
641 Allerdings könnte sich durch Einflüsse aus dem Westen auch in Asien eine andere Sichtweise durchsetzen. So heißt es auf dem Cover einer *Sunzi bingfa*-Ausgabe aus dem Jahre 2003: „*Eines der geheimnisvollsten und praktischsten Weisheitsbücher der Welt.*" (上官觉人（译） （2003）：《孙子兵法》现代释用。北京：中国华侨出版社。(*Shangguan, Jueren*

Bei der Betrachtung von *Business Sunzi* wird auch deutlich, dass Transfervorgänge stets mehr als nur einfache Nachahmungen eines Urtexts sind. Schon beim simplen Abschreiben oder Kopieren kann es zu Abweichungen kommen. Bei der Einpassung in einen neuen Kontext jedoch, ganz gleich, ob es sich nun um intra- oder interkulturelle Prozesse bzw. ‚echte' Übersetzungen handelt, bei denen Material von einem Sprach- und Kulturraum in den anderen wandert, sind Veränderungen bereits die Norm.[642] Dabei spielt die jeweilige ‚Landschaft', in die das Neue eingepasst wird, eine prägende Rolle. Im Westen erhält die klassische chinesische Literatur, also die konfuzianischen und vor allem auch die daoistischen Schriften, eine Aura des Mystischen, die auch auf die generelle Sunzi- und damit auch auf die *Business Sunzi*-Rezeption abfärbt. Als Beispiel hierfür kann Gary Gagliardis Übertragung von *Sunzi bingfa* in den Sales-Bereich gelten.[643] Im Gegensatz dazu findet in China eine Einpassung in die neu entstandene Lebenswelt des Managers statt, der zugleich als Akteur in die konstruierte Tradition einer kontinuierlichen, Jahrtausende alten Geschichte miteinbezogen wird.

Die *Business Sunzi*-Literatur speist sich aus vielen Quellen und ist immer schon vielen Einflüssen ausgesetzt gewesen. Daher nimmt es nicht Wunder, dass sich in ihr eine Vielfalt unterschiedlicher Formen und Interpretationen entwickelt hat. Hierbei ist in Bezug auf die verwendeten Textformen und wiederkehrenden Motive in Betracht zu ziehen, dass es stets Verbindungen zwischen *Business Sunzi* und der restlichen rund um *Sunzi bingfa* angesiedelten Literatur gegeben hat. Beispielsweise wurde *Sunzi bingfa* stets auch von militärischer Seite rezipiert, was sich auf die nichtmilitärische Rezeption auswirkte. Sehr deutlich ist dies in Japan, aber auch in China und den USA zu erkennen.

Viele Autoren bedienten sich sowohl bei den Inhalten als auch bei der Textbauform synkretistisch-eklektisch aus den diversesten Quellen. Hierbei dürften so viele gegenseitige Inspirationen, Entlehnungen und Querbeeinflussungen stattgefunden haben, dass es nicht möglich ist, eine klare Aufteilung vorzunehmen. Da die Vorbilder für den Umgang mit dem Urtext in der Militärliteratur liegen, und die *Business Sunzi*-Literatur zudem auch noch an den Bereich der Lebensratgeberliteratur angrenzt, müssten bei einer umfassenden und vollständigen Darstellung im Grunde auch diese beiden Bereiche berücksichtigt werden, was allerdings im Rahmen dieser Untersuchung nicht zu leisten ist.

Diese Schwingungsbewegung von Formen und Inhalten lässt sich zwar bis zu einem gewissen Grade mit einem Diffusionsprozess oder einer Osmose zu vergleichen, wobei die Elemente jedoch in beiden Richtungen recht frei hin- und herdiffundieren. Das lenkende Moment wäre dabei das reale oder geglaubte Machtgefälle zwischen den Kommunikationspartnern. Aber noch exakter kann man diesen

---

[Übers.]: *Sunzi bingfa xiandai shiyong*. Beijing: Zhongguo huaqiao chubanshe) [Sunzi bingfa erläutert für den heutigen Gebrauch]), Front-Cover.
642 Vgl. Kapitel 2.
643 Gagliardi, Gary (1999/2001a): *The Art of War & The Art of Sales*. Shoreline: Clearbridge Publishing.

Vorgang als ein gegenseitiges Sich-zum-Klingen-Bringen oder als eine Art von *transkultureller Resonanz* beschreiben. In diesem Prozess haben etliche *dicta* und Inhalte aus *Sunzi bingfa* samt deren Standardinterpretationen eine so weite Verbreitung gefunden, dass es äußerst schwierig ist, für einzelne Motive und Aussagen aus *Sunzi bingfa* in verschiedenen Publikationen genetische Beziehungen nachzuweisen. Als das beste Beispiel hierfür mag der in zahllosen Varianten verbreitete und bereits in der Einleitung dieser Arbeit zitierte Spruch gelten: *Wer den Gegner kennt und sich selbst, wird in hundert Schlachten nicht in Not geraten* lauten.[644]

Diese Probleme machen eine eindeutige Zuordnung von Zugehörigkeitsbeziehungen bzw. ‚Vererbungslinien' anhand konkreter Beispiele schwierig. Viel eher kann man davon ausgehen, dass es – im Sinne der Gebrochenheit der Kristeva'schen Intertextualität[645] – jeweils in einigen Bereichen Übernahmen gegeben hat, in anderen hingegen nicht. Um diesen Aspekt auch theoretisch zu untermauern, wird weiter unten kurz auf Kristevas Gedanken zur Intertextualität Bezug genommen.

Da trotz der Komplexität von *Business Sunzi* das Wesentliche im Blick behalten werden soll, greift diese Untersuchung weiterhin auf einen Gedanken Michael Lackners zurück, der in dem Artikel *Oriente Scientia? Reconsidering the Ideology of a Chinese Origin of Western Knowledge*[646] zeigt, welche Bedeutung übergeordnete, kulturell definierte Gliederungsprinzipien für die Perspektive auf Texte haben können. Was das für *Sunzi bingfa* bedeutet, wird anhand von Beispielen verdeutlicht.

Schließlich werden in den letzten Abschnitten dieses Kapitels charakteristische Formelemente in einigen *Business Sunzi*-Werken und außerdem ein zentrales ‚Modul', der Faktor *jiang* (將), der zu den bereits erwähnten *Fünf Faktoren*[647] gehört, in verschiedenen *Business Sunzi*-Werken aus Ost und West verglichen. Dabei beschränkt sich die Untersuchung auf einige zentrale Aspekte der Textbauform, an denen gezeigt werden soll, wie auf dem Gebiet von *Business Sunzi* klassische chinesische und moderne westliche Formprinzipien ineinander übergehen. Hierfür muss zuvor geklärt werden, welche Formen sich allgemein in der *Sunzi bingfa*-Literatur ausgeprägt haben.

Doch zunächst gehe ich auf Kristevas Konzept der Intertextualität ein, vor dessen Hintergrund man die Entwicklung der literarischen Formen von *Sunzi bingfa* in China betrachten kann. Daran anknüpfend zeige ich auf, aus welchen Quellen sich die aktuelle Formenvielfalt möglicherweise gespeist hat.

---

644 Zitiert nach Klöpsch 2009, S. 19.
645 Hierzu im folgenden mehr.
646 Lackner 2008b.
647 Zu den *Fünf Faktoren* vgl. Kapitel 3.

Julia Kristevas Intertextualitätsbegriff[648]

In ihrer weit über die reine Textanalyse hinausreichenden Auffassung von Intertextualität geht Kristeva davon aus, dass im Unbewussten des Menschen neben den zwei fundamentalen, von Sigmund Freud aufgezeigten Prozessen der *Verschiebung* und *Verdichtung* ein weiterer Prozess eine wesentliche Rolle spiele: nämlich der Übergang von einem Zeichensystem in ein anderes, den sie als *Transposition* bezeichnet.[649] Dabei erfolge ein Wandel der (thetischen) Position, in dem die alte Position destruiert und eine neue Position geformt werde.[650] In diesem neuen Bedeutungssystem komme entweder das alte bedeutungshaltige Material zur Verwendung – als Beispiel nennt sie den Übergang von einer Erzählung zu einem Text; oder aber es werde ganz unterschiedliches bedeutungshaltiges Material zusammengestellt, wie etwa bei der Transposition einer Karnevalsszene in einen geschriebenen Text. Diese Transposition bezeichnet sie als *Intertextualität*.[651]

Obwohl – oder vielleicht gerade weil – sich Kristeva einer allzu vereinfachenden Interpretation ihres Intertextualitätsbegriffs verweigert,[652] lässt sich anhand ihrer Gedanken sehr deutlich die Problematik der Intertextualität im Kulturtransfer auf-

---

648 Diese Darstellung folgt u.a. Noëlle McAfee (vgl. McAfee, Noëlle (2004): *Julia Kristeva. Routledge Critical Thinkers.* New York: Routledge, S.17ff.).

649 Eva Angerer schreibt zum Thema *Transposition*: „*Der Text als Absorption und Transformation anderer Texte wird insofern ein Mosaik von Zitaten, in dem sich die poetische Sprache immer als eine doppelte liest. Dabei meint Kristeva, daß nicht nur verbale Zeichensysteme vom Text aufgelesen werden, sondern ein jedes Sinnsystem oder jeglicher kultureller Kode sich in synchroner als auch in diachroner Weise im Text, welcher nun seinerseits zu einem translinguistischen Universum wird, einschreibt.*" (Angerer, Eva (2007): *Die Literaturtheorie Julia* Kristevas. *Von Tel Quel zur Psychoanalyse.* Wien: Passagen, S. 54.)

650 „*The child begins to realize that language can be used to point out objects and events. At the same time the child begins to realize its own difference from its surroundings. It becomes aware of the difference between self (subject) and other (object). It comprehends that language can point to things outside itself, that it is potentially referential. Kristeva calls this the Thetic break.*" (McAfee 2004, S. 20f.) Der thetische Sprung kann hier meines Erachtens als Übergang vom Vorsprachlichen zum Sprachlichen verstanden werden. Die Parallelen zur pragmatischen Auffassung vom Verstehen sind unübersehbar (vgl. Kapitel 2 sowie Kempa 2008).

651 Vgl. Kristeva, Julia [Autorin]; Moi, Toril [Hg.] (1986): *The Kristeva Reader.* New York: Columbia University Press, S. 111f.

652 In diesem Sinne auch Eva Angerer: „*Die Gründe für das Missverständnis der Intertextualität als eine vom Autor bewußt gewählte Technik der Collage oder als Zitieren anderer Texte, wie es, gepaart mit ironischer Distanz, den so genannten postmodernen Roman charakterisiert, liegen sicher einerseits in der zeitweise dunklen Schreibweise Kristevas, die darüber hinaus mit Begriffen wie Zitat, Reminiszenz et cetera, den Leser rasch auf eine falsche Fährte führt, andererseits in einer Interpretation der Intertextualität, die den Hintergrund, jenem der von Tel Quel geführten Debatte, vergißt. Kristeva geht es nicht um die Bildung eines Textes, der die verschiedensten Quellen des literarisch von ihm entstandenen literarischen Korpus in sich vereint, sondern um die Anerkennung der poetischen Sprache als ein autonomes System, das sich in Wechselspiel mit anderen Texten, und hierzu gehört auch die Geschichte, die Gesellschaft und jegliche Form der Kultur, befindet.*" (Angerer 2007, S. 44.)

zeigen. Das kann gerade für die Betrachtung der Phänomene um *Business Sunzi* sehr fruchtbar sein, da auch dort die Gebrochenheit der textuellen Einheit und im tiefer liegenden Sinne auch ihrer (z.B. sozialen und ideologischen) Bedeutung und Bedeutsamkeit klar zum Ausdruck kommt: bei dieser Literatur handelt es sich *per definitionem* nicht um Schöpfungen, die aus einer einheitlichen Quelle stammen. Vielmehr ist die Eigenschaft, aus verschiedenen wissenschaftlichen und gesellschaftlichen Traditionen in Verbindung mit darauf bezogenen Praktiken kollationiert und zusammengesetzt zu sein, ein grundsätzliches Charakteristikum dieses Genres.

Zugleich zeigt Kristeva, dass Transpositionen zwischen unterschiedlichen Bedeutungssystemen nie spurlos an den Texten vorübergehen können. Ein solcher ‚Ortswechsel' zieht stets, ob beabsichtigt oder nicht, eine Neudefinition des jeweiligen Standortes und der zum Ausdruck gebrachten Bedeutungen nach sich. Wie bereits in den Kapiteln über die ideologische Funktion von *Business Sunzi* in der Volksrepublik deutlich wurde, klafft zwischen der Sicht auf das Genre in China und im Westen eine große Lücke. Man könnte sogar so weit gehen zu sagen, dass die Wertungen und auch die Funktion ähnlich gebauter Beispiele von *Business Sunzi* bei ihrem Ortswechsel zumindest in Aspekten diametrale Interpretationen und damit auch Verwendungen erfahren.[653]

Ebenfalls von größter Bedeutung für diese Untersuchung ist Kristevas Betonung des Gebrochenen, Pluralen in der Intertextualität. Zwar kommt dieses nicht nur in der interkulturellen, sondern in jeglicher Intertextualität zum Vorschein, doch ist das Phänomen im interkulturellen Bereich wesentlich klarer erkennbar. Kristeva verdeutlichte ihre Gedanken zwar an französischen Avantgarde-Künstlern, wie den Dichtern Mallarmé oder Comte de Lautréamont, wollte aber die Anwendung nicht auf diese und ähnliche Autoren begrenzt sehen, sondern ging davon aus, dass es sich dabei um ein generelles Phänomen handele.[654]

---

653 Werner Meißner hat bereits in den 90er-Jahren eine ähnliche Feststellung in Bezug auf die Rezeption u.a. der deutschen Philosophie in China seit den 20er- und 20er-Jahren des 20. Jahrhunderts gemacht. Er schreibt: „*Bei der Untersuchung stellte sich heraus, daß die Umsetzung des Rezipierten in einigen Fällen zum Gegenteil dessen führte, was es in Europa war. Die Rezeption erfolgte zwar nicht willkürlich, doch weitgehend utilitaristisch und selektiv; das Rezipierte wurde nur isoliert gesehen, nicht das das ganze politische und soziale Umfeld, in dem es sich befand und durch das es auch seine Wirkung erst entfalten konnte, weil es im Westen in einem bestimmten Zusammenhang stand. Es erfolgte keine Rezeption des Ganzen, sondern nur der einzelnen Teile. So entstand bisweilen eine irritierende Ordnung der Versatzstücke, in der sich die einzelnen Teile anders verhielten, ja zum Teil gegensätzlich zu ihrer ursprünglichen Funktion wirkten als dort, wo sie entlehnt wurden.*" (Meißner 1994, S. 241.) Obschon diese Beobachtung zutreffend ist, muss man sie doch relativieren. Meißner geht von einem Idealmodell der korrekten Übertragung (oder Übernahme) aus. In dieser Arbeit wird im Gegensatz dazu die These vertreten, dass Kulturtransfer nicht erst dann stattgefunden hat, wenn sich in einem anderen Bereich – in diesem Falle etwa in China – mit dem Ausgangskontext identische Strukturen gebildet haben. Die Veränderung im (möglicherweise durchaus als Missverstehen anzusehenden) Verstehen durch die rezipierende Seite wird vielmehr als normaler und notwendiger Vorgang aufgefasst (vgl. Kapitel 2 dieser Arbeit).

654 Vgl. McAfee 2004, S. 7 und 13.

Eine vergleichbare Gebrochenheit zeigt sich deutlich in zahlreichen *Business Sunzi-*Publikationen, in denen Elemente verschiedener Denksysteme nebeneinander gestellt neue Bedeutungen erzeugen, die manchmal wohl auch in dieser Form gar nicht beabsichtigt sind oder sich gegenseitig neu befruchten. Man könnte in Anlehnung an Kristeva sagen, der Genotext wirke sich in unvermuteter Form auf den Phänotext aus.[655] Weiter unten in diesem Kapitel wird diese Einheit in Gebrochenheit und Diversität anhand einiger Beispiele aufgezeigt. Doch zunächst wird die Entwicklung der literarischen Formen in Asien und im Westen kurz angerissen.

Die Entwicklung der Formen: China

Beim Betrachten der Formenentwicklung in der Kommentarliteratur zu *Sunzi bingfa* im vormodernen China[656] wird rasch deutlich, dass bereits seit langer Zeit mit den verschiedensten Möglichkeiten der Darstellung gespielt wurde. Da das Werk seit der Song-Zeit (960 – 1279 n Chr.) als Bestandteil der *Wujing qi shu*[657] prüfungsrelevant für jeden war, der eine Karriere als Militärbeamter anstrebte, finden sich die unterschiedlichsten Formen der didaktischen Aufbereitung. So stammen viele der Formvorbilder der heutigen *Sunzi-* und zum Teil auch der *Business Sunzi*-Literatur aus dem ming- und qingzeitlichen Vorbereitungsmaterial für die Staatsprüfungen der angehenden Militärs.[658] Diese traditionelle Formenvielfalt wurde und wird immer wieder aufgegriffen und variiert, wie man am Vergleich vormoderner *Sunzi bingfa-*Texte mit der aktuellen *Business Sunzi*-Literatur erkennen kann.

Die ersten im Text integrierten Anmerkungen sind bereits sehr alt. Als erste Kommentare gelten gemeinhin die Cao Caos (155 – 220), in denen sich bereits ein den Text erläuterndes Beispiel findet, nämlich eine Erwähnung von Caos Konkur-

---

655 Allerdings ist das Konzept von Genotext und Phänotext bei Kristeva weitaus komplexer als diese Interpretation. Kristeva macht eine Unterscheidung zwischen *Genotext* und *Phänotext*, wobei mit dem Phänotext der „*gedruckte Text, den der Leser vor sich hat*", gemeint ist. Dieser werde vom Genotext hervorgerufen. Der Genotext wiederum sei keine Struktur, sondern „*eine unendliche Pluralität von Signifikanten, welche den strukturierten Signifikanten oder Phänotext*" bestimmten und ihn so erst definierbar machten. Hierzu vgl. Kristeva 1984, S. 86ff. und McAfee 2004, S. 24ff. sowie Angerer 2007, S. 50f.
656 Hiermit ist grob gesprochen das China vor 1911 gemeint.
657 Zu den *Wujing qi shu* vgl. Kapitel 1 FN Nr. 77.
658 Übrigens wird das Werk auch heute noch in der militärischen Ausbildung und für MBA-Kurse in China verwendet (vgl. N.N. 全军 "信息时代《孙子兵法》研究与运用学术研讨会" 在国防大学举办 (*Quanjun xinxishidai Sunzi bingfa yanjiu yu yunyong xueshu yantaohui zai guofang daxue juban*) [PLA's Seminar on the Research and Application of Sunzi's Art of War in Information Age Held in the University of National Defense], SBNJ 2005, S. 17ff. sowie: N.N. 北京大学国际MBA体验战略课程 (*Beijing daxue guoji MBA tiyan zhanlüe kecheng*) [The International MBA Students of Peking University Obtaining Stratagem Experiencing], in: SBNJ5, S. 22 – 25 und 继述：孙子兵学当代应用总览 (*Jishu: Sunzi bingxue dangdai yingyong zonglan*) [Überblick über die aktuelle Anwendung der Sunziologie], SBNJ5, S. 215ff.).

renten Lü Bu.[659] Diese Praxis, den Text mit erläuternden Beispielen aus der Geschichte zu verdeutlichen, wurde in der Tang-Zeit (618 – 907) weiterentwickelt und spielt bis heute in der *Sunzi bingfa*-Literatur eine eminente Rolle.[660]

Aller Wahrscheinlichkeit nach in der Song-Zeit wurde erstmals die bis dahin klassische Vorgehensweise, die Anmerkungen direkt in den Text zu integrieren, durch eine komplette Umstrukturierung des Materials ergänzt. So diskutierte Zheng Youxian (郑友贤, Lebensdaten unbekannt) in seinen *Überlieferten Worten*[661] Passagen und Kapitelüberschriften aus *Sunzi bingfa*.[662]

Später fanden ebenfalls immer wieder Eingriffe in die Textgestalt statt. Shi Zimei (施子美, Lebensdaten unbekannt, vermutlich späte Song-Zeit, d.h. zwischen 1127 – 1279) fasste die ursprünglichen 13 Kapitel in elf Abschnitten zusammen, in denen jedoch der komplette Text wiedergegeben wurde. Zudem machte er erläuternde Einfügungen, in denen der Inhalt von Abschnitten zusammengefasst wurde und bündelte die verschiedenen Formen der Annotierung. Außerdem stellte er verschiedene, sich widersprechende Standpunkte nebeneinander dar.[663]

Im Laufe der Ming- und Qing-Zeit wurde die Textform der *Sunzi bingfa*-Ausgaben immer komplexer. Es entstand u.a. eine Einteilung des Textes in zwei horizontal verlaufende Spalten, wobei in der oberen Spalte die Kernthesen und zusammenfassende Stichpunkte und in der unteren der Text selbst samt den Kommentaren angeordnet waren.[664] Funktionell, wenn auch nicht formal Vergleichbares findet sich auch heute noch in der chinesischen und westlichen *Business Sunzi*-Literatur. In der japanischen Sunzi-Literatur werden im Übrigen zuweilen auch heute noch Ausgaben mit zwei horizontalen Spalten aufgelegt, wobei sich oben der Originaltext auf Japanisch und unten etwas ausführlichere Erläuterungen finden, was dieser klassischen Bauform stark ähnelt.[665]

Ein typisches Beispiel für dieses Formprinzip findet sich auch bei Wang Yangming (王阳明, 1472 – 1529), der in seiner Sunzi-Interpretation eine besondere Spalte über dem Text einfügte, in der verschiedene Formen von Anmerkungen versammelt wurden, und ans Ende eines jeden Abschnittes eine bewertende Zusammenfassung (评语, *pingyu*) setzte, die den Inhalt des Kapitels darstellte.[666] Den

---

659 Vgl. SXWT, S. 10.
660 Zur Entwicklung der Kommentare zu *Sunzi bingfa* vgl. Giles 1910, S. xxxivff.
661 Im Original: 遗说 (*Yishuo*). Vgl. Kapitel 3.
662 Vgl. Giles 1910, S. xxxiv, FN Nr. 2, sowie SXWT S. 40.
663 Vgl. SXWT, S. 42.
664 Vgl. ibid., passim.
665 Vgl. z.B. ハイブロー武蔵; 叢 小榕 (著) (2005)：通勤大学文庫 図解・速習『孫子の兵法』。東京。総合法令出版. (*Haipurō, Musahsi; Sō, Showayō: Tsūkin daigaku bunko zukai sokushū Sonshi no byōhō. Tōkyō: Sō Hōrei Shuppan.*) [Tsūkin daigaku bunko. Sunzi bingfa leicht fasslich mit Illustrationen].
666 Vgl. SXWT, S. 56. Zu Wang Yangming vgl. Kapitel 3.

pingyu vergleichbare, die Inhalte erläuternde Textbestandteile, finden sich häufig in der aktuellen *Business Sunzi*-Literatur.[667]

Seit der Ming-Zeit enthielten die Texte zum Teil auch Prüfungsfragen und -antworten, was die enge Verbindung dieser Form der *Sunzi bingfa*-Literatur zu den Examina für die Militärbeamten deutlich macht.[668] Auch finden sich in dieser Zeit thematisch geordnete Zusammenstellungen von Fragmenten aus Werken verschiedener Autoren, die sozusagen eher als ‚Lesebuch' gedacht waren, da in diesen keine Anmerkungen zu finden sind.[669] Derartige Kompilationen sind ebenfalls immer noch recht beliebt. Ein Beispiel aus der frühen *Business Sunzi*-Literatur der Volksrepublik ist Ye Zhonglings *Ausgewähltes aus Sunzi bingfa und Lunyu zum Management-Denken*.[670]

Ein anderes Werk aus der späten Ming-Zeit von Shi Pangyuan (施逢原, Lebensdaten unbek.) enthält bereits eine intralinguale Übersetzung von *Sunzi bingfa*[671] – also eine Übertragung in das damalige Chinesisch – und stellt somit einen Vorläufer für viele der heutigen Ausgaben dar, in denen der Originaltext abschnittsweise mit Anmerkungen und einer diesen folgenden Übersetzung versehen ist.

In der frühen Qing-Zeit findet sich eine weitere Form, die bis heute häufig verwendet wird. Xie Wenjian (谢文荐, 1615 – 1681) stellte in seinem *Dreizehn Bände über Fälle aus der Kriegskunst*[672] anhand einer begrenzten Anzahl zentraler Aussagen aus verschiedenen Militärklassikern, denen jeweils mehrere Beispiele zugeordnet waren, wesentliche Prinzipien der Kriegskunst dar.[673] Man könnte dies bereits als einen Vorgriff auf die Literatur bezeichnen, die sich eher an thematischen Kriterien als an der Form und der Anordnung der Informationen im Originaltext orientiert. Weiterhin gab es auch Schreibanleitungen für die Prüfungen, in denen schwierige Schriftzeichen erläutert wurden.[674]

Es zeigt sich also, dass schon im vormodernen China eine Vielzahl von Bearbeitungen und unterschiedlichen Formen existierte, mit denen der Stoff den Lesern nähergebracht werden sollte. Auch Umstellungen des Textes, wie sie etwa der Guo-

---

667 Vgl. u.a. 张俊杰（2005）：一生要会运用的孙子兵法与三十六计。北京：时事出版社。(*Zhang, Junjie: Yi sheng yao hui yunyong de Sunzi bingfa yu Sanshiliu ji. Beijing: shishi chubanshe*) [Sunzi bingfa und die *36 Strategeme* ein Leben lang], passim oder: 诸葛静一（编）（2004）：孙子兵法与三十六计的智慧。北京：中国长安出版社 (*Zhuge, Jingyi* [Ed.]: *Sunzi bingfa yu Sanshiliu ji de zhihui. Beijing: Zhongguo Chang'an chubanshe*) [Die Weisheiten in Sunzi bingfa und den *36 Strategemen*], passim. Allerdings erhielten diese zusammenfassenden Analysen jeweils unterschiedliche Bezeichnungen, wie *Erleuchtung* (顿悟, *dunwu*) bei Zhang oder *Wertende Analyse der Weisheit* (智慧评析, *zhihui pingxi*) bei Zhuge.
668 Vgl. SXWT., S. 68 et passim.
669 Vgl. ibid., S. 75. Chinesische Enzyklopädien versammelten schon früh Auszüge aus verschiedenen Büchern um diverse Themenbereiche, wie Kaiserhof, Pflanzen, Omen, Kurtisanen oder sehr häufig auch die Kriegsführung (vgl. Ames 1993, S. 5).
670 Ye 1986.
671 Vgl. SXWT, S. 95.
672 Im Original: 兵法类案十三卷 (*Bingfa leian shisan juan*).
673 Vgl. SXWT, S. 109f.
674 Vgl. ibid., S. 111.

mindang-General Tang Zizhang (Tang Zi-chang), in seinem in den 60er-Jahren des 20. Jahrhunderts auf Englisch erschienen Werk *Principles of Conflict*[675] vornahm, sind im Übrigen keine moderne Erfindung. Schon in der frühen Qing-Zeit war Deng Tingluo (邓廷罗, Lebensdaten unbek.) der Ansicht, der Text sei durch die lange Überlieferung korrumpiert worden, weswegen er Textteile verschob und Kapitelbezeichnungen veränderte.[676]

In den 30er-Jahren des 20. Jahrhunderts extrahierte Li Yuri, einer der bedeutendsten *Sunzi bingfa*-Forscher Chinas, in dem Buch *Neue Forschungen zu Sunzi* zehn Prinzipien[677], die er für universell anwendbar hielt.[678] Viele dieser oder ähnliche Prinzipien fanden sich später, vor allem bei westlichen Autoren, in der *Sunzi*- und *Business Sunzi*-Literatur wieder.

Einen Wendepunkt in China stellte das 1942 erschienene Buch *Der Militärklassiker Sunzi* dar, das als Standardwerk für die Guomindang-Truppen detailliert modernes militärisches Wissen mit Inhalten aus *Sunzi bingfa* verband.[679] Diese Entwicklung hatte sich bereits 1915 in der bedeutenden *Sunzi bingfa*-Ausgabe *Elementare Einführung zu Sunzi*[680] von Jiang Fangzhen (1882 – 1938) und Liu Bangji (1868 – 1930) abgezeichnet, in dem die Autoren in reformerischer Absicht moderne Konzepte mit dem traditionellen Werk verknüpft hatten. Eine ähnliche Vorgehensweise fand sich zumindest teilweise auch in der frühen *Business Sunzi*-Literatur der 1980er-Jahre in der Volksrepublik.

Aus dem Jahr 1945 stammt das erste Beispiel für die Verwendung von *Sunzi bingfa* in der moderneren Lebensratgeber-Literatur, die später immer populärer wurde. Zhang Tinghaos *Methoden des Alltagshandelns erforschen*[681] garnierte dessen eigene Gedanken und Ratschläge mit Zitaten aus *Sunzi bingfa*, wobei der Anteil des klassischen Originaltextes relativ gering war. Diese Vorgehensweise lässt sich später auch wieder entdecken, z.B. bei Yi Rens im Jahre 1974 in Hong Kong herausgegebenem Buch *Auf der Grundlage von Sunzi bingfa seine persönliche Wirt-*

---

675 Tang 1969.
676 SXWT., S. 117f.
677 Diese Prinzipien waren: Vorauswissen (先知原理, *xianzhi yuanli*); Planung (计划原理, *jihua yuanli*); Anpassung an die Natur [Anpassung an die natürlichen Umstände] (自然原理, *ziran yuanli*); Streben nach Unbesiegbarkeit (求己原理, *qiu ji yuanli*); Intakthaltung (全存原理, *quancun yuanli*); Den aktiven Part spielen (主动原理, *zhudong yuanli*); Nach dem Nutzen handeln (利动原理, *lidong yuanli*); Geschwindigkeit (迅速原理, *xunsu yuanli*); Geheimhaltung (秘密原理, *mimi yuanli*); Wandelbarkeit (变化原理, *bianhua yuanli*) (Li Yuri 1938, S. 14ff.).
678 Vgl. Kapitel 3.
679 关靖（1942）：孙子兵经。重庆军用图书社。(*Guan, Jing: Sunzi bingjing. Chongqing junyong tushushe*) [Der Militärklassiker Sunzi], vgl. SXWT, S. 183f.
680 Vgl. Kapitel 3, FN Nr. 338. Möglicherweise hatten Jiang und Liu sogar Vorreiter, die *Sunzi bingfa* im Zusammenhang mit westlichen militärischen Konzepten sahen. Es handelte sich um Gu Futang (顾福棠, Lebensdaten unbek.) und Huang Gong (黄巩, 1875 – 1908), die beide in der späten Qing-Zeit, d.h. in den ersten Jahren des 20. Jahrhunderts wirkten (vgl. SXWT, S. 143f).
681 Vgl. Kapitel 3, FN Nr. 346.

schaftslage verbessern[682]. In dem Werk ging es ebenfalls eher darum, den eigenen Text mit *Sunzi*-Zitaten zu schmücken als den Originaltext auszulegen.[683]

Es wird deutlich, dass die Formvorlagen zur Interpretation und Erläuterung von *Sunzi bingfa* bereits relativ alt sind und eine große Vielfalt aufweisen. Hinzu kommt, dass es sowohl zu formalen als auch inhaltlichen Hybridisierungen kam. Heute differenzieren viele Bücher beispielsweise kaum noch oder gar nicht mehr zwischen der militärischen, der ökonomischen oder sogar der alltagspraktischen Anwendung von *Sunzi bingfa* bzw. kombinieren all diese Aspekte miteinander. So wird in dem 2005 erschienenen *Sunzi bingfa für das ganze Leben*[684] zunächst kapitelweise der *Originaltext* (原文, *yuanwen*) mit *Worterklärungen* (注释, *zhushi*) vorgestellt. Dem folgt jeweils eine *Übersetzung* ins moderne Chinesisch (译文, *yiwen*), an die sich unmittelbar ein mit *Erleuchtung* (顿悟, *dunwu*) betitelter Abschnitt anschließt, in dem das dem Kapitel innewohnende allgemeine Prinzip verdeutlicht wird.[685] Den Abschluss machen jeweils drei Abschnitte: *Anwendung beim Lernen* (学生运用, *xuesheng yunyong*), *Anwendung im Krieg* (军事运用, *junshi yunyong*) und *Anwendung im Business* (经商运用, *jingshang yunyong*), welche die Relevanz von *Sunzi bingfa* für die jeweiligen Bereiche erläutern und mit Beispielen verdeutlichen. Ergänzt wird der Text von zahlreichen Randglossen, die entweder einen Kommentar liefern oder einen wichtigen Textabschnitt wiederholen. Die strukturellen Ähnlichkeiten mit klassischen Sunzi-Kommentaren sind nicht zu übersehen.

Ein anderes Beispiel ist das im Jahre 2007 herausgegebene *Sunzi bingfa und Management-Strategien*[686] von Liu Zhihai. Dieses verdeutlicht den Originaltext mit erläuternden Kriegsbeispielen aus der klassischen Literatur und erläutert den Text abschnittweise, während am Kapitelende Fallstudien über moderne Unternehmen stehen. Hier, wie auch in vielen anderen Beispielen, verbinden sich klassische und moderne Inhalte und Formen in der Darstellung.

---

682 Vgl. ibid., FN Nr. 357.
683 Dies könnte man als eine Tendenz zur Trivialisierung ansehen, die gerade in der neuen *Business Sunzi*-Literatur, sowohl in der Volksrepublik als auch beispielsweise in den USA sehr sichtbar wird.
684 Zhang 2005.
685 Was den *pingyu* des Wang Yangming vergleichbar sein dürfte.
686 刘志海（2007）：《孙子兵法》与经营谋略。北京：人民邮电出版社。(*Liu, Zhihai: Sunzi bingfa yu jingying moulüe. Beijing: Renmin youdian chubanshe*) [Sunzi bingfa und Management-Strategien]. Harro von Senger, der sich dabei hauptsächlich auf die Ausführungen des chinesischen Moulüe-Spezialisten Li Bingyan stützt, schlägt abweichend für *moulüe*, das im Alltagsgebrauch meist *(militärisches) Strategem* oder *Strategie* bedeutet, die Übersetzung *Supraplanung* vor. Dabei handelt es sich um einen Fachbegriff aus der militärischen Moulüe-Kunde. Unter Supraplanung sei unter anderem eine Planung aus der Vogelperspektive zu verstehen, bei der der Planende die Situation ständig ganzheitlich überschaue und zwischen orthodoxen als auch unorthodoxen (z.B. listigen und nichtlistigen) Problemlösungen hin- und heroszilliere (private Kommunikation vom 21.08.09). Es stellt sich die Frage, ob für den Titel der oben genannten Publikation die Alltags- oder Spezialbedeutung anzunehmen ist. Möglich wäre in der Tat beides, da im Buch laut Autor (Liu Zhihai) Wert auf überblickliche Situationsbetrachtungen gelegt werde.

Die Entwicklung der Formen: Japan

Es würde den Rahmen dieser Untersuchung sprengen, an dieser Stelle zusätzlich die Entwicklung der japanischen Sunzi-Literatur eingehend zu untersuchen. Hier soll daher vor allem darauf hingewiesen werden, dass sich auch in Japan schon früh eine reiche Kommentarliteratur um *Sunzi bingfa* bildete.[687] Da die Formenvielfalt dieser Literatur in China gerade bereits ausführlich diskutiert wurde, und man davon ausgehen kann, dass die frühe Sunzi-Literatur Japans in vieler Hinsicht durch die chinesische Tradition beeinflusst war, wird hier nur kurz auf die Formen in Japan eingegangen, wobei insbesondere die Phänomene berücksichtigt werden sollen, die für die Entwicklung von *Business Sunzi* eine Rolle gespielt haben könnten.

Der chinesische Sunzi-Forscher Li Ling referiert in seinen als *Der Krieg beruht auf Verstellung: Meine Lesart des Sunzi*[688] zusammengefassten Vorlesungen über *Sunzi bingfa* diverse Ansichten über den Zeitpunkt, wann *Sunzi bingfa* tatsächlich nach Japan gekommen sei. Von verschiedenen Autoren werden das 6. und 7. bzw. das 8. Jahrhundert nach Christus ins Spiel gebracht.[689] Auf jeden Fall finden sich in einem japanischen Bücherverzeichnis aus dem 9. Jahrhundert bereits sechs verschiedene *Sunzi bingfa*-Ausgaben. Allerdings wurde das Werk von seinen Besitzern häufig als Geheimbuch gehütet und nicht an Fremde weitergegeben.[690] Aber ab dem 17. Jahrhundert findet sich nachweislich eine Reihe von Ausgaben, die den chinesischen Originaltext mit japanischen Erläuterungen versahen,[691] und gegen Ende des Jahrhunderts auch Werke, welche nur die wichtigsten Maximen aus *Sunzi bingfa* (und z.B. *Wuzi*) auf Japanisch erläuterten, was auf eine gewisse populäre Verbreitung hindeutet. Das entspricht auch Suzukis Darstellung, der in seinem weiter oben bereits thematisierten Aufsatz die Entwicklung der Vorläufer von *Business Sunzi* im Edo-zeitlichen Japan (1600 – 1868) nachgezeichnet hat.[692]

Aus der gleichen Zeit stammen zudem japanische Ausgaben der *Sieben Militärklassiker*, welche den chinesischen Originaltext abschnittweise in der Landessprache erklärten, gleichzeitig aber auch die chinesischen Kommentare und Interpunktionshinweise beinhalteten[693] – vergleichbare Ausgaben wurden in Japan auch im 18. und 19. Jahrhundert publiziert.[694] Offenbar blieb das Interesse am Werk und seiner Erforschung über die Jahrhunderte hinweg relativ konstant: So wurde bereits

---

687 Der erste Übersetzer von *Sunzi bingfa* ins Englische, Everard Ferguson Calthrop, sprach 1908 von einem „*Heer von Kommentatoren*" (vgl. Calthrop 1908, S. 14).
688 Li, Ling 2006, S. 38.
689 Vgl. auch 刘庆: 《孙子兵法》走向世界之谜。(*Liu, Qing: Sunzi bingfa zouxiang shijie zhi mi*) [Das Rätsel der Verbreitung von Sunzi bingfa], in: SBNJ4, S. 213ff.
690 Calthrop 1908, S. 14.
691 Vgl. SXWT, S. 431. Zu den möglichen Ursachen dieser Entwicklung vgl. Kapitel 3.
692 Vgl. Kapitel 3, S. 130ff.
693 Vgl. SXWT, S. 434.
694 Vgl. ibid., S. 436.

in einer Ausgabe aus dem Jahre 1865 auf den systematischen Aufbau von *Sunzi bingfa* hingewiesen.[695]

Eine neue Entwicklung zeichnete sich im Jahr 1914 ab, als in einem Werk die Lehren von verschiedenen Autoren zum Thema Krieg in sieben Kapiteln kombiniert wurden. Damit war der erste Schritt in die Moderne und hin zu moderneren Formen der Darstellung getan. Es handelte sich dabei um ein Phänomen, das offenbar, wie auch in China, durch den Kontakt mit dem Westen und westlichen Kategorien überhaupt erst in dieser Weise entstehen konnte, wobei man nicht vergessen sollte, dass Neustrukturierungen bereits früher in China versucht worden waren.[696]

Die Kapitel des Werkes trugen Titel wie *Der Offizier*, *Der Einsatz von Soldaten*, *Angriff und Verteidigung* oder *Der Kampf von Infanterie gegen Kavallerie*. Hierbei wurden moderne taktische Prinzipien mit Abschnitten aus *Sunzi bingfa* und anderen Werken kombiniert.[697] Diese Tendenz Altes und Neues, Asiatisches und Westliches zu verbinden, und somit die klassische Weise des Kommentierens zu verlassen, verstärkte sich in den 20er- und 30er-Jahren des 20. Jahrhunderts. So erschienen auch Werke, die unter anderem Clausewitz' *Vom Kriege* mit *Sunzi bingfa* verknüpften.[698] Diese Tendenz setzte sich nach dem Krieg in ökonomischen Kontexten fort, da eine Reihe von Militärs in die Wirtschaft abwanderte.[699]

Einer der bekanntesten und sicherlich auch einflussreichsten Protagonisten war hierbei Ōhashi Takeo (1906 – 1987), der im Zweiten Weltkrieg Oberstleutnant und Stabsoffizier beim japanischen Heer war, und nach der Niederlage Japans als Manager ins Business umsattelte. Er wird in der Volksrepublik China als der Erfinder von *Business Sunzi* im Sinne einer systematischen Anwendung von militärischem Denken[700] auf das Business angesehen und auch im Vorwort von *Sunzi bingfa und Unternehmensmanagement*[701] genannt.[702] Ab 1951 versuchte er, militärische Theorien auf das Unternehmensmanagement anzuwenden[703] und gab 1962 auf Basis seiner Erfahrungen das Werk *Mit Kriegskunst managen*[704] heraus.[705]

---

695 Vgl. ibid., S. 450.
696 Vgl. Xie Wenjians bereits erwähntes Werk *Dreizehn Bände über Fälle aus der Kriegskunst*.
697 Vgl. SXWT, S. 454.
698 Vgl. ibid., S. 456.
699 Gewisse Parallelen zur Entwicklung in der frühen Edo-Zeit sind hier nicht von der Hand zu weisen. Vgl. Kapitel 3.
700 Er bezog sich dabei nicht nur auf *Sunzi bingfa*, sondern auch auf andere asiatische und westliche Werke über den Krieg.
701 Vgl. Li et al. 1984, S. 17.
702 Zu Suzuki Asaos Kritik an diesem Standpunkt vgl. Kapitel 3. Allerdings gibt auch Suzuki zu, dass Ōhashi tatsächlich als erster versucht habe, militärische Theorien systematisch aufs Management anzuwenden (vgl. Suzuki, S. 218).
703 Vgl. N.N. (o.O./2006) 日本兵法经营塾 (*Riben bingfa jingyingshu*) [Eine Schule des japanischen Kriegskunsts-Managements] Quelle: http://www.sunwuzi.com.cn/xwnews.asp?newsid=498, Download: 09.05.08).
704 Ōhashi 1962, vgl. auch Kapitel 3.
705 Vgl. Suzuki, S. 218.

Im Jahre 1980 publizierte er das Werk *Kriegskunst Sunzi: Sieg ohne Kampf*[706], in dem eine – für chinesische Verhältnisse – ungewöhnliche Darbietungsform gewählt wurde. Im ersten Abschnitt des Buches werden wichtige Prinzipien aus *Sunzi bingfa* anhand von Beispielen vorgestellt und im zweiten Abschnitt der historische Hintergrund zu Sunzi und seinem Werk erläutert. Der dritte Abschnitt vergleicht Sunzis Ideen mit den Gedanken anderer Theoretiker des Krieges und im vierten und letzten Abschnitt findet sich der kommentierte und übersetzte Originaltext von *Sunzi bingfa*. In den Anhängen werden zudem unter anderem Macchiavelli und Sun Bin sowie berühmte Maximen aus *Sunzi bingfa* thematisiert.[707] Diese Form entspricht keiner bekannten Aufbereitung in der chinesischen *Business Sunzi*-Literatur jener Zeit. So kann man davon ausgehen, dass Ōhashis Werk, obwohl indirekt von größter Bedeutung, keinen direkten Einfluss auf die Form der in jener Zeit entstandenen *Business Sunzi*-Werke in der Volksrepublik bzw. Taiwan hatte.

Ein anderer in dem 1984 in der Volksrepublik erschienenen *Sunzi bingfa und Unternehmensmanagement* erwähnter[708] japanischer Autor, Murayama Makoto (1920 –), hingegen gestaltete im Jahr 1987, also drei Jahre nach dem Erscheinen des ersten *Business Sunzi*-Werkes in der Volksrepublik sein Werk ganz nach dem Vorbild der klassischen chinesischen Kommentarliteratur.[709] Diese Beobachtung, dass verschiedenste Formen nebeneinander existierten und immer noch existieren, lässt sich durch Stichproben in der aktuellen japanischen *Business Sunzi*-Literatur bestätigen: Mittlerweile werden neben sehr klassisch aufgebauten Werken, die an die alte Kommentarliteratur angelehnt sind, auch Werke aufgelegt, die mit Bildern versehen sind oder in Manga-Form verfasst das Verständnis erleichtern sollen, wobei sie teilweise nach der klassischen 13-Kapitel-Form, teilweise aber auch nach anderen Prinzipien aufgebaut sind.

Die Entwicklung der Formen: USA

In den USA befassten sich anfangs vor allem die Militärs mit *Sunzi bingfa*, was wohl erstmals in den 40er-Jahren des 20. Jahrhunderts geschah.[710] Schon früh wurde auch die Rolle, die *Sunzi bingfa* im militärischen Denken Mao Zedongs spielte er-

---

706 Vgl. 大橋武夫（1980/2005）兵法孫子 : 戦わずして勝つ。東京：PHP研究所。
    (*Ōhashi, Takeo: Heihō Sonshi: Tatagawazu shite katsu. Tōkyō: PHP kenkyūsho*) [Kriegskunst Sunzi: Sieg ohne Kampf].
707 Vgl. auch SXWT, S. 467.
708 Li et al. 1984, S. 17.
709 Vgl. SXWT, S. 468.
710 Hier soll nicht unterschlagen werden, dass der britische Militärwissenschaftler Liddell Hart (1895 - 1970) sich ausgiebig mit *Sunzi bingfa* auseinandersetzte. Seine Beschäftigung mit dem Thema hatte im angelsächsischen Sprachraum großen Einfluss und wird auch in vielen chinesischen Publikationen über *Sunzi bingfa* erwähnt.

kannt und dargestellt.[711] Aber erst 1963 entstand mit der Übersetzung des Ex-US-Marine-Offiziers Samuel B. Griffith (1906 – 1983) ein autoritatives Werk, das in die UNESCO-Sammlung der repräsentativen Werke der Weltliteratur aufgenommen wurde.[712] Dieses Buch dürfte die *Sunzi bingfa*-Rezeption Anfang der 1970er-Jahre sehr gefördert haben, als man in den USA versuchte, die Niederlage im Vietnamkrieg zu analysieren.

Ab den 1980er-Jahren gehörte *Sunzi bingfa* in zahlreichen Ausbildungsinstitutionen der US Army zum Curriculum und tauchte dort bis Ende der 90er-Jahre des 20. Jahrhunderts auch auf den Leselisten auf.[713] Allerdings beschränkte sich die Beschäftigung mit *Sunzi bingfa*, wie der Strategie-Spezialist Alastair Iain Johnston feststellte, vornehmlich auf die Geschichte des militärischen Denkens im Westen bzw. im asiatischen Raum.[714] Die größte Rolle scheint die Beschäftigung mit *Sunzi bingfa* dabei im US Marine Corps War College gespielt zu haben.[715] Aber Johnston geht davon aus, dass der ‚Einfluss' Sunzis sowohl auf die Militärstrategie als auch auf die Soldaten tendenziell eher gering war. *„For most ordinary American soldiers exposure to Sun Zi comes from the short axioms, aphorisms, and platitudes that often head a chapter in the US military field manuals."*[716] Seit den späten 80er-Jahren erschienen zudem mehrere Neuübersetzungen von *Sunzi bingfa* in US-

---

711 So z.B. von Robert Payne. Vgl. Payne, Robert (o.J.): *Roter Sturm über Asien*. Salzburg/München: Akademischer Gemeinschaftsverlag, S. 59ff. (Im Original: Payne, Robert (1951): *Red storm over Asia*. New York: Macmillan.)
712 Griffith 1963.
713 Vgl.王虎强；陈良武（2004）：《孙子兵法》：美国人怎么看。人民日报14。10。2004。 (*Wang, Huqiang; Chen, Liangwu: Sunzi bingfa: Meiguoren zenme kan. Renmin ribao*) [Wie die Amerikaner Sunzi bingfa sehen], in: SBNJ5, S. 526ff., hier S. 526. In der Tat existiert sogar ein dreizehnseitiger Vortrag auf Deutsch von einem Chinesen, in dem Sunzi den Offizieren der Bundeswehr näher gebracht werden sollte (Lin, Dengquan (1999): *Sun Zi und der moderne Lokalkrieg*. Akademie-Information 3 Hamburg: Führungsakademie der Bundeswehr). Man sieht, dass sich das Sunzi-Virus ubiquitär verbreitete.
714 "*As a general rule, Sun Zi studies in the US military education system are limited to a small number of courses on the history of military thought or on Asian military thought and practice, or to sections of core courses on strategic theory. Some of these courses are relatively new, having been set up in the 1990s. Usually Sun Zi is introduced as a comparison text with Clausewitz. Generally the similarities between Clausewitz and Sun Zi are emphasized more than the differences.*" (Johnston, Alastair Iain (1999): *Sunzi Studies in the United States*. Internet-Publikation. Quelle: http://www.people.fas.harvard.edu/~johnston/SunZi.pdf (Download: 26.12.2007), S. 23.)
715 „*Of all the professional military schools, Sun Zi's role in the curriculum is probably greatest at the US Marine Corp* [sic] *War College, an institution set up in 1990 by then Commandant, Alfred Gray. The study of Sun Zi was incorporated into a required course on "War, Policy and Strategy". Like the other professional military establishments, the study of Sun Zi in this course is incorporated into a section of the course that compares Sun Zi with Clausewitz. General Tao Hanzhang's version of Sun Zi was used as of the mid 1990s in this course along with Michael Handel's comparison of Sun Zi and Clausewitz.*" (Ibid., S. 22.)
716 Ibid., S. 24.

Amerikanische.[717] Und zu Beginn der 2000er-Jahre wurde das Werk noch populärer, da es in der TV-Serie *The Sopranos*, in der die Geschichte eines Mafia-Chefs in New Jersey erzählt wird, eine gewisse Rolle spielte. 2005 wurde zur Serie sogar eine eigene Sunzi-Ausgabe publiziert, nämlich Jessica Steindorffs *Art of War: As Featured on the Sopranos*.

Zwar scheint der Hauptmotor für die Rezeption von *Sunzi bingfa* in den USA dem oben Gesagten zufolge die Beschäftigung mit dem Werk durch die Militärs gewesen zu sein, doch wanderte diese von dort aus möglicherweise in andere Bereiche, vor allem in den des Business, ein, wie dies beispielsweise Bruce Webster für sein *Art of 'Ware* behauptet.[718]

Bei Websters Buch handelt es sich um eines der frühesten Beispiele für eine nichtmilitärische Interpretation von *Sunzi bingfa* in den USA.[719] Ein anderer früher *Business Sunzi*-Autor in den USA, Donald G. Krause, der etwa zeitgleich[720] mit Webster 1995 sein *Art of war for executives*[721] auf den Markt brachte, behauptet in einem Interview auf der Sunzi und seinem Werk gewidmeten Internet-Seite

---

717 Cleary, Thomas (1988): *Art of war. Sun Tzu*. Shambhala Publications sowie Wing, R.L. (1988): *Art of strategy: A New Translation of Sun Tzu's Classic The art of war*. Bantam Doubleday Dell Publishing Group.

718 So schreibt Bruce Webster in der Nachbemerkung zu seinem 1995 erschienen *Art of 'Ware*, das Sunzi in Bezug zum Programmieren von Software setzt: „*This book grew out of an incident in the early days of Pages Software Inc (1990-95). During an engineering meeting, Bruce Henderson — who had spent several years in the US Marine Corps — quoted a maxim from Suntzu pingfa (Sun Tzu's The Art of War), a book with which I had been familiar for years, and which I quoted at Pages from time to time. Henderson's comment set me to thinking about how applicable Sun Tzu was to competing in the technology and information industries. I went through the first chapter of Suntzu pingfa and started rephrasing Sun Tzu's maxims to that end. Before I had finished, I was convinced that there was something of real worth there, and I decided to press on and do all of Suntzu pingfa, thinking that the result might be of worth to others in the industry.*" (Webster, Bruce (1995/2007): The Art of 'Ware. Version 2.0. Sun Tzu's Classic Work reinterpreted. Online-Dokument, Quelle: http://and-still-i-persist.com//wp-includes/docs/ArtOfWare.pdf, S. 100 (Download: 08.12.07).)

719 Bei der einzigen auffindbaren nichtmilitärische Interpretation in den USA, die älter ist, handelt es sich um das 1992 publizierte Werk *Sun tzu's ancient art of golf* von Gary Parker Chapin et al., bei dem es sich um ein humoristisches Werk handelt. Allerdings zeigt dieser Titel, dass Sunzi zu jenem Zeitpunkt in den USA bereits bekannt genug war, um ihn für eine solche Publikation nutzen zu können (Chapin, Gary Parker; McDonald, T. Liam (1992): *Sun tzu's Ancient Art of Golf. Translated with Commentary by Gary Parker Chapin and T. Liam McDonald. Illustrated by Bruce Jorgensen*. McGraw-Hill).

720 Durch eine bibliographische Recherche konnte festgestellt werden, dass es sich bei diesem Buch mit großer Wahrscheinlichkeit um das erste *Business Sunzi*-Buch in den USA handelt, das zudem der Struktur von *Sunzi bingfa* folgt. Davor finden sich nur die Werke von Foo Check-Teck et al. und Wee et al., die beide *Sunzi bingfa* auf einen wirtschaftswissenschaftlichen Rahmen beziehen und zudem primär nicht als US-amerikanische Werke anzusehen sind. Man könnte daher Krauses Buch gleichzeitig auch als das erste Beispiel für eine trivialere Variante von *Business Sunzi* in den USA ansehen.

721 Krause, Donald G. (1995): *The Art of War for Executives*. Perigee Trade.

www.sonshi.com, er sei durch James Clavells *Noble House* darauf gebracht worden dieses Buch zu verfassen.[722]

Es ist wahrscheinlich, dass US-amerikanische Wissenschaftler, aber vor allem auch der Romanautor James Clavell seit den 70er- bis 80er-Jahren des 20. Jahrhunderts die *Business Sunzi*-Idee im angelsächsischen Sprachraum popularisiert haben. Allerdings war dabei die Beschäftigung mit dem Originaltext von *Sunzi bingfa* in der Regel nicht sehr tiefgründig.[723]

Ein wichtiger, auch in China sehr anerkannter *Business Sunzi*-Autor, Marc McNeilly, publizierte 1996 das bereits erwähnte *Sun Tzu and the Art of Business. Six Strategic Principles for Managers*,[724] in dem er aus *Sunzi bingfa* strategische Prinzipien extrahierte, anhand derer er das Buch organisierte. Diese Vorgehensweise hat Vorläufer in China. Li Yuri exzerpierte, wie oben kurz dargestellt, bereits in den 30er-Jahren zehn allgemeingültige Prinzipien aus dem Werk, baute sein Buch aller-

---

722 Vgl. www.sonshi.com/krause.html, (Download: 01.06.2006). Krauses Werk ist 2002 auch auf Deutsch erschienen (Krause, Donald (2002): *Die Kunst des Krieges für Führungskräfte. Sun Tzus alte Weisheiten, aufbereitet für die heutige Geschäftswelt*. Landsberg: Verlag Moderne Industrie). Bereits 1997 erschien vom selben Autor *Die Kunst der Überlegenheit. Konfuzius' und Sun Tzu's Prinzipien für Führungskräfte*, in dem allerdings weder Inhalte aus den *Analekten des Konfuzius* noch aus *Sunzi bingfa* nachweisbar sind. Krause hat 1998 auch *The Book of Five Rings for Executives: Musashi's Classic Book of Competitive Tactics* herausgegeben. Wie andere Erfolgsautoren hat er ‚sein Thema' *Führung* auf der Basis klassischer Vorlagen in verschiedenen Variationen mehrfach durchgespielt.

723 Johnston schreibt zur Bekanntheit von *Sunzi bingfa* in den USA: „*There is no doubt that in the 1980s and 1990s American scholars, business people and military officers have become more aware of Sun Zi's Art of War. Phrases and axioms from Sun Zi's text have also gradually moved into the popular imagination through some well-placed lines in movies, by comments from famous sports figures, and in other arenas of popular culture. For instance, Gordon Gecko* [sic]*, the evil protagonist businessman in the popular 1980s movie "Wall Street", quoted Sun Zi in the movie. The famous National Basketball Association coach Pat Riley quotes Sun Zi in his book The Winner Within: A Life Plan for Team Players (1993).*" (Ibid., S. 1.) Die Beschäftigung mit *Sunzi bingfa* in akademischen Kreisen war eher spärlich. Bei Johnston heißt daher 1999 auch: „*However, it is also true that the serious study and research of Sun Zi is very underdeveloped in the United States, especially in comparison with Sun Zi studies in China and Japan.*" (Ibid.) Diese Beobachtung dürfte bis heute noch weitgehend zutreffend sein.

724 McNeilly, Marc (1996): *Sun Tzu and the Art of Business. Six Strategic Principles for Managers*. Oxford/New York et al.: Oxford University Press. Interessanterweise findet sich bereits im Jahr 1996 eine deutsche *Business Sunzi*-Publikation (Drosdek 1996). Allerdings findet sich dann für längere Zeit keine Folgepublikation in deutscher Sprache. Drosdek befasst sich mit *Sunzi bingfa* und Business unter politisch-wirtschaftsstrategischen Gesichtspunkten. Er schreibt dazu: „*Es gibt im Westen, vor allem in den USA, bereits Ansätze, Sunzis strategische Lehren auch auf das Geschäftsleben anzuwenden. Interessanterweise geht es dabei aber immer nur um die Frage, wie man mit Hilfe von Sunzis Prinzipien westliche Konkurrenten besser ausstechen kann. Viel wichtiger ist es aber für die Zukunft unserer Wirtschaft, was uns Sunzi über das strategische Geschick der Chinesen zu offenbaren hat.*" (Ibid., S. 46.) Und an anderer Stelle: „*In diesem Buch haben wir den Einfluß Sunzis auf das Denken des modernen Chinesen analysiert und daraus Empfehlungen für den Umgang mit chinesischen Entscheidungsträgern in Wirtschaft und Politik abgeleitet.*" (Ibid., S. 183.)

dings in der klassischen Form (Textabschnitte, die sich mit dazugehörigen Kommentaren abwechseln) auf.

In der Einführung geht McNeilly auf die Popularität von Sunzi in der US-amerikanischen Öffentlichkeit ein:

> In the United States and Europe, *The Art of War* has been quoted in numerous books on strategy, organization and competition. Many of its more striking verses have been the lead-in for countless business articles. The popular movie *Wall Street*, a tale of corporate mergers and hostile takeovers, utilized Sun Tzu's wisdom in the battle of wits between Gordon Gekko, the film's villain, and the young hero Budd Fox.[725] In the booming world of Asian business, Sun Tzu's strategic principles are revered, and have been used by numerous CEOs to lead their companies to prosperity.[726]

Wie man sieht, bezieht sich McNeilly in seinen Einschätzungen auf wissenschaftlich eher fragwürdige Quellen, nämlich zum einen auf den Film *Wall Street* und zum anderen auf das Werk *Lords of the Rim*[727] von Sterling Seagrave, das den Anspruch erhebt, die Entwicklung der chinesischen Handelsmacht rund um den Pazifik von 1100 vor Christus bis in die Gegenwart darzustellen.[728] So kann man sich des Eindrucks nicht erwehren, hier sei, wie in vielen anderen Fällen von *Business Sunzi* in den USA, die Grenze zur unwissenschaftlichen Beschäftigung mit dem Thema überschritten worden.

Ein anderer, eminent wichtiger *Business Sunzi*-Autor ist der bereits erwähnte Gerald A. Michaelson, der in China hohes Ansehen genießt, und auf den Buchdeckeln seiner Publikationen als der weltweit führende Sunzi-Experte bezeichnet wird.[729] Er brachte in Eigenregie bzw. zusammen mit seinem Sohn Steven Michaelson eine Reihe von *Business Sunzi*-Büchern heraus, wobei bislang drei seiner Werke in Chinesische übersetzt wurden. Zwar kann man dabei nicht von einer ‚Rückübersetzung' sprechen, da es sich um originäre Werke der Michaelsons handelt, doch ist es faszinierend zu beobachten, wie das Topos *Business Sunzi* zwischen Ost und West[730] oszilliert.

---

725 Das erinnert an Clavells Ansatz, *Sunzi bingfa* in seinen Werken ‚einzusetzen'.
726 Ibid., S. 5.
727 Seagrave, Sterling (1995): *Lords of the Rim*. Putnam Adults.
728 Seagrave wurde für sein früher erschienenes Buch The *Soong Dynasty* von dem China-Wissenschaftler Donald George Gillin in dem Artikel *Falsifying China's History: The Case of Sterling Seagrave's The Soong Dynasty* heftig angegriffen (Gillin, Donald George (1986): *Falsifying China's History: The Case of Sterling Seagrave's The Soong Dynasty*. Hoover Monograph Series 4. Stanford: Stanford University). Auch bezüglich *Lords of the Rim* dürfte größte Vorsicht geboten sein.
729 Michaelson, Gerald A.; Michaelson, Steven W. (2003): *Sun Tzu Strategies for Selling: How to Use The Art of War to Build Lifelong Customer Relationships*. McGraw-Hill, Einbandrückseite.
730 Es existiert auch eine Reihe von Übersetzungen von US-amerikanischen Business Sunzi-Werken ins Japanische, z.B. von Webster: ブルース・F. ウエブスター著 ; 渡邊了介訳 (1997): 孫子『兵法』に学ぶベンチャー企業戦略. 東京: 翔泳社。(*Bruce F. Webster;*

Ganz allgemein kann man sagen, dass die Beschäftigung mit *Sunzi bingfa* in den USA und im weiteren Sinne wohl auch in den anderen westlichen Ländern, häufig nicht über eine relativ triviale Verquickung von ‚Weisheiten' und Aphorismen aus dem Original mit eigenen Ideen hinausging und tendenziell dem Bereich der Bestseller- und Trivialliteratur zuzuordnen ist.

Um nun die Vielfalt überschaubarer zu machen, soll nun die Frage der Perspektive in den *Business Sunzi*-Texten thematisiert werden. Hierbei wird davon ausgegangen, dass diese durch ihre Bauform perspektivisch-inhaltlich geprägt sind, da sich Form und Funktion nicht voneinander trennen lassen.

Ost-West-Perspektiven – eine grundsätzliche Einteilung von Business Sunzi

Der Sinologe Michael Lackner macht in seinem Artikel *Ex Oriente Scientia? Reconsidering the Ideology of a Chinese Origin of Western Knowledge*[731] eine Beobachtung, die für diese Untersuchung von großem Nutzen ist. Er beschreibt, wie der Gelehrtenbeamte Wang Renjun im Jahre 1896 eine Kompilation mit dem Titel *Feinheiten des Naturwissens im Altertum* (格致古微, *Gezhi guwei*)[732] publizierte, in der er verzeichnete, in welchem kanonischen oder klassischen chinesischen Text naturgeschichtliche Themen zu finden waren. Damit habe Wang in gewisser Hinsicht einen ‚Ur-Text' der westlichen Wissenschaft bzw. des westlichen Wissens schaffen wollen, wie dieser sich seiner Ansicht nach in den Schriften des alten China manifestierte. Der Aufbau und die Gliederung des Werkes, so Lackner, sei dem klassischen chinesischen Muster gefolgt und habe die kanonischen Bücher in den Vordergrund gestellt, wobei allerdings am Ende des Kompendiums auch eine Art von thematischem Index angefügt worden sei, mit Hilfe dessen bestimmte Themen wie etwa Astronomie, Mathematik oder Geographie in dem Werk aufgefunden werden konnten.

In einem nur ein Jahr später erschienenen Plagiat kam es dann, so Lackner, zu einer entscheidenden Veränderung. Zwar blieb der Inhalt des Texts unverändert, der Sachthemenindex jedoch, der im Original nichts weiter als ein Anhängsel war, rückte an die erste Stelle. Die Auflistung der chinesischen Werke hingegen, an denen sich die Ordnung des Werks ursprünglich orientierte, wanderte in den Anhang.[733] Lackner schreibt:

Watanabe; Ryōsuke: Sonshi heihō ni manabu benchā kigyō sanryaku. Tōkyō: Shoeisha) und McNeilly:マーク・マクニーリイ著;市原樟夫訳(2003): ビジネスに活かす「孫子の兵法」：経営者が身に付けるべき6つの戦略。 東京：：PHP研究所。(*Marc McNeilly; Ichihara, Kusuo: Bijinesu ni ikasu Sonshi no heihō. Keieisha ga mi ni tsukeru beki rokutsu no senryaku.。Tōkyō: PHP kenkyūsho*).

731 Lackner 2008b.
732 Deutsche Übersetzung von Thomas Kempa. Im Originaltext wurde der Titel mit *Ancient subtleties of natural knowledge* wiedergegeben.
733 Vgl. ibid., S. 195.

With this, the Ur-text has been given a new systematization, and an alien one at that. From this time onward, the classics speak the language of Western science: the Occident is no longer seen through Confucian lenses, but instead Confucius is understood through Western eyes – even when, and perhaps just for that reason, he is held up as a key witness to the antiquity of Chinese science and knowledge.[734]

Lackner zeigt auf, wie allein durch die Re-Systematisierung eines eigentlich aus chinesischer Sicht verfassten Werkes auch ohne größere inhaltliche Veränderungen ein grundlegender Perspektivenwechsel stattfand. Er sagt dazu: „*the Rubicon has been crossed*".[735] Diese Beobachtung liefert ein äußerst nützliches Kriterium, mittels dessen sich die vielfältige Literatur im Bereich *Business Sunzi* kategorisieren lässt.[736] Sie kann dementsprechend eingeteilt werden in Werke, die dem Aufbau des kanonischen Werkes *Sunzi bingfa* entsprechend strukturiert sind und anhand dieses Leitfadens westliche ökonomische Themen behandeln und solche, die anhand westlicher Konzepte strukturiert sind, und diese mittels Zitaten aus den Klassikern, in diesem Falle aus *Sunzi bingfa*, erläutern und legitimieren. Vereinfacht gesagt, sieht die erste Kategorie die Welt durch eine Sunzi- und die zweite durch eine Management-Brille.

In Bezug auf die Funktion der beiden Kategorisierungsweisen kann man davon ausgehen, dass – zumindest aus der Perspektive asiatischer Autoren – im ersten Falle eine Selbstaffirmation und Abgrenzung vom Neuen, Fremden und im zweiten Falle eine Legitimierung des Neuen unter Zuhilfenahme der Tradition im Vordergrund steht. Es nimmt nicht Wunder, dass im Zusammenhang mit den immer lauter werdenden traditionalistisch-kulturalistischen Selbstbehauptungsdiskursen und identitären Abgrenzungsstrategien[737], die traditionelle Bauform zusehends an Bedeutung gewinnt.

Der Einfachheit halber sollen diese beiden Bauformen *Business Sunzi* Typ I und Typ II genannt werden, wobei als Typ I die Bauform definiert sein soll, welche den Text nach den traditionellen 13 Kapiteln aufgliedert, und als Typ II diejenige Bauform gelten soll, welche westliche, d.h. wissenschaftliche Kategorien oder andere Prinzipien zum Gliederungsprinzip macht. Diese Bauprinzipien sollen im Folgenden anhand einer inhaltlichen Betrachtung veranschaulicht werden.

---

734 Ibid., S. 196.
735 Ibid. S. 195. Die Frage der Kategorisierungen und ihrer Bedeutsamkeit wurde z.B. auch von François Jullien et al. in dem Band *Die Kunst, Listen zu erstellen* thematisiert (François Jullien et al. (2004): *Die Kunst, Listen zu erstellen*. Berlin: Merve).
736 Den Hinweis auf diese Möglichkeit verdanke ich Prof. Dr. Lackner.
737 Vgl. auch Mishima 1996.

Darstellungsperspektiven in Business Sunzi

Betrachtet man die *Business Sunzi*-Literatur unter dem inhaltlichen Aspekt, fällt auf, dass zum einen eine *Business Sunzi*-Literatur existiert, die als mehr oder minder wissenschaftliche Variante von *Business Sunzi* bezeichnet werden könnte, und den Stoff nach wirtschaftswissenschaftlichen Kategorien ordnet. Zum anderen es gibt eine *Business Sunzi*-Literatur, die sich formal an ältere Beispiele der Textaufbereitung anlehnt und den Urtext als Richtschnur nimmt.

Zur ersten Variante gehören vor allem die früheren Bücher, insbesondere das allererste Werk aus der Volksrepublik *Sunzi bingfa und Unternehmensmanagement*[738], das mit dem erklärten Anspruch antrat, westliches ökonomisches Wissen wissenschaftlich mit *Sunzi bingfa* zu verbinden und dieses durch Maximen und Module aus *Sunzi bingfa* zu ergänzen sowie zu erklären. Ganz ähnlich ist im Übrigen auch eines der frühsten Werke in englischer Sprache zum Thema aufgebaut, nämlich das Buch *Sunzi on the Art of War and its General Application to Business.*[739] Dieses wurde in Kooperation zwischen dem in Kanada an einer Business School tätigen Auslandschinesen[740] Luke Chan und dem an der Tianjiner Nankai-Universität als Wirtschaftswissenschaftler lehrenden Chen Bingfu verfasst, der als einer der Pioniere von *Business Sunzi* gelten kann.[741] In besagtem Werk wurde der Übersetzungstext von *Sunzi bingfa* allerdings zwischen der Einleitung, die sowohl Hintergrundinformationen zu Sunzi und *Sunzi bingfa*, als auch wesentliche Prinzipien aus *Sunzi bingfa* vorstellt, und die Business-Interpretation am Ende des Werkes eingefügt. Von der Herangehensweise her unterscheidet sich das Werk jedoch nicht wesentlich von *Sunzi bingfa und Unternehmensmanagement*. Auch das aller Wahrscheinlichkeit nach erste *Business Sunzi*-Werk ohne volksrepublikanische Beteiligung ist so aufgebaut. Es handelt sich dabei um Wee Chow Hous et al. 1991 erschienenes Werk *Sun Tzu: War and Management – Application to Strategic Management and Thinking.*[742]

Tatsächlich weisen all diese Werke in einigen Aspekten inhaltlich und formal gewisse Ähnlichkeiten auf. Es geht primär nicht darum, der ursprünglichen 13-Kapitel-Form von *Sunzi bingfa* zu folgen oder diese imitieren, sondern um die Verknüpfung von wirtschaftswissenschaftlichen Inhalten mit Inhalten aus *Sunzi bingfa*.

Ganz anders stellt sich die Lage in einer Reihe anderer chinesischer *Business Sunzi*-Werken dar, die ursprünglich primär aus Taiwan stammten. Hier wurde der Originaltext in seiner originalen Form komplett vorgestellt und mit Blick auf wirtschaftliche Themen kommentiert. Diese Bauform ist formal offenkundig der klassi-

---

738 Li et al. 1984.
739 Chan/Chen 1989.
740 Die Auslandschinesen spielen – wie in der Einleitung bereits gesagt – für den Kulturtransfer sicherlich eine gewisse Rolle. In Deutschland wäre z.B. Zhou Songpo (Sompo Zhou) zu nennen, der eine wirtschaftswissenschaftliche Dissertation über *Sunzi bingfa* verfasst hat. Er wird im Übrigen auch in China wahrgenommen (vgl. Su 2005, SBNJ5, S. 79).
741 Vgl. Kapitel 3.
742 Wee et al. 1991.

schen Kommentarliteratur verpflichtet. Als das früheste auffindbare Beispiel hierfür kann Liu Shigus *Sunzis Kriegskunst für den Handelskrieg*[743] gelten, das den Urtext zunächst Satz für Satz im Original wiedergab, dann inhaltlich erläuterte und schließlich aufs Unternehmensmanagement bezog.[744]

Eine Gemeinsamkeit gibt es dabei trotzdem zwischen den beiden Formen der *Business Sunzi*-Literatur: Wie die Autoren des ersten *Business Sunzi*-Buches der Volksrepublik beruft sich Liu auf japanische Vorarbeiten, wobei er die Ansicht vertritt, es sei eine Art von nationaler Schande, dass man dieses Gebiet den Japanern überlasse, obwohl die Kommentartradition zu *Sunzi bingfa* in China weitaus entwickelter sei,[745] was aber die Bedeutung Japans für die Entstehung des Genres nur einmal mehr beweist.

Ein Beispiel für eine der traditionellen Form folgende Gliederung des Texts aus der Zeit nach dem Erscheinen des ersten *Business Sunzi*-Werkes der Volksrepublik ist *Sunzi bingfa auf den Handel angewendet*[746] des Taiwan-Chinesen Liang Xianchu, das dieser im Jahre 1988 gleichzeitig sowohl in Taiwan als auch in der Volksrepublik veröffentlichte.[747] Wie Liu Shigus Buch teilt das Werk den Originaltext in kurze Abschnitte auf, denen jeweils eine Übersetzung ins moderne Chinesisch sowie eine Erläuterung folgt, in der die Besonderheiten des entsprechenden Abschnittes bezüglich seiner Anwendung auf ökonomische Zusammenhänge dargestellt werden. An diese wiederum schließen sich Beispiele aus dem Bereich der Wirtschaft an, welche diese Erläuterungen verdeutlichen sollen –alles in allem also eine sehr klassische Darstellungsform.

---

743 Liu 1972.
744 Der Autor gibt im Vorwort an, selbst weder Militär noch Wirtschaftswissenschaftler zu sein. Aus dem Text lässt sich jedoch ablesen, dass er selbst Unternehmer oder Manager sein könnte, so schreibt er: „*Wenn wir, die wir mit Geschäften befasst sind,* Sunzi bingfa *lesen,* […]." (Ibid., S. 6.)
745 Vgl. Kapitel 3. Hierbei handelt es sich um ein bereits seit längerem existentes Motiv in der Sunzi Rezeption überhaupt, denn in dieser Hinsicht stimmt er auch völlig mit Li Yuri überein, der bereits in den 30er-Jahren ähnliche Gedanken geäußert hatte.
746 梁宪初（1988）：商用孙子兵法。北京：中国卓越出版公司。(*Liang, Xianchu: Shang yong Sunzi bingfa. Beijing: Zhongguo zhuoyue chubangongsi*) [Sunzi bingfa auf den Handel angewendet].
747 In Taiwan erschienen ab 1987 nach einer längeren Pause wieder Bücher zum Thema *Sunzi bingfa* und Management. Es ist nicht auszuschließen, dass von hier aus eine ‚Unterwanderung' der volksrepublikanischen *Sunzi bingfa*-Literatur stattfand, die sich ja anfänglich sehr kommunistisch linientreu gab. Ein Beispiel für solche linientreue Literatur ist auch noch die zweite in der Volksrepublik feststellbare reine *Business Sunzi*-Monographie [zuvor war nur eine Auswahl von Maximen verschiedener Philosophen zum Thema Management von Yang Xianju, einem der Autoren von *Sunzi bingfa und Unternehmensmanagement* erschienen] nämlich *Sunzi bingfa angewendet auf Industrie und Finanzwesen* von Wu Degang. 吴德刚（1988）：孙子兵法在财经领域的应用。辽宁：辽宁大学出版社。(*Wu, Degang: Sunzi bingfa zai caijing lingyu de yingyong. Liaoning: Liaoning daxue chubanshe*) [Sunzi bingfa angewendet auf Industrie und Finanzwesen])

Diese Bauprinzipien werden noch deutlicher, wenn man die Struktur von *Business Sunzi*-Werken anhand ihrer Inhaltsverzeichnisse und ihres Kapitelaufbaus betrachtet. Als Beispiele mögen der Einfachheit halber nochmals die bereits erwähnten Werke dienen: das erste *Business Sunzi*-Buch der Volksrepublik *Sunzi bingfa und Unternehmensmanagement*[748] sowie das frühe *Business Sunzi*-Werk aus Taiwan, *Sunzi bingfa für den Handel*[749].

Das Buch von Li Shijun et al. ist in eine Einleitung (导论, *daolun*), vier Kapitel (篇, *pian*), ein Nachwort (后记, *houji*) und einen Anhang (附录, *fulu*) aufgeteilt, wobei der Anhang den kompletten Originaltext von *Sunzi bingfa* samt dessen Übersetzung ins moderne Chinesisch enthält. Das ist typisch für Business Sunzi Typ II, wo in der Regel der Originaltext dem Werk zu Referenzzwecken beigefügt wird. Die Struktur der Kapitel orientiert sich, wie die Autoren in der Einleitung schreiben, an den drei Stufen des „*Produktionsmanagementprozesses im Unternehmen*" (企业生产经营过程, *qiye shengchan jingying guocheng*), die sich als „*Managemententscheidungsphase*" (经营决策阶段, *jingying juece jieduan*), „*Produktionsmanagementphase*" (生产管理阶段, *shengchan guanli jieduan*) sowie als „*Produktverkaufsphase*" (产品销售阶段, *chanpin xiaoshou jieduan*) definieren lassen.[750] Unter diesem Gesichtspunkten werden bestimmte Aspekte von *Sunzi bingfa* von den Autoren nach deren eigener Aussage besonders hervorgehoben. Gesondert wird noch die Qualität der Führungskräfte (素质, *suzhi*) abgehandelt, was im letzten Kapitel des Buches geschieht.[751]

Die Überschriften der Kapitel lauten:

> Kapitel: Kalkulationen vor dem Kampf (未战先算, *wei zhan xian suan*) – Im Feldlager strategische Pläne entwerfen (运筹定计, *yunchou ding ji*)
>
> Kapitel: Erst siegen, dann kämpfen (先胜后战, *xian sheng hou zhan*) – Organisation und Administration der Massen (组织治众, *zuzhi zhizhong*)
>
> Kapitel: Mit Raffinesse seine Aufgaben erledigen (巧能成事, *qiao neng cheng shi*) – Verkaufsstrategeme (行销谋略, *xing xiao moulüe*)
>
> Kapitel: Mit fünf Tugenden ausgestattet wird man ein großer General (五德皆备 可为大将, *wu de jie bei – ke wei da jiang*)[752]

Auch wenn die Formulierungen zum Teil etwas martialisch und fremdartig klingen – man gewinnt den Eindruck, dass die eigentlich so nüchterne Betriebswirtschaftslehre in ein historisches Kriegerkostüm gesteckt worden sei –, sind die Inhalte

---

748 Li et al. 1984.
749 Liang 1988.
750 Li et al. 1984, S. 19.
751 Vgl. ibid., S. 20. Der Begriff *suzhi* spielt auch heute noch eine wichtige Rolle in der chinesischen Propaganda und im öffentlichen Diskurs.
752 Ibid., S. 1f.

meistenteils westlich-betriebswirtschaftlich geprägt. Das Buch betont den Wert westlichen Managementwissens in der damals aktuellen Situation in China.[753] Dies wird auch daran deutlich, dass in vielen Fällen westliche oder japanische Management-Konzepte eingeführt und mit Hinweisen auf *Sunzi bingfa* untermalt und legitimiert werden. Als ein Beispiel für die Übernahme von ‚Fremdkonzepten' könnte man hier auch die Einführung der Maslow'schen Bedürfnispyramide in *Sunzi bingfa und Unternehmensmanagement* anführen. Dabei wird allerdings auch der Spagat sehr deutlich, den die Autoren immer wieder machen mussten. Denn es wird zugleich festgestellt, dass dies kapitalistische Kategorien seien und die Verhaltenspsychologie zumindest teilweise im Gegensatz zur Ideologie der KPCh und des Marxismus stehe.[754]

Ein interessanter Kontrapunkt hierzu findet sich in einem Plagiat des Werkes, das im Jahre 1987 in Taiwan veröffentlicht wurde, und bei dem es sich um eine der ersten *Business Sunzi*-Publikationen in Taiwan handeln dürfte, die nach der Veröffentlichung des ersten *Business Sunzi*-Werkes in der Volksrepublik erschienen sind. Diesem Buch kommt möglicherweise eine gewisse Bedeutung im Transferprozess zwischen Taiwan und China zu, da seit Mitte der 70er-Jahre des 20. Jahrhunderts keine *Business Sunzi*-Publikationen in Taiwan auffindbar sind. Es trägt den Titel *Sunzi bingfa und modernes Unternehmensmanagement*[755] und ist eine identische Kopie von *Sunzi bingfa und Unternehmensmanagement*, wobei allerdings sämtliche Marx-, Lenin oder Mao-Zitate sowie auch alle anderen Hinweise auf seine Herkunft gestrichen wurden.[756] Ein konkreter Einfluss dieses Werkes auf die Entwicklung in Taiwan ist allerdings nicht nachzuweisen. Viel eher scheinen dort die traditionelleren Bauformen die Oberhand gewonnen zu haben.

Ein Musterbeispiel für *Business Sunzi* Typ I ist Liang Xianchus *Sunzi bingfa für den Handel*. Das Buch ist in ein Geleitwort des Herausgebers (主编的话, *zhubian de hua*)[757], eine Einleitung des Autors (自序, *zixu*) sowie in 13 Kapitel gegliedert, die mit den Originalüberschriften von *Sunzi bingfa*[758] versehen sind:

Die Bewertung der Lage (始计篇, *shi ji pian*)

Die Kriegführung (作战篇, *zuo zhan pian*)

---

753 Vgl. Kapitel 4.
754 Li et al. 1984, S. 90ff.
755 N.N.（1987）：孙子兵法与现代企业管理。台北：木铎出版社印行。(*Sunzi bingfa yu xiandai qiye guanli. Taibei: Muduo chubanshe yinhang*) [Sunzi bingfa und modernes Unternehmensmanagement].
756 Wenngleich an einigen Stellen, und zwar immer dann, wenn ein marxistisches Konzept, wie z.B. das der *Dialektik* auftauchte, deren erste Erwähnung im Text gestrichen wurde, weitere Erwähnungen jedoch nicht, was beim Lesen den Eindruck einer schlampigen Zensur vermittelt.
757 Das Buch erschien in einer Reihe, die sich mit Wirtschaftsthemen auseinandersetzte.
758 Die deutsche Übersetzung der Kapitelüberschriften folgt der Übersetzung von Klöpsch (vgl. Klöpsch 2009, S. x).

Planung des Angriffs (谋攻篇, *mou gong pian*)

Die Formationen (军行篇, *jun xing pian*)

Die Schlagkraft (兵势篇, *bing shi pian*)

Die Leere und die Fülle (虚实篇, *xu shi pian*)

Das Gefecht (军争篇, *jun zheng pian*)

Die neun Wechselfälle (九变篇, *jiu bian pian*)

Der Marsch (行军篇, *xing jun pian*)

Die Beschaffenheit des Geländes (地形篇, *di xing pian*)

Die neun Geländearten (九地篇, *jiu di pian*)

Der Angriff mit Feuer (火攻篇, *huo gong pian*)

Der Einsatz von Spionen (用间篇, *yong jian pian*)[759]

Jedes Kapitel dieses Werks ist auf die gleiche Weise aufgebaut. Zunächst wird der Originaltext von *Sunzi bingfa* in Abschnitten präsentiert, deren Bedeutung dann jeweils im direkten Anschluss erläutert wird (文意解说, *wenyi jieshuo*). Dieser inhaltlichen Erklärung folgt eine Erläuterung der Bedeutung fürs Business (经商演义, *jingshang yanyi*) und schließlich endet jeder dieser Abschnitte mit einem Fallbeispiel (个案, *ge an*) aus dem Geschäftsleben. Somit ist das Buch im wesentlichen dem dominanten klassischen chinesischen Bauprinzip folgend gegliedert, nach dem *Sunzi bingfa* schon seit langer Zeit für die Leserschaft aufbereitet wurde, nämlich den Text intermittierend philologisch-inhaltlich zu kommentieren und mit Beispielen zu erläutern. Das Werk folgt sowohl im Inhaltsverzeichnis als auch in der Binneneinteilung der Kapitel dem klassischen Originaltext bzw. dessen Kommentarliteratur.

Betrachtet man die aktuelle *Business Sunzi*-Literatur im Überblick, kann man in der Volksrepublik eine sich nach dem Erscheinen von *Sunzi bingfa und Unternehmensmanagement* sehr rasch zeigende Tendenz zur ‚Rückentwicklung' bzw. zu traditionelleren, weniger an wirtschaftswissenschaftlichen Ansprüchen orientierten Werken konstatieren, die sich deutlich in der Form der Texte zeigte. Diese Form der Aufbereitung im Bereich von *Business Sunzi* ist mittlerweile in der Volksrepublik beinahe schon die Regel. Man könnte sagen, dass von reformerisch inspirierten Bauformen des Typs II ausgehend eine Rückwendung zur traditionelleren Form des Typs I stattgefunden hat. Allerdings sollte man dabei nicht übersehen, dass sich in der Fülle der Publikationen durchaus auch Beispiele für andere Vorgehensweisen finden lassen. Wesentlich ist hierbei, dass die Vorbilder dafür aus Taiwan ge-

---

[759] Liang 1988, S. 10–16.

kommen zu sein scheinen, wo bereits seit den 70er-Jahren des 20. Jahrhunderts Vorbilder für *Business Sunzi* Typ I aufzufinden sind.

Um nun auch die Transferprozesse zwischen Ost und West zu verdeutlichen, sollen an dieser Stelle auch *Business Sunzi*-Werke westlicher Autoren untersucht werden. Einer der bekanntesten ist der US-Amerikaner Gerald A. Michaelson. Dieser Autor wurde für diese Untersuchung ausgewählt, da er in China großes Ansehen genießt und nach eigenen Aussagen enge Kontakte zu chinesischen Sunzi-Forschern unterhält, also in einen sehr regen Kulturtransferprozess eingebunden ist.[760] Obschon er chronologisch nicht der früheste *Business Sunzi*-Autor der USA ist, wird er hier zuerst behandelt, da bei ihm aufgrund seiner mehrere Bücher umfassenden Beschäftigung mit dem Thema eine interessante Entwicklung feststellbar ist. Wie bei der diachronen Betrachtung seiner Publikationen erkennbar wird, ist in Michaelsons Büchern eine Umkehrung in Hinsicht auf die angewandten Formprinzipien zu erkennen.

Michaelson selbst beschreibt seine Vorgehensweise für *Sun Tzu: The Art of War for Managers. 50 Strategic Rules*[761] wie folgt:

> The first edition had the translation[762] and explanatory copy on the left page and the commentary on the right page. While the current edition has a continuous flow, the continuity remains. First, a translated slice of Sun Tzu. Second, additional explanations where appropriate. Third, commentary on applications. Because the book segments the translation into some 50 discreet sections, it makes it easy for the reader to browse the strategic thinking.[763]

In der Tat ist das Buch in den der traditionellen chinesischen Bauweise folgenden Werken strukturell recht ähnlich. Dies lässt sich schon am Inhaltsverzeichnis ablesen. Das Buch beginnt mit einer Widmung und dem Abschnitt *The Lesson of the Concubines*, in dem die bekannte Geschichte erzählt wird, wie Sunzi die Frauen des Königs von Wu zu Soldatinnen drillt, wobei er die Anführerinnen, bei denen es sich um die Lieblingskonkubinen des Königs handelt, auf dem Exerzierplatz wegen Ungehorsams hinrichten lässt, ohne sich um die Intervention des Königs zu kümmern. Dem folgt eine Einleitung, nach welcher der eigentliche Textteil *Part One – New Translation of* The Art of War *with Manager's Commentary* beginnt.[764] Die Kapiteleinteilung folgt dem chinesischen Originaltext:

Laying Plans

---

760 Vgl. Einleitung, FN Nr. 34 sowie Michaelson, Gerald A.: „*Interview with Gerald Michaelson*". O. Z.; o.O. [Quelle: www.sonshi.com (Download: 02.04.08)]. Michaelson wird auch von chinesischer Seite sehr positiv gewertet (vgl. Su Guiliang in SBNJ5, S. 79).
761 Michaelson, Gerald A. (2001): *Sun Tzu: the Art of War for Managers. 50 Strategic Rules*. Avon, Massachusetts: Adams Media Corporation.
762 Die englische Übersetzung stammt von Pan Jiabin und Liu Ruixiang.
763 Michaelson, Gerald A.: „*Interview with Gerald Michaelson*". O. Z.; o.O. Quelle: http://www.sonshi.com/michaelson.html (Download: 02.04.08).
764 Vgl. Michaelson 2001, S. ix.

Waging War

Attack by Stratagem

Disposition of Military Strength

Use of Energy

Weakness and Strength

Maneuvering

Variation of Tactics

On the March

Terrain

The Nine Varieties of Ground

Attack by Fire

Employment of Secret Agents

In Teil 2 des Buches folgen dann *Practical Applications*, bei denen es sich um eine Reihe von kurzen Anwendungsbeispielen in Form von Zeugnissen namentlich genannter Manager handelt, die aus ihrer persönlichen Erfahrung berichten, wobei diese Zeugnisse allerdings keinen unmittelbaren Bezug zu den vorangegangenen Abschnitten haben.[765] Dann werden zusammenfassend die *Key Concepts* von *Sunzi bingfa* aus Michaelsons Sicht dargestellt. Bei diesen bezieht er sich auf die Unterstrukturierung der Kapitel der Übersetzung. Diese Unterstrukturierungen teilen den Übersetzungstext thematisch auf. So ist beispielsweise das erste Kapitel in die Abschnitte *Thoroughly Assess Conditions*, *Compare Attributes* und *Look for Strategic Turns*[766] gegliedert.

Die Unterteilungen stellen in gewisser Hinsicht Interpretationen des Originaltexts dar, dienen aber vor allem der inhaltlichen Gliederung. Eine solche Vorgehensweise findet sich, wie gesagt, auch in vielen anderen chinesischen und nichtchinesischen *Business Sunzi*-Werken, wie etwa in der neueren der beiden deutschen *Business Sunzi*-Publikationen, dem Werk von Werner Schwanfelder, der formal einem ähnlichen Prinzip folgt, inhaltlich jedoch sehr frei vorgeht.[767]

---

765 Dieser Abschnitt sowie die Anmerkungen und Index wurden in der chinesischen Übersetzung des Werkes weggelassen. Diese Testimonials erinnern entfernt an die Beispiele zu Maximen aus *Sunzi bingfa*, die sich im ersten Teil von Ōhashis oben genannten Werk *Kriegskunst Sunzi: Sieg ohne Kampf* aus dem Jahr 1980 finden.
766 Michaelson 2001, S. ix.
767 Darauf wird weiter unten noch genauer eingegangen.

Im Anschluss folgen in Michaelsons Werk noch Anmerkungen, eine Bibliographie sowie ein Index und zu guter Letzt die Vorstellung des Autors (Michaelsons) selbst. Da das Buch offenkundig sehr der traditionellen Bauweise von Typ I ähnelt, steht zu vermuten, dass beim Verfassen des Werkes chinesische Vorbilder eine Rolle gespielt haben.

In seinen späteren *Business Sunzi*-Publikationen geht Michaelson von diesem Muster allerdings wieder ab und gliedert seine Bücher unter thematischen Gesichtspunkten, also tendenziell nach dem Muster von Typ II. So ist das Werk *Sun Tzu Strategies for Selling: How to Use The Art of War to Build Lifelong Customer Relationships*[768] in zwei Teile aufgeteilt. Im ersten, aus fünf Kapiteln bestehenden Teil, stellt Michaelson seine Ideen bezüglich des Verkaufens vor, im zweiten Teil findet sich dann, wie zum Beispiel bei *Sunzi bingfa und Unternehmensmanagement*, der Gesamttext von *Sunzi bingfa* in englischer Übersetzung. Die Kapitel des ersten Teils tragen die Titel:

Personal Strength Wisdom

Planning Wisdom

Wisdom for Initiating Action

Wisdom for Structuring the Sale

The Wisdom of Practical Experience[769]

Das dritte Werk von Michaelson et Michaelson aus dem Jahre 2004, *Sun Tzu Strategies for Marketing: 12 Essential Principles for winning the War for Customers*[770], ist wiederum anders strukturiert. Hier verzichten die Autoren völlig auf den Originaltext und strukturieren das Buch nach zwölf Prinzipien, die zwar durchaus Berührungspunkte mit den Inhalten von *Sunzi bingfa* aufweisen, aber nicht in gleicher Weise gegliedert sind. Dem Vorwort folgt eine kurze Einführung an die sich zwölf Kapitel, die jeweils eines der Prinzipien thematisieren, sowie ein Kapitel mit praktischen Marketing-Beispielen anschließt.[771] Wie bei den anderen Büchern folgt ganz zum Schluss noch ein Index:

First Principle: Honor the Customer

Second Principle: Organization of Intelligence

Third Principle: Maintenance of the Objective

---

768 Michaelson et Michaelson 2003.
769 Ibid., S. vff. Hier fällt die exotisierende Anspielung auf eine Weisheit des Ostens auf, die sich im wiederholten Gebrauch des Begriffs *Wisdom* manifestiert.
770 Michaelson et Michaelson 2004.
771 Somit weist auch dieses Buch eine 13-Kapitel-Struktur auf.

Fourth Principle: A Secure Position

Fifth Principle: Offensive Action

Sixth Principle: Surprise

Seventh Principle: Maneuver

Eighth Principle: Concentration of Resources

Ninth Principle: Economy of Force

Tenth Principle: Command Structure

Eleventh Principle: Personal Leadership

Twelfth Principle: Simplicity

Implementing Strategies[772]

Hier ist die formale Umstrukturierung in Richtung einer westlichen Interpretation im Grunde abgeschlossen. Sehr frei interpretiert könnte man von einer Bewegung vom Anderen zum Eigenen sprechen, die Michaelson in seinen *Business Sunzi*-Büchern vollzogen hat.

Auch das bereits erwähnte Werk McNeillys aus dem Jahre 1996, das also älter ist als die Bücher der Michaelsons, ist nicht nach dem traditionellen chinesischen Muster aufgebaut. Das Buch ist vielmehr nach den „*sechs strategischen Prinzipien für Manager*", die McNeilly aus *Sunzi bingfa* extrahiert und denen er jeweils ein Kapitel widmet, strukturiert:

Win All Without Fighting – Capturing Your Market without Destroying It

Avoid Strength Attack Weakness – Striking Where They Least Expect It

Deception and Foreknowledge – Maximizing the Power of Market Information

Speed and Preparation – Moving Swiftly To Overcome Your Competitors

Shape Your Opponent – Employing Strategy To Master the Competition

Character-Based Leadership – Providing Effective Leadership in Turbulent Times

Im Anschluss daran folgt noch ein weiteres Kapitel, in dem McNeilly die Praxisanwendung macht:

Putting the Art of Business into Practice[773]

---

772   Ibid., S. viif.

Nach ausführlichen Anmerkungen und einer Liste mit weiterführender Literatur folgen auch hier der komplette Text von *Sunzi bingfa*, in der Übersetzung von Samuel B. Griffith, eine ausführliche Bibliographie sowie ein Index.[774] Dies entspricht voll und ganz *Business Sunzi* Typ II. Es zeigt sich, dass in dem US-amerikanischen *Business Sunzi*-Literatur beide Typen recht frühzeitig vertreten waren.

Als ein interessantes Beispiel, wie sich Kulturtransfer im Extremfall gestalten kann, soll hier das in der Einleitung erwähnte *The Art of War & The Art of Sales*[775] von Gary Gagliardi genannt werden. Gagliardi formulierte auf Basis seiner Übersetzung eine ‚Version' von *Sunzi bingfa*, die auf den Bereich Sales zugeschnitten ist. Dabei folgte er der Originalstruktur von *Sunzi bingfa* und verfasste eine Art von ‚doppeltem Buch', das in Hinblick auf die Zielgruppe mit voller Absicht nach dem Prinzip *buy one, get two* als ‚Schnäppchen' gebaut ist, wie sich am Inhaltsverzeichnis leicht ablesen lässt:

Planning – Sales Analysis

Going to War – Choosing to Sell

Planning an Attack – Planning your Territory

Positioning – Sales Position

Momentum – Persuasion

Weakness and Strength – Disadvantages & Advantages

Armed Conflict – Sales Contact

Adaptability – Adjusting to the Situation

Armed March – Moving Sales Forward

Field Position – Customer Relationships

Types of Terrain – Sales Situations

Attacking with Fire – Using Desire

Using Spies – Using Questions[776]

Im Text steht jeweils auf der linken Seite Gagliardis eigene Übersetzung von *Sunzi bingfa* und auf der rechten Seite sein *The Art of Sales*, das im Sinne der Genette'schen Intertextualität als eine Transposition ‚seines' Originals anzusehen ist,

---

773 Hier lassen sich Parallelen zwischen diesem Werk und Michaelsons *Sun Tzu Strategies for Marketing: 12 Essential Principles for winning the War for Customers* ziehen.
774 Vgl. McNeilly 1996, S. ix.
775 Gagliardi 1999/2001a.
776 Gagliardi 1999/2001a, S. vii.

wobei man sich des Gedankens nur schwer erwehren kann, dass der Autor damit eher eine unfreiwillige Persiflage als eine Parodie (im Sinne der Genette'schen Intertextualität) geschaffen habe.[777] So schreibt er im ersten Kapitel:

> This is war.
>
> It is the most important skill in the nation.
>
> It is the basis of life and death.
>
> It is the philosophy of survival or destruction.
>
> You must know it well.

Das Gegenstück (auf der gegenüberliegenden Seite) lautet:

> This is selling.
>
> It is the most important skill in any business.
>
> It can bring you fortune or poverty.
>
> It is your path to success or failure.
>
> You must study sales seriously.[778]

Hier wird die Tendenz zu einer mehr oder minder deutlichen inhaltlichen Beliebigkeit in der US-amerikanischen *Business Sunzi*-Literatur sehr gut sichtbar.[779] Gagliardi entwickelt seine eigenen Gedanken auf der Folie von *Sunzi bingfa* – oder genauer gesagt seiner Interpretation des Werkes – und nimmt das ‚Original' als Gesprächsanlass, um seine eigenen Inhalte an den Mann zu bringen, wobei er sich allerdings an die Form des Urtexts hält. Gagliardi folgt also im Grunde bautechnisch gesehen dem konservativeren Muster von *Business Sunzi* Typ I.

An diesem Extremfall wird sehr deutlich, wie Übersetzung und Kulturtransfer auch funktionieren können, und dass Übersetzung durchaus als ein Spezialfall einer mehr oder minder sinnvoller Fortsetzung angesehen werden kann, wie dies der Philosoph Julius Schneider im Rückgriff auf Wittgenstein'sche Gedanken behauptet.

---

777 Vgl. Genette, Gérard (1993): *Palimpseste: Die Literatur auf zweiter Stufe*. Deutsche Erstausgabe. Frankfurt/Main: Suhrkamp, S. 40ff. Es sollte aber auf jeden Fall festgehalten werden, dass das ‚Original' – also Gagliardis Übersetzung – eine an einigen Stellen extrem eigenwillige Eigeninterpretation des Urtexts darstellt.
778 Ibid., S. 2f.
779 Ein weiteres sehr offenkundiges Beispiel hierfür ist Bruce Websters *The Art of 'Ware* (Webster 1995/2007).

Die Frage, inwiefern die entsprechende Fortsetzung sinnvoll sei oder nicht, ist natürlich in nicht unbeträchtlichem Maße vom eigenen Standpunkt abhängig.[780]

Zusammenfassend kann man sagen, dass obschon sich in der Volksrepublik eine früh einsetzende Tendenz findet, vom Anderen weg auf das Eigene hinzusteuern, also von Typ II zu Typ I, sich für den Westen demgegenüber keine klare Aussage treffen lässt, wie anhand der aufgeführten Beispiele verdeutlicht wurde.

Man könnte sich hier nun auch die Frage stellen, inwiefern man in China die Tradition als ein Mittel der Modernisierung und des ‚nationalen Wiederaufbaus' angesehen hat bzw. immer noch ansieht. Die im Kapitel zur ideologischen Funktion dargestellte Implementierung von Traditionalismus und Kulturalismus seitens der KPCh deutet darauf hin, dass dies in der Tat der Fall ist. Hierbei ist eine interessante *Arbeitsteilung* bzw. eine definierte *funktionale Besetzung* gewisser Bereiche der chinesischen Welt zu beobachten: Der als Figur allgegenwärtige Konfuzius stellt den allgemeinen Rahmen und Hintergrund einer konfuzianischen Ethik, vor dem sich andere Akteure, z.B. Sunzi, abheben können. Sunzi wäre dann – beispielsweise als unabhängig agierendes Individuum (wenn der Einsatzbefehl gegeben ist, kümmert sich der General nicht mehr um Einmischungen des Herrschers)[781] – ein Leitbild für den freien Unternehmer, wie dies bereits im Kapitel über die ideologische Funktion von *Business Sunzi* dargestellt wurde, wenngleich noch eine Reihe anderer Funktionen denkbar wäre.[782]

Nachdem nun auf die Formen von *Business Sunzi* in Bezug auf deren Funktionen eingegangen worden ist, soll anschließend noch ein Blick auf die Formähnlichkeiten geworfen werden, die sich durch die gesamte *Business Sunzi*-Literatur ziehen. Es sollte dabei jedoch nicht vergessen werden, dass es, bei allen Unterschieden in Form und Inhalt, Abhängigkeiten und Zugehörigkeitsbeziehungen gab und gibt, wobei

---

780 Zu Schneiders Konzeption von der Übersetzung und zur Frage des Standpunktes vgl. Kapitel 2.
781 Dieses Motiv spielt in der *Sunzi bingfa*-Literatur eine bedeutende Rolle. Die berühmte Erzählung von der Hinrichtung der Konkubinen des Königs von Wu nimmt explizit Bezug darauf. Auch im ersten *Business Sunzi*-Werk der Volksrepublik nimmt dieses Motiv – wenngleich mit leichten Einschränkungen, die dem Führungsanspruch der KPCh geschuldet sein dürften – großen Raum ein. Den Autoren geht es vor allem darum, gegen die Kadermentalität anzugehen und die angehenden Manager aufzufordern, zu den eigenen Entscheidungen und zur eigenen Kreativität zu stehen. Dies wird in dem Buch in einem ganzen Abschnitt mit dem Titel *Wenn der General ausgerückt ist, gehorcht er dem Fürsten nicht mehr unbedingt* (将在外君命有所不受, *jiang zai wai jun ming you suo bu shou*), thematisiert (Li et al. 1984, S. 163ff.).
782 Solche Interpretationen sind im Übrigen keine neue oder gar rein chinesische Erfindung. So findet sich in einer japanischen Sunzi-Ausgabe aus dem Jahre 1942 die Auffassung, Laozi verkörpere in der chinesischen Geistesgeschichte das *Leere* (虚无, *xuwu*), Konfuzius die *Menschlichkeit* (仁义, *renyi*) und Sunzi den *Utilitarismus* (功力, *gongli*) (vgl. SXWT, S. 460). Diese Interpretation von Sunzi als Vertreter einer utilitaristischen Lehre machte ihn auch zu einem Kandidaten für die Wirtschaftswissenschaftler, die während der politischen Umwälzungen nach Maos Tod ihre ökonomische Denkweise legitimierende, soziale Archetypen suchten (vgl. Yan 1984/11, S. 17f.).

allerdings nur schwer, wenn überhaupt, feststellbar ist, wie diese zustande gekommen sind.

Zur Illustration, wie sich strukturelle Ähnlichkeiten über die Kulturen hinweg durch die gesamte *Business Sunzi*-Literatur verbreiten, werden einige Werke, die ursprünglich keine oder nur wenige gemeinsame Bezugspunkte aufzuweisen scheinen, in einigen formalen Aspekten verglichen und so Kulturtransferprozesse in *Business Sunzi* greifbarer gemacht. Allerdings sollen keine eindeutige Abfolgen ‚vererbter' Motive konstruiert werden. Bestenfalls ist es möglich, gewisse ‚Familienähnlichkeiten' inhaltlicher Art zwischen einigen Texten aufzuzeigen. Es ist dabei allerdings schwierig zu differenzieren, ob diese auf eine direkte Rezeption oder auf ihren gemeinsamen Zusammenhang mit dem ‚Urahn' *Sunzi bingfa* selbst zurückzuführen sind. Bei genauerer Betrachtung entsteht vielmehr der Eindruck eines beinahe schon organisch zu nennenden Prozesses, der sich rhizomatisch in alle Richtungen ausbreitet.

Formähnlichkeiten quer durch Business Sunzi

In vielen *Business Sunzi*-Werken werden einleitend Kurzzitate aus dem Urtext oder zusammenfassende Mottos an den Kapitelbeginn gestellt. So in der *Business Sunzi*-Ausgabe *The Art of War for Managers. 50 Strategic Rules*[783] von Michaelson aus dem Jahre 2001, dessen erstes Kapitel wie folgt beginnt:

1

Laying Plans

Strategic Rules

Thoroughly Assess Conditions

Compare Attributes

Look for Strategic Turns

Dem folgt eine halbseitige einführende Erläuterung, in der Michaelson auf allgemeine Probleme des Planens eingeht (Letzteres entspricht dem Vorgehen des weiter unten aufgeführten Werkes von Shangguan Jueren). Erst nach dieser Einführung beginnt der originale Sunzi-Text in Übersetzung.[784] Vergleicht man dies mit anderen

---

783 Michaelson 2001.
784 Am Rande sei hier noch bemerkt, dass bei der Übersetzung von Michaelsons Text ins Chinesische für die englische Übersetzung des Originaltexts (die englische Übersetzung stammte, wie bereits erwähnt, von zwei Chinesen: Pan Jiabin und Liu Ruixiang) unkommentiert ‚wieder' der antike Originaltext eingesetzt wurde. Es steht zu vermuten, dass die Übersetzer die Übersetzung ins Englische, die ja auch eine eigene Interpretationsleistung darstellt, nicht an-

Werken, so springen (vor allem die äußerlichen) Ähnlichkeiten sofort ins Auge. So werden in einem chinesischen *Business Sunzi*-Werk aus dem Jahr 2004 von Zhuge Jingyi[785] vor den jeweiligen Kapitelabschnitten Kernaussagen aus dem Urtext zitiert. Vor dem ersten Abschnitt heißt es:

兵者

国之大事

知之者胜

不知之者不胜 [786]

Hierbei handelt es sich um ein Zitat aus dem ersten Kapitel *Die Bewertung der Lage* von *Sunzi bingfa*.

Formal ähnlich verfährt auch der deutsche Manager und Autor Werner Schwanfelder in seinem *Sun Tzu für Manager. Die 13 ewigen Gebote der Strategie*[787]. In diesem wird das erste Kapitel *Planung* von einer Art Inhaltsverzeichnis eingeleitet:

Planung

计篇

Das Erste Gebot:

Gründliche Vorbereitungen sind das

erkannten bzw. es nicht für notwendig hielten, darauf Bezug zu nehmen, da es ihnen primär darum ging, das aus ihrer Sicht eigentlich Neue, nämlich Michaelsons Kommentare, ins Chinesische zu bringen. Somit geriet der Originaltext, der ja, wie bereits ausführlich dargestellt wurde, an vielen Stellen auch für chinesische Muttersprachler ohne Kommentare unverständlich bleibt, zu einer mehr oder minder bedeutungsentleerten Legitimation seiner eigenen Interpretation und spielt auch selbst nur noch eine relativ unwichtige Rolle.

---

785 Zhuge 2004, passim.
786 Ibid., S.1, Klöpsch übersetzt dies mit: „*Der Krieg ist für jeden Staat ein Ereignis von großer Bedeutung.*" Sowie mit: „[...] *nur wer sie [die fünf Faktoren, TK] wirklich beherzigt, wird siegreich bleiben, und wer sie mißachtet, wird unterliegen.*" (Beide Zitate Klöpsch 2009, S. 11f.).
787 Schwanfelder, Werner (2004): *Sun Tzu für Manager. Die 13 ewigen Gebote der Strategie*. Frankfurt/Main: Campus. Von Schwanfelder stammen zudem die Bücher *Konfuzius für Manager. Werte und Weisheit im 21. Jahrhundert* und *Buddha und der Manager. Eine Begegnung mit fernöstlicher Weisheit* sowie *Laotse für Manager. Meisterschaft durch Harmonie*. Schwanfelders *Business Sunzi*-Werk ist, obwohl es sich bei dem Autor um einen Deutschen handelt, eine Übersetzung aus dem Englischen (Übersetzer Nikolas Bertheau), allerdings scheint es keine englischsprachige Ausgabe des Buches zu geben. Man muss daher davon ausgehen, dass Schwanfelder eine unpublizierte Fassung auf Englisch verfasst hat. Es stellt sich hier die Frage, ob die chinesische Übersetzung aus dem Deutschen oder vielleicht aus dem Englischen angefertigt wurde.

> A und O des Erfolgs
>
> Fünf Faktoren, die die Ausgangslage bilden[788]
>
> Die Ausgangslage kennen und Entscheidungen treffen[789]
>
> Die drei Stufen der Vorbereitung: Visionen, Ziele und Meilensteine
>
> *Erlesenes* zum Thema Planung[790]

Der darauf folgende Text besteht aus mehreren, den Überschriften entsprechenden thematischen Abschnitten, die zum Teil Schwanfelders eigene Gedanken, die mit Sunzi-Zitaten garniert sind, wiedergeben, zum Teil aber auch am Urtext orientiert sind. So etwa bei den *Fünf Faktoren, die die Ausgangslage bilden*, in denen unschwer Sunzis *Fünf Faktoren* zu erkennen sind, wenngleich Schwanfelder sie mit eigenen Inhalten füllt.

Funktional vergleichbar geht auch der chinesische Autor, Shangguan Jueren, im erstem Kapitel von *Sunzi bingfa erläutert für den heutigen Gebrauch*[791] vor. Dort wird in großer Schrifttype eine Art globaler Lehre aus dem ersten Kapitel von *Sunzi bingfa* gezogen:

> Ein Gewaltmensch kann einen Strategen nicht besiegen.[792]

Dem folgt eine ausführlichere Erläuterung:

> Der Unterschied zwischen einem Gewaltmenschen und einem Strategen liegt darin, dass ersterer mutig, der andere aber weise ist. Mut ohne Weisheit führt unweigerlich zur Niederlage; doch Weisheit ohne Mut vermag Erfolge auszuhecken. In der Tat ist der großartigste Mensch auf der Welt nicht der Gewaltmensch, sondern der Stratege, weil der Stratege den Gewaltmen-

---

788 Es folgen als Unterpunkte:
 - *Tao*, der Weg, steht für die glaubhafte Moral
 - *Tien*, der Himmel, symbolisiert die Umstände
 - *Di*, die Erde, beschreibt Strukturen und deren Auswirkungen
 - *Dschian* steht für die Führungskompetenz
 - *Far*, die Methode, umfasst die Organisation
 [Der Autor verwendet hier eine von der Amtlichen Pinyin-Umschrift abweichende Schreibweise.]
789 Hier folgen als Unterpunkte:
 - Der erste Schritt ist Selbsterkenntnis
 - Die Kontrahenten kennen und die Chancen einschätzen
 - *Exkurs*: Zeitmanagement
 - Entscheidungen vorbereiten und neue Situationen berücksichtigen
 - Die ganze Kriegskunst beruht auf List und Täuschung
790 Ibid., S. 21.
791 Shangguan 2003.
792 Ibid., S. 1.

schen zu steuern vermag, um seine eigenen Ziele zu verwirklichen. Das ist die Essenz des ersten Kapitels von *Sunzi bingfa*.[793]

Man kann sagen, dass in allen Beispielen dem Text (wohl aus didaktischen Zwecken) eine Art von Zusammenfassung vorangestellt wurde, die in einigen Fällen zudem noch näher erklärt wird, bevor der eigentliche Text beginnt. Gewisse strukturelle Ähnlichkeiten sind demnach unverkennbar.

Exkurs: Ein deutscher Beitrag zu Business Sunzi

An dieser Stelle sollen einige interessante Beobachtungen aus der Untersuchung des Schwanfelder-Textes vorgestellt werden, da diese ein bezeichnendes Licht auf die inhaltlich/formalen Kulturtransferprozesse in *Business Sunzi* werfen. Schwanfelder übernahm mit größter Wahrscheinlichkeit die Wiedergabe der chinesischen Lesungen der *Fünf Faktoren*[794] durch die relativ ungewöhnliche Umschreibung mit *Tao, Tien, Di, Dschian* und *Far* aus der deutschen Übersetzung von Donald Krauses Buch *Die Kunst des Krieges für Führungskräfte*.[795] Der deutsche Übersetzer dieses Buches aus dem US-Amerikanischen stützte sich hingegen, wie er in einer Anmerkung mitteilt,[796] in einigen Fällen auf H.D. Beckers Übersetzung von *Sunzi bingfa* aus dem Jahre 1972, die den Titel *Die dreizehn Gebote der Kriegskunst* trug.[797] Der Krause-Übersetzer schien dies für die korrekte Bezeichnung für den Originaltext von *Sunzi bingfa* gehalten zu haben, da er auf diese Bezeichnung im Vorwort referiert. Schwanfelder wiederum ließ sich offenbar von der Übersetzung des Krause'schen Buches leiten, wie der Untertitel seines Buches *Die 13 ewigen Gebote der Strategie* beweist. Das ist insofern von Interesse, als diese Gebote – sozusagen als deutscher Beitrag zur *Business Sunzi*-Literatur – über die chinesische Übersetzung von Schwanfelders Buch (als 十三戒律, *shisan jielü*, also von *13 Geboten* im Sinne der biblischen Gebote) in den chinesischen Sprachraum einwanderten, wo sie zuvor

---

793 Ibid., S. 1, Übersetzung TK. Allerdings erscheint diese Art der Darstellung der ‚Essenz' des Kapitels viel zu holzschnittartig und wird dem Originalwerk in keiner Weise gerecht.
794 In der amtlichen Pinyin-Umschrift: *dao, tian, di, jiang* und *fa*.
795 Vgl. Krause, Donald (2002/2007): *Die Kunst des Krieges für Führungskräfte*. Wien: Ueberreuther, S. 18. Dort heißt es: „*Daher beurteilen wir die Lage gemäß den fünf Grundsätzen und entwickeln unsere Strategien. Dann erst legen wir die weitere Vorgangsweise fest. Der Erste der fünf Grundsätze ist* Tao *(der Weg), der Zweite* Tien *(der Himmel), der Dritte* Di *(die Erde), der Vierte* Dschian *(der Heerführer) und der Fünfte* Far *(das Gesetz).*" Diese Umschrift scheint eine Eigenadaption des deutschen Übersetzers gewesen zu sein. Im US-amerikanischen Original steht nämlich: „*Therefore, we estimate using five principles and calculate our strategies. Then, we judge our course of action. Of the five principles, the first is called* Tao *(way); the second is called* Tien *(heaven); the third is called* Dee *(earth); the fourth is called* Gian *(leadership); and the fifth his called* Far *(law).*"
796 Ibid., S. 16.
797 Becker 1972.

nicht vorhanden waren.⁷⁹⁸ Denn im Nachwort seines Buches fasste Schwanfelder seine Ideen als *Dreizehn Gebote für Manager* in Kurzform zusammen.⁷⁹⁹

Allerdings muss hier betont werden, dass die *Gebote* in der chinesischen Übersetzung im Sinne der Kristeva'schen Gebrochenheit im Übertragungsprozess einen Funktionswandel durchgemacht und dabei einen geringeren Stellenwert erhalten haben.⁸⁰⁰ Die *Dreizehn Gebote*, die in der deutschen Ausgabe sowohl im Buchtitel als auch an den Kapitelanfängen auftauchen, finden sich in der chinesischen Ausgabe selbst nur im Anhang. Eine andere Auslassung in der chinesischen Übersetzung betrifft die Abschnitte *Erlesenes zum Thema ...*, die jeweils am Ende der deutschen Schwanfelder-Ausgabe Aphorismen zur entsprechenden Thematik aus den verschiedensten Quellen versammeln.⁸⁰¹ Diese wurden in der chinesischen Übersetzung ebenfalls komplett gestrichen. Sehr deutlich sieht man hier, wie sich Material aus den verschiedensten Quellen und Traditionen miteinander vermischt und in einer neuen Interpretation zusammenfließt.

Durchgängige Motive

Um das Bild abzurunden, soll hier zudem noch ein Beispiel für ein ‚Modul' angeführt werden, das sich praktisch durch die gesamte Business Sunzi-Literatur hindurchzieht. Hierbei handelt es sich um einen der bereits mehrfach erwähnten *Fünf Faktoren*, die bei der Planung vor dem Kampf bedacht werden müssen.⁸⁰² Diese *Faktoren* sind so essenziell für *Sunzi bingfa*, dass auf keinen verzichtet werden könnte, ohne dass die gesamte Struktur darunter litte. Für diese Betrachtung wurde der vierte Faktor *Führung* (将, *jiang*) ausgewählt,⁸⁰³ der im Original wie folgt definiert wird:

将者，知（智）、信、仁、勇、严也。⁸⁰⁴

Klöpsch übersetzt dies mit:

---

798 张维娟[Übers.]：维尔讷 • 史旺菲勒德尔(2006)：管理大师的孙子兵法。*Sun Tzu für Manager by Werner Schwanfelder*。台北：知识流出版股份有限公司 (*Zhang, Weijuan* [Übers.] *Wei'erne Shiwangfeileide'er: Guanli dashi de Sunzi bingfa. Taibei: Zhishiliu chuban gufen youxian gongsi*) [Sun Tzu für Manager], S. 230 – 236.
799 Schwanfelder 2004, S. 216ff.
800 Vgl. hierzu FN Nr. 654.
801 Dies ist im Übrigen wiederum eine Parallele zu den Business Sunzi-Werken des Japaners Ōhashi Takeo. Vgl. den Abschnitt zu Entwicklung der Formen in Japan in weiter oben in diesem Kapitel.
802 Vgl. Kapitel 3, FN Nr. 297.
803 Vgl. Ames, Roger T. 1993, S. 103.
804 Ibid., S. 102.

Die Führung verkörpert Weisheit, Glaubwürdigkeit, Menschlichkeit, Tapferkeit und Strenge.[805]

Da in mehreren der Publikationen zwischen der militärischen und der ökonomischen Interpretation unterschieden wird, soll hier nur auf die letztere eingegangen werden. Es werden folgende Werke betrachtet:

- Die chinesische Übersetzung von Kuniyoshi Urabes ursprünglich japanischem Buch *Was bedeutet es, ein Unternehmen zu führen?*[806] das im ersten *Business Sunzi*-Werk der Volksrepublik Erwähnung fand[807] und somit als einer seiner Vorläufer gelten kann;
- die englische Übersetzung der ersten *Business Sunzi*-Publikation in China von Li Shijun et al. *Sunzi bingfa und Unternehmensmanagement* (1990);[808]
- das erste englischsprachige *Business Sunzi*-Buch von Luke Chan und Chen Bingfu (1989), das einer kanadisch-chinesischen Kooperation entsprang;[809]
- Wee Chow Hous, Sun Tzu: war and management – application to strategic management and thinking (1991);[810]
- das mit Donald G. Krause als Autor vermutlich erste von einem US-Amerikaner ohne China-Bezug verfasste *Business Sunzi*-Werk *The Art of War for Executives* (1995)[811] sowie
- ein anderes frühes US-amerikanisches *Business Sunzi*-Werk, das bereits erwähnte *The Art of 'Ware*[812] von Bruce Webster (1995).
- Da Andreas Drosdek in seinem ersten deutschen *Business Sunzi*-Werk den *Fünf Faktoren* breiten Raum einräumt, soll auch er in Auszügen in die Betrachtung integriert werden,[813] zumal er offenkundig US-amerikanische, aber auch chinesische[814] Quellen rezipierte, und um
- auch die spätere Entwicklung zu berücksichtigen, werden zudem das äußerst einflussreiche Buch *Sun Tzu: the Art of War for Managers*[815] von Gerald Michaelson (2001) sowie

---

805 Klöpsch 2009, S. 11. Bei Ames heißt es: „*Command is a matter of wisdom, integrity, humanity, courage and discipline.*" Ames, S. 103.
806 任长安，贾全德；占部都美（1981）：怎样当企业领导。北京：新华出版社。(*Ren, Chang'an; Jia, Quande* [Übers.]*: Kuniyoshi, Urabe: Zenyang dang qiye lingdao. Beijing: Xinhua chubanshe*) [Was bedeutet es, ein Unternehmen zu führen?]
807 Li et al. 1984, S. 18.
808 Li et al. 1990.
809 Chan/Chen 1989.
810 Wee et al. 1991.
811 Krause 1995.
812 Webster 1995.
813 Drosdek 1996.
814 Z.B. die englische Übersetzung der *Sunzi bingfa*-Interpretation des rotchinesischen Generals Tao Hanzhang.
815 Michaelson 2001.

- das Werk des anderen deutschen Vertreters der *Business Sunzi*-Literatur,[816] Werner Schwanfelders *Sunzi für Manager*[817] (2004), berücksichtigt.

Die asiatischen Autoren weisen häufig Parallelen auf, die primär darauf zurückzuführen sein dürften, dass sie sich in ihrer Interpretation alle mehr oder minder eng an den Originaltext anlehnten. Zu diesem vierten Faktor (*Führung*) heißt es zum Beispiel bei Kuniyoshi:

> Sunzi sagt: „Kommando, das heißt Weisheit, Vertrauen, Menschlichkeit, Mut und Disziplin."
>
> Weisheit: Eine Führungspersönlichkeit muss intelligent und weise sein, er muss im Notfall über ein untrügliches Urteil verfügen und zur rechten Zeit Entscheidungen treffen können.
>
> Integrität: Eine Führungspersönlichkeit muss ihren Untergebenen vertrauen und ihr Vertrauen gewinnen.
>
> Menschlichkeit: Eine Führungspersönlichkeit muss mitfühlend sein, ihre Untergebenen achtsam behandeln und sich ihre Angelegenheiten jederzeit zu Herzen nehmen.
>
> Mut: Eine Führungspersönlichkeit muss mutig, tüchtig sowie kühn sein und entschlossen handeln.
>
> Disziplin: Eine Führungspersönlichkeit muss die Regeln einhalten und klar sein bei Strafen und Belohnungen.[818]

Li Shijun et al. schreiben:

---

816 Ein weiteres deutschsprachiges Werk, in dem Sunzi neben Clausewitz, Seneca, Machiavelli, Musashi, Yamamoto Tsunetomo, dem Verfasser des japanischen Werks über das Leben des Samurai, dem *Hagakure*, Verwendung findet, ist Ingmar P. Brunkens im Jahre 2005 erschienenes *Die 6 Meister der Strategie. Und wie Sie beruflich und privat von ihnen profitieren können*. Allerdings handelt es sich hierbei um eine Publikation, die in den Randbereich von *Business Sunzi* einzuordnen ist. Zudem ist das Buch durch Missverständnisse hinsichtlich der ethischen aber auch anderen Dimensionen von *Sunzi bingfa* disqualifiziert, die offenbar auf eine oberflächliche Lektüre bzw. mangelnde Durchdringung des Themas zurückzuführen sind. So geht Brunken davon aus, Sunzi habe eine Art von opportunistischem Doppelspiel gegenüber dem Herrscher gespielt: „*Die Schwächen von Sun-Tsus Lehren zeigen sich im Wesentlichen in drei Punkten: 1. Ein streitbares* [sic] *Verständnis von Moral, geprägt von übermäßigem Opportunismus, bei dem Moral und Herrschermeinung gleichbedeutend sind: »Das Gesetz der Moral veranlasst die Menschen, mit ihrem Herrscher völlig übereinzustimmen, sodass sie ihm ohne Rücksicht auf ihr Leben folgen«* (S. 8). *Tatsächlich richtet sich Sun-Tsu selbst nicht danach, sodass diese Aussage als Feigenblatt gegenüber seiner wahren Intention gelten muss, nämlich die Herrschermeinung in den Wind zu schlagen. Anders formuliert: Sun-Tsu predigt Wasser und trinkt Wein."* (Brunken, Ingmar (2005): *Die 6 Meister der Strategie*. 2. Aufl. Berlin: Ullstein, S. 23.) Brunken übersieht hierbei völlig die komplexen Fragen, die in *Sunzi bingfa* im Zusammenhang mit der Beziehung zwischen Herrscher, General und Soldaten angeschnitten werden.

817 Schwanfelder 2004.

818 Kuniyoshi 1981, S. 5f, Übersetzung TK. Kuniyoshi zitiert den ersten Satz aus dem Originaltext (孙子曰：将者，智信仁勇严也。)

"Five Virtues" desirable in a business manager: Wisdom resourcefulness and talents, professional proficiency, gifts for thinking, prediction, judgment and accommodation. Good faith: never to break one's word, to put full faith in the subordinates. Humanity: concern and love for the subordinates, making allowance for them. Courage: to be resolute in handling things, to make decisions and take actions in time, to be keen on reform and innovation.[819]

Wee et al. schreiben:

While moral influence in war can be compared to political leadership in business, the generalship factor typifies the element of *corporate leadership* in a business organization (Here the organization is likened to a division in an army). Viewed in this perspective, it is interesting to note that the above qualities of the capable general mirror the ideal attributes that a chief executive officer [...] should have.[820]

Weiterhin heißt es bei ihnen zu diesem, für sie offenkundig sehr wichtigen Thema:

(1) He is quick and decisive but not reckless and knows how to capitalize on various business opportunities.

(2) He is able to trust his subordinates in their jobs and let them know that their performance will be rewarded (or penalized) accordingly. In addition he is not easily provoked when mistakes are made.

---

819 Li et al. 1990, S. 26. Im chinesischen Original:
企业领导五德。智：智慧才能，专业水平，思维能力，预见能力，判断能力，应变能力。信：言而有信，信赖下级。仁：关心、爱护、体谅下级。勇：处事果断，能不失时机地决策和行动，勇于改革与创新。严：严而责已，赏罚严明。In der Business-Interpretation fehlt die fünfte Tugend des Generals, die *Strenge*. Allerdings findet sich diese in der hier weggelassenen militärischen Interpretation (vgl. Li et al. 1990, S. 26).

820 Wee et al. 1995, S. 21f. Im Abschnitt zur militärischen Interpretation von *Sunzi bingfa* schreiben die Autoren: „*A capable general must possess five important qualities or attributes. These attributes are wisdom (智), sincerity (信), benevolence (仁), courage (勇), and strictness (严). By wisdom (才智), he meant the ability to recognize changing circumstances and to act expediently. Sincerity (诚信) means the ability to have the complete trust of subordinates so that they have no doubt of the certainty of rewards and punishments. Benevolence (仁慈) requires love for mankind, the ability to sympathize with others and to appreciate the hard work and labor of the rank and file.* [Bei Li et al. wird dieses Thema am Ende des Werkes nochmals aufgegriffen. Dort schreiben sie, durchaus vergleichbar mit Wee et al.: „*In unserem Verständnis bedeutet Vertrauen, dass auf Lohn und Strafe Verlass ist.*" Im Original: 我们理解：就是赏罚有信。(Li et al. 1984, S. 196)] *Courage (勇敢) means being brave and decisive and having the ability to gain victory by capitalizing opportunities without hesitation.* [Auch hier finden sich Parallelen zu Li et al., bei denen es heißt: „*In unserem Verständnis bedeutet Tapferkeit Mut und Entschlossenheit.*" Im Original: 我们理解："勇"就是勇敢果断。(Li et al. 1984, S. 199.)] *Finally a strict (威严) general is able to instill discipline and command respect as his troops are in awe of him and are afraid of his punishments."*

(3) He is human relations orientated and understands the problems of his subordinates and appreciates their work. However, he is not overly compassionate to the extent that he is harassed by every little human-related problem.

(4) He has the courage to make bold decisions and hence is willing to take risks when necessary. In other words he is not afraid of sticking his neck out for the right decisions.

(5) His exemplary, strict lifestyle will instill discipline within the company, an essential ingredient for high productivity. At the same time, he is willing to learn and is not afraid of losing face when people point out his weaknesses.[821]

Bei Chan und Chen heißt es dazu:

> Commander refers to the manager who directs the day to day activities of the corporation which are central to the success of the business. The managers or the divisional heads do not have to have exceptional intellectual capability but must be consistent, trustworthy, kind and yet strict.[822]

So scheint bei Chan und Chen die Bedeutung der Intelligenz der Manager geringer gewertet zu werden, da diese eher als Funktionäre, und nicht als Anführer gesehen werden, was, zumindest bei Chen Bingfu, nicht weiter erstaunlich ist, da er selbst in diesen Kontext einzuordnen ist.

Im Vergleich hierzu finden sich bei den nichtasiatischen Interpretationen einige bedeutende Unterschiede. In diesen wird weitaus mehr Gewicht auf die Individuen und deren innere Selbstbildung gelegt. Somit haben die Darstellungen aus westlicher Sicht an dieser Stelle einen weitaus stärkeren normativ-moralischen Charakter. Demgegenüber wird der Aspekt von Lohn und Strafe völlig ausgeblendet. Es findet vielmehr eine Wendung auf sich selbst und die eigene Verantwortlichkeit statt. So heißt es in Krauses Interpretation:

> Because leadership comes from within, leadership flows from the attitudes and abilities of individuals. Organizational leadership is the aggregate of the attitudes and abilities of the key executives. Leadership can be assessed in terms of seven factors: self-respect, purpose, accomplishment, responsibility, knowledge, "laddership" and example.[823]

Krauses Idee von Führung hat nur noch wenig mit den von den anderen Autoren entworfenen Konzepten gemeinsam. Besonders deutlich wird dies an dem Neolo-

---

821 Ibid., S. 22.
822 Chan/Chen 1989, S. 89.
823 Krause 1995, S. 13.

gismus *laddership*, den er vom Bild einer Gruppe von Kriegern ableitet, welche die Aufgabe hat, einen feindlichen Burgwall zu erklimmen.[824]

Webster wiederum definiert den vierten Faktor mit den Worten: „*Leadership means the qualities of wisdom, integrity, humanity, vision, and fairness.*" Dies erläutert er mit:

> *Wisdom* means knowing the right thing to do, and the right reason for doing it. *Integrity* represents the ethical and moral dimensions of business that are sometimes neglected in executive offices, particularly those of sales and marketing. *Humanity* involves remembering that every decision made affects people's lives — including those in competing firms. *Vision* is the quality of seeing beyond the next quarter's results and into the future. *Fairness* mixes compassion, justice, and evenhandedness appropriately.
>
> These qualities are uncommon, and are seldom found in equal and sufficient proportions in a single person. But that does not excuse their absence, nor does it relieve us of the effort to achieve them. They must reside in those who lead the company, and they must be expected of employees at all levels.[825]

An dieser Stelle wird am deutlichsten, dass es ihm – wie im Grunde auch den anderen – um eine Art der Selbstbildung geht, wie sich im zweiten Absatz des Zitats zeigt. Die Unterschiede, vor allem zu den asiatischen Interpretationen, die zumeist weitaus näher am Original bleiben, und untereinander in vieler Hinsicht kongruent sind, fallen unmittelbar auf.

Michaelson schreibt kurz und bündig: *"Commander has an equivalent in 'leadership'. The names keep changing but the principles of leadership remain the same."*[826] Schwanfelder hingegen behandelt das Thema relativ umfangreich und frei, dennoch ist er in seiner Tendenz, die Selbstbildung als wesentliche Aufgabe des Managers zu betrachten, mit den anderen westlichen Autoren vergleichbar. Bei ihm heißt es:

> *Dschian* steht für die Führungskompetenz
>
> »Führung bedeutet Weisheit, Aufrichtigkeit, Wohlwollen, Mut und Strenge«, lehrt Sun Tzu (I. 9). Das sind Kriterien, die jede Unternehmensleitung charakterisieren sollten – und jeder einzelne Manager muss sich daran messen lassen. Führungskompetenz ist gefragt. Was gehört dazu? Alles was die erfolgreiche Führung eines Unternehmens sicherstellt. Und was ist das? Es beginnt bei der eindeutigen Orientierung des Unternehmens auf ein Ziel. [...] Zur Führungskompetenz (und zur Glaubwürdigkeit) gehört auch, für das Unternehmen einzustehen.

---

824 Vgl. http://www.sonshi.com/krause.html (Download: 19.12.2007). Siehe hierzu auch: Krause, Donald G. (1997): *Die Kunst der Überlegenheit: Konfuzius und Sun Tzus Prinzipien für Führungskräfte*. Wien: Ueberreuther, S. 72ff.
825 Webster 1995/2007, S. 10.
826 Michaelson 2001, S. 4. Stärker ausgearbeitet in Michaelson et Michaelson 2004, S. 19: "4. Commander. *Sun Tzu states the importance of wisdom, sincerity, benevolence, courage, and strictness (discipline). The same personal qualities are important today. The strong leader who communicates a strong vision prevails.*"

Aber natürlich sind Wissen und Fähigkeiten ebenso wie Kommunikationsbereitschaft wichtig. [...] Zur Führungskompetenz gehört auch die Glaubwürdigkeit, die auch nach sehr großer Belastung erhalten bleiben sollte. Sie ist Ausdruck einer ausgeprägten Führungspersönlichkeit.[827]

Wie man sieht, legt er besonderes Gewicht auf die Themen *Verantwortung* und *Loyalität*. An anderer Stelle zählt er in diesem Zusammenhang noch eine Reihe von Leitfragen auf, nach denen man sich bei der Selbstbewertung richten könne:

Zu *Dschian*, der Führungskompetenz:

Bin ich selbst kompetent? Kann ich führen?

Erkennen die Mitarbeiter meine Führungskompetenz an? Vertrauen sie mir?

Sind meine Gruppenführer geschult? Habe ich sie bereits zu Führungspersönlichkeiten entwickelt, oder gibt es noch einen Nachholbedarf?

Spreche ich mit meinen Gruppenführern regelmäßig über Führung?

Führe ich mit den Mitarbeitern Führungsgespräche?

Lasse ich mich auch selbst von meinen Mitarbeitern beurteilen?

Bin ich offen für konstruktive Kritik?[828]

Andreas Drosdek, der eine strategische Ausrichtung ‚der Chinesen' diagnostiziert,[829] misst den *Fünf Faktoren* große Bedeutung bei. Er schreibt nachdem er den relevanten Sunzi-Urtext (allerdings ohne Quellenangabe) in deutscher Übersetzung zitiert hat:

Mit diesem Punkt Sunzis wird deutlich, daß die zunehmende Ablehnung westlicher Werte durch die südostasiatischen Länder keineswegs Zufall ist. Während wir im Westen uns sicherlich mit den ersten vier dieser fünf Qualitäten identifizieren können, zeigt die letzte, Strenge, eine Denkweise auf, die im asiatischen Raum auch in demokratischen Systemen eine große Rolle spielt, bei uns dagegen fast wie ein Anachronismus wirkt. [...] Selbst Glaubwürdigkeit wird damit in Verbindung gebracht: Die Untergebenen können sich darauf verlassen, daß sowohl Belohnung als auch Strafe genau wie versprochen ausgeteilt werden. [...] Gerade das Zusammenspiel aus Stärke und Schwäche ist für chinesische Strategen von großer Bedeutung. Wie bereit der Westen ist, für seine Interessen und Überzeugungen einzutreten, ist deshalb

---

827 Schwanfelder 2004, S. 29f.
828 Ibid., S. 34.
829 Drosdek veröffentlichte sein Werk in der Zeit, als die ‚asiatischen Werte' und damit ein sehr positives Chinabild beispielsweise in westlichen Wirtschaftskreisen relativ populär waren. Zu den ‚asiatischen Werten' vgl. Lee, Eun-Jeung: „,Asien' und die ‚asiatischen Werte'", in: Aus Politik und Zeitgeschichte B 35 – 36/2003. Bonn: Bundeszentrale für politische Bildung, S. 3 – 6.

immer wieder ein besonderer Untersuchungsgegenstand für China. Um Informationen in dieser Hinsicht zu bekommen, führt man gerne »Experimente« durch.[830]

Diese Analyse des chinesischen strategischen Denkens entspricht kaum den anderen westlichen Interpretationen von *Sunzi bingfa*. Dennoch wirft sie ein bezeichnendes Licht auf die Unterschiede zwischen diesen und den asiatischen Auslegungen. Inhaltlich die meisten Berührungspunkte hat Drosdek mit der Interpretation von Wee et al., was sich auch an seiner Bestimmung des zweiten Faktors, Klima, (auch) als „*politische Großwetterlage*"[831] zeigt, die dem Begriff „*Economical Climate*"[832] bei Wee et al. entspricht.

Zusammenfassend kann man sagen, dass, obschon sich aus dem Vergleich der entsprechenden Abschnitte der verschiedenen *Business Sunzi*-Texte keine klaren Verwandtschaftsbeziehungen ableiten lassen, die Texte hinsichtlich der Behandlung der *Fünf Faktoren* bis zu einem gewissen Grade vergleichbar sind. Diese Aussage gilt vor allem für die asiatischen Versionen. Allerdings wird auch schnell deutlich, dass die verschiedenen Autoren den Punkt unterschiedlich ausführlich ausbuchstabieren. Ihre jeweilige Vorgeformtheit im Sinne der Gadamer'schen Wirkungsgeschichte[833] wird in jedem Falle sehr deutlich. Es finden sich zwar zahlreiche Parallelen zwischen den Interpretationen, aber ebenso deutlich fallen die Differenzen bei den Vorstellungen darüber auf, was *Führung* eigentlich sei.

Die *Business Sunzi*-Werke aus dem US-amerikanischen Raum sowie Schwanfelders Interpretation unterscheiden sich von den asiatischen Werken auch dahingehend, dass deren Autoren häufig deutlich freier mit den ‚Vorgaben des Originals' umgehen, und *Sunzi bingfa* eher als ‚Steinbruch' nutzen, mit dessen Material sie ihre eigenen Ideen garnieren bzw. den Text mit einer gewissen Portion Exotik ‚aufbessern'. Betrachtet man die *Business Sunzi*-Bücher von Gerald A. Michaelson als ein Beispiel dafür, so kann man feststellen, dass sich diese Tendenz bei ihm bis heute noch verstärkt hat.

Abschließend soll an einem Beispiel verdeutlicht werden, dass Kulturtransferprozesse in vieler Hinsicht unscharfe Grenzen aufweisen, was ihre Untersuchung natürlich nicht einfacher macht.

Die wandernden Weingläser

Inhalte der *Business Sunzi*-Literatur wandern offenkundig nicht nur innerhalb der Sunzi-Literatur, sondern zudem ‚zwischen den Welten'. So kommt es vor, dass diese nicht nur in einen anderen Sprachraum, sondern auch in einen anderen inhaltlichen Bereich transferiert werden und in einem anderen Kontext angewendet werden.

---

830 Drosdek 1996, S. 59f.
831 Ibid., S. 52.
832 Wee et al., S. 23.
833 Hierzu vgl. S. 57f. dieser Arbeit.

Harro von Senger erzählt in seinem Buch *36 Strategeme für Manager* folgende Geschichte:

> In einem Shanghaier Kaufhaus gelangten 1982 neue Sets zu je sechs hochfüßigen schön geformten Weingläsern von bester Qualität ins Sortiment. Auf den Verkaufsregalen wurden sie jedoch kaum beachtet. Nur zwei bis drei Sets pro Tag konnten abgesetzt werden. Später kamen einige junge Verkäuferinnen auf eine Idee. Sie füllten die Weingläser mit Wasser, in das sie einige Tropfen roter Tusche gossen. Jetzt hatten die vorher durchsichtigen, farblosen Gläser plötzlich eine Ausstrahlung, sie sahen wie mit Wein gefüllt aus und zogen die Aufmerksamkeit der Kunden auf sich. Der tägliche Verkauf stieg auf 30 bis 40 Sets.[834]

Diese kurze Geschichte erläutert das *Strategem Nr. 29: Einen [dürren] Baum mit [künstlichen] Blumen schmücken.*[835] Leider unterließ es von Senger, die Quelle dieser Anekdote anzugeben, aber man kann davon ausgehen, dass er bei seinen umfangreichen Literaturrecherchen zum Thema der *36 Strategeme* auf diesen Text gestoßen sein dürfte.

In *Sunzi bingfa und Unternehmensmanagement*, also einem bereits 20 Jahre früher erschienenem Buch, findet sich hingegen folgende Geschichte, die dort das Prinzip *Die Disposition zeigen (shi xing)*[836] aus dem 6. Kapitel *Die Leere und die Fülle* von *Sunzi bingfa* illustriert:

> [...] Wie etwa im Kaufhaus Nr. 1 in Shanghai, wo im Sommer 1982 ein Posten Weingläser mit Blumengravur ins Sortiment aufgenommen wurde. Ein Set bestand aus jeweils sechs schönen langstieligen Gläsern von guter Qualität. Die Reaktion der Kunden war jedoch eher zu-

---

834 von Senger 2004, S. 82.
835 von Senger erklärt dieses Strategem wie folgt: „*Der »dürre« Baum symbolisiert eine mickrige Wirklichkeit, die »künstlichen Blumen« stehen für prächtige Hilfsmittel, mit denen man die miserable Realität verschönert. Hauptanliegen des Strategems ist nicht die Dissimulation, also das bloße Verbergen einer hässlichen Sachlage, obwohl dieser Gesichtspunkt auch eine Rolle spielt, sondern das Vorspiegeln einer in Tat in Wahrheit gar nicht vorhandenen Kraft, Stärke, Größe, Bedrohung usw. Strategem der Scheinblüte; Inponier-Strategem; Schminke-Strategem.*" (von Senger 2004, S. 81.) Man kann sicherlich geteilter Meinung sein, ob dieses Strategem als Erklärung für den Marketing-Trick der chinesischen Kaufhausangestellten gelten kann. Zwar ist der ‚Wein', der in die Gläser geschüttet wird, in der Tat kein echter Wein, andererseits jedoch wird bei den Weingläsern nichts überdeckt, sondern vielmehr eine ‚latente' Eigenschaft (die Blumengravur) hervorgehoben und deutlicher gemacht. Dass dies nicht anhand der dafür vorgesehenen Flüssigkeit (Wein), sondern durch gefärbtes Wasser geschieht, dürfte in diesem Zusammenhang unerheblich sein.
836 Bei dem Prinzip von *shi xing* (die Disposition zeigen) geht es laut den Autoren von *Sunzi bingfa und Unternehmensmanagement* darum, den Gegner zu einer Handlung zu veranlassen, auf die er sich ohne Anreiz nicht eingelassen hätte, um Informationen über ihn zu erhalten. Beispielsweise bewegt man ihn durch einen Scheinangriff dazu, in seiner Reaktion die taktischen Stärken und Schwächen seiner Aufstellung (d.h. seine Disposition) zu offenbaren. Bei Klöpsch heißt es dazu: ... *versetze ihn* [den Gegner] *in Unruhe, um die Muster seiner Bewegungen zu erkennen* (Klöpsch 2009, S. 28). Im Bereich des Marketing bedeutet es ihrer Ansicht nach, durch das Vorzeigen der „*Wahrheit*" (示以真相, *shi yi zhenxiang*), Kunden anzuziehen und deren Reaktionen auf das Produkt kennen zu lernen (vgl. Li et al. 1984, S. 40f).

rückhaltend, täglich wurden höchstens zwei bis drei Sets verkauft. Daraufhin hatten einige junge Angestellte eine Idee, wie sie die ‚Disposition [der Weingläser] zeigen' konnten. Nachdem sie die Gläser mit Wasser gefüllt hatten, fügten sie einige Tropfen roter Tusche hinzu, und schon wurde aus den ursprünglich farblosen Gläsern, die nun wirkten, als ob sie mit Wein gefüllt seien, ein funkelnder Blickfang für die Kunden. Dadurch stieg der Absatz auf dreißig bis vierzig Sets am Tag.[837]

Die Ähnlichkeit der beiden Anekdoten ist unverkennbar, wobei dieses Phänomen als ein durchaus typisches Beispiel für die Transferprozesse im Bereich der *Business Sunzi*-Literatur gelten kann. Es hat den Anschein, als ob die Anekdote von den Weingläsern aus dem Bereich der *Business Sunzi*-Literatur in den der Literatur zu den *36 Strategemen* eingewandert sei, um an einer gänzlich unerwarteten Stelle, in einem ganz anderen Kontext und mit einer neuen Funktion wieder ans Licht zu treten.

Bereits an diesen eher fragmentarischen Beobachtungen zu Form und Inhalt von *Business Sunzi* wird deutlich, dass es sich beim Kulturtransfer in *Business Sunzi* um einen komplexen Vorgang der Transposition von Inhalten, Formen und Praktiken handelt, bei dem deren Bedeutung und Anordnung je nach Umständen, Vorbildern und Rezeptionswegen stark variiert. Bestimmte Formelemente und Inhalte werden ubiquitär gebraucht und vervollständigen den Eindruck, es handele sich um ein zusammenhängendes Phänomen, obgleich bei näherer Betrachtung gewaltige Unterschiede auffallen. In jedem Falle scheint diese Literatur zwischen Ost und West zu oszillieren, wobei sie sich ständig verändert und wechselseitig formt. Vor allem wird auch deutlich, wie sehr sowohl die Selbst-, als auch die Fremdbilder von jeweils den anderen abhängen, die es sich zur Aufgabe gemacht haben, ‚die Gegenseite', die in vieler Hinsicht nichts weiter ist, als die Spiegelung der eigenen Gedanken und Konzepte, zu beschreiben.

---

837 Im Original:
如上海市第一百货商店1982年夏新进了一批玻璃刻花酒具，六只高脚酒杯一套，产品造型美，质量好。但是上柜后，顾客反映冷淡，一天只卖掉两三套。后来几位年轻营业员想了个直接示形的办法，在酒杯中盛水，加入几滴红墨水，这样一来，原来白色的酒具被衬映得晶莹动人，好似装了葡萄酒，这一下吸引了顾客，每天销售量升到三、四十套。Li et al. 1984, S. 41, Übersetzung TK.

6 Ausblick und weitere Fragestellungen

> Diese Abkehr von der Geschichte förderte die Abwendung von der nüchternen Realität des politischen Bewusstseins und die Hinwendung zum Mythos. Das bürgerliche Denken bewegte sich aus den orientierenden historischen Zusammenhängen hinaus. Dem entsprach auch der vielfach kopierte Formtypus der Bismarck-Säulen und Feuertürme […] Interpretierende, erklärende Attribute […] des historischen Bismarck traten zurück. Der in der Feuersäule symbolisch gegenwärtige Bismarck dagegen ließ jede historische Konkretion und damit auch jede Begrenzung hinter sich.
>
> Wolfgang Hardtwig (1994): Nationalismus und Bürgerkultur in Deutschland 1500 – 1914. Ausgewählte Aufsätze. Göttingen: Vandenhoek & Ruprecht, S. 217f

Zusammenfassung und Fazit

In dieser Arbeit wurde dargestellt, wie das Phänomen *Business Sunzi* sich aus asiatischen und westlichen Keimen entwickelte, wobei es sich ab einem bestimmten Zeitpunkt explosionsartig ausbreitete und sowohl in der VR China als auch in den westlichen Ländern an Bedeutung gewann. In diesem Zusammenhang ist eine komplexe Interaktion zwischen den verschiedensten Akteuren aus Politik, Business und Kultur feststellbar, wobei in einem autoritär gelenkten Staat wie der Volksrepublik China eine enge Verbindung zu Politik und Ideologie unvermeidlich war. Das zeigt sich auch in der regen Beteiligung von Mitgliedern des Militärs sowie von Parteifunktionären an der Popularisierung und Ausbeutung des Konzeptes sowie deren Versuchen, sich der Diskurshoheit darüber in einer zusehends unübersichtlicher werdenden Situation zu versichern, indem intensiv wissenschaftliche Diskurse über Sunzi und *Sunzi bingfa* initiiert und gesteuert werden. Allerdings zeigt bereits die Existenz dieser Versuche, dass es auch nicht zu unterschätzende Unterströmungen gibt, die sich diesem Herrschaftsanspruch entziehen wollen.

Es ist unvermeidlich, dass mit neuen Konzepten, ganz gleich, wie selektiv diese rezipiert werden, auch Unerwünschtes ins Land kommt oder sich dort entwickelt. Als Gegenbewegung dazu kann die Vereinnahmung Sunzis für den traditionalistischen Diskurs gesehen werden. Dieser hat mehr und mehr die Aufgabe, nicht Traditionen fortzuführen, sondern den *status quo* mittels einer mehr oder minder erfundenen Tradition zu zementieren, was dem Machterhalt der herrschenden Gruppen zustatten kommt.

Die Rückwirkungen der „*Selbstbehauptungsdiskurse* [, die] *geschickt von den politischen Akteuren okkupiert und gelenkt werden*"[838], auf das westliche Chinabild sind nicht unbeträchtlich. Was jedoch noch verblüffender ist: eine ganze Reihe dieser Fremdbilder, also ursprünglich aus dem Westen importierte Konzepte, wurden in China soweit integriert, dass sie als indigen chinesisch gesehen und mit diesem Etikett versehen wiederum in den Westen wanderten. Das beste Beispiel dafür ist die ‚chinesische Philosophie', die sich in dieser Form ohne den Kontakt mit dem Westen genauso wenig entwickelt hätte wie die heutige Gesellschaftsordnung in der VR. Das heißt aber nicht, dass es nicht auch ‚Chinesisches' in China gebe; nur ist es, wie bei jeglichem Übersetzen, meist unmöglich zu sagen, wo dessen Grenzen konkret verlaufen.

Am Phänomen von *Business Sunzi*, das gleichzeitig als Ergebnis und Auslöser von Kulturtransfer anzusehen ist, lässt sich zeigen, dass es sich dabei um ein komplexes Geschehen handelt, das keineswegs als gerichtet und auch nicht allein durch Machtgefälle gesteuert gesehen werden kann, wie dies in der postmodernen Betrachtungsweise gern getan wird. Solche Sichtweisen interpretieren die rezipierende Seite allzu rasch als in einer Opferposition befindlich, was den Vorgängen zwischen China, Japan und dem ‚Westen' keine Gerechtigkeit widerfahren lässt. Vielmehr werden diese dadurch einseitig interpretiert und unterstützen somit Diskurse, die China weiter in einer Opferrolle sehen wollen, da so jegliches Problem nach Belieben als aufoktroyiert oder fremdinduziert betrachtet werden kann.

Vielmehr sollte die Rolle der Rezipierenden stärker betont werden, die ja aktiv Begriffe und Konzepte importieren und dabei ganz bestimmte, nicht unbedingt den ursprünglichen Intentionen der Urheber der Begriffe entsprechende Ziele verfolgen. Man denke nur an Lu Xun, der das extrem abwertende Chinabild des Westens aus dem 19. Jahrhundert aufgriff, um seine Landsleute aufzurütteln.[839]

In dieser Arbeit wird Kulturtransfer als *Oszillationsbewegung sich rekontextualisierender Transpositionen* angesehen und mit dem Begriff der **transkulturellen Resonanz** gefasst. Mit dieser Formulierung soll betont werden, dass Transfer hier als Produkt von Übersetzung und damit einer mehr oder minder sinnvollen Fortsetzung gesehen wird, wie es an den Textbeispielen deutlich geworden ist. Überhaupt spielt die Übersetzung in der Übernahme des Anderen eine unterschätzte Rolle. Die formative Kraft von Fremdsichten ist in China sehr ausgeprägt, da das prestigiöse Fremde immer noch Leitbildfunktion hat. Allerdings sollte man sich nicht wundern, wenn das, was übernommen wird, häufig nicht mehr allzu viel Ähnlichkeit mit dem ‚Original' aufweist. Die wirkungsgeschichtlichen Vorformungen als notwendige Vorbedingung des Übersetzens lassen sich eben nicht völlig ignorieren.

---

838 Lackner 2008a, S. 11.
839 Vgl. Kapitel 1 sowie Liu 1995.

Zukünftige Entwicklung und weitere Forschungsfelder

Es wurde gezeigt, wie sehr die Selbstbeschreibungen in China, in die der *Business Sunzi*- bzw. der historistische Sunzi-Diskurs eingebunden sind, gerade mit westlichen Fremdbeschreibungen verquickt sind. Deutlich erkennbar wurde auch, wie Konzepte, Begriffe und Geschichten ‚zwischen den Welten' hin- und herwandern und dort die verschiedensten Funktionen ausfüllen können.

Diese Fremdbeschreibungen haben ganz offenkundig nicht nur Erklärungswert, sondern auch eine gewisse formative Kraft. So ist in China die Beschäftigung mit dem Konzept der ‚Strategischen Kultur' und deren aktive Gestaltung und Förderung ein sehr aktuelles und bedeutsames Thema geworden, wie man bei der Sichtung der relevanten Publikationen und durch Internetrecherchen sehr rasch feststellen kann. Beispielsweise gibt es eine offizielle Website, die sich ausschließlich diesem Thema widmet, und die auch mit dem Sunzi-Diskurs in enger Verbindung steht.[840]

Das Konzept der ‚Strategischen Kultur', in dem sich in China die Beschäftigung mit *Sunzi bingfa* und anderen noch stärker strategematisch orientierten Lehren wie den *36 Strategemen* verbindet, hat auch nichtchinesische Wurzeln, wobei es eine Definitionsfrage bleibt, was unter diesem Begriff überhaupt zu verstehen ist.[841] Im Zusammenhang mit China hat sich der im Kapitel über den Kulturtransfer bereits erwähnte US-amerikanische Strategie-Forscher Alastair Iain Johnston besonders hervorgetan. Man kann mit Sicherheit davon ausgehen, dass seine Arbeiten den chinesischen Strategie-Spezialisten geläufig sind. Harro von Senger, der bereits zur Popularisierung der *36 Strategeme* im Westen und in China große Beiträge leistete, hat auf diese Entwicklung bereits reagiert, wie sich an seinem neusten Buch *Moulüe – Supraplanung: Unerkannte Denkhorizonte aus dem Reich der Mitte*[842] zeigt. Man kann davon ausgehen, dass dieses Buch nicht nur in Deutschland, sondern auch in China Beachtung finden wird. Hier findet sich erneut eine gegenseitige Beeinflussung und Verschränktheit der Diskurse, deren Untersuchung auf jeden Fall lohnend wäre, die den Rahmen dieser Arbeit jedoch bei Weitem sprengen würde.

Es stellt sich überhaupt die Frage, inwiefern der Begriff der *Strategischen Kultur* nach seiner Übertragung in den anderen Kontext, also von ‚West' nach ‚Ost', durch die er zudem eine ganz neue Rolle übernimmt, nämlich weg vom Erklärenden hin zum Formativen, noch das gleiche bedeutet. Wie bereits festgestellt wurde, handelt es sich bei dieser und im Grunde jeder anderen Übersetzung um eine Fortsetzung,

---

840 www.moulue.org.
841 Im Jahr 1977 wurde dieser Begriff von Jack Snyder auf die sowjetische Militärführung bezogen angewendet, womit er über die damals gängigen spieltheoretischen Konzepte herausging, mit denen man versuchte, ein mögliches Verhalten der Sowjetunion in einem Krieg zu prognostizieren (Snyder, Jack (1977): *The Soviet Strategic Culture: Implications for limited Nuclear Options*. Santa Monica). Für einen Überblick über die gesamte Entwicklung siehe: Johnston, Alastair Iain (1995): *Cultural Realism. Strategic Culture and Grand Strategy in Chinese History*. Princeton Studies in International History and Politics. Princeton. In diesem Werk legte Johnston das Konzept einer chinesischen ‚Strategischen Kultur' vor.
842 von Senger 2008.

die unter Umständen nicht ganz im Sinne des Urhebers des jeweiligen Begriffes erfolgt. Auch findet sich ein Ansatz für weiterführende Untersuchungen, nämlich zu erforschen, was aus jenem Begriff und dessen Verwendung nach seiner Transposition geworden ist. Hierbei würde sich zur ersten Klärung eine diskursanalytische Vorgehensweise anbieten, in der sein Vorkommen und die dazugehörigen Kontexte aufgezeigt und untersucht würden.

Sunzi wird zusammen mit seiner ‚Philosophie' gerne als griffige Erklärungsschablone für die Andersheit der Chinesen verwendet. In diesem Zusammenhang kann man beispielsweise François Julliens Umgang mit dem Thema sehen.[843] Solche Erklärungen der Alterität wurden sowohl von westlichen Betrachtern als auch von Chinesen selbst gerne in Anspruch genommen, wobei die damit verfolgten Ziele durchaus differieren, und – vor allem auf offizieller chinesischer Seite – zudem die offenbarte und die intendierte Absicht zu unterscheiden sind.

Dennoch ist ebenfalls nicht von der Hand zu weisen, dass in diesem multifunktionalen und komplexen Gewebe aus Diskursen und Praktiken auch sehr ‚chinesische' Elemente existieren, die unvorhersehbare Wirkungen zeitigen können. Die alten und neuen Kulte um Revolutionsführer wie Mao Zedong[844] oder Deng Xiaoping, aber auch um historische oder legendäre Personen wie den ersten Kaiser Qin Shihuang oder Sunzi erinnern in ihrer Vergöttlichung von Menschen[845] auf den unbefangenen Betrachter wie ein – wenngleich verflachter – Religionsersatz. Hierbei sollte man daran denken, dass die KPCh bei aller Liberalisierung auf den verschiedensten gesellschaftlichen Feldern gerade auf dem Gebiet des Glaubens, entgegen allen Lippenbekenntnissen zur Religionsfreiheit, das Heft in Fragen der Religionsausübung weiter in der Hand hat und sich aktiv darum bemüht, auf dieser Ebene die Herrschaft über die Gemüter aufrechtzuerhalten.

Zugute kommt ihr dabei der gewaltige und eingespielte Propagandaapparat in Form der Medien, wie Presse, Film und Fernsehen sowie der Schriftstellerverbände, über die die Partei nach wie vor eine rigorose Kontrolle ausübt. Ein weiterer interessanter Ansatz für eine Untersuchung aus medienwissenschaftlicher Perspektive wäre es, am Beispiel der medialen ‚Verarbeitung' von Sunzi die Verflechtungen zwischen den gesellschaftlichen Akteuren darzustellen, die für den chinesischen ‚Eigengebrauch' ein traditionalistisches Chinabild erzeugen, das der Systemstabilisierung dienen soll, unter Umständen aber auch, wie im Kapitel zur ideologischen Vereinnahmung von Sunzi erwähnt, genau das Gegenteil bewirken kann, sofern die Deu-

---

843 Vgl. Kapitel 2 dieser Arbeit.
844 Zur quasireligiösen Verehrung von Mao Zedong vgl. Eichhorn, Werner (1973): *Die Religionen Chinas*. Die Religionen der Menschheit Bd. 21. Stuttgart/Berlin/Köln/Mainz: Kohlhammer, S. 397ff.
845 Die hier verwendeten Begriffe, wie *Vergöttlichung* oder *Deifizierung* werden nicht als Fachtermini gebraucht. Sie dienen lediglich dazu, das Feld gedanklich abzustecken. Eine Untersuchung aus religionswissenschaftlicher Perspektive wäre sicherlich ebenfalls sehr reizvoll. Zum Thema Verhältnis zwischen Göttern und Menschen in der chinesischen Religion siehe: Eichhorn, Werner (1976): *Die alte chinesische Religion und das Staatskultwesen*. Handbuch der Orientalistik. Vierte Abteilung, Vierter Band, Abschnitt 1. Leiden/Köln: Brill.

tungshoheit über die leer gewordenen Figuren der Kontrolle der Propagandamaschine der KPCh entgleitet.

In den Kontext der ideologischen, aber auch ökonomischen Verwertung von Traditionen passt auch die Einrichtung der bereits ausführlich thematisierten *lieux de mémoire* für Sunzi und unzählige andere reale oder erdachte Personen. Schließlich ist die Grenze zwischen dem Göttlichen und dem Menschlichen in Asien, vor allem aber gerade auch in China wesentlich fließender und durchlässiger als im ‚Westen'. Das beste Beispiel für diese mehr oder minder gelenkte, den Machthabern auf jeden Fall aber durchaus willkommene Deifizierung ist die Gestalt des Konfuzius. Henry Zhao schreibt dazu:

> In recent years, however, another movement, the guoxue re or 'native philosophy fever', has been sweeping mainland China like a prairie fire. Popularizers of philosophy have been turned into stars by state-run television, *reminiscent of the evangelists in the United States in the 1980s*. School students are made to learn Confucius by rote, without any requirement to understand or interpret him. In 2006 there were a series of efforts aimed at reviving popular interest in Confucianism. In May, several internet giants sponsored the selection of 'national philosophy masters'; in July, publicity around a traditional 'Confucianist Primary School' in Shanghai caused great controversy; in September, a 'standard' Confucius statue and portrait were released internationally, and a large number of scholars signed a proposal to establish Confucius's birthday as an official 'Teachers' Day'. Many encourage students to *burn incense and kowtow to the statue of Confucius* before taking exams, rather than to Buddha, because the latter is not scholarly.[846]

Ganz ähnlich wie bei Konfuzius stellt sich die Situation auch in Bezug auf Sunzi und den Umgang mit der Gestalt dieses ‚Militärheiligen' dar. Es wurde, wie bereits ausführlich dargestellt, eine Reihe bedeutender Gedächtnisorte für Sunzi errichtet. Zudem hat man ihm ganz offiziell, wie im Falle des Konfuzius, mit großem Pomp ein Standard-Denkmal geweiht,[847] wodurch auch Sunzi offiziell in den pop-historischen Götterhimmel des modernen China gehoben wurde.

Man kann auch hier eine ‚Arbeitsteilung' erwarten. Während Konfuzius als Zivilisations- bzw. Friedensheiliger (文圣, *wensheng*) verehrt wird, der für die Fortführung einer über 5000-jährigen Tradition steht, könnte Sunzi als Kriegsheiliger (武圣, *wusheng*) in einem zusehends militaristischer werdenden und sich aufrüstenden China eine wichtige Funktion als Identifikations- und Orientierungsfigur haben.[848]

---

846 Zhao, Henry: „Contesting Confucius ", in: New Left Review 44, Mar Apr 2007, S. 134 – 142, hier S. 141f, Hervorhebungen TK.
847 Vgl. http://www.51766.com/www/detailhtml/1100223809.html (Download: 02.09.07).
848 Werner Eichhorn zeigt auf, wie in der Tang- aber auch in der Song-Dynastie ein ‚ziviler Kult' um Konfuzius und dessen Schüler, insbesondere Yan Hui, sowie ein ‚militärischer Kult' um den Taigong wang, den magischen Helfer des Zhou-Königs Wu Wang, und Zhang Liang, den militärischen Ratgeber des ersten Han-Kaisers miteinander rivalisierten (vgl. ibid., S. 188ff.). Eichhorn sieht darin die Spiegelung der Rivalität zwischen den Gruppen der Zivil- und der Militärbeamten, die soweit ging, dass im Tempel des Kriegsgottes „*die Tendenz* [bestand], *immer so viele berühmte Generäle zu haben, wie sich an Schülern und Gelehrten in dem* [sic]

Denn, wie im Kapitel zur ideologischen Vereinnahmung von Sunzi bereits kurz erwähnt, ist es nicht weiter erstaunlich, dass die Förderung des Sunzi-Kultes sowie der Sunziologie und der ‚wissenschaftlichen Bearbeitung' von *Sunzi bingfa* ausgerechnet der militärischen Führung Chinas, die in der *Chinesischen Forschungsgesellschaft für Sunzi bingfa* (CRSSTAW) stark vertreten ist, sehr am Herzen liegt.

Es scheint mehr als wahrscheinlich, dass mit solchen mehr oder minder rationalistisch verbrämten Kulten wie dem des Konfuzius oder des Sunzi auch ein religiöses Bedürfnis befriedigt wird, das im chinesischen Kulturkreis nach wie vor nicht geringer ist als anderswo. Was läge für die KPCh näher, als dieses Bedürfnis, das zu Zeiten der Kulturrevolution noch von Marx, Lenin und Mao bedient worden war, nun auf beliebig formbare, weil im Prinzip völlig entleerte Figuren umzulenken, denen man problemlos die jeweils passenden Inhalte unterschieben kann?

Ähnliche Tendenzen seitens der KP-Propaganda, sich in der Sphäre des Religiösen festzusetzen und diese zu steuern, finden sich auch im Bereich der Wissenschaft und Wissenschaftlichkeit. Iwo Amelung stellt in seinem Aufsatz *Wissenschaft, Pseudowissenschaft und feudalistischer Aberglaube. Überlegungen zu antidemokratischen Aspekten von Selbstbehauptungsdiskursen im China des 20. Jahrhunderts* fest:

> „Wissenschaft" und die mit ihr zu verbindenden Vorstellungen werden [...] zu einer Art Ersatzideologie, die die Rolle des in der Zwischenzeit völlig diskreditierten Kommunismus ausfüllen soll.[849]

Amelung zeigt, wie sich die KPCh in den letzten Jahren diesen Diskurs massiv angeeignet hat. Im Zusammenhang mit dieser Untersuchung besonders interessant ist die Tatsache, dass im Bereich der Wissenschaftspopularisierung Berührungspunkte zwischen religiösen und wissenschaftlichen Diskursen existieren. Als ein Beispiel dafür nennt er die auch hierzulande sehr bekannte *Falungong*-Sekte, die als „*Pseudowissenschaft*" von den Verfechtern des Kampfes gegen den „*feudalistischen Aberglauben*" scharf bekämpft wird.[850]

Zwar ist dies nur einer der vielen Aspekte, die Amelung in seinem Aufsatz behandelt, aber in diesem kommen bei Sunzi – wohlgemerkt ausschließlich in der jeweils popularisierten Form – Wissenschaftskult, und damit auch die Wissenschaft um Sunzi, und der Personenkult als pseudoreligiöses Phänomen zusammen. Dies ist insofern interessant, als sich Sunzi in beiden Fällen als ‚verwertbar' erwiesen hat. Wie bereits mehrfach erwähnt, wird Sunzi im offiziellen Diskurs als früher Vertreter eines „*einfachen Materialismus und der Dialektik*" angesehen. Diese Qualifizierung aus den 1930er-Jahren stammt von Guo Huaruo, einem Kampfgefährten Mao Ze-

---

Konfuziustempeln vorfanden." (Ibid., S. 193.) Wenngleich der Kriegsheilige heute Sun Wu und nicht Taigong heißt, ist doch auch eine deutliche ‚Familienähnlichkeit' mit der damaligen Situation erkennbar.
849 Amelung 2008, S 171.
850 Vgl. ibid., S. 170f sowie Lackner 2007, S. 503.

dongs und wird auch heute noch, vor allem von linientreuen Genossen sehr häufig verwendet. Im Vorwort zu einer Publikation über die bereits vorgestellte *Sunzi bingfa*-Stadt in Huimin heißt es beispielsweise:

> Huimin ist die Heimat von Sun Wu, dem berühmten Militär und Urahn der Lehre vom Kriege aus der Frühlings und Herbst-Epoche. Sein Werk *Sunzi bingfa*, dessen Kern die Strategematik der Kultur von der Lehre des Krieges bildet, weckt auf der Grundlage des einfachen Materialismus und durch seinen tiefgründigen dialektischen Gehalt die Weisheit der Menschen, leitet ihre Gedanken und ist zudem reich an weltanschaulichen und kulturellen Inhalten.[851]

Hier wird wieder einmal deutlich, wie flexibel die Leerformeln der Propaganda auf alle erdenklichen Situationen anwendbar sind. Obschon Sunzi als früher Vertreter von Materialismus und Dialektik dargestellt wird, und damit der marxistischen Lehre zuzuordnen ist, bewirkt der (auch materielle) Kontext der *Sunzi bingfa*-Stadt mit ihren an den Kaiserpalast in Peking erinnernden Architektur, in den diese Äußerung einzuordnen ist, eine Ergänzung der Bedeutung. Sunzi ist eben nicht nur ein Mensch, sondern auch ein Heiliger (圣人, *shengren*) des Krieges.

Ein ganz anderer, vom ideologiekritischen Feld weit gehend losgelöster, aber nichtsdestotrotz sehr interessanter Aspekt der Betrachtung ist die Übersetzungsgeschichte von *Sunzi bingfa*, die, vor allem in ihren sprachen- und kulturenübergreifenden Aspekten noch sehr lückenhaft dargestellt ist. So wäre es beispielsweise ein dankbares Thema, die interkulturellen Beeinflussungen bei den Fassungen von *Sunzi bingfa* zwischen Japan und China zu untersuchen. Auch der Transfer in die europäischen Sprachen ist bisher noch nicht umfassend genug erforscht. Hier wäre es auch interessant zu sehen, wie sich die Übersetzungen gegenseitig beeinflusst haben bzw. wer von wem wie viel abgeschrieben oder auch selbst hineingedeutet hat. Auf dieser Basis könnte man gewiss ein instruktives Lehrstück über das Übersetzen und den Kulturtransfer schreiben.

Ein Beispiel hierfür wäre auch die Frage, ob, und wenn ja, welche Beziehungen es zwischen den frühen Übersetzungen von *Sunzi bingfa* in europäische Sprachen gegeben hat. Genauso lohnenswert wäre es, in diesen Texten die Differenz zwischen Anverwandlung und Exotisierung hinsichtlich des Originals zu betrachten, was sich aus der zeitlichen Distanz recht gut bewerkstelligen ließe.

Die Spannung zwischen Regionen und Zentrale war im weitläufigen China immer schon von besonderer Bedeutung.[852] Auch heute existiert ein Spiel zwischen zentrifugalen und zentripetalen Kräften. Das wird auch erkennbar in den Versuchen, loka-

---

851 张建国；郭克勤；周增金；陈光远（2003）：武圣 • 武圣府。济南：黄河出版社。
 (*Zhang, Jianguo; Guo, Keqin; Zhou Zengjin; Chen Guangyuan: Wusheng wushengfu. Jinan: Huanghe chubanshe*) [Der Kriegsheilige und seine Residenz], S. 1, Übersetzung TK.
852 Gunter Schubert spricht in Anlehnung an Prasenjit Duara von einem *föderalen Narrativ* und einer *alternativen Geschichte*, die ihren Ursprung in Bestrebungen einiger Provinzregierungen (z.B. Zhejiang, Sichuan, Jiangsu, Shandong und Guangdong) in den 1920er-Jahren hatten, sich als relativ eigenständige politische Einheiten zu etablieren (vgl. Schubert 2002, S. 100f.).

le Kulturen als Gegensatz zu einer universalen Nationalkultur zu etablieren, wobei diesen Tendenzen von der auf nationale Einheit bedachten Staatsführung Grenzen gesetzt werden; wäre doch ein Überschießen lokalistischer Tendenzen eine Einladung an die Bevölkerung in Tibet, Xinjiang oder Taiwan es allzu ernst mit Verschiedenheit zu meinen und entschlossen nach Unabhängigkeit zu streben. Die zahlreichen Lokalkulturen benötigen regionale Identifikationsfiguren. Als eine solche hat sich bis zu einem gewissen Grade auch Sunzi erwiesen, der sowohl in den Provinzen Shandong (als der Erbin des antiken Qi) als auch Jiangsu (als der Erbin des antiken Wu) für die so genannte Qi- bzw. Wu-Kultur vereinnahmt wird.[853] Am Beispiel dieser ‚Lokalkulturen' und der Integration der Gestalt des Sunzi zu untersuchen, wie dieses Wechselspiel zwischen lokalen und zentralen Ansprüchen austariert und im Gleichgewicht gehalten wird, wäre äußerst lohnenswert.

Eine letzte Bemerkung zu den traditionalistischen Phänomenen sei dem Autor hier noch gestattet: Die Monumente und Konzepte des aktuellen chinesischen Kulturalismus und Traditionalismus wirken auf den unbefangenen Betrachter bei aller äußerlichen Vielfalt und Buntheit und häufig inhaltslos, ja nachgerade ‚aufgeblasen' und ‚leer'. Damit erinnern sie an die pompösen und häufig auch geschmacklosen deutschen Selbstbespiegelungen einer erfundenen Tradition in der wilhelminischen Zeit,[854] die so katastrophale Auswirkungen auf ganz Europa hatten. Wie gezeigt wurde, stehen diese Konzepte, vermittelt über komplexe Wege, und in entsprechender Anverwandlung, durchaus in genetischer Verbindung zu den entsprechenden Diskursen und Phänomenen im heutigen China. Es steht jedoch zu hoffen, dass die Parallelen äußerlicher sind als es diese Beobachtung impliziert.

---

853 Vgl. SBNJ5, passim.
854 Auch Michael Lackner zieht Parallelen zwischen der Stimmung im gegenwärtigen China und in Deutschland am Vorabend des Ersten Weltkrieges (vgl. Lackner in Schubert 2002, S. 11 sowie Lackner 2007, S. 507).

7 Literaturverzeichnis

Verwendete Siglen

SBNJ4: 孙其海（Hg.）（2005）孙子兵学年鉴 - Sunzi Research Annual 2004。北京：中文文联出版社。(*Sun, Qihai: Sunzi bingxue nianjian. Sunzi Research Annual 2004*. Bejing: Zhongwen wenlian chubanshe) [Jahrbuch der Sunziologie 2004]

SBNJ5: 孙其海（Hg.）（2006）：孙子兵学年鉴 - Sunzi Research Annual 2005。济南：泰山出版社。(*Sun Qihai: Sunzi bingxue nianjian. Sunzi Research Annual 2005*. Jinan: Taishan chubanshe) [Jahrbuch der Sunziologie 2005]

SXWT: 于汝波（Hg.）（1994）：孙子学文献提要。北京：军事科学出版社。(*Yu, Rubo [Hg.]: Sunzixue wenxian tiyao. Beijing: junshi kexue chubanshe*) [Zusammenfassungen der Dokumente zur Sunziologie]

Verwendete Literatur

Alleton, Viviane: „Chinese Terminologies: On Preconceptions", in: Lackner, Michael et al. [Hg.] (2001): *New Terms for New Ideas. Western Knowledge and Lexical Change in Late Imperial China*. Leiden/Boston/Köln: Brill, S. 15 – 34.

Amelung, Iwo: „Wissenschaft, Pseudowissenschaft und feudalistischer Aberglaube. Überlegungen zu antidemokratischen Aspekten von Selbstbehauptungsdiskursen im China des 20. Jahrhunderts", in: Lackner, Michael [Hg.] (2008a): *Zwischen Selbstbestimmung und Selbstbehauptung. Ostasiatische Diskurse des 20. und 21. Jahrhunderts*. Neue China Studien 1. Baden Baden: Nomos, S. 162 – 181.

Ames, Roger T. [Übers.] (1993): *Sun-Tzu: The Art of Warfare*. New York: Ballantine.

Amiot, Joseph Marie (1772): *Art Militaire Des Chinois, Ou Recueil D'Anciens Traités Sur La Guerre, composés avant l'ère chrétienne, Par Différents Généraux Chinois : Ouvrages sur lesquels les Aspirants aux Grades Militaires sont obligés de subir des examens. On Y A Joint Dix Préceptes adressés aux Troupes par l'Empereur Yong-Tcheng, père de l'Empereur régnant ; Et des Planches Gravées pour l'intelligence des Exercices, des Evolutions, des Habillements, des Armes & des Instruments Militaires des Chinois. Paris* : Didot.

Anderson, Benedict (1988): *Die Erfindung der Nation. Zur Karriere eines folgenreichen Konzepts*. Frankfurt/Main: Campus.

Anderson Sawada, Janine (1993): *Confucian Values and Popular Zen: Sekimon shingaku in Eighteenth Century Japan*. Honolulu: University of Hawaii Press.

Angelelli [Hg.] (1964a): *Gottlob Frege: Begriffsschrift und andere Aufsätze*. 2. Auflage. Hildesheim: Olms.

Angerer, Eva (2007): *Die Literaturtheorie Julia Kristevas. Von Tel Quel zur Psychoanalyse*. Wien: Passagen.

Assmann, Aleida (2004): *Das Kulturelle Gedächtnis an der Millenniumsschwelle: Krise und Zukunft der Bildung*. Konstanzer Universitätsreden 216. Konstanz: UVK.

Assmann, Jan (2000): *Religion und kulturelles Gedächtnis. Zehn Studien*. 3. Aufl. München: C.H. Beck.

Assmann, Jan et al. [Hg.] (2005): *Der Ursprung der Geschichte. Archaische Kulturen, das Alte Ägypten und das Frühe Griechenland*. Stuttgart: Klett-Cotta.

Bachmann-Medick, Doris [Hg] (1996): *Kultur als Text. Die anthropologische Wende in der Literaturwissenschaft*. Frankfurt/Main: Fischer, S. 7 – 64.

Bachmann-Medick, Doris: „Übersetzung im Spannungsfeld von Dialog und Erschütterung. Ein Modell der Auseinandersetzung zwischen Kulturen und Disziplinen", in: Renn, Joachim; Straub, Jürgen; Shimada, Shingo [Hg.] (2002): *Übersetzung als Medium des Kulturverstehens und sozialer Integration*. Frankfurt am Main/New York, S. 275 – 291.

Bachmann-Medick, Doris: „Kulturanthropologie", in: Nünning, Ansgar; Nünning, Vera [Hg.] (2003): *Konzepte der Kulturwissenschaften*. Stuttgart/Weimar: Metzler.

Bachmann-Medick, Doris: „Kulturanthropologische Horizonte interkultureller Literaturwissenschaft", in: Wierlacher, Alois; Bogner, Andrea [Hg.] (2003): *Handbuch interkulturelle Germanistik*. Stuttgart/Weimar: Metzler, S. 439 – 448.

Balcerowiak, Ina [Übers. aus dem Russischen] (1957): *Traktat über die Kriegskunst. SSun-ds'*. Übersetzt aus dem Altchinesischen ins Russ. und annotiert. von J. I. Sidorenko. Mit einer Einleitung von J. A. Rasin. Berlin: Verlag des Ministeriums für Nationale Verteidigung.

Barth, Johannes (1979): *Edo: Geschichte einer Stadt und einer Epoche Japans*. Tokyo: Deutsche Gesellschaft für Natur- und Völkerkunde Asiens; Japanisch-Deutsche Gesellschaft.

Bauer, Wolfgang (1989): *China und die Hoffnung auf Glück*. 2. Aufl. München: dtb.

Beck, Ulrich; Giddens, Anthony; Lash, Scott (1996): *Reflexive Modernisierung. Eine Kontroverse*. Frankfurt/Main: Suhrkamp.

Becker, Carl Heinrich (1919): *Gedanken zur Hochschulreform*. Leipzig: Quelle & Meyer.

Becker, Carl Heinrich (1926): *Die pädagogische Akademie im Aufbau unseres nationalen Bildungswesens. Leipzig*: Quelle & Meyer.

Becker, H. D. [Übers.] (1972): *Die dreizehn Gebote der Kriegskunst*. München: Rogner & Bernhard.

北京印刷九厂工人理论小组（1975）：论《孙子兵法》的法家思想。《光明日报》，1975年5月8日。(*Beijing Yinshua jiuchang gongren lilun xiaozu: Lun Sunzi bingfa de fajia sixiang. Guangming ribao*) [Über das legistische Denken in Sunzi bingfa. Guangming Tageszeitung vom 08.05.1975].

Bhabha, Homi (2000): *Nation and Narration*. 6. Aufl. London/ New York: Routledge.

Bhabha, Homi (2000): *Die Verortung der Kultur*. Tübingen: Stauffenburg.

Billeter, Jean François (1979): *Li Zhi philosophe maudit (1527 - 1602)*. Genf/Paris: Librairie Droz.

Billeter, Jean François (2000): *Chine trois fois muette*. Paris: Allia.

Billeter, Jean François (2002): *Leçons sur Tchouang-tseu*. Paris: Allia.

Billeter, Jean François (2006): *Contre François Jullien*. Paris: Allia.

Billeter, Térence: „Un ancêtre légendaire au service du nationalisme chinois", in: Perspectives chinoises n° 47, mai - juin 1998, S. 46ff Quelle: www.cefc.com.hk/fr/pc/articles/art_ligne.php?num_art_ligne=4702 (Download: 04.05.07).

Blume, Georg: „Die Schule der revolutionären Harmonie", in: *Die Zeit* (20), 11. Mai 2005.

Blume, Georg: „Der große Unbekannte", in: *Die Zeit* (10), 1. März 2007.

Bogdal, Klaus-Michael (1999): *Historische Diskursanalyse der Literatur. Theorie, Arbeitsfelder, Analysen, Vermittlung*. Wiesbaden: Opladen.

Bolten, Jürgen (2001): *Interkulturelle Kompetenz*. Erfurt: Thüringer Landeszentrale für politische Bildung.

Brunken, Ingmar (2005): *Die 6 Meister der Strategie*. 2. Aufl. Berlin: Ullstein.

Bublitz, Hannelore; Bührmann, Andrea D.; Hanke, Christine; Seier, Andrea: „Diskursanalyse – (k)eine Methode? Eine Einleitung", in: Bublitz, Hannelore; Bührmann, Andrea D.; Hanke Christiane; Seier, Andrea [Hg.] (1999): *Das Wuchern der Diskurse. Perspektiven der Diskursanalyse Foucaults*. Frankfurt am Main/New York: Campus, S. 10 – 21.

Bührmann, Andrea: „Der Diskurs als Diskursgegenstand im Horizont der kritischen Ontologie der Gegenwart", in: Bublitz, Hannelore; Bührmann, Andrea D.; Hanke Christiane; Seier, Andrea [Hg.] (1999): *Das Wuchern der Diskurse. Perspektiven der Diskursanalyse Foucaults*. Frankfurt am Main/New York: Campus, S. 49 – 62.

Burke, Peter (2000): *Kultureller Austausch*. Frankfurt/Main: Suhrkamp.

Calthrop, Everard Ferguson [Übers.] (1908): *The Book of War. The Military Classic of the Far East*. London: John Murray.

Carnap, Rudolf (1928): *Der Logische Aufbau der Welt*. Berlin-Schlachtensee: Weltkreis Verlag.

Chan, Luke; Chen, Bingfu (1989): *Sunzi on the art of war and its general application to business*. Shanghai: Fudan University Press.

Chapin, Gary Parker; McDonald, T. Liam (1992): *Sun tzu's Ancient Art of Golf. Translated with Commentary by Gary Parker Chapin and T. Liam McDonald. Illustrated by Bruce Jorgensen*. McGraw-Hill.

Chavannes, Edouard (1895/1967): *Les mémoires historiques de Se-ma Ts'ien*. Bd. 1. Paris: Librairie d'Amérique et d'Orient.

陈炳富：从《孙子兵法》说到中国管理史。瞭望周刊 1984。35。(*Chen, Bingfu: Cong Sunzi bingfa shuodao Zhongguo guanlishi. Liaowang zhoukan*) [Die Geschichte des Managements in China ausgehend von Sunzi bingfa betrachten. Ausblick 1984/35].

陈炳富：现代管理与《孙子兵法》。In:科技管理者一九八五年第一期。(*Chen, Bingfu: Xiandai guanli yu Sunzi bingfa. Keji guanlizhe. 1985/1*) [Modernes Management und Sunzi bingfa, in: Der Wissenschaftliche Manager], S. 39f und 46.

Chow, Kai-wing: „Imagining Boundaries of Blood. Zhang Binglin an the Invention of the 'Han'-Race in Modern China", in: Dikötter, Frank [Hg.] (1997): *The Construction of Racial Identities in China and Japan. Historical and Contemporary Perspectives*. London: Hurst & Company, S. 34 – 52.

Chow, Kai-wing et al. [Hg.] (2001): *Constructing Nationhood in Modern East Asia*. Ann Arbor: University of Michigan Press.

Chow, Kai-wing: „Narrating Nation, Race and National Culture: Imagining the Hanzu Identity in Modern China", in: Chow, Kai-wing et al. [Hg.] (2001): *Constructing Nationhood in Modern East Asia*. Ann Arbor: University of Michigan Press, S. 47 – 84.

Chow, Kai-wing (2004): *Publishing, Culture, and Power in Early Modern China*. Stanford: Stanford University Press.

Chu, Chin-ning (2002): *Die weibliche Kunst des Krieges: Fernöstliche Erfolgsstrategien für Frauen*. Aus dem Englischen von Gudrun Wolfrath. München: Hugendubel.

褚良才（2002）：孙子兵法研究与应用。杭州 ：浙江大学出版社。(*Chu, Liangcai: Sunzi*

bingfa yanjiu yu yingyong. Hangzhou: Zhejiang daxue chubanshe) [Sunzi bingfa in Forschung und Anwendung].

Clavell, James (1981): *Noble House: A Novel of Contemporary Hong Kong*. New York: Delacorte Press.

Clavell, James (1981/82): *The Art of War*. New York: Dell Publishing.

Clifford, James; Marcus, George [Hg.] (1986): *Writing Culture. The Poetics and Politics of Ethnography*. Berkeley/Los Angeles/London.

Deleuze, Gilles; Guattari, Felix (1977): *Rhizom*. Berlin: Merve.

Diaz-Bone, Rainer: „Probleme und Strategien der Operationalisierung des Diskursmodells im Anschluss an Michel Foucault", in: Bublitz, Hannelore; Bührmann, Andrea D.; Hanke Christiane; Seier, Andrea [Hg.] (1999): *Das Wuchern der Diskurse. Perspektiven der Diskursanalyse Foucaults*. Frankfurt am Main/New York: Campus, S. 119 – 135.

Dikötter, Frank (1992): *The Discourse of Race in Modern China*. London: Hurst & Company.

Dikötter, Frank [Hg.] (1997): *The Construction of Racial Identities in China and Japan. Historical and Contemporary Perspectives*. London: Hurst & Company.

Dilthey, Wilhelm (1965): *Gesammelte Schriften. Band VII*. a. unveränderte Auflage. Stuttgart: Teubner.

Drosdek, Andreas (1996): *Sunzi und die Kunst des Krieges für Manager*. München: Wirtschaftsverlag Langen Müller/Herbig.

Duara, Prasenjit (1995): *Rescuing History from the Nation. Questioning Narratives of Modern China*. Chicago/London: University of Chicago Press.

Duara, Prasenjit: "De-Constructing the Chinese Nation", in: Unger, Jonathan [Hg.] (1996): *Chinese Nationalism*. New York/London: Sharpe, S. 31 – 55.

Duara, Prasenjit: "The Regime of Authenticity. Timelessness, Gender, and National History in Modern China", in: Chow, Kai-wing et al. [Hg.] (2001): *Constructing Nationhood in Modern East Asia*. Ann Arbor: University of Michigan Press, S. 359 – 385.

Durrant, Stephen W. (1995): *The cloudy mirror: Tension and conflict in the writings of Sima Qian*. Albany: State University of New York Press.

Echternkamp, Jörg (1998): *Der Aufstieg des deutschen Nationalismus (1770 – 1840)*. Frankfurt/Main: Campus.

Eichhorn, Werner (1973): *Die Religionen Chinas*. Die Religionen der Menschheit Bd. 21. Stuttgart/Berlin/Köln/Mainz: Kohlhammer.

Eichhorn, Werner (1976): *Die alte chinesische Religion und das Staatskultwesen*. Handbuch der Orientalistik. Vierte Abteilung, Vierter Band, Abschnitt 1. Leiden/Köln: Brill.

Elias, Norbert (1982): *Über den Prozess der Zivilisation. Soziogenetische und psychogenetische Untersuchungen. Bd. 2 Wandlungen der Gesellschaft. Entwurf zu einer Theorie der Zivilisation*. 8. Aufl. Frankfurt/M.

Ernst, Christoph et al. [Hg.] (2008): *Kulturhermeneutik. Interdisziplinäre Beiträge zum Umgang mit kultureller Differenz*. Paderborn: Wilhelm Fink.

van Ess, Hans: (2008): *Die 101 wichtigsten Fragen: China*. München: Beck.

Fayard, Pierre (2006): *Comprendre et appliquer Sun Tzu. La pensée stratégique chinoise : une sagesse en action*. Paris: Dunod.

Feng, Youlan; Bodde, Derk [Übers.] (1937): *A history of Chinese philosophy*. Princeton: Princeton University Press.

Fischer, Doris: „Chinas sozialistische Marktwirtschaft", in: Informationen zu politischen Bildung (289), Volksrepublik China. 4. Quartal 2005, S. 9 – 14.

Fischer, Doris; Lackner, Michael [Hg.] (2007): *Länderbericht China. Geschichte, Politik, Wirtschaft, Gesellschaft*. Bonn: Bundeszentrale für politische Bildung.

Foo, Check Teck, Grinyer, Peter Hugh (1994): *Organising strategy: Sun Tzu business warcraft*. Singapore/Reading: Addison Wesley.

Foucault, Michel: „*Andere Räume*" (1967), in: Karlheinz Barck, et al. [Hg.] (1990): *Aisthesis. Wahrnehmung heute oder Perspektiven einer anderen Ästhetik*. Leipzig: Reclam. S. 34 – 46.

Foucault, Michel (1977): *Der Wille zum Wissen. Sexualität und Wahrheit*, Band 1. Frankfurt/Main: Suhrkamp.

Foucault, Michel (1978): *Die Ordnung der Dinge: eine Archäologie der Humanwissenschaften*. 2. Aufl. Frankfurt/Main: Suhrkamp.

Foucault, Michel (1994): *Dits et écrits. Bd. III (1976 - 1979)*. Paris: Gallimard, S. 618 – 624.

Foucault, Michel (1994): *Archäologie des Wissens*. 8. Aufl. Frankfurt/Main: Suhrkamp.

Foucault, Michel (2001): *Die Ordnung des Diskurses*. Frankfurt/Main: Fischer Wissenschaft.

Frankfurter Allgemeine Zeitung Nr. 93 vom 21.04.06 , S. 33: „*Ein Buchpräsent*".

Frege, Gottlob: „Begriffsschrift. Eine der arithmetischen nachgebildete Formelsprache des reinen Denkens", in: Angelelli [Hg.] (1964a): *Gottlob Frege: Begriffsschrift und andere Aufsätze*. 2. Auflage. Hildesheim: Olms.

Frege, Gottlob: „Über die wissenschaftliche Berechtigung einer Begriffsschrift", in: Angelelli [Hg.] (1964a): *Gottlob Frege: Begriffsschrift und andere Aufsätze*. 2. Auflage. Hildesheim: Olms.

Fröhlich, Thomas (2000): *Staatsdenken im China der Republikzeit: (1912- 1949). Die Instrumentalisierung philosophischer Ideen bei chinesischen Intellektuellen*. Frankfurt/Main: Campus.

Gadamer, Hans-Georg (1960/1990): *Hermeneutik I. Wahrheit und Methode – Grundzüge einer philosophischen Hermeneutik*. 6. durchgesehene Aufl. Tübingen: Mohr.

Gagliardi, Gary (1999/2001a): *The Art of War & The Art of Sales*. Shoreline: Clearbridge Publishing.

Gagliardi, Gary (1999/2001b): *The Art of War in Sun Tzu's own Words*. Shoreline: Clearbridge Publishing.

Geertz, Clifford (1983): *Dichte Beschreibung. Beiträge zum Verstehen kultureller Systeme*. Frankfurt/Main: Suhrkamp.

Geertz, Clifford (1990): Die künstlichen Wilden. Der Anthropologe als Schriftsteller. München: Hanser.

Geertz, Clifford (1996): *Welt in Stücken. Kultur und Politik am Ende des 20. Jahrhunderts*. Wien: Passagen.

Gellner, Ernest (1991): *Nationalismus und Moderne*. Berlin: Rotbuch.

Genette, Gérard (1993): *Palimpseste: Die Literatur auf zweiter Stufe*. Deutsche Erstausgabe. Frankfurt/Main: Suhrkamp.

George, Claude S. Jr. (1968): *The History of Management Thought*. Englewood Cliffs, N.J.: Prentice-Hall.

Giles, Lionel [Übers.] (1910): *On the art of war: The oldest military treatise in the world*. London: Luzac.

Gillin, Donald George (1986): *Falsifying China's History: The Case of Sterling Seagrave's The Soong Dynasty*. Hoover Monograph Series 4. Stanford: Stanford University.

Glück, Helmut [Hg.] (1993): *Metzler Lexikon Sprache*. Stuttgart/Weimar: Metzler.

Goodrich, L. Carrington et al. [Hg.] (1976): *Dictionary of Ming Biography 1368 – 1644*. Volume I, A-L. New York/London: Columbia University Press.

Griffith, Samuel B. [Übers.] (1963): *Sun Tzu: Art of War*. Glasgow et al.: Oxford University Press.

Griffith, Samuel B. (2005): *Sun Zi: Die Kunst des Krieges*. Köln: Taschen Verlag.

鬼谷：孙子兵法的流传版本及现代主要参考书目。(*Gui, Gu: Sunzi bingfa de liuchuan banben ji xiandai zhuyao cankao shumu*) [Tradierte Ausgaben von Sunzi bingfa und deren aktuelle Referenzmaterialien], in SBNJ4, S. 141 – 143 (zu den Siglen SBNJ4 bzw. SBNJ5 siehe den Eintrag *Sun, Qihai*).

Günthner, Susanne (1993): *Diskursstrategien in der Interkulturellen Kommunikation*. Analysen deutsch-chinesischer Gespräche. Tübingen: Max Niemeyer Verlag.

Günthner, Susanne (2001): „Kulturelle Unterschiede in der Aktualisierung kommunikativer Gattungen", in: *Info DaF Informationen Deutsch als Fremdsprache*, 28 (1): 15 – 32.

Guo, Hengyu [Hg.] (1986): *Von der Kolonialpolitik zur Kooperation: Studien zur Geschichte der deutsch-chinesischen Beziehungen*. München: Minerva.

Kuo (Guo) Heng-yü; Leutner, Mechthild [Hg.] (1991): *Deutsch-chinesische Beziehungen vom 19. Jahrhundert bis zur Gegenwart. Beiträge des Internationalen Symposium in Berlin. Berliner China-Studien 19*. München: Minerva.

郭克勤（2007）：孙武故里新考。北京：军事科学出版社。(*Guo Keqin: Sun Wu guli xin kao. Beijing: Junshi kexue chubanshe*) [Neue Textforschungen zu Sun Wus Heimat].

Guo, Yingjie (2004): *Cultural Nationalism in Contemporary China*. London/New York: Routledge Curzon.

ハイブロー武蔵；叢 小榕（著）通勤大学文庫 図解・速習『孫子の兵法』（2005）：。東京。総合法令出版。(*Haipurō, Musahsi; Sō, Showayō: Tsūkin daigaku bunko zukai sokushyū Sonshi no byōhō. Tōkyō: Sō Hōrei Shuppan*) [Tsūkin daigaku bunko. Sunzi bingfa leicht fasslich mit Illustrationen].

Hall, E.; Hall, M. (1990): *The Silent Language*. New York.

Hall, Stuart (1994): *Rassismus und kulturelle Identität*. Hamburg: Argument.

Hampe, Michael (2006): *Erkenntnis und Praxis. Zur Philosophie des Pragmatismus*. Frankfurt/Main: Suhrkamp Taschenbuch Wissenschaft.

Hanke, Christine: „Kohärenz versus Ereignishaftigkeit. Ein Experiment in dem Spannungsfeld der foucaultschen Konzepte »Diskurs« und »Aussage«", in: Bublitz, Hannelore; Bührmann, Andrea D.; Hanke Christiane; Seier, Andrea [Hg.] (1999): *Das Wuchern der Diskurse. Perspektiven der Diskursanalyse Foucaults*. Frankfurt am Main/New York: Campus, S. 109 – 118.

原田祐三 （1913）： 商業孫子。 東亜堂書房。 (*Harada, Yūzō: Shōgyō Sonshi. Tōadō shoten*) [Der kaufmännische Sunzi].

Hardtwig, Wolfgang (1994): *Nationalismus und Bürgerkultur in Deutschland 1500 – 1914. Ausgewählte Aufsätze*. Göttingen: Vandenhoek & Ruprecht.

Hardy, Grant (1999): *Worlds of bronze and bamboo: Sima Qian's conquest of history*. New York: Columbia University Press.

Hays Gries, Peter: „Popular Nationalism and State Legitimation in China", in: Hays Gries, Peter; Rosen, Stanley (2004): *State and Society in 21st-century China*. London/New York: Routledge Curzon, S. 180 – 194.

Hays Gries, Peter; Rosen, Stanley (2004): *State and Society in 21st-century China*. London/New York: Routledge Curzon.

Heidegger, Martin (1923/1988): *Ontologie (Hermeneutik der Faktizität)*. Gesamtausgabe Band 63. Frankfurt/Main: Klostermann.

Henke, Frederick Goodrich (1916/1964): *The Philosophy of Wang Yang-Ming*. New York: Paragon Book Reprint Corporation.

Hijiya-Kirschnereit, Irmela: „ Leuchtet Japan? Einführende Gedanken zu einer proklamierten Zeitenwende", in: Hijiya-Kirschnereit, Irmela [Hg.] (1996/1999): *Überwindung der Moderne? Japan am Ende des zwanzigsten Jahrhunderts*. Frankfurt/Main: Suhrkamp.

Hijiya-Kirschnereit, Irmela [Hg.] (1996/1999): *Überwindung der Moderne? Japan am Ende des zwanzigsten Jahrhunderts*. Frankfurt/Main: Suhrkamp.

Hobsbawm, Eric J. (1991): *Nationen und Nationalismus. Mythos und Realität seit 1780*. Frankfurt/Main.

Hobsbawm, Eric J.: „Mass Producing Traditions: Europe, 1870 – 1914", in: Hobsbawm, Eric J. (1997): The *Invention of Tradition*. Cambridge et al.: Cambridge University Press.

Hobsbawm, Eric J. (1995): *The Invention of Tradition*. Cambridge et al.: Cambridge University Press.

Hofstede, Geert (1993): *Interkulturelle Zusammenarbeit. Kulturen. Organisationen*. Management. Wiesbaden: Gabler.

Holtorf, Cornelius: „Geschichtskultur in ur- und frühgeschichtlichen Kulturen Europas", in: Assmann, Jan et al. [Hg.] (2005): *Der Ursprung der Geschichte. Archaische Kulturen, das Alte Ägypten und das Frühe Griechenland*. Stuttgart: Klett-Cotta, S. 87 – 111.

Hönig, Hans G. (1995): *Konstruktives Übersetzen*. Studien zur Translation, Band I. Tübingen: Stauffenburg.

Hu, Chang-tze (1983): *Deutsche Ideologie und politische Kultur Chinas*. Chinathemen Bd. 12. Bochum: Brockmeyer.

胡若飞：英藏黑水城文献概略（一）。(*Hu, Ruofei: Ying cang Heishuicheng wenxian gailüe*) [Die britische Sammlung der Funde aus Khara Khoto] Quelle: http://www.nxnews.net/1168/2005-11-16/13@112736.htm (Download: 31.05.08).

Jensen, Lionel M. (1997): *Manufacturing Confucianism. Chinese Tradition and Universal Civilization*. Durham/London: Duke University Press.

蒋方震；刘邦骥（1915/1991）：孙子浅说。扬州：江苏广陵古籍刻印社。 (*Jiang, Fangzhen:Liu, Bangji: Sunzi qianshuo. Yangzhou: Jiangsu guangling guji keyinshe*) [Elementare Einführung zu Sunzi].

江晓原：试论清代"西学中源"说 （原载《自然科学史研究》1988，7，2）。(*Jiang, Xiaoyuan: Shi lun Qingdai xixuezhongyuanshuo. Yuanzai Ziran kexueshi yanjiu*) [Über die qingzeitliche Lehre von *xi xue zhong yuan*]

Quelle: http://www.ihns.ac.cn/readers/2004/jiangxiaoyuan6.htm (Download: 14.10.07).

Johnston, Alastair Iain (1995): *Cultural Realism. Strategic Culture and Grand Strategy in Chinese History*. Princeton Studies in International History and Politics. Princeton: Princeton University Press.

Johnston, Alastair Iain (1999): *Sunzi Studies in the United States*. Internet-Publikation. Quelle: http://www.people.fas.harvard.edu/~johnston/SunZi.pdf (Download: 26.12.2007).

Jullien François (1985): *La valeur allusive: Des catégories originales de l'interprétation poétique dans la tradition chinoise; (contribution à une réflexion sur l'altérité interculturelle)*. Paris: Adrien-Maisonneuve.

Jullien, François (1992): *La propension des choses : pour une histoire de l'efficacité en Chine*. Paris: Éditions du Seuil.

Jullien, François (1996): *Traité de l'efficacité*. Paris: Éditions Grasset & Fasquelle.

Jullien, François (1995): *Le détour et l'accès: stratégies du sens en Chine*, en Grèce. Paris: Grasset.

Jullien, François (1999a): *Über das Fade – Eine Eloge: Zu Denken und Ästhetik in China*. Berlin: Merve.

Jullien, François (1999b): *Über die Wirksamkeit*. Berlin: Merve.

Jullien, Francois (2001): *Der Weise hängt an keiner Idee – Das Andere der Philosophie*. München: Fink.

Jullien, François (2002): *Der Umweg über China – Ein Ortswechsel des Denkens*. Berlin: Merve.

Jullien, Francois (2002a): *Umweg und Zugang: Strategien des Sinns in China und Griechenland*. Wien: Passagen Verlag.

Jullien, Francois (2003a): *Dialog über die Moral – Menzius und die Philosophie der Aufklärung*. Berlin: Merve.

Jullien François (2003b): *Vom Wesen des Nackten*. Berlin/Zürich Diaphanes.

Jullien, François et al. (2004): *Die Kunst, Listen zu erstellen*. Berlin: Merve.

Jullien, Francois – Übersetzungen ins Chinesische:

杜小真［译］：弗朗索瓦・于连［著］（1998）：迂回与进入 。北京：三联书店 。(*Du, Xiaozhen* [Übers.]; *Falangsuowa Yulian* [Verf.]: *Yuhui yu jinru. Beijing: Sanlian shudian*) [Auf Deutsch: Jullien, Francois (2002a): *Umweg und Zugang: Strategien des Sinns in China und Griechenland*. Wien: Passagen Verlag].

宋刚［译］：弗朗索瓦・于连（2002）：道德奠基：孟子与启蒙哲人的对话。(北大学术讲演丛书)。北京：北京大学出版社 。(*Song, Gang* [Übers.] *Fulangsuowa Yulian: Daode dianji: Mengzi yu qimeng zheren de duihua (Beida xueshu jiangyan congshu) Beijing: Beijing daxue chubanshe*) [Auf Deutsch: Jullien, Francois (2003a): *Dialog über die Moral – Menzius und die Philosophie der Aufklärung*. Berlin: Merve].

闫素伟［译］：弗朗索瓦・于连（2004）：圣人无意：或哲学的他者。(当代法国思想文化译丛）。北京：商务印书馆 。(*Yan, Suwei* [Übers.] *Fulangsuowa Yulian: Shengren wu yi: huo zhexue de tazhe (Dangdai Faguo sixiang wenhua yicong). Beijing: Shangwu Yinshuguan*) [Auf Deutsch: Jullien, Francois (2001): *Der Weise hängt an keiner Idee – Das Andere der Philosophie*. München: Fink].

林志明；张婉真［译］：法兰斯瓦・余莲（2004）［著］；拉尔夫・吉普森［摄影］ ：本质或裸体。台北县：桂冠图书。(*Lin, Zhiming; Zhang, Wanzhen* [Übers.] *Falansiwa Yulian; Laerfu Jipusen [Fotograph.]: Benzhi huo luoti. Taibei Xian: Guiguan tushu*) [Auf Deutsch: Jullien François (2003b): *Vom Wesen des Nackten*. Berlin/Zürich Diaphanes].

张放［译］：弗朗索瓦・于连，狄艾里・马尔塞斯； (2005): 远西对话(经由中国)从外 部反思欧洲。(国际汉学研究书系。当代海外汉学名著译丛）。郑州：大象出版社。(*Zhang, Fang* [Übers.]: *Fulangsuowa Yulian; Di'aili Maersaisi: Yuan xi duihua (jingyou Zhongguo) cong waibu fansi Ouzhou (Guoji hanxue yanjiu shuxi. Dangdai haiwai hanxue mingzhu yicong).*

Zhengzhou: Daxiang chubanshe) [Jullien, François; Marchaisse, Thierry (2000): *Penser d'un dehors (la Chine): Entretiens d' extreme-occident.* Paris: Seuil].

卓立［译］：法兰斯瓦・余莲（2006）：淡之颂。论中国思想与美学。台北县：桂冠图书。

(*Zhuo, Li* / Esther Lin-Rosolato [Übers]: *Falansiwa Yulian. Dan zhi song. Lun Zhongguo sixiang yu meixue. Taibei Xian: Guiguan tushu*) [Auf Deutsch: Jullien, François (1999): *Über das Fade – Eine Eloge: Zu Denken und Ästhetik in China*. Berlin: Merve].

N.N. (o.O./o.Z.) Interview mit François Jullien. http://www.upsy.net/spip/article.php3?-id_article=4&artsuite=5 (Download: 24.11.2005).

Kehnen, Johannes (1975): *Cheng Kuan-ying – Unternehmer und Reformer der späten Ch'ing-Zeit*. Wiesbaden: Harrassowitz.

Kempa, Thomas: „Verstehen, Übersetzen und Interkulturelle Kompetenz: Julliens *Ortswechsel des Denkens* als philosophische Basis der Auseinandersetzung mit China", in: CHUN Nr. 21. 2006. München: Iudicium, S. 27 – 40.

Kempa, Thomas: „Das Problem des Standpunktes aus pragmatischer Sicht: *Malls* orthafte Ortlosigkeit *als Symptom für ein Dilemma der Interkulturellen Hermeneutik*", in: Ernst, Christoph et al. [Hg.] (2008): *Kulturhermeneutik. Interdisziplinäre Beiträge zum Umgang mit kultureller Differenz*. Paderborn: Wilhelm Fink, S. 75 – 94.

Khoo, Kheng-Hor (1990). *War at Work – Applying Sun Tzu's Art of War in Today's Business World*. Pelanduk Publications.

Khoo, Kheng-Hor: Interview mit sonshi.com. www.sonshi.com/khoo-kheng-hor.html (Download: 14.12.2007).

Kimmerle, Heinz (1994): *Die Dimension des Interkulturellen*. Amsterdam: Atlanta.

Klawitter, Arne: „Dekonstruktion von außen", in: *Zeitschrift Ästhetik und Kommunikation* (126) 2004, S. 63 – 68.

Klawitter, Arne: „Extraversion des Denkens. Sinnstrategien in China und Europa", in: Meyer, Jörg; Kollmorgen, Raj; Angermüller, Johannes; Wiemann, Dirk. [Hg.] (2004): *Reflexive Repräsentationen. Diskurs, Macht und Praxis der Globalisierung*. Münster: LIT, S. 225 – 238.

Klawitter, Arne: „Das Situationspotential im chinesischen Autoritätsdispositiv. Ein Versuch zur Topographie der Macht", in: Schultze, Michael; Meyer, Jörg; Krause, Britta; Fricke, Dietmar [Hg.] (2005): *Diskurse der Gewalt - Gewalt der Diskurse*. Frankfurt/Main et al: Peter Lang, S. 211-225.

Klöpsch, Volker [Übers.] (2009): *Sunzi. Die Kunst des Krieges*. Frankfurt/Main: Insel.

Kogge, Werner (2001): *Verstehen und Fremdheit in der philosophischen Hermeneutik*. Studien und Materialien zur Geschichte der Philosophie, Bd. 59. Hildesheim/Zürich/New York: Georg Olms.

Kogge, Werner (2002): *Die Grenzen des Verstehens. Kultur – Differenz – Diskretion*. Weilerswist: Velbrück.

Krause, Donald G. (1995): *The Art of War for Executives*. Perigee Trade.

Krause, Donald G. (1997): *Die Kunst der Überlegenheit: Konfuzius und Sun Tzus Prinzipien für Führungskräfte*. Wien: Ueberreuther.

Krause, Donald (2002/2007): *Die Kunst des Krieges für Führungskräfte*. Wien: Ueberreuther.

Kristeva, Julia (1978): *Die Revolution der poetischen Sprache*. 7. Auflage. Frankfurt/Main: edition suhrkamp.

Kristeva, Julia (1984): *Revolution in Poetic Language*, trans. Leon S. Roudiez. New York: Columbia University Press.

Kristeva, Julia [Autorin]; Moi, Toril [Hg.] (1986): *The Kristeva Reader*. New York: Columbia University Press.

Kristeva, Julia [Autorin]; Oliver, Kelly [Hg.] (2002): *The Portable Kristeva. Updated Edition*. New York: Columbia University Press.

Krott, Martin (1978*): Programm für Chinas Zukunft. Deng Xiaopings Dokumente zur Lage der Nation auf dem Höhepunkt des Machtkampfs 1975. Übersetzung und Kommentar*. 2. erweiterte Auflage. Mitteilungen des Instituts für Asienkunde Hamburg Nummer 95. Hamburg: Institut für Asienkunde.

占部都美［著］；长安，贾全德［译］（1981）怎样当企业领导。北京：新华出版社。 *(Kuniyoshi, Urabe; Ren, Chang'an; Jia, Quande* [Übers.]: *Zenyang dang qiye lingdao. Beijing: Xinhua chubanshe*) [Wie führt man ein Unternehmen?].

Kurtz, Joachim: „Philosophie hinter den Spiegeln: Chinas Suche nach einer philosophischen Identität", in: Lackner, Michael [Hg.] (2008a): *Zwischen Selbstbestimmung und Selbstbehauptung. Ostasiatische Diskurse des 20. und 21. Jahrhunderts*. Neue China Studien 1. Baden Baden: Nomos, S. 222 – 238.

Kuß, Susanne [Hg.] (2004): *Carl-Heinrich Becker in China. Reisebriefe des ehemaligen preußischen Kultusministers 1931/32*. Berliner China-Studien / Quellen und Dokumente. Münster: LIT Verlag.

Kuß, Susanne (2005): *Der Völkerbund und China. Technische Kooperation und deutsche Berater 1928 – 34*. Berliner China-Studien 45. Münster: LIT Verlag.

Lackner, Michael: „Anmerkungen zur historischen Semantik von *China, Nation* und *chinesischer Nation* im modernen Chinesisch", in: Turk; Horst; Schulze, Brigitte; Simanowsky, Roberto [Hg.] (1998a): *Kulturelle Grenzziehungen im Spiegel der Literaturen. Nationalismus, Regionalismus, Fundamentalismus*. Göttingen: Wallstein, S. 323 – 338.

Lackner, Michael: „Konfuzianismus von oben? Zur Auseinandersetzung mit dem Konfuzianismus in der VR China", in: Lackner, Michael; Herrmann-Pillath, Carsten [Hg.] (1998b): *Länderbericht China*. Bonn: Bundeszentrale für Politische Bildung, S. 425 – 449.

Lackner, Michael; Herrmann-Pillath, Carsten [Hg.] (1998c): *Länderbericht China*. Bonn: Bundeszentrale für Politische Bildung.

Lackner, Michael; Werner, Michael (1999): *Der cultural turn in den Humanwissenschaften: Area Studies im Auf- und Abwind des Kulturalismus?* Bad Homburg: Programmbeirat der Werner Reimers Konferenzen.

Lackner, Michael et al. [Hg.] (2001): New Terms for New Ideas. Western Knowledge and Lexical Change in Late Imperial China. Leiden/Boston/Köln: Brill.

Lackner, Michael et al. [Hg.] (2004): *Mapping Meanings. The Field of New Learning in Late Qing China*. Leiden/Boston/Köln: Brill.

Lackner, Michael: Ist ein Oberbegriff „chinesische Kultur" zum Verständnis von Politik, Wirtschaft, Gesellschaft und Kultur des gegenwärtigen China erforderlich?
Quelle: http://www.bpb.de/veranstaltungen/W64NKG.html (Download am 03.09.2006).

Lackner, Michael: *Vortragstext - Konferenz „Kulturelles Gedächtnis", 24.-26.03.2006, HKW* Quelle: http://www.bpb.de/files/4I0QD1.pdf (Download am 03.09.2006).

Lackner, Michael: „Kulturelle Identitätssuche von 1949 bis zur Gegenwart", in: Fischer, Doris; Lackner, Michael [Hg.] (2007): *Länderbericht China. Geschichte, Politik, Wirtschaft, Gesellschaft*. Bonn: Bundeszentrale für politische Bildung, S. 491 – 512.

Lackner, Michael [Hg.] (2008a): *Zwischen Selbstbestimmung und Selbstbehauptung. Ostasiatische Diskurse des 20. und 21. Jahrhunderts*. Neue China Studien 1. Baden Baden: Nomos.

Lackner, Michael: „Einleitung: Zwischen Selbstbestimmung und Selbstbehauptung. Versuch einer Typologie chinesischer Diskurse", in: Lackner, Michael [Hg.] (2008a): *Zwischen Selbstbestimmung und Selbstbehauptung. Ostasiatische Diskurse des 20. und 21. Jahrhunderts*. Neue China Studien 1. Baden Baden: Nomos. S. 17 – 28.

Lackner, Michael (2008b): „Ex Oriente Scientia? Reconsidering the Ideology of a Chinese Origin of Western Knowledge", in: Rosemont, Henry; Nylan, Michael; Wai-yi, Lee: Festschrift für Nathan Sivin, in: Asia Major. Third Series, Volume XXI Part I. Institute of History and Philology Academia Sinica Taiwan, S. 183 – 200.

Landmann, Antje (2003): *Zeichenleere, Roland Barthes' interkultureller Dialog in Japan*. München.

Landwehr, Achim (2001): *Geschichte des Sagbaren – Einführung in die historische Diskursanalyse*. Tübingen: edition discord.

Lau, D.C.; Ames, Roger (2003): *Sun Bin The Art of Warfare. A Translation of the Classic Chinese Work of Philosophy and Strategy*. Translated, with an Introduction and Commentary by D.C. Lau and Roger T. Ames. Albany: State University of New York Press.

Lehmann, Olf (2003): *Zur moralmetaphysischen Grundlegung einer konfuzianischen Moderne. ‚Philosophierung' der Tradition und ‚Konfuzianisierung' der Aufklärung bei Mou Zongsan*. Mitteldeutsche Studien zu Ostasien 8. Leipzig: Leipziger Universitätsverlag.

Leibnitz, Klaus (1989): *Sun Tsu: Über die Kriegskunst*. Karlsruhe: Info-Verlagsgesellschaft.

Leibnitz, Klaus (o.O./o.Z.): Quelle: (Download: 16.06.2008) http://www.leibnitz-online.de/1.html.

Lee, Eun-Jeung: „‚Asien' und die ‚asiatischen Werte'", in: Aus Politik und Zeitgeschichte B 35 – 36/2003. Bonn: Bundeszentrale für politische Bildung, S. 3 – 6.

Leontjew, Alexej (1776): *Chinesische Gedanken*. Weimar: Hoffmann.

Lewis, Mark E. (1999): *Writing and Authority in Early China*. Albany: State University of New York Press.

李娟：《论语》中的孔子经济思想与近代研究。 (*Li, Juan: Lunyu zhong de Kongzi jingji sixiang yu xiandai yanjiu*) [Ökonomisches Denken in Kongzis „Lunyu" und dessen Erforschung heute] Quelle: http://economy.guoxue.com/article.php/8137 (Download: 02.09.07).

李冬君（2004）： 孔子圣化与儒者革命。北京：中国人民大学出版社 。*Li, Dongjun: Kongzi de shenghua yu ruzhe geming. Beijing: Zhongguo renmin daxue chubanshe*. [Die Kanonisierung des Konfuzius und die konfuzianische Revolution].

Li, Kwok-sing; Lok, Mary [Übers.] (1995): *A Glossary of Political Terms of the People's Republic of China*. Hong Kong: Chinese University Press.

李 零：孙子兵法—古今中外及其它。 (*Li, Ling: Sunzi bingfa – gujin zhongwai ji qita*) [Sunzi bingfa – Früher und Heute, im In- und Ausland sowie Anderes], in: 杨承运 [Hg.] (1998)：学校的理想装备。电子图书学校专集校园网上的最佳资源。智慧的感悟 o.O. (*Yang, Chengyun: Xuexiao de lixiang zhuangbei. Dianzi tushu xuexiao zhuanji xiaoyuan wangshang de zuijia ziyuan. Zhihui de ganwu*) [Die ideale Ausstattung für die Schule. Das beste Material aus dem Netz für elektronische Hochschul-Bücher], S. 77 – 91.

李 零（2006）：兵以诈立。我读孙子。第三次印刷。北京：中华书局。(*Li, Ling: Bing yi zha li. Wo du Sunzi. Di san ci yinshua. Beijing: Zhonghua shuju*) [Der Krieg beruht auf Verstellung: Meine Lesart des Sunzi].

Li, Ming-Huei (2001): *Der Konfuzianismus im Modernen China*. Leipzig: Leipziger Universitätsverlag.

李世俊，杨先举，覃家瑞（1984）：孙子兵法与企业管理。南宁：广西人民出版社。(*Li, Shijun; Yang, Xianju; Qin Jiarui: Sunzi bingfa yu qiye guanli. Nanning: Guangxi renmin chubanshe*) [Sunzi bingfa und Unternehmensmanagement].

Li, Shijun; Yang, Xianju; Qin Jiarui [Übers. Mou Xudian] (1990): *"Sun Wu's Art of War" and the art of business management*. Hong Kong: Hai Feng.

李浴日 (1935/1946)：孙子兵法新研究。南京：世界兵学社。(*Li, Yuri: Sunzi bingfa xin yanjiu. Nanjing: Shijie bingxue she*) [Neue Forschungen über Sunzi bingfa].

李浴日（1938）：孙子兵法之综合研究。长沙：商务印书馆。(*Li, Yuri: Sunzi bingfa zhi zonghe yanjiu. Changsha: Shangwu yinshuguan*) [Zusammenfassung der Forschungen zu Sunzi bingfa].

李浴日 (1946)：孙子兵法新研究。南京：世界兵学社。(*Li, Yuri: Sunzi bingfa xin yanjiu. Nanjing: Shijie bingxueshe*) [Neue Forschungen über Sunzi bingfa].

李则芬（1939）：以孙子兵法证明日本必败。(verschiedene Orte) 生活书店。(*Li, Zefen: Yi Sunzi bingfa zhengming Riben bi bai. Shenghuo shudian*) [Anhand von Sunzi bingfa beweisen, dass Japan den Krieg verlieren wird].

梁宪初（1988）：商用孙子兵法。正和奇胜战术总解说。台北：远流出版事业股份有限公司。(*Liang, Xianchu: Shangyong Sunzi bingfa. Zheng he qi sheng zhanshu zongjieshuo. Taibei: Yuanliu chuban shiye gufen youxian gongsi*) [Sunzi bingfa für den Handel. Erläuterung der siegreichen Taktiken des Direkten und Indirekten].

梁宪初（1988b）：商用孙子兵法。北京：中国卓越出版公司。(*Liang Xianchu: Shang yong Sunzi bingfa. Beijing: Zhongguo zhuoyue chubangongsi*) [Sunzi bingfa auf den Handel angewendet].

Liang, Yong (1998): *Die Höflichkeit im Chinesischen*. München: Iudicium.

Lin, Dengquan (1999): *Sun Zi und der moderne Lokalkrieg*. Akademie-Information 3 Hamburg: Führungsakademie der Bundeswehr.

刘春志（2004）：略论两孙子的师承关系。(*Liu, Chunzhi: Lüe lun liang Sunzi de shicheng guanxi*) [Über die Lehrer-Schüler-Beziehungen zwischen den beiden Sunzis], in: SBNJ4, S. 149 – 153.

Liu, Lydia H. (1995): *Translingual Practice. Literature, National Culture, and Translated Modernity – China 1900 – 1937*. Stanford: Stanford University Press.

刘庆：《孙子兵法》走向世界之谜。(*Liu, Qing: Sunzi bingfa zouxiang shijie zhi mi*) [Das Rätsel der Verbreitung von Sunzi bingfa] In: SBNJ4, S. 213ff.

刘式谷（著）周范国（编）（1970）：企业管理必须借重孙子兵法。台北：实业世界出版社。(*Liu, Shigu* [Verf.]*; Zhou, Fanguo* [Hg.]*: Qiye guanli bixu jiezhong Sunzi bingfa. Tabei: Shiye shijie chubanshe*) [Das Unternehmensmanagement muss Anleihen Sunzi bingfa machen].

刘式谷（1972）：商战孙子兵法。台北：实业世界出版社。(*Liu, Shigu: Shangzhan Sunzi bingfa. Tabei: Shiye shijie chubanshe*) [Sunzis Kriegskunst für den Handelskrieg].

刘玉生：《史记》中的《孙子兵法》文句及其价值初探。(*Liu, Yusheng: Shiji zhongde Sunzi bingfa wenju jiqi jiazhi chutan*) [Sätze aus *Sunzi bingfa* im *Shiji* und erste Erörterungen ihres Wertes], in: SBNJ, S.112 – 125.

刘志海（2007）：《孙子兵法》与经营某略。北京：人民邮电出版社。(*Liu, Zhihai: Sunzi bingfa yu jingying moulüe. Beijing: Renmin youdian chubanshe*) [Sunzi bingfa und Management-Strategien].

Macdonald, Gina (1996): *James Clavell. A Critical Companion.* Westport, Connecticut; London: Greenwood Press.

Mackenzie, Kenneth D. (1978): *Organizational Structures.* Arlington Heights: AHM Publishing.

Mair, Victor H. [Hg.] (1992): *Sino-Platonic Papers Nr. 35 November 1992, Reviews.* Quelle: http://www.sino-platonic.org/complete/spp035_reviews.pdf (Download: 17.07.08).

Mair, Victor H. [Übers.] (2007): *The art of war: Sun Zi's military methods.* New York/Chichester: University of Columbia Press.

Mall, Ram Adhar (2005): *Hans-Georg Gadamers Hermeneutik interkulturell gelesen.* Nordhausen: Traugott Bautz.

Martin, Bernd: „Das Deutsche Reich und Guomindang-China 1927 – 1941", in: Guo, Hengyu [Hg.] (1986): *Von der Kolonialpolitik zur Kooperation: Studien zur Geschichte der deutsch-chinesischen Beziehungen.* München: Minerva, S. 325 – 375.

Martschukat, Jürgen: „Ein Freitod durch die Hand des Henkers. Erörterungen zur Komplementarität von Diskursen und Praktiken am Beispiel von »Mord aus Lebens-Überdruß« und Todesstrafe im 18. Jahrhundert", in: *Zeitschrift für Historische Forschung* (27) 2000, S. 53 – 74.

Maslow, Abraham (1954): *Motivation and Personality.* New York: Harper.

Matthes, Joachim: „Kulturvergleich: Einige methodologische Anmerkungen", in: Breinig, Helmbrecht [Hg.] (1990): *Interamerikanische Beziehungen. Einfluss, Transfer, Interkulturalität; ein Erlanger Kolloquium.* Frankfurt/Main: Vervuert, S. 13 – 24.

McAfee, Noëlle (2004): *Julia Kristeva.* Routledge Critical Thinkers. New York: Routledge.

McNeilly, Marc (1996): *Sun Tzu and the Art of Business. Six Strategic Principles for Managers.* Oxford/New York et al.: Oxford University Press.

Meißner, Werner (1986): *Philosophie und Politik in China – Die Kontroverse über den dialektischen Materialismus in den 30er Jahren.* München: Fink.

Meißner, Werner: „Zur Rezeption des deutschen ‚Neoidealismus' in den zwanziger Jahren in China", in: Kuo (Guo) Heng-yü; Leutner, Mechthild [Hg.] (1991): *Deutsch-chinesische Beziehungen vom 19. Jahrhundert bis zur Gegenwart. Beiträge des Internationalen Symposium in Berlin. Berliner China-Studien 19.* München: Minerva, S. 97 – 124.

Meißner, Werner (1994): *China zwischen nationalem ‚Sonderweg' und universaler Modernisierung – Zur Rezeption westlichen Denkens in China.* München: Fink.

Meyer, Jörg; Kollmorgen, Raj; Angermüller, Johannes; Wiemann, Dirk. [Hg.] (2004): *Reflexive Repräsentationen. Diskurs, Macht und Praxis der Globalisierung.* Münster: LIT.

Michaelson, Gerald A. (2001): *Sun Tzu: The Art of War for Managers. 50 Strategic Rules.* Avon, Massachusetts: Adams Media Corporation.

Michaelson, Gerald A.; Michaelson, Steven W. (2003): *Sun Tzu Strategies for Selling: How to Use The Art of War to Build Lifelong Customer Relationships.* McGraw-Hill.

Michaelson, Gerald A.; Michaelson, Steven W. (2004): *Sun Tzu Strategies for Marketing: 12 Essential Principles for winning the War for Customers.* McGraw-Hill.

Michaelson, Gerald A.: „*Interview with Gerald Michaelson*". O. Z.; o.O. Quelle: http://www.sonshi.com/michaelson.html (Download: 02.04.08).

Michaelson, Gerald A. – Übersetzung ins Chinesische:

贾良定;唐翌(译)迈克尔森(G.A.);迈克尔森(S.W.)(著)（2005）：孙子兵法的销售智慧. 北京：高等教育出版社。(*Jia, Liangding; Tang Yi* [Übers.]: *Maike'ersen* [et] *Maike'ersen* [Verf.]: *Sunzi bingfa de xiaoshou zhihui. Beijing: Gaodeng jiaoyu chubanshe*) [Sun Tzu Strategies for Selling].

Middell, Matthias: „Kulturtransfer und Historische Komparatistik". Internetdokument, zuerst erschienen in: Comparativ 10 (2000), H. 1, S. 7 – 41.
   Quelle: http://www.uni-leipzig.de/zhs/passage/de/forschung/thesen.pdf (Download: 26.06.08).
Minford, John (2002): *The Art of War by Sun Tzu*. Viking Adult.
Mishima, Ken'ichi: „Die Schmerzen der Modernisierung als Auslöser kultureller Selbstbehauptung – Zur geistigen Auseinandersetzung Japans mit dem ‚Westen'", in: Hijiya-Kirschnereit, Irmela [Hg.] (1996/1999): *Überwindung der Moderne? Japan am Ende des zwanzigsten Jahrhunderts.* Frankfurt/Main: Suhrkamp, S. 86 – 122.
Shibata, Masumi; Shibata, Maryse [Übers.] (1977) Myamoto, Musashi: *Écrits sur les cinq roues – Gorin-no-Sho.* Paris: Maisonneuve et Larose.

N.N. 北京大学国际 MBA 体验战略课程。(*Beijing daxue guoji MBA tiyan zhanlüe kecheng*) [The International MBA Students of Peking University Obtaining Stratagem Experiencing], in: SBNJ5, S. 22 – 25.
N.N. (2004) 继述：孙子兵学当代应用总览。(*Jishu: Sunzi bingxue dangdai yingyong zonglan*) [Überblick über die aktuelle Anwendung der Sunziologie], SBNJ5, S. 215 – 222.
N.N. (2004) 全军"信息时代《孙子兵法》研究与运用学术研讨会"在国防大学举办。(*Quanjun xinxishidai Sunzi bingfa yanjiu yu yunyong xueshu yantaohui zai guofang daxue juban*) [Armeeweite akademische Konferenz zur Erforschung und Anwendung von Sunzi bingfa im Informationszeitalter an der Nationalen Verteidigungsuniversität], SBNJ5, S. 22ff.
N.N.（1987）：孙子兵法与现代企业管理。台北：木铎出版社印行。(*Sunzi bingfa yu xiandai qiye guanli. Taibei: Muduo chubanshe yinhang*) [Sunzi bingfa und modernes Unternehmensmanagement].
N.N.（1990）：孙子新谈：中外学者论孙子。解放军出版社。(*Sunzi xintan: Zhong wai xuezhe lun Sunzi. Jjiefangjun chubanshe*) [Sunzi neu besprochen: Chinesische und ausländische Gelehrte diskutieren Sunzi], S. 308 – 324.
N.N. (1983): Verfassung der Volksrepublik China. Angenommen von der 5. Tagung des V. Nationalen Volkskongresses der Volksrepublik China am 4. Dezember 1982. Beijing: Verlag für Fremdsprachige Literatur.
Navarra, Bruno [Übers.] (1910): *Das Buch vom Kriege: der Militär-Klassiker der Chinesen; mit Bildern nach chinesischen Originalen.* Berlin: Boll u. Pickardt.
Nie, Hongyin: „Tangutology During the Past Decades", Internetdokument in:
   http://bic.cass.cn/english/infoShow/Arcitle_Show_Forum2_Show.asp?ID=307&Title=The%20 Humanities%20Study&strNavigation=Home%3EForum%3EEthnography&BigClassID=4& SmallClassID=8 (Download: 05.06.08).
Nienhauser, William H. [Hg. & Übers.] (1994): *Ssu-Ma Ch'ien: The Grand Scribe's Records. Volume I: The Basic Annals of Pre-Han China.* Bloomington, Indianapolis: Indiana University Press.
Nora, Pierre (1998): *Zwischen Geschichte und Gedächtnis.* Frankfurt/Main: Fischer.
Nünning, Ansgar; Nünning, Vera [Hg.] (2003): *Konzepte der Kulturwissenschaften.* Stuttgart/Weimar: Metzler.

大橋武夫（1980/2005）兵法孫子 : 戦わずして勝つ。東京：PHP 研究所。(*Ōhashi, Takeo: Heihō Sonshi: Tatagawazu shite katsu. Tōkyō: PHP kenkyūsho*) [Kriegskunst Sunzi. Sieg ohne Kampf].

Okakura, Kakuzo (1921): *Die Ideale des Ostens*. Leipzig: Insel.

Okakura, Kakuzo [Verf.]; Hammitzsch, Horst [Übers.] (1981): *Das Buch vom Tee*. 2. Auflage. Frankfurt/Main: Insel.

潘嘉玢：略论《孙子兵法》在国外的影响及启示。(*Pan, Jiafen: Lüe lun Sunzi bingfa zai guowai de yinxiang ji qishi*) [Anmerkungen zum Einfluss von Sunzi bingfa im Ausland], in: N.N.（1990）孙子新谈：中外学者论孙子。解放军出版社。(*Sunzi xintan: Zhong wai xuezhe lun Sunzi. Jiefangjun chubanshe*) [Sunzi neu besprochen: Chinesische und ausländische Gelehrte diskutieren Sunzi], S. 308 – 324.

Payne, Robert (o.J.): *Roter Sturm über Asien*. Salzburg/München: Akademischer Gemeinschaftsverlag.

Peirce, Charles S. [Verf.]; Apel, Karl-Otto [Hg.] (1991): *Schriften zum Pragmatismus und Pragmatizismus*. Frankfurt/Main: Suhrkamp.

Phelizon, Jean-François (1999): *Relire l'Art de la Guerre de Sun Tzu. Trente-six Stratagèmes*. Paris: Economica.

Phelizon, Jean-François – Übersetzung ins Chinesische:

让-法郎索瓦·费黎宗（2003）：思维的战争游戏。从《孙子兵法》到《三十六计》。北京：忠信出版社。(*Rang Fulangsuowa Feilizong: Siwei de zhanzheng youxi. Cong Sunzi bingfa dao Sanshiliu ji. Beijing: Zhongxin chubanshe*) [Relire l'Art de la Guerre de Sun Tzu. Trente-six Stratagèmes].

Phillips, Thomas R. (1940): *Roots of strategy. A collection of military classics*. Harrisburg, Pa.: The Military service publishing company.

Pilster, Hans-Christian [Hg.] (1974): *SSun-ds' Traktat über die Kriegskunst (ca. 500 v. Chr.)*. Übersetzung aus dem Altchinesischen. München: o.V.

Putnam, Hilary (1995): *Pragmatismus. Eine offene Frage*. Campus: Frankfurt/Main.

Qian, Mu [Verf.]; Chen, Chai-hsin [Übers.] (1997): *Der Westen versteht den Osten nicht: Gedanken zur Geschichte und Kultur Chinas*. Arcus-Chinatexte des Richard-Wilhelm-Übersetzungszentrums Bochum 11. Dortmund: Projekt-Verlag.

Quine, Willard Van Orman (1979): *Von einem logischen Standpunkt: Neun logisch-philosophische Essays*. Frankfurt am Main/Berlin/Wien: Ullstein Materialien.

Reichertz, Jo (2003): *Die Abduktion in der qualitativen Sozialforschung*. Opladen: Leske und Budrich.

Renmin ribao: 清明公祭黄帝陵盛典举行。人民日报 1998，4 月，6 日。(*Qingming gongji Huangdiling shengdian juxing. Renmin ribao*) [Ahnenopfer am Grab des Gelben Kaisers zum Fest der Reinen Klarheit. Volkszeitung vom 06.04.1998].

Renmin ribao: 汉服，悄然走进我们的身边。人民日报 2007，4 月，14 日。(*Hanfu, qiaoran zoujin women de shenbian. Renmin ribao*) [Die Tracht der Han erobert ganz unauffällig unsere Welt. Volkszeitung vom 14.04.1998].

Renn, Joachim: „Die Übersetzung in modernen Gesellschaft: Das Problem der Einheit der Gesellschaft und die Pragmatik des Übersetzens", in: Renn, Joachim; Straub, Jürgen; Shingo, Shimada [Hg.] (2002): *Übersetzung als Medium des Kulturverstehens und sozialer Integration*. Campus: Frankfurt/Main, S. 183 – 214.

Renn, Joachim: „Einleitung: Übersetzen, Verstehen, Erklären. Soziales und sozialwissenschaftliches Übersetzen zwischen Erkennen und Anerkennen", in: Renn, Joachim; Straub, Jürgen; Shingo, Shimada [Hg.] (2002): *Übersetzung als Medium des Kulturverstehens und sozialer Integration*. Campus: Frankfurt/Main, S. 13 – 35.

Renn, Joachim; Straub, Jürgen; Shingo, Shimada [Hg.] (2002): *Übersetzung als Medium des Kulturverstehens und sozialer Integration*. Campus: Frankfurt/Main.

Renn, Joachim: „Die gemeinsame menschliche Handlungsweise. Das doppelte Übersetzungsproblem des sozialwissenschaftlichen Kulturvergleichs", in: Srubar, Ilja; Renn, Joachim; Wenzel, Ulrich (2005): *Kulturen vergleichen. Sozial- und kulturwissenschaftliche Grundlagen und Kontroversen*. Wiesbaden: VS Verlag, S. 195 – 223.

Renn, Joachim (2006): *Übersetzungsverhältnisse. Perspektiven einer pragmatistischen Gesellschaftstheorie*. Weilerswist: Velbrück.

Richter, Steffi: „Selbstbestimmung. Selbstbehauptung. Fremdwahrnehmung: Neufundierung historischer Identität und Geschichtsrevision in Ostasien seit den achtziger Jahren des 20. Jahrhunderts" (Vortragstext) Quelle: http://www.uni-leipzig.de/~oarev/download/Richter_28_2_04.pdf (download am 21.09.2006).

Roetz, Heiner [Hg.] (2006): *Kritik im alten und modernen China*. Jahrbuch der Deutschen Vereinigung für Chinastudien 2. Harrassowitz: Wiesbaden.

Said, Edward W. (1978): *Orientalism*. New York.

Sawyer, Ralph, D. [Übers.] (1993): *The Seven Military Classics of Ancient China*. Boulder/San Francisco/Oxford: Westview Press.

Sawyer, Ralph, D. [Übers.] (1995): *Sun Pin: Military Methods*. Boulder/San Francisco/Oxford: Westview Press.

Sawyer, Ralph D. (2005): *The Essential Art of War. Translated, with Historical Introduction and Commentary*. Cambridge Massachusetts: Basic Books.

Schmidt-Glintzer, Helwig (1990): *Geschichte der chinesischen Literatur*. Bern/München/Wien: Scherz.

Schmidt-Glintzer, Helwig: „Wachstum und Zerfall des kaiserlichen China", in: Lackner, Michael; Herrmann-Pillath, Carsten [Hg.] (1998): *Länderbericht China*. Bundeszentrale für politische Bildung: Bonn. S. 79 – 101.

Schmitt, Claude [Textauswahl] (1975): *Critique de Lin Piao et de Confucius (pi-Lin pi-Kong) janvier-décembre 1974*. Genf: Alfred Eibel.

Schneider, Hans Julius; Kroß, Matthias [Hg.] (1999): *Mit Sprache spielen: Die Ordnungen und das Offene nach Wittgenstein*. Berlin: Akademie Verlag.

Schneider, Hans Julius: „Offene Grenzen, zerfaserte Ränder: Über Arten von Beziehungen von Sprachspielen", in: Lütterfelds, Wilhelm; Roser, Andreas [Hg.] (1999): *Der Konflikt der Lebensformen in Wittgensteins Philosophie der Sprache*. Frankfurt/Main: Suhrkamp.

Schneider, Hans Julius: „Fortsetzung statt Übersetzung", in: Renn, Joachim; Straub, Jürgen; Shingo, Shimada [Hg.] (2002): *Übersetzung als Medium des Kulturverstehens und sozialer Integration*. Frankfurt/Main: Campus, S. 39 – 61.

Schneider, Laurence A. (1971): *Ku Chieh-kang and China's New History: Nationalism and the Quest for Alternative Traditions*. Berkeley: University of California Press.

Schubert, Gunter (2002): *Chinas Kampf um die Nation. Dimensionen nationalistischen Denkens in der VR China, Taiwan und Hongkong an der Jahrtausendwende*. Mitteilungen des Instituts für Asienkunde Hamburg Nr. 357. Hamburg: IFA.

Schulte, Barbara: „Für den Fortschritt der Menschheit. Die chinesische Kulturlinguistik erfindet sich selbst", in: Lackner, Michael [Hg.] (2008): *Zwischen Selbstbestimmung und Selbstbehauptung. Ostasiatische Diskurse des 20. und 21. Jahrhunderts*. Neue China Studien 1. Baden Baden: Nomos, S. 239 – 259.

Schultze, Michael; Meyer, Jörg; Krause, Britta; Fricke, Dietmar [Hg.] (2005): *Diskurse der Gewalt - Gewalt der Diskurse*. Frankfurt/Main et al: Peter Lang.

Schulze, Hagen (1992): *Der Weg zum Nationalstaat. Die deutsche Nationalbewegung vom 18. Jahrhundert bis zu Reichsgründung*. München: dtv.

Schuster, Ingrid (1967): *Kamada, Ryūkō und seine Stellung in der Shingaku*. Wiesbaden: Harrassowitz.

Schwanfelder, Werner (2004): *Sun Tzu für Manager. Die 13 ewigen Gebote der Strategie*. Frankfurt/Main: Campus.

Schwanfelder, Werner – Übersetzung ins Chinesische:

张维娟 [Übers.]：维尔讷·史旺菲勒德尔 (2006)：管理大师的孙子兵法。Sun Tzu für Manager by Werner Schwanfelder。台北：知识流出版股份有限公司。(*Zhang, Weijuan* [Übers.] *Wei'erne Shiwangfeileide'er: Guanli dashi de Sunzi bingfa. Taibei: Zhishiliu chuban gufen youxian gongsi*) [Auf Deutsch: Schwanfelder, Werner (2004): *Sun Tzu für Manager. Die 13 ewigen Gebote der Strategie*. Frankfurt/Main: Campus].

Seagrave, Sterling (1995): *Lords of the Rim*. Putnam Adults.

von Senger, Harro (1988/2000): *Strategeme, Lebens- und Überlebenslisten aus drei Jahrtausenden*. Bern/München/Wien: Scherz.

von Senger, Harro (1994): *Einführung in das chinesische Recht*. Schriftenreihe der juristischen Schulung. München: Beck.

von Senger, Harro: „Strategemische Weisheit: Chinesische Wörter im Sinnbezirk der List", in: Akademie der Wissenschaften und der Literatur zu Mainz. Kommission für Philosophie und Begriffsgeschichte in Verbindung mit Hans-Georg Gadamer, Karlfried Gründer und Günter Scholtz [Hg.] (1996): *Archiv für Begriffsgeschichte*. Band XXXIX. Bonn: Bouvier, S. 27 – 102.

von Senger, Harro [Hg.] (1999): *Die List*. Frankfurt/Main: Suhrkamp.

von Senger, Harro „Die List im chinesischen und im abendländischen Denken: Zur allgemeinen Einführung", in: von Senger, Harro [Hg.] (1999): *Die List*. Frankfurt/Main: Suhrkamp, S. 9 – 49.

von Senger, Harro (2001): *Die Kunst der List*. München: Beck.

von Senger, Harro (2004): *36 Strategeme für Manager*. München: Hanser.

von Senger, Harro (2008): *Moulüe – Supraplanung: Unerkannte Denkhorizonte aus dem Reich der Mitte*. München: Hanser.

上官觉人（译）（2003）：《孙子兵法》现代释用。北京：中国华侨出版社。(*Shangguan, Jueren* [Übers.]: *Sunzi bingfa xiandai shiyong. Beijing: Zhongguo huaqiao chubanshe*) [Sunzi bingfa erläutert für den heutigen Gebrauch].

史记三家注。江苏广陵古籍刻印社影印。扬州古籍书店。上、下，1990。(*Shiji san jia zhu. Jiangsu Guangling guji keyingshe yingyin. Yangzhou guji shudian. shang, xia*) [Das Shiji mit Anmerkungen von drei Kommentatoren.].

Shimada, Shingo (2000): *Die Erfindung Japans. Kulturelle Wechselwirkungen und nationale Identitätskonstruktion*. Frankfurt/Main: Campus.

Smith, Arthur Henderson (1894/1907): *Chinese Characteristics. Enlarged and Revised Edition with Marginal and New Illustrations*. 10. Aufl. New York: Young People's Missionary Movement.

Smith, Arthur H. (1900): *Chinesische Charakterzüge von Arthur H. Smith. Deutsch frei bearbeitet von F. C. Dürbig. Mit 28 Titelvignetten und 18 Vollbildern*. Würzburg: Stuber.

Sohn-Rethel, Alfred (1978): *Warenform und Denkform*. Mit zwei Anhängen. 1. Aufl. Frankfurt/Main: Suhrkamp.

Spaar, Wilfried (1984): *Die kritische Philosophie des Li Zhi (1527 - 1602) und ihre politische Rezeption in der Volksrepublik China*. Wiesbaden: Harrassowitz.

Spakowski, Nicola (1999): *Helden, Monumente, Traditionen. Nationale Identität und historisches Bewusstsein in der VR China*. Berliner China-Studien 35. Berlin: LIT.

Spence, Jonathan (2001): *Chinas Weg in die Moderne*. Aktualisierte und erweiterte Ausgabe. München: dtv.

Srubar, Ilja: „Strukturen des Übersetzens und interkultureller Vergleich", in: Renn, Joachim; Straub, Jürgen; Shingo, Shimada [Hg.] (2002): *Übersetzung als Medium des Kulturverstehens und sozialer Integration*. Frankfurt/Main: Campus, S. 323 – 345.

Steiner, George (1981): *Nach Babel*. Frankfurt/Main: Suhrkamp.

Straub, Jürgen: „Differenz und prekäre Äquivalenz in einer Übersetzungskultur. Ein hermeneutischer Rahmen für die exemplarische psychologische Analyse eines ‚Übersetzungsfehlers'", in: Renn, Joachim; Straub, Jürgen; Shingo, Shimada [Hg.] (2002): *Übersetzung als Medium des Kulturverstehens und sozialer Integration*. Campus: Frankfurt/Main, S. 39 – 61.

苏桂亮：综述。新世纪迎来《孙子》书出版高峰。(*Su, Guiliang: Zongshu. Xin shiji yinglai Sunzi shu chuban gaofeng*) [Zusammenfassung: Das neue Jahrhundert empfängt *Sunzi* mit Publikationswelle], in: SBNJ5, S. 73 – 80.

苏桂亮：综述：银雀山汉简出土以来孙子其人其书研究概览。(*Su, Guiliang: Zongshu: Yinqueshan hanjian chutu yilai Sunzi qi ren qi shu yanjiugailan*) [Überblick über die Forschung zu Sunzis Person und Werk seit der Entdeckung der Bambusstreifen-Version in Yinqueshan], in: SBNJ5, S. 145 – 156.

Su, Rongyu: „A State Project of China: The Chronology of the Xia, Shang, and Zhou Dynasties", in: Lackner, Michael [Hg.] (2008): *Zwischen Selbstbestimmung und Selbstbehauptung. Ostasiatische Diskurse des 20. und 21. Jahrhunderts*. Neue China Studien 1. Baden Baden: Nomos, S. 182 – 195.

孙其海（Hg.）（2005）：孙子兵学年鉴 - Sunzi Research Annual 2004。北京：中文文联出版社。(*Sun, Qihai: Sunzi bingxue nianjian. Sunzi Research Annual 2004. Bejing: Zhongwen wenlian chubanshe*) [Jahrbuch der Sunziologie 2004], mit der Sigle SBNJ4 abgekürzt.

孙其海（Hg.）（2006）：孙子兵学年鉴 - Sunzi Research Annual 2005。济南：泰山出版社。(*Sun Qihai: Sunzi bingxue nianjian. Sunzi Research Annual 2005. Jinan: Taishan chubanshe*) [Jahrbuch der Sunziologie 2005], mit der Sigle SBNJ5 abgekürzt.

孙星衍 [Hg.] (1991)：孙子 十家注。天津： 天津市古籍书店。据 1884 杨霖萱 重刻本影印。(*Sun Xingyan: Sunzi shi jia zhu. Tianjin: Tianjin Shi guji shudian. Ju 1884 Yang Linxuan: chongkeben yingyin*) [Die Kommentare der zehn Gelehrten zu Sunzi bingfa. Faksimile-Ausgabe der Edition von Yang Linxuan aus dem Jahre 1884].

王建[译]：铃木朝雄："兵法经营"史研究—主要从近代商家思想出发。(*Wang, Jian* [Übers.]*: Suzuki, Asao: Bingfa jingyingshi yanjiu: zhuyao cong jindai shangjia sixiang chufa*) [Untersuchung über die Geschichte des Kriegskunst-Managements – ausgehend vom Denken der Kaufleute in der Neuzeit], in: SBNJ4, S. 218 – 222.

唐满先（1985）：《孙子兵法》新译。江西人民出版社。(*Tang, Manxian: Sunzi bingfa xinyi. Jiangxi renmin chubanshe*) [Sunzi bingfa neu übersetzt].

Tang, Zi-Chang (1969): *Principles of Conflict*. San Rafael: T.C. Press.

Thompson, Mark R.: „Das Schicksal eines südostasiatischen Selbstbehauptungsdiskurses: ‚Asiatische Werte' nach der Wirtschaftskrise und den Terroranschlägen", in: Lackner, Michael [Hg.] (2008): *Zwischen Selbstbestimmung und Selbstbehauptung. Ostasiatische Diskurse des 20. und 21. Jahrhunderts*. Neue China Studien 1. Baden Baden: Nomos, S. 398 – 415.

Tietz, Udo (1999): *Hans Georg Gadamer zur Einführung*. Hamburg: Junius.

Townsend, James: „Chinese Nationalism", in: Unger, Jonathan [Hg.] (1996): *Chinese Nationalism*. New York/London: Sharpe, S. 1 – 30.

Trevor-Roper, Hugh: „The Invention of Tradition: The Highland Tradition of Scotland", in: Hobsbawm, Eric J. (1997): The *Invention of Tradition*. Cambridge et al.: Cambridge University Press, S. 15 – 42.

Tu, Wei-Ming (1976): *Neo-Confucian Thought in Action*. Berkeley/Los Angeles/London: University of California Press.

Turk; Horst; Schulze, Brigitte; Simanowsky, Roberto [Hg.] (1998): *Kulturelle Grenzziehungen im Spiegel der Literaturen. Nationalismus, Regionalismus, Fundamentalismus*. Göttingen: Wallstein.

Unger, Jonathan [Hg.] (1996): *Chinese Nationalism*. New York/London: Sharpe.

Vasilache, Andreas (2003): *Interkulturelles Verstehen nach Gadamer und Foucault*. Frankfurt am Main/New York: Campus.

Vittinghoff, Natascha: „Introduction", in: Lackner, Michael et al. [Hg.] (2004): *Mapping Meanings. The Field of New Learning in Late Qing China*. Leiden/Boston/Köln: Brill, S. 1 – 22.

Waldenfels, Bernhard (2006): *Grundmotive einer Phänomenologie des Fremden*. Frankfurt/Main: Suhrkamp.

Wang, Gungwu; Wong, John (1999): *China: Two Decades of Reform and Change*. Singapore: University Press.

Wang, Gungwu [Hg.] (2003a): *To act is to know: Chinese Dilemmas*. London/New York/Beijing et al.: Eastern Universities Press.

Wang, Gungwu, Zheng, Yongnian [Hg.] (2003b): *Damage Control: The Chinese Communist Party in the Jiang Zemin Era*. London/New York/Beijing et al.: Eastern Universities Press.

王国和：孙子兵法与经营管理。世界经济导报。1983 年 1 月 24 日。(*Wang, Guohe: Sunzi bingfa yu jingying guanli. Shijie jingji daobao*) [*Sunzi bingfa* und Management. Weltwirtschaftsnachrichten vom 24.01.1983], S. 11.

王虎强；陈良武（2004）：《孙子兵法》：美国人怎么看。人民日报 14。10。2004。(*Wang, Huqiang; Chen, Liangwu: Sunzi bingfa: Meiguoren zenme kan. Renmin ribao*) [Wie die Amerikaner Sunzi bingfa sehen], in: SBNJ5, S. 526ff.

王利器（1988）（主编）：司马迁：史纪注译（四）。西安：三秦出版社。(*Wang, Liqi* [Hg.]: *Sima, Qian: Shiji zhuyi (si). Xi'an: Sanqin chubanshe*) [Das Shiji mit Kommentaren].

王銘（2006）：最早的《孫子兵法》英譯本及其與日本的關係。《世界漢學》第四期。北京：中國文化研究所。(*Wang, Ming: Zuizao de Sunzi bingfa yingyiben ji qi yu Riben de guanxi. Shijie hanxue di si qi. Beijing: Zhongguo wenhua yanjiusuo*) [Die früheste englische Übersetzung von Sunzi bingfa und ihr Bezug zu Japan. World Sinology, 4], S. 132 – 137.

王守常：孙子兵法：企业家的最高境界。(*Wang, Shouchang: Sunzi bingfa: Qiyejia de zui gao jingjie*) [Sunzi bingfa als höchster Maßstab für die Gesinnung des Unternehmers]. www.rccmc.gov.cn/xywj/zhanlve/1.1.«孙子兵法：企业家的最高境界»doc (Download: 26.12.2007).

王扬宗："西学中源"说在明清之际的由来及其演变。原载台北《大陆杂志》第九十卷第六期，15. 6. 1995。(*Wang, Yangzong: Xixuezhongyuanshuo zai Ming Qing zhi ji de youlai ji qi bianyan. Yuanzai Taibei Dalu zazhi. Di jiushi juan di liu qi*) [Die Entstehung der Lehre von der Herkunft der westlichen Wissenschaft aus China in der Übergangszeit von den Ming zu den Qing] Quelle: http://www.ihns.ac.cn/members/yzwang/wyz3.htm (Download: 14.10.07).

王泽民（2006）：《孙子兵法》的管理学阐述。北京：民族出版社。(*Wang, Zemin: Sunzi bingfa de guanlixue chanshu. Beijing: Minzu chubanshe*) [Darstellung der Managementlehre in Sunzi bingfa].

Watson, Burton [Übers.] (1961): *Sima, Qian: Records of the Grand Historian: Han Dynasty II*. Revised Edition. Hong Kong/New York: Columbia University Press.

Watson, Burton [Übers.] (1964): *Han Fei Tzu: Basic Writings*. New York: Columbia University Press.

Watson, Burton (1977): *Ssu-ma Ch'ien – The historian and his work*. Ann Arbor: University Microfilms.

Watson, Burton [Übers.] (2003): *Han Feizi: Basic Writings*. New York: Columbia University Press.

Webster, Bruce (1995/2007): *The Art of 'Ware. Version 2.0. Sun Tzu's Classic Work reinterpreted*. Online-Dokument
Quelle: http://and-still-i-persist.com/wp-includes/docs/ArtOfWare.pdf (Download: 08.12.07).

Wee, Chow Hou; Lee, Khai Sheang; Walujo Hidajat, Bambang (1991). *Sun Tzu: war and management - application to strategic management and thinking*. Singapore/Reading: Addison Wesley.

Wei, C.X. George; Liu, Xiaoyuan [Hg.] (2001): *Chinese Nationalism in Perspective. Historical and Recent Cases*. Westport/London: Greenwood Press.

Wierlacher, Alois: „Kulturwissenschaftliche Xenologie", in: Nünning, Ansgar; Nünning, Vera [Hg.] (2003): *Konzepte der Kulturwissenschaften*. Stuttgart/Weimar: Metzler.

Wittgenstein, Ludwig (1967); Anscombe, G.E.M. [Hg. u. Übers.]: *Zettel*. Oxford: Basil Blackwell.

Wittgenstein, Ludwig: „Bemerkungen über Frazers »The Golden Bough«", in: Wiggershaus, Rolf [Hg.] (1975): *Sprachanalyse und Soziologie. Die sozialwissenschaftliche Relevanz von Wittgensteins Sprachphilosophie*. Frankfurt/Main: Suhrkamp, S. 37 – 57.

Wittgenstein, Ludwig (1980): *Philosophische Untersuchungen*. Frankfurt/Main: Suhrkamp.

Wittgenstein, Ludwig (1984): *Über Gewissheit*. Frankfurt/Main: Suhrkamp.

Wittgenstein, Ludwig (1989): *Tractatus logico-philosophicus*. 22. Auflage. Frankfurt/Main: Suhrkamp.

Wren, Daniel A. (1972/1979/1994): *The evolution of management thought*. New York: Ronald Press.

吴德刚（1988）：孙子兵法在财经领域的应用。辽宁：辽宁大学出版社。(*Wu, Degang: Sunzi bingfa zai caijing lingyu de yingyong. Liaoning: Liaoning daxue chubanshe*) [Sunzi bingfa angewendet auf Industrie und Finanzwesen].

吴庆彤（1998）：周恩总理来在"文化大革命"中。回忆总理同林彪、江青反革命集团的斗争。北京：中共党史出版社。(*Wu, Qingtong: Zhou Enlai zongli zai wenhua da geming* zhong. *Huiyi zongli tong Lin Biao, Jiang Qing fangeming jituan de douzheng. Beijing: Zhonggongdangshi chubanshe*) [Ministerpräsident Zhou Enlai während der Kulturrevolution: Erinnerungen an den Kampf von Ministerpräsident Zhou mit den konterrevolutionären Gruppen von Lin Biao und Jiang Qing].

吴如嵩 et al.：《孙子》研究四十年。(*Wu, Rusong: Sunzi yanjiu sishi nian.*) [40 Jahre Sunzi-Forschung] In: N.N.（1990）孙子新谈：中外学者论孙子。北京：解放军出版社。(*Sunzi xintan: zhong wai xuezhe lun Sunzi. Beijing: Jiefangjun chubanshe*) [Sunzi neu besprochen: Chinesische und ausländische Gelehrte diskutieren Sunzi], S. 369 – 98.

Wu, Rusong et al. [Hg.] (1999): *Sunzi: The Art of War. Sun Bin: The Art of War*. Beijing: Foreign Languages Press.

Wu, Rusong et al. (2003): *Sunzi bingfa – Sun Bin bingfa*. 2. Aufl. Beijing: Foreign Languages Press.

吴如嵩；宫玉振：浅议当前的孙子研究。(*Wu, Rusong; Gong, Yuzhen: Qianyi dangqian de Sunzi yanjiu*) [Ansichten zur gegenwärtigen Sunzi-Forschung], SBNJ4, S. 161 – 162.

吴如嵩（2004）:以战略文化为龙头推进《孙子兵法》的研究。(*Wu, Rusong: Yi zhanlüe wenhua wei longtou tuijin Sunzi bingfa de yanjiu*) [Die Strategische Kultur als Leitbild für die Erforschung von *Sunzi bingfa*], in SBNJ4, S. 108 – 111.

徐慕亦（1976）：孙子：企业领导者如何发挥组织能力。古代人际学的探讨系列。高雄：大众。(*Xu, Muyi: Sunzi: Qiye lingdaozhe ruhe fahui zuzhi nengli. Gudai renjixue de tantao xilie. Gaoxiong: Dazhong*) [Sunzi: Wie kann ein Unternehmensführer seine Organisationsfähigkeit entwickeln].

Xu, Xiaoqun: „National Salvation and Cultural Reconstruction: Shanghai Professor's Response to the National Crisis in the 1930s", in: Wei, C.X. George; Liu, Xiaoyuan [Hg.] (2001): *Chinese Nationalism in Perspective. Historical and Recent Cases*. Westport/London: Greenwood Press, S. 53ff.

许有成（1932）：孙子与现代。杭州健社。(*Xu, Youcheng: Sunzi yu xiandai: Hangzhou jianshe*) [Sunzi und die Moderne].

薛宁东（2007）：山东省孙子军事旅游资源评价与开发。(*Xue, Ningdong: Shandong Sheng Sunzi junshi lüyou ziyuan pingjia yu kaifa*) [Bewertung und Erschließung der Ressourcen für militärischen Tourismus in der Provinz Shandong] Quelle: www.sunwuzi.com.cn/xwnews.asp?newsid=1436 (Download: 03.09.07).

阎勤民：论《孙子兵法》与企业管理。In: 经济问题。一九八四年第十一期。(*Yan, Qinmin: Lun Sunzi bingfa yu qiye guanli. Jingji wenti. 1984/11*) [Sunzi bingfa und Unternehmensmanagement, in: Probleme der Wirtschaft 1984/11], S. 17 – 20.

杨少俊：浅谈国外对《孙子兵法》的研究。(*Yang, Shaojun: Qiantan guowai dui Sunzi bingfa de yanjiu*) [Über die Forschung über Sunzi bingfa im Ausland], in: N.N.（1990）孙子新谈：中外学者论孙子。北京：解放军出版社。(*Sunzi xintan: zhong wai xuezhe lun Sunzi. Beijing: Jiefangjun chubanshe*) [Sunzi neu besprochen: Chinesische und ausländische Gelehrte diskutieren Sunzi], S. 325 – 37.

姚有志，阎启英（2005）：孙子兵法与战略文化。北京：军事科学出版社。(*Yao, Youzhi; Yan, Qiying: Sunzi bingfa yu zhanlüe wenhua. Beijing: Junshi kexue chubanshe*) [Sunzi bingfa und die Strategische Kultur].

叶钟灵：（1986）《孙子兵法》《论语》管理思想选辑。太原山西人民出版社：山西省新華書店。(*Ye, Zhongling: Sunzi bingfa, Lunyu guanli sixiang xuanji. Taiyuan: Shanxi renmin chubanshe: Shanxi Sheng xinhua shudian*) [Ausgewähltes aus Sunzi bingfa und Lunyu zum Management-Denken].

益人（1974？）：以孙子兵法的法门來充实个人的经济。香港：文化书局。(*Yi Ren: Yi Sunzi bingfa de famen lai chongshi geren de jingji. Xianggang* [Hong Kong]*: Wenhua shuju*) [Auf der Grundlage von Sunzi bingfa seine persönliche Wirtschaftslage verbessern].

于汝波（Hg.）（1994）：孙子学文献提要。北京：军事科学出版社。(*Yu, Rubo [Hg.]: Sun zixue wenxian tiyao. Beijing: Junshi kexue chubanshe*) [Zusammenfassungen der Dokumente zur Sunziologie], mit der Sigle SXWT abgekürzt.

于汝波（Hg.）（2001）：孙子兵法研究史。北京：军事科学出版社。(*Yu, Rubo: Sunzi bingfa yanjiushi. Beijing: Junshikexue chubanshe*) [Geschichte der Forschung über Sunzi bingfa].

于汝波：孙子兵法研究概述。(*Yu, Rubo: Sunzi bingfa yanjiu gaishu*) [Überblick über die Forschung zu Sunzi bingfa], in: SBNJ4, S. 201 – 208.

乐黛云：以东方智慧化解文化冲突。人民日报海外版 27. 05. 2006。(*Yue, Daiyun: Yi dongfang zhihui huajie wenhua chongtu. Renmin ribao haiwaiban*) [Mit östlicher Weisheit kulturelle Konflikte lösen. Volkszeitung Auslandsaugabe vom 27.05.2006].

张建国；孙兵（2005）：孙子故里研究集粹。北京：军事科学出版社。(*Zhang, Jianguo; Sun Bing: Sunzi guli yanjiu jicui. Beijing: Junshi kexue chubanshe*) [Texte zu den Forschungen über Sunzis Heimat].

张建国；郭克勤；周增金；陈光远（2003）：武圣•武圣府。济南：黄河出版社。(*Zhang, Jianguo; Guo, Keqin; Zhou Zengjin; Chen Guangyuan: Wusheng wushengfu. Jinan: Huanghe chubanshe*) [Der Kriegsheilige und seine Residenz].

张俊杰（2005）：一生要会运用的孙子兵法与三十六计。北京：时事出版社。(*Zhang, Junjie: yi sheng yao hui yunyong de Sunzi bingfa yu Sanshiliu ji. Beijing: Shishi chubanshe*) [Sunzi bingfa und die 36 Strategeme ein Leben lang].

张振福（1974）：从孙武孙膑兵法看儒法军事路线的斗争。《光明日报》，1974年10月31日。(*Zhang, Zhenfu: Cong Sun Wu Sun Bin bingfa kan ru fa junshi luxian de douzheng. Guangming ribao*) [Ausgehend von Sun Wus und Sun Bins Kriegskunst den Kampf der militärischen Linien des Legismus und des Konfuzianismus betrachten. Guangming Tageszeitung vom 31.10.1974].

赵海军：在新的平台上进一步探讨孙子的文化属性。(*Zhao Haijun: Zai xin de pingtai shang jinyibu tantao Sunzi de wenhua shuxing*) [Sunzis kulturelle Zugehörigkeit auf einer höheren Stufe betrachtet] Quelle: http://cpc.people.com.cn/GB/34727/56414/56455/56498/4407472.html (Download: 29.07.07).

Zhao, Henry: „Contesting Confucius ", in: New Left Review 44, Mar Apr 2007, S. 134 – 142.

Zhao, Suisheng (2004): *A Nation State by Construction*. Stanford: Stanford University Press.

郑观应（著）；王贻梁（评注）（1998）：盛世危言。郑州市：中州古籍出版社。(*Zheng, Guanying* [Verf.]*; Wang, Yiliang* [Kommentar]*: Shengshi weiyan. Zhengzhou Shi: Zhongzhou guji chubanshe*) [Worte der Warnung in Zeiten der Fülle].

Zheng, Yongnian (1999): *Discovering Chinese Nationalism in China. Modernization, Identity and International Relations*. Cambridge/New York/Melbourne: Cambridge University Press.

中华人民共和国全国人民代表大会公告。中华人民共和国宪法已由中华人民共和国第五届全国人民代表大会第五次会议于一九八二年十二月四日通过，现予公布施行。中华人民共和国第五届全国人民代表大会第五次会议主席团。一九八二年十二月于北京。(*Zhonghua renmin gongheguo quanguo renmin daibiao dahuiguanggao. Zhonghua renmin gongheguo xianfa yi you Zhonghua renmin gongheguo di wu jie quanguo renmin daibiao dahui di wu ci huiyi yu yijiuba'er nian shi'er yue si ri tongguo, xianyu gongbu shixing. Zhonghua renmin gongheguo di wu jie quanguo renmin daibiao dahui di wu ci huiyi zhuxituan. Yijiuba'er nian shi'er yue yu Beijing*) [Bekanntmachungen der Nationalen Volkskongresses der Volksrepublik China. Angenommen vor der 5. Tagung des V. Nationalen Volkskongresses der Volksrepublik China am 4. Dezember 1982. Die Vorsitzenden des V. Nationalen Volkskongresses der Volksrepublik China. Peking, Dezember 1982].

诸葛静一（编）（2004）：孙子兵法与三十六计的智慧。北京：中国长安出版社。(*Zhuge, Jingyi [Hg.]: Sunzi bingfa yu Sanshiliu ji de zhihui. Beijing: Zhongguo Chang'an chubanshe*) [Die Weisheiten von Sunzi bingfa und den 36 Strategemen].

Zimmer, Thomas: „Vom furchtlosen Kritiker zur literarischen Figur. Der historische Hai Rui 海瑞 (1514 – 1587) und seine Bedeutung in China nach 1949", in: Roetz, Heiner [Hg.] (2006): *Kritik im alten und modernen China*. Jahrbuch der Deutschen Vereinigung für Chinastudien 2. Wiesbaden: Harrassowitz. S. 238 – 250.

Internetquellen ohne Angabe des Autors (alphabetisch nach Titel geordnet)

N.N. (o.O./o.Z.) [Aus den Internetdokumenten der Chinesischen Nationalbibliothek:] 阿列 克谢 • 列昂季耶维奇 • 列昂季耶夫（Алексей Леонтьевич Леонтиев,俄国, 1716-1786）(*Aliekexie Lieangjiyeweiqi lieangjiyefu*) [Alexej Leantjewitsch Leontjew] Quelle: http://form.nlc.gov.cn/sino/show.php?id=68 (Download: 31.05.08).

N.N. (o.O./o.Z.) 第四届中国滨州惠民国际孙子文化旅游节开幕。(*Di si jie Zhongguo Binzhou Huimin guoji Sunzi wenhua lüyoujie kaimu*) [Eroffnung des Vierten internationalen Kultur- und Tourismusfests der Sunzi-Kultur in Huimin/Binzhou] Quelle:
www.51766.com/www/detailhtml/1100223809.html (Download: 02.09.07).

N.N. (o.O./o.Z.)第五届中国滨州惠民国际孙子文化旅游节将举办。(*Di wu Zhongguo Binzhou Huimin guoji Sunzi wenhua lüyoujie jiang juban*) [Fünftes internationales Kultur- und Tourismusfest der Sunzi-Kultur in Huimin] Quelle: www.aweb.com.cn 2007 年 8 月 27 日, (Download: 02.09.07).

N.N. (o.O./o.Z.) 管理名家—陈炳富先生。(*Guanli mingjia Chen Bingfu xiansheng*) [Der berühmte Managementwissenschaftler Chen Bingfu] Quelle:
http://ibs.nankai.edu.cn/Site/show.asp?option=22&item=16&section=14, Download: 01.09.06).

N.N. (o.O./o.Z.) Khoo Kheng-Hor. Quelle: http://en.wikipedia.org/wiki/Khoo_Kheng-Hor (Download: 14.12.07).

N.N. (o.O./2006) 日本兵法经营塾。(*Riben bingfa jingyingshu*) [Eine Schule des japanischen Kriegskunsts-Managements] (http://www.sunwuzi.com.cn/xwnews.asp?newsid=498, Download: 09.05.08).

N.N. (o.O./o.Z.) 孙武公园亮相苏州新区。(*Sun Wu gongyuan liangxiang Suzhou xin qu*) [Pläne für Sunzi-Park im neuen Gebiet von Suzhou enthüllt] Quelle:
http://www.sunwuzi.com.cn/xwnews.asp?newsid=1155 (Download: 02.09.07).

N.N. (o.O./o.Z.) 孙武故里山东惠民。(*Sun Wu guli Shandong Huimin*) [Sunzis Heimat Huimin in Shandong] Quelle: www.sunwuzi.com.cn/xwnews.asp?newsid=876 (Download: 02.09.07).

N.N. (o.O./o.Z.) 孙武后裔瞻仰《孙子兵法》诞生地。(*Sun Wu houyi zhanyang Sunzi bingfa danshengdi*) [Die Nachfahren Sun Wus ehren den Geburtsort von Sunzi bingfa] Quelle: www.sz.chinanews.com.cn/suzhou/wzx/2005-06-08/85/132.html (Download: 02.09.07).

N.N. (o.O./o.Z.) 孙子研究中心概述。(*Sunzi yanjiu zhongxin gaishu*) [Darstellung des Sunzi Forschungszentrums] Quelle:

www.sunwu.cn/index.php?option=com_content&module=35&sortid=0&artid=2 (Download: 02.09.07).

N.N. (o.O./o.Z.) 原军事科学院副院长高锐将军在孙子塑像落成典礼上的讲话(*Yuan junshi kexueyuan fuzhang Gao Rui jiangjun zai Sunzi suxiang luocheng dianli shang de jianghua*) [Rede des ehemaligen stellvertretenden Leiters der Militärakademie Gao Rui anlässlich der Enthüllung des Sunzi-Denkmals] Quelle:

www.suntzu.gov.cn/huimin/szgl/newsByIdAction.do?id=5343 (Download: 16.07.07).

N.N. (o.O./o.Z.) 中国孙子兵法研究会会长姚有志在第四届孙子文化旅游节新闻发布会上的致辞 (*Zhongguo Sunzi bingfa yanjiuhui huizhang Yao Youzhi zai di si jie Sunzi wenhua lüyoujie xinwen fabuhui shang de zhici*) [Grußwort von Yao Youzhi, dem Vorsitzenden der Chinesischen Forschungsgesellschaft für Sunzi bingfa auf der Pressekonferenz zum 4. internationalen Kultur- und Tourismusfest der Sunzi-Kultur] Quelle:

www.suntzu.gov.cn/huimin/szgl/newsByIdAction.do?id=5401 (Download: 16. Juli 2007).

N.N. (o.O./o.Z.) 中国孙子兵法研究会简介 (*Zhongguo Sunzi bingfa yanjiuhui jianjie*) [Kurze Vorstellung der Chinesischen Forschungsgesellschaft für Sunzi bingfa] Quelle: http://jczs.news.sina.com.cn/2004-10-29/0002238310.html (Download: 02.09.07).